"十二五"普通高等教育本科国家级规划教材
国家精品资源共享课配套教材
新编高等学校公共管理专业精品教材

电子政务
（数字政府）
（第三版）

杨兰蓉　陈　涛　徐晓林/编著

ELECTRONIC GOVERNMENT

科学出版社
北　京

内 容 简 介

电子政务理论是一个交叉领域,其相关知识涉及信息技术、公共管理等多学科,不同的学科在阐述电子政务知识和原理时有不同的角度和侧重点。从公共管理的角度介绍与剖析当前世界各国最新的电子政务理论研究和实践成果是编写本书的根本宗旨,在编写过程中,我们始终坚持电子政务的国际化基本特征,在充分借鉴和总结国内外丰富的电子政务理论和实践成果的基础上,结合编者多年的研究心得,力图为读者呈现出一个较为完整的电子政务管理框架。全书以"理论为纲、行动为本",详细阐述电子政务管理中涉及的重要理论思想和方法,并通过丰富的案例使它们具体化和形象化,增强可读性和启发性。全书分为十章,包括信息社会的政府管理创新3.0、电子政务概述、电子政务的发展、电子政务与政府管理变革、电子政务与政府流程变革、政府信息资源开发与政府数据开放、电子政务绩效评估、新一代信息技术与电子政务、互联网+政务服务、数字治理与数字政府建设。

本书结构合理、逻辑清晰、案例翔实、时代感强,适合公共管理学科各专业的学生以及 MPA 研究生作为教材使用,也适合公务员、首席信息官作为学习资料和培训教材。

图书在版编目(CIP)数据

电子政务:数字政府/杨兰蓉,陈涛,徐晓林编著. —3 版. —北京:科学出版社,2024.3

"十二五"普通高等教育本科国家级规划教材　国家精品资源共享课配套教材　新编高等学校公共管理专业精品教材

ISBN 978-7-03-070674-4

Ⅰ. ①电⋯　Ⅱ. ①杨⋯　②陈⋯　③徐⋯　Ⅲ. ①电子政务–高等学校–教材　Ⅳ. ①D035-39

中国版本图书馆 CIP 数据核字(2021)第 232514 号

责任编辑:王京苏 / 责任校对:姜丽策
责任印制:赵　博 / 封面设计:有道设计

科学出版社 出版
北京东黄城根北街 16 号
邮政编码:100717
http://www.sciencep.com

三河市春园印刷有限公司印刷
科学出版社发行　各地新华书店经销

*

2010 年 3 月第 一 版　开本:787×1092　1/16
2016 年 3 月第 二 版　印张:17 1/2
2024 年 3 月第 三 版　字数:373 000
2025 年 7 月第三十一次印刷

定价:48.00 元
(如有印装质量问题,我社负责调换)

序　言

作为长期从事电子政务研究的学者，我有幸为《电子政务（数字政府）（第三版）》教材作序。1999年中国实施政府上网工程以来，电子政务的发展历程可谓波澜壮阔，《电子政务》教材的每一次修订都因应了电子政务的成长与变迁。

《电子政务（数字政府）（第三版）》的出版，不仅是对前两版的继承和发扬，更是对电子政务理论与实践的又一次深刻总结。

教材全面介绍了电子政务的最新发展，包括人工智能、大数据、云计算等新兴技术在政府管理中的应用，以及数字化转型对政府治理体系治理能力现代化的影响，为读者提供了全新的视角和实践指南。

教材全面梳理了电子政务最新研究成果和前沿动态，特别关注了党的二十大报告关于信息技术在政府管理中应用的重要论述，将党的二十大报告关于加强数字政府建设、推进国家治理体系治理能力现代化的战略部署融入其中，深入解读了信息技术在政府管理创新中的重要作用，能使读者更好理解党的方针政策和战略部署。

通过学习该教材，读者可以全面了解党的二十大报告关于电子政务发展的新要求和新目标，掌握电子政务领域的最新理论和实践成果，为推动政府数字化转型和提升治理能力提供有力的支持。

作为国家级规划教材，《电子政务》教材以其内容新颖、体系完整以及实用性、全面性和知识性等特点备受肯定。该教材被华中科技大学、中山大学、电子科技大学、四川大学、大连理工大学和重庆大学等多所著名大学作为公共管理、行政管理本科相关专业学生的教材，受到教师和学生的一致好评。

该教材首次出版以来，不仅获得多项奖项，更赢得国内外众多知名学者的美誉。夏书章教授将其称为"第一个火车头"，著名学者郭济认为它是"电子政务的金钥匙"，著名学者高小平称《电子政务》教材在研究政府管理信息化方面开了先河，对我国全方位实施电子政务，实现电子政府、数字政府、数字城市，产生了重要的理论和实践影响，蓝志勇教授认为《电子政务》最大的特色就是创新地提出了业务重组、流程再造、资源共享、组织虚拟是评价电子政务成熟度的四个基本维度。《电子政务》教材也产生了巨大的社会效益和学术效益，不仅为政府实施电子政务提供了有益的知识支持，还为电子政务学科建设和人才培养做出了重要贡献。

总之，《电子政务（数字政府）（第三版）》是一部兼具理论深度和实践指导意义的高水平教材。我相信，借助这本教材，读者可以更好理解电子政务的发展动态、应用模式和管理策略，为推动电子政务的高质量发展提供有益的借鉴和参考。同时，我也期待《电子政务（数字政府）（第三版）》能够继续发挥引领作用，为全球电子政务的发展进步和人才培养做出更大的贡献。

清华大学公共管理学院教授，文科建设处处长

2024 年 3 月

前　言

《电子政务》教材源自电子政务领域的不断发展和编写人员的持续深入研究。1999年中国实施政府上网工程以来，教材编写人员便积极投身电子政务的教学研究工作。本书经历了多次改版与修订，并两次入选国家级规划教材，多次获得奖励。

2002年初版的《电子政务导论》是编写人员首次对电子政务领域的系统整理成果。在接下来的二十多年中，编写人员充分考虑我国政府信息化建设和电子政务人才培养的需要，与时俱进吸纳国内外最新理论观点和研究成果，不断完善教材内容。

在2010年的修订版中，编写人员更着眼满足公共管理本科专业教学需要，提出了评价电子政务成熟度的四个基本维度，即业务重组、流程再造、信息共享、组织虚拟，为电子政务确定了新的范畴，为我国电子政务的实践提供了有力指导。

在2016年的修订过程中，编写人员补充了与公共服务、电子参与、电子政务信息共享等方面相关的内容，增加了新的教学案例。此次修订版入选了教育部"十二五"普通高等教育本科国家级规划教材，充分体现了其在学科建设和人才培养中的重要地位。

本次修订在保持前两版优秀内容的基础上，进行了全面的更新和完善。编写人员深入贯彻党的二十大报告精神，将最新的理论成果和实践经验融入教材，充分彰显教材的时代特征。

第三版教材具有以下特色。

（1）学科交叉融合：电子政务涉及信息技术、公共管理等多学科领域交叉。本书从公共管理角度深入剖析和介绍了各国最新的电子政务理论研究和实践成果，充分展现了跨学科的特性。

（2）国际化视野：本书修订坚持电子政务的国际化基本特征，通过借鉴和总结国外丰富的理论和实践成果，结合编写人员的研究心得，为读者呈现一个完整的电子政务管理框架。

（3）理论与实践相结合：本书坚持理论为纲、行动为本的原则，详细阐述了电子政务管理涉及的重要理论思想和方法，并通过丰富的案例将理论具体化和形象化，增强了教材的可读性和启发性。

（4）内容紧贴时代：本书共分十章，从信息社会的政府管理创新3.0到新一代信息技术在电子政务中的应用，不仅涵盖了电子政务的多个前沿主题，还详细解读了党的二十大报告关于信息化、数字化的重要论述，包括发展数字经济、构建数字中国、推动"互联网+"行动等内容，充分体现了党的二十大报告关于加快数字化转型、推动政府治理体系和治理能力现代化的要求，助力读者了解党全面领导国家信息化发展的战略方向。

此外，本次修订还特别关注了数字政府建设对电子政务的影响和挑战。数字政府作为电子政务的高级阶段，更加注重数据的互联互通和共享利用，强调政府服务的智能化和个性化。因此，我们在教材中增加了数字政府的相关内容，包括数字政府的理念、架构、技术应用以及实践案例等，使读者能够全面了解数字政府的最新发展和实践成果。

二十多年来，《电子政务》教材为适应信息技术迅速发展和广泛应用的大环境，不断更新和完善内容。每一次修订都是对电子政务理论和实践研究最新成果的吸纳，也是对教材编写人员科研成果的深度凝练和升华。本书多次获得重要奖项、多位知名学者的高度评价，以及在多个政府项目的实践应用中，都证明了本书已产生显著的社会效益和学术效益，编写人员将踔厉前行，为电子政务学科发展和人才培养贡献更多的智慧和力量。

本书编者

2024 年 3 月

目 录

01 第一章　信息社会的政府管理创新 3.0　　/ 1
第一节　信息社会的诞生与演进　　/ 1
第二节　新公共管理与政府再造运动　　/ 5
第三节　信息时代政府职能的转变　　/ 12
第四节　电子政务的兴起与发展　　/ 16
本章参考文献　　/ 19

02 第二章　电子政务概述　　/ 20
第一节　电子政务的内涵与本质　　/ 20
第二节　电子政务相关概念　　/ 23
第三节　电子政务的体系框架　　/ 26
第四节　电子政务成熟度　　/ 32
本章参考文献　　/ 39

03 第三章　电子政务的发展　　/ 40
第一节　电子政务发展的一般模式　　/ 40
第二节　国外电子政务经验与启示　　/ 49
第三节　国内电子政务典型模式　　/ 63
本章参考文献　　/ 85

04 第四章　电子政务与政府管理变革　　/ 87
第一节　电子政务与政府管理模式　　/ 87
第二节　电子政务与行政体制改革　　/ 94
第三节　电子政务与公共服务改革　　/ 99
第四节　电子政务与社会治理变革　　/ 104
本章参考文献　　/ 112

05 第五章　电子政务与政府流程变革　　/ 114
第一节　政府流程的内涵与特征　　/ 114
第二节　政府流程再造的原则与目标　　/ 120
第三节　政府流程再造的内容与方法　　/ 122

	第四节 政府流程优化	/ 131
	本章参考文献	/ 139

06 第六章 政府信息资源开发与政府数据开放 / 140
第一节 政府信息资源开发利用 / 140
第二节 政府数据开放概述 / 148
第三节 国内外政府数据开放实践 / 153
第四节 政府数据保障 / 164
本章参考文献 / 169

07 第七章 电子政务绩效评估 / 171
第一节 电子政务绩效评估概述 / 171
第二节 电子政务绩效评估模式 / 175
第三节 电子政务绩效评估的工具与方法 / 182
第四节 电子政务评估实践 / 186
本章参考文献 / 193

08 第八章 新一代信息技术与电子政务 / 195
第一节 云计算与电子政务 / 195
第二节 大数据与电子政务 / 200
第三节 区块链与电子政务 / 204
第四节 人工智能与电子政务 / 210
本章参考文献 / 218

09 第九章 互联网+政务服务 / 219
第一节 "互联网+政务服务"的内涵与实践 / 219
第二节 政务服务一体化平台建设 / 223
第三节 移动政务 / 227
第四节 政务大脑 / 235
本章参考文献 / 243

10 第十章 数字治理与数字政府建设 / 244
第一节 数字治理时代 / 244
第二节 智慧社区建设 / 248
第三节 数字政府建设 / 255
第四节 城市治理转型 / 264
本章参考文献 / 268

第一章

信息社会的政府管理创新 3.0

 本章导言

在人类社会发展的历史进程中，信息技术对人类社会带来的冲击最为巨大，影响最为深刻。随着信息技术在生产和生活中普遍而深入的应用，人类加快了向信息社会（information society）迈进的步伐。在这个过程中，信息技术变革与政府管理创新的互动联结也日渐紧密。电子政务（electronic government，E-government）作为一种理念和改革措施在政府管理变革和创新中得到了孕育、兴起与发展。本章重点介绍了电子政务兴起的背景以及国内外电子政务的发展，揭示了政府发展电子政务的历史必然性。

第一节 信息社会的诞生与演进

一、信息技术的产生和发展

自 20 世纪 40 年代起，信息技术已经蓬勃发展了八十多年。信息技术创新驱动发展的过程就是信息科技持续创新推动人类社会信息化水平不断提升的过程。我们经历了以高度数字化为主要特征的第一次信息化浪潮的洗礼，正处于以高度网络化为主要特征的第二次信息化浪潮之巅，同时以高度智能化为主要特征的第三次信息化浪潮正扑面而来。这三次信息化浪潮可被称为信息化 1.0、信息化 2.0 和信息化 3.0。

（一）第一次浪潮：信息化 1.0——高度数字化

信息化 1.0 的直接动力源自计算机和微电子技术，具体来说是图灵机、冯氏体系结构与晶体管等方面的源头创新，涉及计算机、微处理器、软件技术、数字传感器、多媒体技术等核心技术。以量子能带理论、信息论、控制论、系统论为代表的一系列科学成就，为信息化 1.0 的发展提供了强大内在动力。信息化 1.0 时代，由于以计算机为核心的数字化技术的广泛应用，一个又一个行业的竞争力和运行效率得到了极大提升。

（二）第二次浪潮：信息化 2.0——高度网络化

信息化 2.0 的直接动力源自网络通信技术的源头创新，主要涉及互联网、物联网、云计算和大数据等核心技术。信息化 2.0 建立在信息化 1.0 之上,是高度数字化的"人-机-物"三元世界中各类数字化实体持续互联的过程。相比信息化 1.0,信息化 2.0 是由"点"到"网"的跃升或"相变",高品质业务互联、数据互联、网络互联等联结带来了便捷和高效,联结成为各行业数字化转型与升级的助推器。

(三)第三次浪潮:信息化 3.0——高度智能化

信息化 3.0 的直接动力源自基于大数据的智能技术的源头创新。信息化 1.0 和信息化 2.0 为信息化 3.0 提供了人机共生的环境,伴随以人机智能交互为核心的人工智能技术,以及虚拟现实(virtual reality,VR)、增强现实(augment reality,AR)等技术的日益成熟、普及和广泛应用,人们看到了"群体智能"的力量,信息化 3.0 可能带来人类智能的新跃迁,将创造"人-机-物"高度融合的新境界。

二、信息技术对人类社会的影响

信息技术是指在信息科学的基本原理和方法的指导下扩展人类信息功能的技术,包括硬件、数据库、软件网络和其他设备,具有高速传递性、安全准确性、存储海量性和系统开放性等特点。信息技术在信息社会的形成与发展中扮演着关键角色,对社会生活的各个方面均产生了重大的影响和冲击,引起了社会生产和生活的革命性变化。

(一)对经济增长方式的影响

在工业社会中,经济发展的主要方式是靠资源投入来实现的。这种方式是一种高消耗、高污染的方式,必然会引起环境污染、资源枯竭等问题。而信息技术的出现为开创新的经济增长方式提供了可能。信息技术的发展和应用推动形成了一批直接利用知识资源的信息产业,知识逐渐成为一种主导性资源,建立在知识的生产、处理、传播和应用基础上的知识经济应运而生。通过对知识进行数字化、程序化、存取化的信息化加工处理,生产出知识高度密集、内在功能强大、具有较高使用价值的产品,大大加快了科技进步及其商品化的进程,推动了社会经济结构的优化调整和社会经济发展方式的革新。

(二)对社会生活方式的影响

信息技术的革新对人类的生活也产生了深刻的影响。首先,全球信息网络的建立使得任何地方的消息都能借助于各类通信工具瞬时传遍全世界,人类的思想和信息得以广泛地交流、渗透;其次,信息技术使生产过程走向高度自动化与智能化,工作方式正在由以体力劳动为主转变为以脑力劳动为主;最后,人们的购物、会议、娱乐等日常生活中的各类事情都可以通过网络进行,在不远的将来,人们还可以更加深入地体验科技家庭等生活模式,科技发展给人们的生活带来了巨大的变化。

(三)对管理方式的影响

计算机和网络的广泛应用推动了社会组织的管理方式的革新,电子化管理的新时代已经来临。以政府部门为例,未来的电子化政府管理模式将得以广泛实现。从政府内部管理来看，通过建设办公系统、管理信息系统、电子数据库等，可以打通部门间的信息，有效地提升内部工作效率。从政府对外服务来看，一部分职能工作可以转移到网络上进行，可以为社会公众和企业提供更好的服务。另外，网络的发展使得政府工作的透明度不断增加，政府与社会公众之间的联系更加紧密，这将有利于推动政府职能的转变以及加强社会对政府的监督。

三、信息社会的来临

（一）信息化的内涵

20世纪70年代，世界经济迎来了以信息技术、新材料技术、新能源技术、空间技术、海洋开发和生物工程等兴起为标志的第三次技术革命。这些技术的广泛应用，正在推动世界经济从工业化向信息化转化。而20世纪80年代计算机技术和20世纪90年代网络技术的迅猛发展，更是掀起了一浪高过一浪的信息化热潮。21世纪的大门已经打开，社会发展的信息化、网络化热潮正扑面而来。正是这场方兴未艾的信息化热潮，揭开了人类从工业社会迈向信息化社会的序幕。

信息化是指信息在收集、加工、传递、积累、利用整体上作为一种资源的质和量，比其他资源（指物质资源和能量资源）的作用相对增大，表现为经济生活的形态变化、社会结构的变动、产业结构的变动。即信息化是指社会经济的发展，从以物质与能量为重心向以信息与知识为重心转变的过程，在这个过程中，不断地采用现代信息技术装备国民经济各部分和社会各领域，从而极大地提高社会劳动生产率，广泛开发资源并实现资源最广泛的共享，从而推动经济的发展，提高人们生活的质量与水平。科技界的专家认为，信息化有三个相互联系的主要方面：一是信息技术本身的发展及其产业化；二是基于信息技术的信息产业（包括信息设备制造业、信息传输业和信息服务业）的发展；三是信息技术手段在经济和社会领域中的广泛应用。

（二）信息社会的特征

随着信息化的快速发展，社会的技术基础、实践基础、经济基础、组织结构和文化形态等均发生了显著的变化，知识、信息和技术逐渐成为主导性资源。信息社会这一新的社会形态开始成为当代社会的发展模式。

信息社会（information society），是与农业社会、工业社会等相对而言的一种技术社会形态。它是工业社会之后，以信息科技的发展和应用为核心的高科技社会，是信息、知识起主导作用的知识经济社会。

随着社会信息化程度的日益发展和深入，人们开始更全面地认识到信息社会的诸多特征。卡斯特指出，在新的信息发展方式中，生产力的来源在于产生知识、信息处理与象征沟通的技术。知识与信息无疑是一切发展方式的关键因素，因为生产过程总是基于某个水准的知识及信息处理过程。然而，信息发展方式的特殊之处在于：针对知识本身的知识行动，就是生产力的主要来源。信息处理便集中于提高信息处理的技术，以之作为生产力的来源，达到技术的知识根源，以及应用技术来促进知识生产和信息处理这两方彼此互动的良性循环。从信息生产力的构成要素来看,脑力劳动者、智能工具和数字化信息是信息社会区别于其他社会形态的本质特征。

英国信息专家摩尔(Moore)通过长期观察,发现信息社会具有下列重要特征。

(1)信息密集型组织的形成。社会组织机构利用信息与相关科技来提高工作效率,同时致力于产品与服务的质量改良而增进效能与竞争力。

(2)信息机构的角色日益重要。信息社会已发展出许多信息机构并将其纳入经济体系中,信息机构在信息社会中扮演着十分重要的角色。

(3)社会重视信息的利用。社会大众重视信息使用,致力于提升信息利用水平,并且注重知识产权保护、个人隐私保护等。

(4)学习社会的到来。为迎接信息社会,公民认识到知识是重要的资产并且需要终身学习。

四、信息社会的新阶段——数字社会

进入 21 世纪以来,互联网技术推动了工业社会的优化和重构,全球正在经历前所未有的系统化、深层次社会变革。信息社会也逐渐迈向新的发展阶段,即数字社会。

数字社会是描述新的技术社会形态的总体性概念。数字社会是在数字化技术的推动下,在大数据、人工智能等基础上所形成的社会系统。就其内在本质而言,数字社会最为突出的一点是,它在数字化的前提下,依托互联网,为解决人们在社会生活中所必须要面对的一系列基本问题,从最具有基础性意义的技术保障和运作机制层面,建构起前所未有、稳定可靠且卓有成效的活动平台、社会场域和通行路径(李一,2019)。数字社会的本质特征具体表现为以下几个方面。

(一)跨域连接

跨域连接首先要解决的是普遍连接的问题。普遍连接既包括人与人、物与物之间的数字化连接,还包括依托数字化而实现的人、物、智能设备相互之间的连接和贯通。与此同时,跨域连接还在普遍连接的基础上依托数字化所带来的虚拟化的独有便利,革命性地解决了跨越地域空间限制而实现有效连接的问题,从而真正实现了全球网络一体化的互联互通目标。

(二)全时在线

在互联网络尤其是移动互联网络快速发展起来以后,人、电脑、服务器、智能设备、信息数据资源库之间的跨域连接问题得以顺利解决,将这种基础条件和技术支持作为保障,虚拟形态的网络空间也就自然演变为一个行为活动空间和场域,人们随时随地可以通过个人电脑或其他任何智能终端设备登录网络空间,介入网络生活。

(三)持续互动

数字化和网络化的便利使人类网络行为活动以虚拟形态呈现,人们在网络空间里面的持续互动更为便捷。人们可以在网络空间内特定的一个场所聚集起来,围绕特定的发展议题、公共话题或彼此感兴趣的事项，展开持久、深入的交流讨论和沟通互动。

（四）数据共享

网络世界贯通的是一个个人、一台台电脑和移动终端设备以及一个个大型服务器和数据库。从某种意义上讲，网络空间其实是一个信息数据不断生成、存储、流转和分享的"无形而在的特定空间"。信息数据的流通和共享，是其独有的优势。

（五）资源整合

网络空间实现了人、电脑、服务器、智能设备、信息数据资源库的连接和贯通，这就意味着把各类资源要素都整合在了这个特定的平台和场域里，能够最大限度地对各类资源要素进行整合利用，使其发挥出最大的效用。网络空间的资源整合既可以通过跨越现实的地域空间界限来实现，又可以更方便快捷地完成资源要素的对接和组合，提升资源整合的时效性。

数字化技术的发展推动信息社会发展转向了数字时代。在数字社会和网络生活的条件下，生产力和生产方式开始发生质的改变，人们彼此之间相互联通的方式变了，整个社会的生活内容、呈现方式和运作机制也正在发生着深刻的变化，全球正在经历系统化、深层次的社会转型。

第二节　新公共管理与政府再造运动

信息社会的发展要求人们在更高层次上面对新的社会环境，同时不断地改变思想与行为。伴随着西方各国逐渐从工业社会向后工业社会或信息社会的转变，传统的公共行政学理论以及实践模式已经不能适应新形态。官僚体制被证明是一种过时的、僵化的和无效率的政府管理体制模式，基于对传统公共行政学理论的批判，自 20 世纪 70 年代开始，公共行政改革的潮流席卷了西方发达国家，其中，新公共管理（new public management，NPM）改革和政府再造运动（reinventing government）深刻地推动了政府改革。

一、新公共管理与政府再造的背景

（一）经济和政治因素在改革议程上起到了决定性作用

20 世纪 70 年代石油危机之后的经济衰退，导致西方各国出现了高额的财政赤字，福利国家不堪重负，并面临一系列新的社会与政治问题，这是引发政府改革的直接原因。解决财政赤字的主要措施无外乎三种方式：①限制开支和公共任务的终结；②增加收入尤其是税收；③用较少的开支来实现公共使命，即"少花钱多办事"。只有第三条途径才是现实中可供选择的出路，近代西方政府改革所选择的正是这条道路。

（二）经济全球化的出现也是当代西方政府改革的一种推动力

经济全球化对政府的公共管理提出了更高的要求，全球化趋势加强了西方各国对本国经济竞争力的高度重视。政府能力是综合国力和竞争力的一种主导性因素，政府如何引导和调控国民经济运行、参与国际经济竞争、促进经济发展，自然成为人们关注的焦点。经济合作与发展组织（Organization for Economic Co-operation and Development，OECD）把政府改革当作其成员在国际市场上进行有效竞争的一个重要途径，认为这是顺应经济全球化和保持国际竞争力的内在需要，为公共部门改革提供了新的强大动力，经济资源的稀缺和为避免不稳定而保持经济竞争力，是推动现有公共部门改革的重要因素。

（三）新技术革命尤其是信息革命是当代西方政府改革的一种催化剂

信息技术的快速发展为建立灵活、高效、透明的政府创造了可能性。信息时代的来临以及"数字化生活"方式要求政府对迅速变化的经济做出及时反应，这打破了长期以来政府对公共信息的垄断。信息技术以及接触政府信息的便利使公民和社会团体更容易参与公共管理活动，这就要求对政府组织及其运作过程做出变革和调整。

（四）传统官僚体制的失败和企业管理模式的催化影响是当代西方政府改革运动兴起的动因

在工业技术特征基础上建立起来的"科层制政府"难以适应信息社会的发展形态。在西方国家政府内部，由于财政危机爆发、组织机构日益膨胀、官僚主义盛行、公共行政效率低下、公共服务质量下降、政府干预经济不力，公民对政府的不满情绪日益增长，形成了政府改革的政治压力。

二、新公共管理改革

（一）新公共管理改革的起源

20世纪初期，新公共管理的一些理念就已经产生。20世纪中期，私人部门较早地开始了打破传统的等级划分、权力集中的官僚体制组织的运动。20世纪70年代末，西方各国相继掀起了改革浪潮，新公共管理运动兴起于英国、美国、澳大利亚和新西兰，并逐步扩展到其他西方国家乃至全世界。

英国是新公共管理运动的发源地之一。1979年撒切尔夫人上台以后，英国保守党政府推行了西欧最激进的政府改革计划，开始这种以注重商业管理技术，引入竞争机制和顾客导向为特征的新公共管理改革。美国的新公共管理改革尽管不像英国那样，有明确的起点和目标，但似乎开始得更早（可以从1978年卡特政府的"文官制度改革法案"的实施算起），并且带有更明显的管理主义或"新泰勒主义"倾向。新西兰、澳大利亚与英国一起被人们视为新公共管理改革最为迅速、系统、全面和激进的国家。特别是新西兰，它因改革的深度、广度、持续时间和成效而被许多西方国家奉为典范。

可以看出，新公共管理并不是由英国单独发展起来的，而是20世纪70年代中期以后公共管理领域中出现的一种显著的国际性趋势。这一政府改革浪潮席卷了西方乃至全世界，而代表这一股潮流，全面推动行政改革的既有君主立宪制国家，也有民主共和制国家;既有单一制国家,也有联邦制国家;在政府制度上既有内阁制政府,也有总统制政府;在市场体制上,既有自由型市场经济,也有政府导向型经济;高举改革旗帜的,既有右翼政党,也有左翼政党。各国的改革实践推动了新公共管理作为政府管理领域的新范式以及政府管理实践的新模式开始逐渐地形成与发展起来。

(二)新公共管理改革的目标

新公共管理改革的基本取向是采用企业管理理论、方法和技术,引入市场竞争机制,强调顾客导向以及提高服务质量。这场改革也常被视为一场追求"3E"(economy, efficiency, effectiveness,即经济、效率和效能)目标的管理改革运动。该理论认为政府的中心职能是"掌舵",而非"划桨","划桨"职能可通过建立半自治的机构来承担,以打破政府部门的垄断,通过公开竞标的方式将公共服务承包出去,实行全面质量管理和目标管理,同时对公共机构和人员进行量化绩效评定,使之由规则驱动型组织转变为任务驱动型组织。因此,新公共管理被认为是重塑政府形象以及提高政府行政效率的新运动(王满船,1999)。针对传统公共行政模式的弊端,以"新公共管理"为主要方向的改革的直接目标包括以下几点。

(1)提高公共部门的资源配置效率和工作效率。
(2)增加政府实施的各种计划、项目的有效性。
(3)通过职能转移缩小公共部门的规模,削减政府的预算开支。
(4)改善公共部门提供的产品和服务的质量。
(5)使公众更加容易获得公共服务,增强公共服务对公众需求的反应力。
(6)增加行政行为的透明度,使不透明地行使公共权力的机会最小化。
(7)完善公共机构的责任机制,使公共机构及其主管人员更好地对政务官员和议会负责(登哈特JV和登哈特RB,2004;休斯,2001)。

(三)新公共管理改革的核心内容

新公共管理的核心思想是把私营部门的管理手段和市场激励结构引入公共部门,其更加关心公共服务效率、效果和质量,这就要求政府积极地履行公共受托责任,以强化对政府机构的监督,进而促进财政预算信息的公开与透明(郭彦,2020)。新公共管理改革的核心内容主要包括以下几个方面。

1. 引入私营部门成功的管理手段和竞争机制

与传统公共行政排斥私营部门的管理方式不同,新公共管理强调政府广泛采用私营部门成功的管理手段,如成本效益分析、全面质量管理、目标管理等,同时引入竞争机制,取消公共服务供给的垄断性,采用政府业务合同出租、竞争性招标等方式。政府应根据服务内容和性质的不同,采取相应的供给方式。

2. 以顾客为导向

新公共管理改变了传统公共行政模式下政府与社会的关系,重新对政府职能及其与社会的关系进行定位。政府不再是高高在上、自我服务的官僚机构,政府公务人员应该是负有责任的"公共企业经理和管理人员",市政管理者应将自己定位为企业主或者CEO（chief executive officer，首席执行官），社会公众是向政府提供税收的纳税人和享受政府服务的"顾客"或客户，政府服务应该以顾客为导向，增强对社会公众需要的响应力。

3. 注重结果与产出

传统的公共行政强调公共机构必须按照一系列正式规则和一整套固定程序工作，投入人力、财力、物力，这容易导致公共机构僵化、反应慢、效率低。新公共管理则转而注重工作结果和产出，即明确规定公共机构应达到的工作目标，对其最终工作结果予以测量，并对达到甚至超额完成预期目标的机构及其人员实行奖励。

4. 改善公共部门的工作

在传统的科层制组织结构中，权力集中，上级发号施令，下级依令而行。第一线人员往往缺乏自行处置的权力，难以适应快速多变的外部环境。新公共管理则主张通过授权来改进公共部门的工作。

5. 绩效目标控制

新公共管理反对传统公共行政重遵守既定法律法规而轻绩效测定和评估的做法，主张严格放松的行政规制，实行严明的绩效目标控制，即确定组织、个人的具体目标，并根据绩效目标对完成情况进行测量和评估，从而追求"经济、效率和效益"目标。新公共管理运动更重视运用成本效益分析的方法对政府项目进行测评。在强调社会公共利益的同时，加强对政府预算投入的计算和控制。

6. 文官与政务官之间密切互动

在看待文官与政务官的关系上，新公共管理明显改变了传统公共行政的做法。传统公共行政强调政治与行政的分离，强调文官保持政治中立和匿名的原则。新公共管理则正视行政所具有的浓厚的政治色彩，强调文官与政务官之间存在密切的互动与渗透关系，特别是对部分高级文官应实行政治任命，让他们参与政策的制定过程，并承担相应的责任，以保持他们的政治敏锐性。

7. 重视人力资源管理

与传统公共行政模式下僵硬的人事管理体制不同，新公共管理重视人力资源管理，注意提高在人员录用、任期、工资及其他人事管理环节上的灵活性，如以短期合同制代替常任制，实行不以固定职位而以工作实绩为依据的绩效工资制。

三、政府再造运动

20世纪80年代开始，美国等西方发达国家经历了一场被称为"政府再造"运动的公共管理革命，其核心目标就是要通过政府再造，建立一个高效率的、对公众负责任的和更有回应性的政府。

（一）政府再造的内涵

再造思想是以重塑思想为基础，所提出的更为系统的政府再造理论。重塑思想最早起源于美国，奥斯本和盖布勒对重塑思想进行了系统性的总结。他们在《改革政府：企业家精神如何改革着公共部门》一书中，系统地总结了美国各级政府在过去的30年中（1962年至1992年）吸收企业家精神改革政府的实践，提出了著名的10条重塑政府的改革思路，其主要内容如下：①起催化剂作用的政府：掌舵而不是划桨；②社区拥有的政府：授权而不是服务；③竞争性的政府：把竞争机制注入所提供的服务中去；④有使命感的政府：改变照章办事的组织作风；⑤讲究效果的政府：按效果而不是按投入拨款；⑥受顾客驱使的政府：满足顾客的需要，而不是官僚政治的需要；⑦有事业心的政府：有收益而不浪费；⑧有预见的政府：预防而不是治疗；⑨分权的政府：从等级制到参与和协作；⑩以市场为导向的政府：通过市场力量进行变革。

"再造"一词是美国管理大师哈默提出来的。哈默和钱皮在《企业再造：企业革命的宣言书》一书中发展并完善了再造的思想。再造是对组织流程基本问题进行反思，并对其进行彻底的重新设计，以便在成本、质量、服务和速度等衡量再造组织绩效的重要尺度上取得较大改善。再造的要点如下：一是剧烈性，再造带来的并非微不足道的改善或进步，而是要使组织绩效实现大幅度的提升；二是彻底性，再造并非对现有状况的改进，而是深入到事物的根基，进行重新创造；三是流程，指一组结合在一起的能为顾客创造价值的机关工作；四是重新设计，指重新设计组织过程。

美国再造专家林登在其著作《无缝隙政府：公共部门再造指南》中对再造进行了较为系统的论述，主张再造公共部门的"流程"以创建一个无缝隙政府。再造表现出如下特征：①在核心理念上，再造主张创建一个"无缝隙"的政府，这种政府以顾客为导向，以竞争为导向，注重政府机构与顾客以及供应商之间的同盟关系。②在变革方式上，再造主张对政府流程进行根本性的、彻底的重新设计，这种设计寻求的是突破，而不是稳定、渐进地改善。即再造是"要从一张白纸上开始，拒绝任何传统的智慧，放弃过去的成见"。③在组织结构上，再造主张建立一个无缝隙的扁平式组织结构。为了创建这种组织形式，林登提出了以下几项原则：一是围绕结果（顾客、产品、过程）而不是职能进行组织；二是几个过程并举代替按顺序操作；三是把后阶段的信息反馈到前阶段；四是在源头处一次捕捉信息；五是一有可能就为消费者和供应商提供单独的接触；六是确保"关键流程"（那些能为顾客带来直接价值的活动）的持续流动性；七是"不必为田间小径铺路"，首先再造，然后自动化。④在价值层面上，再造重视成本、质量和服务。为顾客提供无缝隙的产品和服务。⑤在操作层面上，再造非常重视政府的流程管理，再造认为对流程的再造是政府成功的关键。

政府再造一词，在很大程度上表明了人们在行政改革问题上的观念更新。政府再造就是对公共体制和公共组织进行根本性的转型，以大幅提高组织效率、效能、适应性以及创新的能力，并通过变革组织目标、组织激励、责任机制、权力结构以及组织文化等来完成这种转型。政府再造涉及任何有关政府文化、任务、结构、程序和运作等层面有意识与有目的的变革、重组、重构、改革和创新。政府再造思想的内涵主要体现为以下几点。

（1）从理念上看，政府再造旨在用"企业化体制"取代"官僚体制"，但是这种体制更注重创新能力，用奥斯本的话说，是一种具有创新惯性和质量持续改进的"自我更新的机制，而不必靠外力驱使"。

（2）从组织层面看，再造理论非常重视组织的 DNA，认为当今政府最基本的问题不是人的问题，而是组织 DNA 的问题。组织的 DNA 有体制目标、激励机制、责任机制、权力结构及组织文化。改变 DNA 就是要变革这些要素。

（3）从战略层面上看，政府再造是一种系统化的革命。在这里，"再造"一词被提到了"战略"的高度，并且这种战略不是通常所说的制订计划，而是要利用关键的杠杆作用支点进行根本性变革，使得变革的"涟漪"波及整个组织，从而将很少的资源积聚为巨大变革的动力。

（4）从价值层面看，再造理论重视绩效、竞标、服务、质量、顾客回应性等公共行政价值。

（5）从操作层面分析，再造理论非常重视各种杠杆工具在政府改革中的作用，这些工具名称包括"竞标""绩效框架""公共选择制度"等。

为了更清晰地理解政府再造思想，奥斯本和普拉斯特里克连续用了七个"不"对政府再造进行概括：①政府再造不是改革政治体制；②政府再造不是重组，即不是对组织框架进行变革；③政府再造不是减少浪费、政治欺诈或权力滥用，即政府再造"不是要除掉花园里丛生的杂草，而是要造就确保花园中杂草无处可生"的政体；④政府再造不是缩减政府规模的同义语，而是要寻求保证绩效最大化的合适的组织规模；⑤政府再造不是私有化的同义语，私有化如资产出售、签约外包等都只是政府再造的部分工具；⑥政府再造不是仅仅使政府更具效率，更为重要的是要提高政府效能；⑦政府再造也不只是"全面质量管理"和"企业流程再造"的同义语，因为仅有这些工具还远远不够。

不仅如此，奥斯本和普拉斯特里克在《摒弃官僚制：政府再造的五项战略》一书中，提出再造政府五项策略。

1）核心策略（core strategy）

政府再造应先厘清政府的角色，确定是操桨还是触媒，即应先有适当的定位，而后界定其发展的目标和策略。

2）结果策略（consequences strategy）

政府的领导者应将下列三项策略应用于服务传送过程中：一是企业管理，以商业公司的经营方式来管理政府；二是竞争管理，创造政府部门和私人部门的竞争态势；三是绩效管理，运用绩效指标与准则，妥当赏罚，以激励员工。

3）顾客策略（customer strategy）

政府再造的精髓所在就是顾客导向，其策略有三点：一是使顾客（公民）对政府部门有选择的机会；二是使顾客对政府部门的选择在竞争的前提下进行；三是政府应建立顾客质量保证指针。其中最重要的是，要倾听顾客的声音，这是政府再造的关键。

4）控制策略（control strategy）

控制策略，包括三个层面：一是组织授权，即去除各单位的管制规章；二是员工授权，即去除各单位内部的层级节制；三是小区授权，即运用小区组织，协助政府推动事务。

5）文化策略（culture strategy）

文化策略是指三种途径：一是改变习惯，即以顾客立场改变工作习惯；二是发展新的心理契约，即对顾客应有的感情承诺；三是发展必胜的心理模式，即强化员工自我控制、迈向必胜的目标。

奥斯本和普拉斯特里克将上述内容称为改变政府 DNA 的"5C"。他们认为如能对它们交互运用，必能实现再造目标。

（二）政府再造运动的主要内容及措施

西方公共部门管理改革是全球化、技术革新、私有部门变革的催化以及对政府能力的要求等方面挑战的结果。尽管这种模式有各种各样的名称，但它们都表示同一种现象，即传统的官僚体制已被一种以市场为基础的体制所取代。现在，改革公共管理、削减预算、公共事业的民营化成了普遍的现象，官僚制组织已不再是政府提供商品和服务的方式。许多国家采用了私人部门首创的灵活的管理系统，政府可以通过补贴、管制和签约的形式进行间接运作，而不一定充当直接的提供者。当代西方政府再造的主要内容及措施如下。

1. 政府职能的优化

当代西方先进市场经济国家政府改革的重点之一是重新界定政府职能。政府从大量社会事务中解脱出来，将这些职能转移或归还给社会，由社会经济组织或第三部门承担，政府则制定法律和规章制度，监督及执行法律法规。

2. 公共服务的市场化、社会化

在当代西方国家的行政改革中存在着这样一种趋势，即政府充分利用市场和社会的力量，推行公共服务市场化和社会化。具体来说，公共服务市场化、社会化在实践中主要采取以下形式。

（1）政府业务委托外包，即利用签约外包的方式把政府的一些工作任务推向市场。

（2）公私合伙，打破政府垄断，建立政府部门与私营企业的伙伴关系，弥补政府能力和财力上的不足。

（3）公共服务社会化，即政府授权社区并鼓励各社区建立各种公共服务设施，如养老院、收容站、残疾人服务中心等，政府机构如社会保障部门、警察局出面组织邻里互助、街道联防等，以改进社会服务和遏制犯罪活动。

3. 分权

当代西方国家行政改革的目标之一在于分散政府管理职能，缩小政府行政范围，因而必然要实行分权与权力转移。分权既涉及中央与地方的关系，又涉及中央政府内部上下级的关系。中央政府部门内部上下级关系的改革更是当代西方国家行政改革的焦点。在西方政府的机构改革中，许多政府经济部门被改为准政府机构或分离出去。实行合理分权，把公共服务转给中介机构、社会和非政府组织去承担有很大的好处，这些组织比集权的机构拥有更多的灵活性，它们对于公共需求能迅速地做出反应，而且效率更高、责任心更强，更具创新精神。

4. 运用现代化管理技术

当代政府内部公共管理体制改革最显著的特征是公共行政中的管理主义倾向，即引进现代化管理技术尤其是私营部门的管理技术来改造政府,实现政府管理的现代化,建立一个"市场化""企业型"的政府。其中被广泛应用于政府管理的企业管理方法有策略管理、全面质量管理、成本管理和标杆管理等。同时,还需充分利用信息技术发展电子政务。

5. 人力资源管理改革

在公共人事管理改革方面,西方国家采取的主要措施有以下方面:①为管制松绑,增强灵活性。西方各国在人事录用、报酬、职位分类、培训等方面解除管制,增强其灵活性。②公共管理者的非终身制。文官终身受雇受到改革的猛烈冲击,强制性裁员和日益增多的短期契约性人力运用打破了职位终身制原则,进行以引入市场机制和企业管理技术以及强调顾客导向为主旨的管理主义改革,加强公共部门与私人部门管理者之间的交流。③绩效评估以及灵活的报酬制度。西方公务员制度改革的另一个基本取向是注重结果而非过程控制,重视绩效评估,并采取灵活的报酬与奖励措施。

第三节 信息时代政府职能的转变

一、政府职能的内涵

在《政治经济学原理》一书中,约翰·穆勒认为政府职能主要包括保护人身与财产的安全、防止与制止暴力和欺诈及增进普遍福利,可选择的政府职能主要是指命令式干预或非命令式干预。凯恩斯作为政府干预理论的集大成者,他指出政府不应该仅仅消极地维护社会秩序,而应该积极有效地干预社会秩序与生活。德国弗莱堡学派则认为,干预也应该是适度的,在"社会市场经济"中,政府的职能不能像凯恩斯主义所主张的那样,运用经济政策干预经济,而只是维护市场经济的秩序,政府仅能作为足球比赛中的裁判员维护比赛秩序,绝不是作为运动员参加比赛(弗里德曼,1986)。学者布坎南在《自由、市场与国家》一书中指出,政府的职能主要就是设法将社会摩擦的系数和交易费用降低到人们认可的范围。

国内学者对政府职能的认识是逐步深入的。有学者认为,政府职能主要是维护制度条件、创造基础条件、校正日常条件和稳定社会条件。有的学者主张政府的职能主要是促进经济增长、保持经济稳定、实现经济公平。还有学者提出政府职能体现于政府所承担的五种角色,即调控人角色、公益人角色、管制人角色、仲裁人角色、守夜人角色。实际上,在社会主义市场经济条件下,政府的职能主要存在于四个方面。

(1)政治职能。政治职能主要是指政府以强力为后盾,防御外敌的入侵,维护国家主权,镇压敌对势力的反抗,制止和打击不法分子的破坏,建立和完善有利于现行统治的政治秩序,维护政治稳定。

(2)经济职能。经济职能主要指政府促进社会经济发展和进步,提高社会生产力水平,提高人民生活水平和综合国力的职能。

(3)社会管理职能。社会管理职能主要指国家具有管理社会公共事务,维护社会公共秩序,发展社会公益事业的职能。

(4)文化职能。文化职能主要是指通过加强社会主义民主法制和精神文明建设,促进教育和文化事业的发展,实现社会全面进步。

二、信息时代政府面临的挑战

互联网在全球普及应用之后,全球信息化出现了第一个重大的拐点,就是信息化转向以网络化为中心,互联网时代随之来临。近几年来,信息技术的创新性发展,正在形成信息化的第二个重大的拐点,就是信息化转向以智能化为中心,构造一个人工智能驱动的世界。随着信息社会进入新的阶段,政府管理也迎来了新的挑战。

(一)"民主"决策和"科学"决策产生冲突

民主决策是指让公民能够参与决策过程,让群众充分表达对决策选择方案的意见和建议,使决策符合民愿、尊重民意。科学决策是指依据科学理论和运用科学方法进行决策的过程,典型的形态就是组成专家委员会在决策前进行研究并提出方案。民主决策强调的是合乎民意,而科学决策强调的是以最小成本达到决策目标,两者的利益导向并不一致。有时专家们提出了"科学"的决策建议,但在民主决策过程中却不被认同。在传统决策理论中,解决民主决策中的利益牵制问题要靠所谓的"无知之幕",即当事人并不了解决策会对其自身利益产生哪些不利影响,从而使决策过程能够推进。在当前网络广泛渗透、信息无所不在的情形下,"无知之幕"在很大程度上已不存在,个体在做出决策时已经难从"无个人利益"的立场出发给出公允判断。这就造成了决策中的两难:如果民主决策不到位,有可能无法准确了解公众的诉求,决策也无法有效执行;而如果让民众广泛参与决策过程,则有可能会在很大程度上背离"科学性"。这就要求政府在管理中针对不同情况,在两者之间寻求积极平衡。

(二)垄断的性质变异带来的监管难题

在信息社会的新阶段,平台型大企业具有明显的直接网络效应和间接网络效应,具有显著的市场优势和影响力。然而,用传统的反垄断理论对其进行监管碰到难题,因为无论是定价还是获利,一些巨型企业并不符合垄断企业的行为特征。例如,搜索引擎巨头不会利用其市场影响力向消费者高收费,而是免费提供使用,同时通过加载广告来获利。由于资本市场的深度参与,有些平台企业对当下是否赢利并不敏感,可以极具"耐心"地等待,其行为甚至近似于"软约束"。即使有些企业收入可观,但更多的是靠技术和创新收益而非垄断收益。因此,虽然有些企业的确具有较高的市场份额和市场控制力,但其产生的负面影响却难以识别和量化。总之,对垄断的传统定义无法判断免费市场中大企业控制力对消费者福利的影响。这些都为政府管控垄断行为带来困难。

(三)数据产业发展和个人隐私保护相矛盾

网络时代,大量的个人信息都会不自觉地上传至互联网,但是绝大多数人不愿意自己的私事被公之于众。而大数据技术的特点是"挖掘",原本零散的信息通过大数据的整合很可能变成了对个人隐私"挖掘"很深的数据。比如,私人侦探并不需要违法窃听公民个人的通话内容,却能通过掌握呼入呼出号码、通话人、通话时间以及通话人的行踪、职业、收入、资产等多种信息，"挖掘"出大量隐私。因此，大数据时代如何保障国家安全、商业机密和公民隐私，是政府的职责，也是全社会面临的共同挑战。

（四）网络空间公私边界的重构提出"共治"新需求

传统公共管理理论认为，公共物品、外部性、自然垄断和信息不对称等市场经济的固有缺陷，是政府干预经济的正当理由。然而在网络空间，公共治理的需求远远超出了传统边界。

第一，网络空间中的市场主体通达范围极广，可以不受限制地干扰他人。传统产业中商家和买家的互动，不会明显干扰其他非买家的生活。互联网则不然，页面上时常不可控地弹跳出让人毫无需求并心生不悦的画面，这是对他人生活的不当干扰。

第二，不实网络信息对社会秩序产生冲击。网络社交媒体人数众多，利益关系复杂，有时也会关联公共利益。由于任何人都可以编写信息并发布到网页上，网络对信息并无筛选功能，那些有误解、有偏见甚至故意造谣和煽动的观点也有可能得到广泛传播，从而带来无法预料的社会影响。网络社交媒体还有一个传统媒体所没有的重要性质，即实时的信息反馈。一个倡议通过报纸或广播电视传播，只起到传递消息的作用，每个受众并不知道有多少人以什么方式响应这个倡议。但是在网络社交媒体上，受众的反应和准备采取的行动可以被及时反馈，当人们相信有较多的人会响应时，就会有更多的人响应，因此群体性事件的策划组织变得更加容易。

第三，网络空间没有物理的国界、海关和边防，容易被国外机构和组织攻击与利用。未经许可获得5000万名Facebook用户个人信息数据、操控美国大选情的数据分析公司剑桥分析（Cambridge Analytica）等案例体现了风险的潜在性。

总之，网络空间上的私人领域与公共领域的边界出现模糊和交错，这对"共治"提出了新要求。一方面，互联网企业创造了这个无处不在、无所不包的网络空间并从中获利，就需要承担经济目标之外的部分社会责任；另一方面，政府介入网络空间的治理，深入到企业层面甚至产品和服务层面进行管制，也不能一概视为政府对市场和私人领域的不当干预，而是承担社会治理职责的需要。科技界、企业、消费者和政府等共同构建了网络新世界，都应共同担负起治理责任。

（五）数字鸿沟与数据鸿沟并存

"数字鸿沟"曾经被认为是无法联网和使用硬件设施，如计算机、电话和移动设备。但是，得益于技术进步和支付能力的提高，目前联网和硬件使用能力得以改善，并能通过手机获得所需要的资源和服务。然而，这又引起了新的数字鸿沟，如设备的速度和质量，以及设备使用者所具有的数字素养和专业知识，尤其在老年人中存在的教育或数字技能缺乏问题。各国推行的"数字优先"战略，政府可能无意中将那些不能使用在线服务的人排除在外，从而造成新的数字鸿沟。数字鸿沟的问题已经从"单一"转向"多重"，在内容、带宽和技能可用性等方面，数字鸿沟不仅是一个全球性挑战，也代表了地方性具体问题。

数据鸿沟是指生产、收集、分析和使用数据的个人或群体之间的能力差异。在政府数字化转型的过程中，每个人的活动都被转化为数字化的数据并被采集，数据在各个领域的利用和技术融合引起了数据生产、收集、分析和使用的差距，对实际使用的信息以及知识的数量和质量的决策产生极大影响，数据鸿沟变得更为突出。因此，政府在数字化转型的过程中要获得数据能力，需要能够理解和使用数据的公众，能够懂得数据潜在价值和数据分析的企业，能够真实分析数据的专家及能够懂得数据、用好数据、增强利用数据推进各项工作的领导者。

三、政府职能转变的路径与方向

我国政治体系的基本结构和运行功能表明，行政管理体制改革是推进党的领导、人民当家做主和依法治国有机结合与深化实现的有效路径，政府职能是政府管理的基本问题，是政府一切活动的逻辑与现实起点。职能定位正确与否，是政府能否正确行使权力，发挥相应作用的关键（王浦劬，2014）。

（一）转变政府职能的目标定位

作为行政管理体制改革的出发点，政府职能转变的目标等于行政管理体制改革的落脚点。党的十九大报告进一步明确提出，"转变政府职能，深化简政放权，创新监管方式，增强政府公信力和执行力，建设人民满意的服务型政府"[①]。党的二十大报告也指出，"转变政府职能，优化政府职责体系和组织结构，推进机构、职能、权限、程序、责任法定化，提高行政效率和公信力"[②]。这些都表明政府职能转变的目标应当设置在厘清政府与市场、社会的关系上，由此使得政府职能转变不仅仅单方面涉及政府自身体系结构、流程方式和体制机制，而且涉及中国共产党领导下协同共治的多主体及其相互关系。因此，政府职能转变的目标和任务是在国家治理与政府治理现代化意义上造就有限、有为、有责、有能和有效的现代政府，并塑造有责、有能和有为的有序参与共治主体，构建政府与其他主体的结构性良好共治关系及其实施机制（王浦劬，2015）。

（二）政府职能转变路径

"互联网+政务"是转变政府职能的新动力，转变政府职能需要根据客观实际情况因地制宜，一是需要深刻理解"互联网+政务服务"和政府职能转变之间的逻辑关系，更重要的是，应深化机构和行政体制改革，从管理、业务、技术、制度层面加以完善和提升，科学、有序、高效推进"互联网+政务服务"，为加快推动政府治理现代化进程提供支撑和保障。二是通过政务部门间互联互通、数据共享、协同联动，打通"互联网+政务服务"数据流，实现跨部门数据流动，提升公共服务的整体效能，让数据多跑路，居民和企业少跑腿。三是提升"互联网+政务服务"供给能力，建立和完善"互联网+政务服务"标准规范，扩展网上服务的覆盖面，做到政务服务事项"应上尽上、全程在线"，并逐步拓展网上服务的深度（张喜红，2019；翟云，2017）。

[①]《习近平：决胜全面建成小康社会 夺取新时代中国特色社会主义伟大胜利——在中国共产党第十九次全国代表大会上的报告》，https://www.gov.cn/zhuanti/2017-10/27/content_5234876.htm[2017-10-27]。

[②]《习近平：高举中国特色社会主义伟大旗帜 为全面建设社会主义现代化国家而团结奋斗——在中国共产党第二十次全国代表大会上的报告》，http://www.qstheory.cn/yaowen/2022-10/25/c_1129079926.htm[2022-10-16]。

（三）新时代政府职能转变向度

随着社会主义市场经济体制建立与完善，政府已经不能以"全能"的角色出现在经济社会发展中，这就必然需要转变政府职能，推动政府角色和职责从四个向度出发，在市场经济条件下进行重新界定。一是职责向度，明确市场经济条件下政府的角色和职责，从原有的直接管理转变为间接管理，微观管理转变为宏观管理，直接进行资源调配转变为规划、协调与监管资源市场化分配等。二是治理向度，推动政府间关系的优化，发挥中央与地方的积极性和活力，同时横向政府及部门间的关系也进一步"磨合"与"优化"，逐步形成协调性的政府间运行模式。三是社会向度，实现政府和社会关系的良性互动，与社会组织进行一定程度的合作，在保证政府主导的基础上，充分实现社会组织参与到相应社会管理的过程中来，并积极发挥作用。四是协同向度，保障中国政治制度体系合理运转，政府作为政治制度体系的"接合部"和执行者，职能转变可以以推动行政管理改革为切入点，加强党的领导和党的建设，推动根本政治制度的进一步落实，提升参政议政作用的发挥，保障人民群众的知情权、参与权、表达权和监督权，形成有效权力制约和腐败监督体系，将各方制度进行有效的协调，形成制度体系作用的最大化（岳嵩，2019）。

第四节　电子政务的兴起与发展

在新公共管理和政府再造运动的推动下，西方各国纷纷提出了政府改革以及政府信息化建设计划，强调将信息技术的运用由提高效率转向改造传统政府，提出通过运用现代信息技术，建立电子政务，推进以公务为中心的政府改革方案。电子政务在政府再造运动中得以孕育与发展，成为现代科学技术应用与行政改革有机结合的统一体。它在相当程度上使西方国家政府公共部门管理效率提高和管理能力增强，使各种社会危机和矛盾得到了一定程度的缓解，并把政府部门从低效率和高成本中解脱出来，为提高政府部门的公共治理能力提供了一种全新的管理范式，为政府部门加强与企业和公众的联系提供了应用平台，创造了契机和条件。

一、国外电子政务的兴起与发展

（一）克林顿"重塑政府"运动与电子政务的兴起

1993年，"电子政务"一词首先由美国总统克林顿提出。克林顿政府一开始就认识到信息技术在经济和社会方面的巨大潜力，在提出了"信息高速公路"计划后，其意识到信息技术对美国政府和政治产生的深远影响，随后则提出了电子政务的设想，并开始支持与着手实施电子政务。虽然建立电子政务并非克林顿的初衷，但作为一种应用"政府再造"过程的新型信息技术，克林顿政府认识到电子政务建设对于经济社会发展是一种非常好的形式。

具体来看，克林顿政府对电子政务的设想主要包括两方面内容：一是减少"橡皮图章"，加速政府对公众需求的回应，使公众能更快捷、方便地了解政府，并能"一站式地满足公民向政府申请贷款、竞标合同、网上缴税等服务"；二是再造高效率、低成本的美国政府系统，消除政府中存在的官僚作风。克林顿政府推进电子政务的历程大致经历的几个标志性阶段如表 1-1 所示。

表 1-1 克林顿电子政务兴起历程

时间	内容
1992 年	克林顿就任总统，宣布他的政府将是一个电子化政府
1993 年	启动国家信息基础设施（national information infrastructure，NII）计划，正式出台了"信息高速公路"计划，提出以"效率更高、花费更少"为目标，发动一场联邦政府内部的革命
1993 年	克林顿在就职演说中，提出"我们的目标是使整个联邦政府更加节省、更加有效。同时将我们国家的官僚机构从自大和特权的文化中解脱出来，变得更加进取和勤政"
1993 年	美国国家绩效评估委员会（National Performance Review，NPR）提出《创造一个花费更少，运转更好的政府》和《运用信息技术改造政府》两份报告（刘玉宝，2006）。并在后一报告中明确提出"电子政务"这一概念，把"删减法规，简化程序；顾客至上，民众优先；授权员工，追求成果；节约成本，提高效能"四个原则作为政府再造的行动方向
1994 年	美国政府信息技术服务小组提出《政府信息技术服务的前景》报告，认为改革政府不仅仅是人事精简、减少财政赤字，更需要善于运用信息技术的力量彻底再造政府对公众的服务工作，要利用信息技术协助政府与公众间的互动，建立以公众为导向的电子政务，以提供更有效率、更易于使用的服务，为公众提供更多获取政府服务的机会和途径
1995 年	克林顿签署《文牍精简法》，要求联邦和各州政府部门呈交的表格必须使用电子方式，尽可能在 2003 年 10 月以前实现政府无纸化作业
1996 年	克林顿和戈尔在赢得连任后将政府创新变革运动引向深入，发起"再造政府"运动，提出要让联邦机构在 2003 年全部实现上网，使美国民众能够充分获得联邦政府掌握的各种信息
1997 年	"国家绩效评估委员会"发表关于建设电子政务的纲领性计划"走近美国"，该计划要求从 1997 年至 2000 年，在政府信息技术应用方面完成 120 余项任务；在 21 世纪初，政府对每个公民的服务实现电子化，在信息技术的支持下，政府工作的效率有极大的提高

作为"再造政府"运动的意外收获，电子政务得到了公众的广泛关注与好评，成为美国政府创新的一大特色，至 20 世纪末，克林顿政府成为美国自 20 世纪 50 年代以来规模最小的政府，电子政务在全球范围内迅速兴起。

（二）电子政务建设走向世界

电子政务的应用不仅可以帮助建立起更精简高效、廉洁勤政的政府，更是拓宽了民众参与的渠道。因此，作为一项新型信息技术，电子政务已经成为政府治理国家所不可或缺的工具，受到世界各国的重视，各国纷纷投入人力物力，大力发展电子政务。

作为率先实施电子政务建设的国家之一，加拿大政府制订了"应用信息技术创新政府服务建设蓝图"的国家电子政务发展方案。随后，在教育、就业、医疗、电子采购、社会保险、企业服务、税务等领域，加拿大政府电子服务取得不错的效果。并且，加拿大政府还建立了政府入口网站、加拿大青年网站、加拿大出口资源网站等，以帮助本国公民与企业发展。

欧盟各成员国也分别制订了各自国家电子政务规划并积极付诸行动。1997 年，法国从"政府上网"开始着手电子政务建设工作，甚至达到普通民众可以通过 E-mail 方式直接与总统联系的效果；英国政府发布《政府现代化白皮书》《21 世纪政府电子服务》《电子政务协同框架》等政策规划，并进一步完成其设定的政府电子服务目标。

新加坡作为亚洲的典型代表，从 20 世纪 80 年代开始发展电子政务。智能岛计划的实施，使新加坡政府的大部分机构实现上网，并实现了较完善的在线服务功能。同时，日本的打造 E-Japan 战略计划、韩国的"新韩国网络"计划等方案的公布实施，极大加快了亚洲国家和地区电子政务的发展步伐，各国政府对电子政务的重要性达成共识，都把电子政务作为优先发展的战略，推动了电子政务的快速发展。

二、国内电子政务的兴起与发展

20 世纪 70 年代，发达国家政府部门首先在政府内部事务处理性业务中普遍开始应用计算机；20 世纪 80 年代后，管理信息系统成为政府部门应用的主流，电子政务的内涵从应用于内部事务处理，发展到拥有较为成熟的政府管理数据处理能力和复杂决策问题解决能力；20 世纪 90 年代后，随着国际互联网技术的发展及其在政府管理中的应用，美国、欧盟、澳大利亚和新西兰开始着手建设电子政务工程，电子政务由此兴起并发展。而相对于国外的电子政务建设，我国的政府信息化过程建设起步较晚，电子政务兴起的历程大体分为四个阶段。

第一阶段是政务信息化时期。该阶段以 20 世纪 80 年代的办公自动化为标志，虽不能称作真正意义上的电子政务，但可以作为我国电子政务的起点。在这一阶段，我国政府信息化主要是应用计算机进行有关数据的处理，实现了以计算机代替手工操作，大大提高了工作效率和质量。

第二阶段是电子政务启动时期。该阶段以 1999 年国务院办公厅和 40 多个国务院部门共同发起"政府上网工程"为标志。1993 年底启动的"三金工程"，作为中央政府主导的以政府信息化为特征的系统工程，更为我国电子政务的发展打下了良好的基础。从 20 世纪 90 年代开始，我国的电子政务取得了长足的进步。

第三阶段是电子政务全面推进时期。该阶段以 21 世纪初电子政务建设被纳入国家最高决策层的重要议程为重要标志。中国加入世界贸易组织后，对政府行政管理水平提出了更高的要求，包括对政府内部办公自动化的纵深应用以提高内部办公效率，对外部进一步完善标准统一、功能完善和安全可行的政务信息网络平台，以及进一步开放政府信息资源以提供高效率、高质量的用户服务等方面，无不推动着我国电子政务建设向规范化和更高层次发展。

第四阶段是电子政务深入应用时期。2006 年，信息化和电子政务在国家战略上被提到前所未有的高度，我国电子政务建设进入以深化应用为显著特征的新的发展阶段。具体来看，中央政府门户网站正式开通，标志着由中央政府门户网站、国务院部门网站、地方各级人民政府及其部门网站组成的政府网站体系基本形成。为指导"十一五"期间各地区、各部门更好地推行电子政务，促进全国电子政务健康发展，国内出台了《国家电子政务总体框架》，以指导各地区电子政务的建设与发展。

三、电子政务的发展趋势

（一）注重集约、整合与协同，积极构建整体政府

从各国电子政务建设现状来看，在一体化的电子政务中实现政府治理的高效运作与

业务协同，构建整体政府，实现政府协同治理已成为全球信息化发展的主要趋势。《联合国 2014 年电子政务调查报告》指出，目前主要发达国家更加关注通过电子政务手段建设整体政府和解决协同治理问题，并将其作为处理需要政府做出综合反应的各种复杂挑战的关键。在构建整体政府中，强调基础资源的集约化建设与利用、管理层面的统筹规划与高效协同、服务层面的"一站式"无缝整合成为各国的普遍做法。

（二）强化政府数据开放，着力打造开放政府

当前，政府开放数据运动已在全球逐步兴起，在国家层面制定战略及政策法规，建设数据开放门户网站，逐步向公众开放免费的可机读数据集，鼓励开发人员基于数据集开发应用程序，带动全社会创新，已成为大势所趋。

（三）积极推动新技术新应用，加快建设智慧政府

随着云计算、物联网、移动互联网、大数据等新一代信息技术的发展，各国电子政务建设正朝着数字化、智能化、人性化的方向发展，"智慧政府"建设成为各国电子政务发展的重要内容之一。

第一章补充材料

本章参考文献

安莉. 2006. 政府质量比较研究[M]. 长春：吉林大学出版社.
登哈特 J V，登哈特 R B. 2004. 新公共服务[M]. 丁煌，译. 北京：中国人民大学出版社.
弗里德曼 M. 1986. 资本主义与自由[M]. 张瑞玉，译. 上海：商务印书馆.
郭彦. 2020. 新公共管理视角下我国政府会计改革问题研究[J]. 财会通讯，（7）：160-163.
李一. 2019. "数字社会"的发展趋势、时代特征和业态成长[J]. 中共杭州市委党校学报，（5）：83-90.
刘春年. 2005. 电子政务发展机制研究[D]. 武汉：武汉大学.
刘玉宝. 2006. 电子政务与政府管理创新研究[D]. 天津：天津大学.
宋爱萍. 2004. 我国电子政务建设研究[D]. 郑州：郑州大学.
王满船. 1999. 西方行政改革的、新公共管理模式评析[J]. 中国行政管理，（5）：28-31.
王浦劬. 2014. 论新时期深化行政体制改革的基本特点[J]. 中国行政管理，（2）：6-14.
王浦劬. 2015. 论转变政府职能的若干理论问题[J]. 国家行政学院学报，（1）：31-39.
休斯 O E. 2001. 公共管理导论[M]. 张成福，马子博，译. 北京：中国人民大学出版社.
徐晓日. 2004. 政府创新的信息化模式：电子政务研究[D]. 长春：吉林大学.
岳嵩. 2019. 新时代政府职能转变的四个向度[J]. 人民论坛，（11）：50-51.
翟云. 2017. 政府职能转变视角下"互联网+政务服务"优化路径探讨[J]. 国家行政学院学报，111：132-136，164.
张喜红. 2019. 责任政治建设与政府职能转变：关系、路径与指向[J]. 学习与探索，（12）：45-50.

第二章

电子政务概述

 本章导言

随着以全球互联网新技术为代表的新一代信息技术的迅速发展，人类社会正步入一个崭新的网络时代。政府部门作为国家经济活动的参与者和管理者，其管理水平和服务功能的强化、发展将对企业、社会产生极大的推动作用。电子政务的本质是使人们或社会单元（包括各级政府机构和公务员）用最快的时间、最简的方式、最短的捷径、最易的方法、最低的成本，获取最需要、最有效、最有价值的政府服务和信息。本章重点介绍了电子政务的内涵与本质、电子政务相关概念、电子政务的体系框架以及电子政务成熟度。

第一节 电子政务的内涵与本质

一、电子政务的内涵

自20世纪90年代电子政务兴起以来，电子政务的定义有很多，并且随着实践发展，其内涵也在不断更新。在我国，"电子政务"有许多不同的表达，如"电子政府""政府上网""政府信息化"等。

（一）政务与电子政务

电子政务是借助电子信息技术而进行的政务活动。由于电子政务是电子信息技术与政务活动的交集，所以它的内涵和外延在很大程度上取决于对政务活动和电子信息技术所下的定义。

政务有广义和狭义之分。其中，广义的政务泛指各类行政管理活动，而狭义的政务则专指政府部门的管理和服务活动。方便起见，本书将采用狭义的政务概念，即政务专指政府部门的管理和服务活动。

与广义和狭义的政务相对，电子政务也有相应的广义和狭义之分。广义电子政务涉及所有国家机构；狭义的电子政务主要包括直接承担管理国家公共事务、社会事务的各级行政机关。狭义的电子政务可以简单地理解为电子信息技术在各个部门的垂直应用，如工商行政管理局为企业办执照，进行企业年检和审核等，再比如，海关的通关、报关等。狭义的电子政务包括国务院的组成部门，如外交部、国防部、国家发展和改革委员会（简称国家发改委）、教育部、科学技术部、工业和信息化部、国家民族事务委员会、公安部等。目前大家在探讨电子政务建设的时候，更多的是指政府部门的信息化建设，这就涉及广义的电子政务。但实际上，就我国而言，党委、人大、政协、司法、军队系统和企事业单位等同样有一定的行政管理活动权利，而且这些活动同样可以借助电子信息技术。

但值得注意的是，并非所有的电子信息技术与政务活动相结合，都能被称为电子政务。例如，政府部门通过传真来传递信息，就不能算是电子政务，因为传真只是一个传递信息的途径和手段，而不能对政务活动的内容和开展方式产生根本性的影响。电子政务真正作为一个独立的概念出现，是在计算机网络技术相对成熟和普及之后。只有在网络技术出现之后，大量政务信息的实时共享和双向交流在技术上才成为可能，从而使传统的政务开展方式发生根本性的改变。

（二）电子政务定义发展

电子政务的英文名称为 electronic government，可简称为 E-government，这由美国总统克林顿和他的搭档戈尔于 1993 年首次提出。电子政务的含义主要有两层：一为"减少橡皮图章"，加快政府对国民需要的回应速度，让美国人能更快捷、更方便地了解政府，并能为公民提供"一站式"政府申请贷款和网上付税等服务；二为重塑美国的政府系统，使之效率更高，运作成本更低，并"彻底扫除美国政府的官僚作风"。

联合国经济及社会理事会将电子政务定义为：政府将信息通信技术手段的密集性和战略性应用于组织公共管理的方式，旨在提高效率、增强政府的透明度、改进公共政策的质量和决策的科学性，建立良好的政府之间、政府与社会之间以及政府与公民之间的关系，提高公共服务的质量，赢得广泛的社会参与度。

世界银行则认为电子政务主要关注的是政府机构使用信息技术，赋予政府部门以独特的能力，转变公民、企业与政府部门之间的关系。这些技术可以向公民和企业提供更加有效的政府服务，更好地保障公民权利等，从而有效实现提高透明度、减少腐败、促进政府服务便利化等目标。

虽然不同主体对电子政务有着不同的理解，但是所有定义都强调政府对信息通信技术的使用，并且通常都会提及三个目标，即"更高效的政府管理""为公众提供更好的服务""改善民主进程"。但是，在过去的几年里，许多国家在电子政务实践中或定义上对"改善民主进程"这一提法有所淡化。尽管如此，民主仍然是国内外电子政务研究的一个重要组成部分，一般被列入公民参与环节，也被视为政府实施管理并提供公众服务的一种。

因此，本书认为：电子政务是指在政务活动中，国家机关全面应用现代信息技术、网络技术以及办公自动化技术进行办公、管理并为社会提供公共服务的一种全新的管理模式。

（三）电子政务的组成部分和内涵

由于电子政务概念在不断更新，我们将这些新的子集分为电子党务、电子政协、电子司法、电子人大等。政府利用先进的信息技术来提高办公效率，并不是政府部门的专利。电子信息技术在公共管理中的应用，实际上要远远超出政府系统的范围。

电子政务主要包括三个组成部分：一是政府部门内部的电子化和网络化办公；二是政府部门之间通过计算机网络进行的信息共享和实时通信；三是政府部门通过网络与民众之间进行的双向信息交流。

这三个组成部分具体到各个部门，体现为：目前我国各级政府部门所广泛使用的办公自动化系统，属于第一类电子政务的范畴；已经建设完成的"三金"工程和电子口岸执法系统是第二类电子政务的典型例子；政府部门通过自己的互联网站发布政务信息，以及进行网上招标、网上招聘、接受网上投诉等，则属于第三类电子政务的范畴。

电子政务是基于网络的政府综合信息服务和信息管理系统，我们可以从以下三个方面把握电子政务的科学内涵：一是电子政务要实现政府内部的办公自动化，提高政府机构的办公效率；二是电子政务要建立起政府与社会公众、企事业组织之间的双向互动，为社会提供公共服务，并接受社会对行政的监督；三是电子政务以电子、数字手段为基础，依托先进信息网络技术来实现。

综上所述，本书将电子政务的内涵描述如下。

电子政务，是指政府及其他公共管理主体在政务活动中，全面运用现代信息技术和管理理论，将管理和服务通过网络技术进行集成，在互联网上实现政府组织结构和工作流程的优化重组，超越时间和空间及部门之间的分割限制，向社会提供优质和全方位的、规范而透明的、符合国际水准的管理和服务，同时鼓励公民参与和促进治理。

二、电子政务的本质

（一）电子政务本质的三方面

电子政务是一种程序概念，即利用信息技术（特别是网络技术）进行行政。电子政务主要是通过电子手段完成行政目的，着重点在政务。我们可以从以下三个方面认识和把握电子政务的本质。

1. 电子政务是现代信息技术在政府工作中的全面应用

电子信息技术特别是网络技术的高速快捷、全球联通的特点使得政府信息的生产和传播、政府管理的手段和方式发生了深刻的变化。政府在某些领域具有更强的信息获得与控制能力，从而拓宽政府职能领域，更有效地实现对社会的控制；同时，政府在信息获得和控制方面的垄断优势也将被打破，面临来自社会各个层面的竞争，导致某些政府职能的压缩和流失，这将给政府管理方式带来革命性的变化。

2. 电子政务是一种全新的政府管理观念

电子政务不是传统政务和电子技术的简单叠加，不是用电子技术去适应落后的传统政务模式，而是借助电子信息技术对传统政务进行一场深刻的革命，以更好地实现政府为公众服务的宗旨。

3. 电子政务是一个动态的过程

电子政务不是一个结果，而是一个动态的过程，是一个持续不断地运用信息技术手段改革政府管理模式和政府管理手段的实践。电子政务不可能一蹴而就，需要用系统工程的方法对政府管理流程不断进行改进和完善。

（二）电子政务本质阐述

电子政务是具有适用性的一个概念。它不是一个结果，而是一个动态的过程，是政务与信息技术相结合的产物，也是一种全新的政府管理观念。它的实质就是通过运用信息技术推进政务改革和政府管理体制变革的创新工程，是现代政府官员治事理政不可或缺的工具，是一个持续不断地运用技术手段改革政府管理模式和政府管理手段的实践。

首先，电子政务简言之即现代条件下电子化的行政服务。其次，这一概念的提出也是由政府机关的主体地位决定的。与国外不同，中国的电子政务概念不局限于政府，而是存在一定程度的"泛化"现象，如将"电子党务"也归入电子政务范畴，但电子政务的主体仍然是承担社会管理职能的政府机构。最后，这一概念的提出也是电子政务应用发展到一定阶段的产物。目前电子政务发展极具"不平衡性"，各地方政府"八仙过海，各显其能"。电子政务建设着眼于"部门视角"，重复建设、条块分割、各自为政的现象比较严重，不利于业务整合和流程优化。在这种情况下，推动电子政务整合发展必须牢牢抓住核心主题，才能做到事半功倍。

综上所述，电子政务的本质是使人们或社会单元（包括各级政府机构和公务员）用最快的时间、最简的方式、最短的捷径、最易的方法、最低的成本，获取最需要、最有效、最有价值的政府服务和信息。

第二节 电子政务相关概念

深入理解和研究和电子政务相关的概念，便于进一步明晰电子政务的内涵。本节将重点解读电子政务与传统政务、电子政务与电子政府、电子政府与实体政府、电子政务与电子商务等概念之间的区别与联系，确保电子政务研究及建设方向的正确性。

一、电子政务与传统政务

传统政务是在工业社会官僚体制下建立起来的政务管理模式。而电子政务则是运用先进信息技术，实现对传统政务改造的一种新型政务管理模式。

具体来看，电子政务与传统政务在政务处理方式、办公手段、业务流程、与公众的沟通方式、政府管理成本方面均存在差异。

（一）政务处理方式

以政府机构和职能为中心的传统政务处理方式，使得企业、公众与社会组织需在充分了解政府部门基本职能的基础上，按照先后顺序分别到不同部门办理相关手续与事务。与传统政务相比，电子政务极大地简化了政府部门的审批流程，使得企业、公众与社会组织能够实现在政府门户网站按照相关指示办理业务。

（二）办公手段

传统政务以纸质文件作为信息传递的介质，企业、社会组织和公众需亲自前往政府部门所在地办理相关手续，且政府部门之间的信息沟通也普遍通过纸质印刷加人为传递进行，而电子政务则可直接通过互联网技术传输和交换信息。与传统政务相比，电子政务传递信息的形式更加灵活、容量更大且传递速度更快。

（三）业务流程

传统政务是一种强调由上到下的垂直管理模式。在该模式下，上级对下级的控制和协调能力较强，管理层级多，可以轻松实现上传下达，层层落实，级级把关，提高效益和质量的效果。与传统政务不同，电子政务的实施，能够在极大程度上降低政府获取信息的难度，政府可以根据自身的需要，适度减少管理层次，扩大管理幅度，降低管理成本，使政府的工作变得更加高效、快捷和廉洁。

（四）与公众的沟通方式

传统政务中，政府主要借助如报纸、广播等传统传媒发布政务信息，公众也主要通过传统手段向政府反映、回馈信息。而电子政务的实施，使得公众通过网络，可以与政府部门直接进行信息交流，一方面使政府能够对公众的需求做出快速反应，更好地为公众服务；另一方面也有利于发扬民主，提高民众参政议政的意识与能力。

（五）政府管理成本

传统政务遵循政务边际成本递增法则，社会化任务越重，管理范围越大，相应的管理成本越高。与传统政务不同，电子政务遵循的是政务边际成本递减法则，社会管理的中间成本在社会管理范围扩大中相对减少。

二、电子政务与电子政府

电子政府一词的首次使用，源于1993年美国国家绩效评估委员会向克林顿总统提交的一份名为《运用信息技术改造政府》的报告。该概念是指利用网络技术构建一个"虚拟政府"，使公众能够随时随地享受政府服务，并用以检视美国政府在管理和服务提供方面是否存在弊端的一种运行模式。此后，英国、日本等发达国家相继提出并构建了适合本国国情的电子政府计划。

电子政府提出后，对于电子政府内涵的界定，起初不同学者有不同的认知，认为电子政府是办公自动化、是政府上网、是政府信息资源管理的电子化，或者认为是电子政务，而随着信息技术的进步与信息技术在政府管理领域的应用的不断深入，学者对于电子政府的界定也更为清晰。一般认为，电子政府是政府通过在网上建立虚拟电子政府，促使政府能够廉洁高效、简洁公平地处理日常行政管理事务的一种新型管理体系。

电子政府与电子政务在概念上最易混淆，二者均翻译自英文 electronic government，并在中国化过程中形成一个英文词两种汉译的情况。但电子政府与电子政务并不是两个完全对等的概念，更不能互相替代。

电子政府是一个实体概念，是通过依托先进信息和技术，开展电子政务，使现有政府组织结构完整、工作流程优化，以便向社会提供更加优质的管理与服务的一种新型政府管理形态。而电子政务是一个程序概念，是政府部门应用电子信息化和网络通信手段进行行政活动，以提高政府效率的一种方式。

因此，电子政府是电子政务的建设目标，决定了电子政务的发展方向，并重在实现政府的网络化；电子政务是建立在电子政府之上的政务，是实现电子政府的手段和途径，重点是通过电子手段完成行政目的。

三、电子政府和实体政府

电子政府与实体政府是两个相辅相成、不可分割的概念。电子政府不可能取代实体政府独立存在，电子政府的运作离不开实体政府，而实体政府因为电子政府的助力，也能够更好地为民众提供优质服务。

具体来看，电子政府的出现使实体政府的管理方式发生了翻天覆地的变化，具体表现为电子政府打破了实体政府的物理边界，使政府组织结构扁平化，政府与公众间沟通渠道更加畅通、联系变得更为紧密，也使得政府为公民提供全天候的一站式"无缝"服务成为可能。

但不可忽视的是，实体政府所进行的有形化管理，也同样有电子政府所不可替代的地方。发展电子政府的目的不是建立另一个政府，而是要利用信息技术促进政府的改造和创新，从而实现线上、线下政府职责清晰，实现政府部门间职能并行，推进政府治理现代化，共同致力于服务民众。由此，才是真正实现发展电子政府的目的与价值。

四、电子政务与电子商务

电子商务是指在预先通过协议连接起的电子网络环境中进行商务活动的一种方式。简言之，电子商务就是以电子方式去完成交易。电子商务具有广告宣传、咨询洽谈、网上订购、网上支付、电子账户、服务传递、意见征询、交易管理等功能。

比较电子政务与电子商务，电子政务的实施主体是政府，而电子商务的实施主体是企业。具体来看，电子政务是以实现自身管理职能，提高政府对公众的服务水平为目的，意在借助信息技术寻求政府管理创新方式，以便实现政府部门内部、跨部门和社会公众的管理与服务一体化。

而电子商务是以营利为目的，以寻求最大限度地吸引客户为目标，重点在于借助信息技术的优势，改善企业生存的外部环境，拓展企业与客户间的交互通道，寻求新型合作方式，从而追求市场利润的最大化。与电子政务相比，电子商务对于企业内部环境的相关性和依赖性相对较弱。

但电子政务与电子商务都将运用互联网技术向客户提供更高效、更低成本的产品与服务作为共同建设理念。二者相互促进，电子政务的有效运行给电子商务营造好的网络经营环境，电子商务的广泛实施也可以帮助政府提高检测能力。在发展电子政务的过程中，政府可以通过借鉴电子商务的某些思想方法和部分支撑技术，更好地为企业和社会公众提供服务。

第三节 电子政务的体系框架

一、国家电子政务总体框架

（一）电子政务总体框架

框架是一个统一的整体，在一定时期内相对稳定，具体内涵将随着经济社会发展而动态变化。推进国家电子政务建设，服务是宗旨，应用是关键，信息资源开发利用是主线，基础设施是支撑，法律法规、标准化体系、管理体制是保障。由此，本书认为国家电子政务总体框架的构成包括：服务与应用系统、信息资源、基础设施、法律法规与标准化体系、管理体制[①]。

1. 服务与应用系统

强调服务是电子政务的出发点和落脚点，要以人为本，惠及全民。对已建系统必须强化应用，推动部门间的协同和共享。对在建和拟建系统，要有利于深化政府机构改革和优化组织结构，避免简单地在原有体制和业务流程基础上进行建设。这一建设原则明确指出，电子政务不是在原有管理体制上为本部门设立的应用系统，而是实现结构性的政府管理创新，提高行政效率、降低行政成本。可以说，这项原则吹响了建立以政务流程为核心的跨部门应用系统的号角，电子政务将成为推动政府行政体制改革的重要措施。

2. 信息资源

强调信息采集和更新要减轻公众与企业负担；信息公开和共享要着眼于社会公众和企事业单位最关心、最直接、最现实的利益问题，以公开为原则，以不公开为例外，公开行政决策的程序和结果，提高政府的透明度和办事效率，拓宽群众参政议政渠道。这一极重要的原则，充分体现电子政务要为构建和谐社会服务，要惠及全民的理念和作用，是电子政务健康发展的重要方向。

3. 基础设施

强调建设要统一规划，避免重复投资和盲目建设，提高整体使用效益。对国家电子政务网络，特别强调要充分利用国家公共通信资源，统一标准规范；对政务信息资源目录体系与交换体系，特别强调要依托统一的国家电子政务网络，统筹规划，分级建设；

[①]《国家电子政务总体框架》，https://www.mct.gov.cn/whzx/zxgz/whbwlaqhxxhgz/xxhjs_whaq/201111/t20111129_800690.htm[2011-09-14]。

对信息安全基础设施,特别强调要规范信任体系建设和统筹规划电子政务应急响应与灾难备份建设。上述建设原则极为重要,因为这些基础设施建设涉及全局,投入巨大,失去统筹规划将不可能发挥整体效益,有可能造成新一轮的巨额浪费。

4. 法律法规与标准化体系

强调开展电子政务法研究,推动政府信息公开与共享、政府网站管理、政务网络管理、电子政务项目管理等法规建设,推动开展修订相关法律法规的研究。电子政务标准化体系以国家标准为主体,充分发挥行业标准在应用系统建设中的作用。要重点制定电子公文交换、电子政务主题词表、业务流程设计等标准,逐步建立标准符合性测试环境。

5. 管理体制

强调要加快各方面的改革,在关系到电子政务发展全局的重大改革上取得突破性进展,建立健全与社会主义市场经济体制相适应的电子政务管理体制。要把电子政务建设和政府职能转变与创新政府管理紧密结合起来,形成电子政务发展与深化行政管理体制改革相互促进、共同发展的机制。这些关于管理体制建设的原则进一步强调了电子政务在政府管理体制改革中的社会功能及其在信息社会中的社会价值。

(二)电子政务基本内容

根据电子政务的应用领域和服务对象的不同,一般将电子政务的基本内容划分为以下三类(图 2-1),即政府对政府的电子政务、政府对企业的电子政务、政府对公民的电子政务。

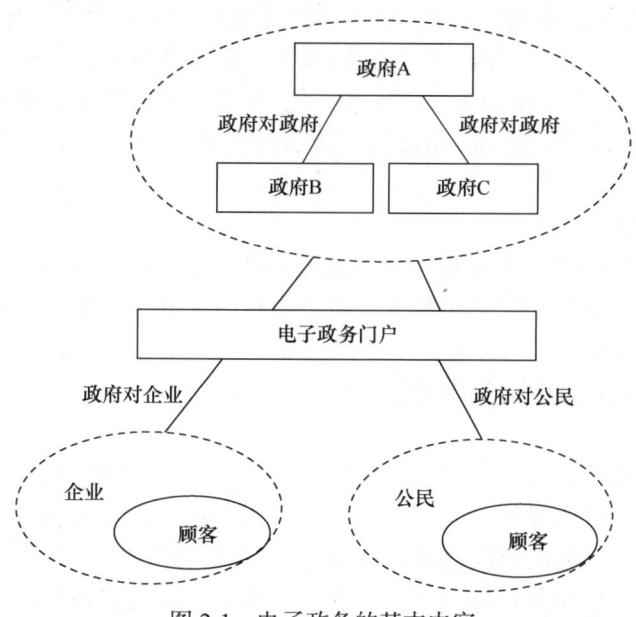

图 2-1 电子政务的基本内容

1. 政府对政府的电子政务

政府对政府的电子政务,简称 G2G(government to government)。G2G 是一种政府

间电子政务的应用,是电子政务的基础工程,应用于四种具有不同工作关系的政府机关。

(1)隶属关系。隶属关系是指同一组织系统中上下级机关之间的领导与被领导的关系。

(2)业务指导关系。业务指导关系是指同一专业系统中上下级主管业务部门之间的业务指导与被指导的关系。

(3)平行关系。平行关系是指同一组织系统中同级机关之间的关系。

(4)不相隶属关系。非同一系统中的任何机关或部门均为不相隶属的关系。

由此可见,G2G是应用于上下级政府、不同地方政府、不同政府部门之间的电子政务。也可归纳为政府机关内部的电子政务和政府机关之间的电子政务两种形式。下面介绍几类G2G的具体实现方式。

1)政府内部办公自动化

政府内部办公自动化是指通过政府内部的办公自动化系统,帮助政府日常管理和协同办公运作,使得各政府机构在同一网络平台上传递信息、开展业务,实现协同政务、资源共享、科学决策,提高政府的作业效率和业务水平。

2)电子化人力资源管理

电子化人力资源管理包括电子化招聘、电子化学习、电子化沟通等内容。电子化人力资源管理的发展将对传统的、以纸质档案管理为中心的人事管理方式进行一场新的革命,对提高政府人事管理的工作效率,降低管理成本起着非常重要的作用。

3)电子公文系统

电子公文系统是指借助网络技术实现公文的流转。通过电子公文流转和审批系统,传统的政府间公文的收文处理(一般包括文件的传递、签收、登记、分发、拟办、批办、承办、催办、查办、立卷、归档)和发文处理(一般包括拟稿、审核、审批、签发、会签、校对、登记、立卷、归档)就可以在保证信息安全的前提下,通过数字化的方式在不同的政府部门间实现瞬时传递,从而大大提高公文处理的效率,彻底改变"公文长途旅行"现象。

4)电子监察系统

电子监察系统是利用计算机网络等信息化手段所建立的,专门用于行政监察机关监督各行政部门行政审批实施情况的系统。电子监察系统的主要功能是对各行政审批事项的办理过程实施综合监察、程序监察、时限监察、收费监察、预警纠错、绩效评估等。同时具有向社会公众和企业提供各种相关信息服务的功能。

5)网络业绩评价系统

网络业绩评价系统是利用网络技术构筑业绩考评体系。网络业绩评价系统既对业绩考评的各项指标进行量化考核,又通过网络实现远程考评,与此同时还可实现员工之间的横向比较以及不同时期的纵向比较,使得考评方式更加科学、公平与公正。网络业绩评价系统可按照设定的任务目标、工作标准和完成情况对政府各部门以及每一员工的业绩进行科学的测量和公正的评估,以取得良好的激励与约束效果。

2. 政府对企业的电子政务

政府对企业的电子政务，简称 G2B（government to business）。政府可以通过 G2B 的电子网络系统高效、快捷地为企业提供各种管理、服务和政府采购。G2B 覆盖了从企业诞生、执照办理、工商管理、纳税到企业停业破产整个企业生命周期的信息配套服务。对政府来说，G2B 电子政务的内容主要包括政府电子化采购、电子税务系统、电子工商行政管理系统、电子外经贸管理等。

1）政府电子化采购

政府电子化采购主要是通过网络面向全球范围发布政府采购商品和服务的各种信息，为国内外企业提供平等的机会，特别是广大中小企业可以借此参与到政府采购中来，从而赢得更多的发展机会，同时还可减少政府和企业的招投标成本，缩短招投标的时间。

2）电子税务系统

电子税务系统使企业通过政府税务网络系统，在家里或企业办公室就能完成税务登记、税务申报、税款划拨，以及查询税收公报、了解税收政策等业务，既方便了企业，也减少了政府的开支。

3）电子工商行政管理系统

电子工商行政管理系统使企业营业执照的申请、受理、审核、发放、年检、登记项目变更、核销，以及其他相关证件如统计证、不动产登记证、建筑许可证、环境评估报告等的申请和变更均可通过网络实现，电子工商行政管理的实施将使传统的工商行政管理工作产生质的飞跃。

4）电子外经贸管理

外经贸管理电子化已成为一种新的趋势，如进出口配额许可证的网上发放、海关报关手续的网上办理以及网上结汇等已在我国外经贸管理中应用。

3. 政府对公民的电子政务

政府对公民的电子政务，简称 G2C（government to citizen）。G2C 是政府通过电子网络系统为公民提供从出生、入学、就业、社会保障、死亡等整个生命周期中的各种信息配套服务。G2C 电子政务的主要内容包括公共信息服务、教育培训服务、就业服务、电子医疗服务、社会保障服务、民主参与等。政府为公民提供的典型服务有以下内容。

1）公共信息服务

公民可以通过政府网站快速地查询到国家和政府的有关法律法规、规章或政策性文件，了解有关政务活动情况和进展；各种社会经济统计指标、地区经济发展状况等一般都在政府网站提供的信息服务之列。B2C 能通过电子网络系统为公民提供各种服务，提高政务信息的公开性、政府活动的透明性，有利于公民的民主参与和有效监督，促使公务员廉洁自律。

2）电子医疗服务

公民可以通过政府网站查询各种医疗机构的信息（级别、特长、执业医师的资格、业务情况），并可以在网上进行医学咨询和就医（挂号、住院）预约，查询各种药品的成分、功效、试验数据、使用方法、价位，查询个人医疗保险账户余额和当地公共医疗账户情况等。

3）社会保障服务

公民可以通过政府网站了解国家和当地社会保障政策，申请失业、最低生活保障等各类补助，查询自己的养老、失业、伤残、医疗等社会保险账户的明细情况，办理各种有关社会保险的赔偿手续。

4）民政及证件服务

政府网站可提供如出生证明、死亡登记、结婚登记、迁徙和户口管理、车辆登记、驾照发放，以及各种证件（身份证、毕业证、学位证、工作证）的管理和防伪服务等。

5）民主参与

公民可以通过网络发表对政府有关部门和相关工作的看法，参与相关政策、法规的制定，还可直接向政府有关部门的领导发送电子邮件，对某一具体问题提出意见和建议。电子民主有助于提高选举工作的透明度和效率。

二、大数据环境下的电子政务体系框架

大数据是指在移动互联、宽带网络、云计算、物联网等信息技术的高速发展下，世界多样化的知识和信息正在以几何级数的增长速度运作，使得政府、企业、社会组织和公众等难以有效地捕捉、筛选、鉴定、分类运用的一种非结构化的、海量的数据信息。大数据时代的到来，是信息技术高速发展的必然结果。综合来看，大数据时代的信息数据，呈现出以下特征。

（1）信息多样性。大数据时代的信息数据，以非结构化、复杂化的信息数据为主，包括对于危机事件的各方态度和价值诉求的信息、处理宏观决策的信息等；也包括有一定难度的半结构化数据，像高考招生指标的变化、医疗机构建设的选址等；还包括简单的结构化、程序化的数据，像办理驾照、工商登记注册等。

（2）信息海量性。大数据时代，除了信息存储设备和技术的更新换代，使得海量信息的存储与运用成为可能的现实，数据容量从 TB、PB 升级到 EB、ZB[①]。

（3）传播快速性。大数据时代，信息技术更发达，意味着信息传播方式更便捷、信息传播速度更快，而政府、企业、社会组织、公众等对信息的反应和提取就应该更快速。

（4）信息复杂性。传统的信息技术和设备能够处理好结构化、程序化方面的数据，但是大数据时代的信息数据形式多样、复杂多变，需要高端的云技术和信息高度集成，使得大数据时代的政府、企业、社会组织等有形组织对信息的采集、分析、应用等方面的能力有了更为复杂的要求。

大数据时代的电子政务，需要政府对海量的数据进行主动获取、整合、分析，对内服务于政府部门，辅助政府决策，提高政府决策的能力、效率和准确性；对外服务于公众，使企业和公众能够便捷地获取信息，从而实现电子政务服务公众的目标。大数据环境下的电子政务体系框架主要有四个层次：大数据资源层、大数据整合层、大数据应用

[①] TB、PB、EB、ZB 都为计算机存储容量单位，TB 表示太字节（Terabyte）；PB 表示拍字节（Petabyte）；EB 表示艾字节（Exabyte）；ZB 表示泽字节（Zettabyte）。

层、大数据展现层,以及相应的管理机制和安全机制(图 2-2)(李洪波等,2016)。其中,大数据资源层、大数据整合层和大数据应用层都位于云计算服务器上。借助云计算服务,政府部门能够灵活、方便地按需定制所需的计算能力,及时根据大数据需求部署合理的分析模型,从而以尽可能低的成本满足复杂多变的数据服务需求。

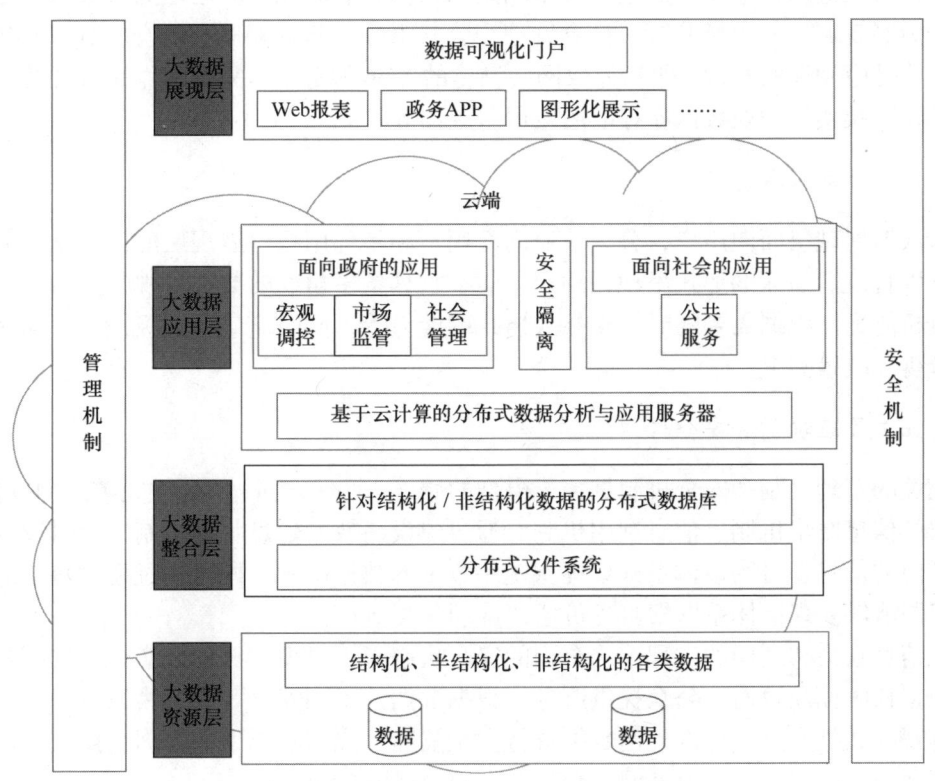

图 2-2 大数据环境下的电子政务体系框架

(一)大数据资源层

大数据资源层位于政务框架体系的底层,是整个系统的数据源泉。大数据资源层由政府各部门产生和管理的政府信息资源组成,这些信息资源分布在各种不同类型的数据库系统中,同时,这些数据库在地域上也处于分散状态。就数据结构而言,这些数据可以是结构化的、半结构化的或非结构化的。

(二)大数据整合层

大数据整合层是大数据环境下电子政务体系框架的核心,其功能主要是收集和整合地理位置分散、结构异构的部门数据。通过政务信息资源目录系统和交换系统,将分散的数据库资源进行整合,沟通各政府部门业务网和互联网,形成统一、共享的数据库系统,为应用层提供数据支撑。通过分布式并行计算与编程模型,实现大数据的高效处理。

（三）大数据应用层

大数据应用层是联结大数据整合层与大数据展现层的纽带。大数据应用层通过各种大数据分析技术形成大量决策支持模型，总体上可以分为面向政府的应用和面向社会的应用，这两类应用在数据方面进行安全隔离。根据政府职能，应用层的服务对象可以进一步分为宏观调控、市场监管、社会管理和公共服务，基本涵盖了政府的所有业务。应用服务器是应用层的基础，包括完成网站浏览的 Web 服务器、完成工作流管理的工作流服务器，以及实现一般数据库存取的应用服务器等。

（四）大数据展现层

大数据展现层面向用户，分为政府内部用户和外部用户。展现层的目标是将分析后的数据以直观、易懂的形式呈现在用户面前，它具备多角度的数据可视化能力、深入的数据分析能力、根据需要随时调整报表格式的能力等，同时满足不同级别、不同来源用户的分析、决策需求。

（五）管理机制和安全机制

相关的管理机制和安全机制贯穿于模型的始终。管理方面，应建立完善的制度保障，如完善的信息收集机制、信息利用机制。通过建设高效的信息收集机制，及时准确地汇总各部门的信息，可为该体系框架提供统一集中的数据基础；同时通过建设科学的信息利用机制能够实现该体系框架自身价值，推动其高效运行。

在信息收集和利用的过程中，全面的安全机制必不可少。例如，实行数据的权限管理，依据权限面向政府、公众提供服务；根据数据的不同安全等级，为政府部门和公众提供客观的数据产品。对内外网数据进行安全隔离，隔离状态下的数据交换安全可以采取数据加密、权限控制、内外网安全数据交换等保障措施。

第四节　电子政务成熟度

电子政务作为实现服务型政府战略目标的重要途径得到了我国政府的高度重视。近年来，国际上已经开始有国家将 IT（information technology，信息技术）治理的方法应用到政府部门，并在能力提升方面获得了成功经验。这些治理的方法中，最为重要的部分来自能力成熟度的评估思想。本节回顾与此相关的理论基础和实践基础，对多个国内外应用的实例进行了对比分析，为我国电子政务成熟度的评估带来一些启示。电子政务成熟度模型不仅是一个能力评价的指标，还是一个能力提升的工具，从政府内部改进电子政务的运用能力，将会推动我国电子政务建设进入新的阶段，必对政府乃至社会产生深远影响。

一、电子政务成熟度的内涵

电子政务建设是指国家或地区政府机构主导下推进电子政务项目实施、业务开展、服务提供，最终提高电子政务成熟度的所有活动的总称。其中，电子政务成熟度是衡量电子政务建设水平的主要标志。

电子政务的成熟度主要是通过设计一些指标和模型来进行评价，如联合国的电子政府准备度指数（E-government readiness index）和电子参与指数（E-participation index），美国联邦政府的电子政府"绩效参考模型"等。我国有学者提出从业务重组、流程再造、资源共享、组织虚拟（organization virtual）四个维度进行电子政务成熟度评价。无论国内外学者对电子政务成熟度的理解在语言上有多大的差异，其包含的基本要素是一致的，这些要素是判定一个区域电子政务建设水平不能不考虑的，主要包含以下几个方面。

（1）基础设施成熟度，主要包括网络设备、计算机硬件和软件、信息安全支持平台等设施的建设情况。

（2）信息资源成熟度，包括各类数据库建设和公共数据库数据资源共享情况。

（3）业务模式成熟度，主要包括业务流程整合程度、标准化程度以及业务模式与公众需求的匹配程度。

（4）人力资源成熟度，主要包括政府基层业务操作人员、中层管理和高层决策人员对电子政务模式所要求的管理理念、操作技能等的适应程度。

（5）公众参与成熟度，主要表现在公众对于政府提供的各类业务的认可、接受和参与的程度。

二、电子政务成熟度发展阶段

综合考虑中国电子政务建设的动力来源和要解决的问题，我们可以将中国电子政务建设分为自发萌芽、职能单元信息化、职能整合与系统集成、一体化电子政府四个发展阶段，对于电子政务建设各个阶段的特征和成熟度的增长规律分析如下。

（1）自发萌芽阶段。主要是在社会信息化浪潮推动下，政府机构自发地将以计算机为代表的现代办公技术应用于日常办公，限于用设备操作代替人的手工操作以提高工作效率，这一阶段对政府组织原有架构和行政文化没有影响，因而成熟度各项指标均处在低位。

（2）职能单元信息化阶段。主要是以"政府上网工程"为起点，整个国家掀起了电子政务建设的浪潮，信息化建设以原有的职能部门为单位，重点是建立职能部门网站，提高职能部门办公效率等，这个阶段除公众参与成熟度缓慢增长以外，电子政务成熟度的各项指标均在部门内部呈现出快速增长特征。

（3）职能整合与系统集成阶段。主要是由强有力的电子政务推进机构主导，推动政府部门的职能整合与系统集成，促进政府向"服务型"政府转型。这是整个电子政务建设难度最大的一个阶段，由于涉及行政体制重组和行政文化重塑，在实践中必然会遇到各方面的阻力。同时，职能整合与系统集成不能依靠个人意志强行推进，必须与国家经济社会发展的特定阶段相匹配。社会结构的调整是一个缓慢的过程，不可能像技术那样可以进行"迁跃"，这就决定了职能整合与系统集成阶段在时间跨度上的长期性。

（4）一体化电子政府阶段。这是电子政务建设的高级阶段，电子政务成熟度各项指标都处在高位，政府自身改造成为与各类社会组织和谐共处并协调完成公共事务处理的新机构，电子政务、电子商务和电子社区日益融合为一体，这一阶段到来的时间要依国家经济社会发展和电子政务推进工作的成效而定（张节和曾伟，2008；赵生辉和侯希文，2011）。

三、电子政务成熟度评估维度

结合中国的实际，本书认为：业务重组、流程再造、资源共享、组织虚拟是评价电子政务成熟度的四个基本维度。

政府业务重组是一切工作的开始，因为只有明晰的业务界定、划分和配置，才能创造良好的政府业务环境，才能充分发挥政府组织的效能。流程再造是政府工作流程的重新设计，业务重组是流程再造的基础，没有业务重组，流程再造就很难成功，政府的信息化和智能化也就难以实现。可见，业务重组和流程再造是电子政务建设的重要内容，也是各种电子政务应用系统建设的前提条件。所以，业务重组和流程再造无疑是电子政务成熟度评价的基本维度。随着城市信息化的不断推进，政府组织创造了丰富的信息资源，但由于缺乏整体规划和管理，政府信息资源的建设多采用多头采集、重复存放、分散管理的管理机制，导致"信息垄断"和"信息孤岛"，给电子政务的发展造成直接障碍。因此，必须把资源共享作为评价电子政务成熟度的一个基本维度。组织虚拟是电子政务发展的最终表现形式，是电子政务高度成熟的直接体现，所以也是评价电子政务成熟度的维度之一。

（一）业务重组

在我国的一些地方政府中，不同的职能部门一般都会涉及同一业务的管理，同一业务的办理需要几个部门的协同和配合才能完成。这种管理模式通常会导致政府的错位和缺位的发生。以某地方政府业务职能配置为例，可以看出政府各职能部门之间普遍存在着交叉和关联，如表2-1所示。

表2-1 某地方政府业务职能配置表

业务名称	相关职能部门
食品安全管理	卫生部门、食品药品监督管理部门、质量技术监督部门、物价部门
流动人口管理	劳动与保障部门、公安部门、人事部门
环境保护	环保部门、农业部门、林业部门、国土资源部门
卫生安全管理	卫生部门、食品药品监督管理部门、质量技术监督部门、物价部门
应急管理	安全生产监督管理部门、食品药品监督管理部门、出入境检验检疫部门、水利部门、地震部门
市场监管	卫生部门、食品药品监督管理部门、质量技术监督部门、物价部门、商务部门、发展和改革委员会、工商部门
企业监管	工商部门、税务部门、物价部门、商务部门

这种职能的交叉和重叠是我国的一些地方政府管理体制的深层问题。业务重组就是对政府的所有职能部门进行重新梳理和划分，避免政府职能交叉和重叠。业务重组的本质是政府权能的重新配置和政府权能实现方式的转变。业务重组旨在按照政府组织的战略目标和定

位,对政府组织的权能重新配置,以便能更加科学、有效地应用信息技术手段,提高组织的管理水平和服务质量。可见,业务重组是电子政务建设的基础性工作,是电子政务成熟度评价的基本维度之一。业务重组的主要内容包括两个方面。

(1)政府业务的重新梳理和界定。业务重组要清晰、准确地界定每项业务的具体内容,这有两层含义:首先要明确政府的业务范围,其次要明确界定每项业务的内涵。

(2)政府权能的重新配置。政府权能的配置就是如何划分职能部门,如何让各个职能部门共同承担起政府的职能。首先,根据业务之间的关联程度、执行效率及公众的便捷程度等因素组建职能部门;其次,依法为各职能部门赋予一定的行政权力和职责。

(二)流程再造

再造,就是对整个体系进行重新设计。政府流程再造(government process reengineering,GPR)是指在一定的政治环境下,对政务流程进行审视和再思考,通过对原有流程进行清理、简化和整合,以实现政务作业流程的科学化和高效化,即通过流程优化设计,使政府能够更好地为公众服务。政府流程再造旨在重新设计传统的官僚制组织过程,理顺政务流程,为顾客提供便捷化、整合性的公共服务。对政府来说,业务重组和流程再造是两个完全不同的概念,只有进行了业务重组之后,流程再造才可能成功。可见,政府流程再造是对政府的办公和服务流程作根本性的思考和彻底重建,其目的是在管理效率、决策水平、服务质量等方面取得显著改善。

在信息化建设的发展过程中,信息技术能为政府流程再造提供基本方法和工具。政府流程再造无不伴随着信息技术的应用,信息技术的发展也有力地推动着政府业务流程再造的进程。信息技术环境下,政府的决策过程、执行过程、监督过程、反馈过程都将发生深刻变革。

(1)基于信息技术的政府决策流程再造。其将彻底改变决策信息采集、决策信息加工、决策方案制订、决策方案选择的整个决策过程。首先,信息技术能提升政府决策信息采集的模式、过程和品质。信息是政府决策的基础,科学决策要有信息质量的保证。其次,信息技术能实现政府决策信息加工的自动化和智能化。最后,各种决策支持系统和专家系统能依据基本的决策信息,自动为决策者生成若干可选的方案,从而减少时间耗费,弥补决策者在某些专业知识方面的不足。

(2)基于信息技术的政府执行流程再造。通过构造政府业务流程图和数据流程图,可以很好地梳理和优化政府的业务流程。在流程再造的基础上,让业务流程作为一种标准和规范固化在信息系统里,这样可以有效规制政府的行为,防止人为的"暗箱操作"。

(3)基于信息技术的政府监督反馈流程再造。强化对行政决策执行的监督,降低决策执行变形的发生率。一方面,信息技术能简化监督信息反馈的传输渠道,政府通过各类网络终端直接与广大市民相连,可避免反馈信息的失真,从而形成强大的监督网络,以规范政府行为;另一方面,互联网技术以"秘密投票"的方式确保监督者尤其是民众敢于监督,网络监督反馈能避免泄密的隐患,更能有效地保障监督者合法权益,消除其顾虑。简言之,网络监督安全系数高,为监督活动提供了技术保障。

可见,政府流程再造是电子政务系统建设中的重要环节,只有完成了政府流程再造,电子政务才能发挥应有的效益。所以，流程再造是评价电子政务成熟度的基本指标之一。

（三）资源共享

政府信息资源共享，就是在一定的政策体制、激励措施和安全保障的基础上，在政府内部、政府与政府之间，共同使用政府信息资源，以提高公共管理和公共服务水平与质量的一种机制。

政府信息资源共享从需求和内容上可划分为四个层次，由低到高依次为：同级政府各职能部门之间的资源共享、不同层级政府之间的资源共享、国家权力机关与政府之间的资源共享、政府与企业之间和政府与公民之间的资源共享等。

（1）同级政府各职能部门之间的资源共享是政府信息资源共享的基础部分，是其他层次资源共享实现的基础。其主要内容是：政府数据如何在各职能部门之间合理分布，避免重复采集、重复存放和重复加工；各职能部门如何方便地访问和获取公共数据以及其需要的其他职能部门的专有数据。

（2）不同层级政府之间的资源共享的主要内容是：下级政府如何方便地访问上级政府的信息，以及上级政府如何访问、获取和分析下级政府的信息。其目的是：加强上下级政府的沟通，为领导提供决策支持。

（3）国家权力机关与政府之间的资源共享的主要内容是：国家权力机关如何实时地访问政府数据，并做相应的分析。其目的是：实现国家权力机关对政府的动态监督，将事后惩处的监督方式变为事先预防，建设透明的"阳光"政府，有效地遏制腐败。

（4）政府与企业之间和政府与公民之间的资源共享的主要内容是：政务公开，让企业和市民能方便地通过网络获取自己所需要的政府信息。其目的是：为企业和市民提供优质、便捷的信息服务。

政府信息资源共享是职能部门之间开展协同办公的需要，能提高政府管理的效率，同时也是为市民提供一体化电子服务的需要，能带来良好的经济效益和社会效益。反之，如果不把资源共享作为电子政务建设的重要内容和发展目标的话，为政府提供决策支持和为公众提供"一站式"服务等电子政务的建设目标与功能定位就无从谈起，所以，资源共享是评价电子政务成熟度的基本维度之一。

（四）组织虚拟

组织虚拟是一种规模较小，但能发挥主要职能、难以确定边界的、虚实结合的新型政府组织形式。组织虚拟是以虚拟现实技术为基础，为用户提供主动、不间断、随时随地的服务的组织存在形态。虚拟作为一种独特的中介方式，必然成为政府与社会、公众联系的手段与途径。电子政务发展的目标就是让政府组织虚拟化，让政府管理从现实世界走向虚拟世界，从自然平台走向数字平台。

组织虚拟状态下的政府，其组织存在于组织间的网络以及互联互通的信息系统内，由许多覆盖在正式官僚机构之上的虚拟机构组成。具有如下特点。

（1）职能部门虚化，部门化程度很低。随着信息技术的发展和应用，电子政务将实现真正的组织虚拟，人们无须关心实体政府的存在，只需在线获取政府提供的各种信息和服务。

（2）组织边界模糊。组织虚拟状态下，人们无须关心政府职能部门的存在，政府组织成为事实上的单一体。

（3）政府的部分功能流失。组织虚拟状态的政府将把社会性、公益性、自我服务性的事务从政府职能中剥离出来，交给第三方部门承担，政府的部分功能收缩或流失。组织虚拟状态下的政府与传统政府在各个方面的特征都有不同之处，如表2-2所示。

表2-2 组织虚拟状态下的政府与传统政府在各个方面的特征的比较分析

比较维度	组织虚拟	传统模式
组织架构	网络化、扁平化组织	垂直化、职能化组织
管理理念	以"顾客"为中心	以"政府"为中心
状态	动态、多变	静态、稳定
沟通方式	信息流	指令流
决策模式	群决策、决策支持、智能决策	"拍脑袋"
运作方式	协同工作，流程再造	部门分割，流程分散
监督方式	联网核查，事先预防和实时监视	事后审计和查处
反馈方式	网上民意调查，网上信访、在线投诉	上访，投诉

组织虚拟是政府管理思想的变革，是政府管理的未来模式。组织虚拟的实现是以电子政务发展高度成熟、高度发达为前提的。虚拟政府主要依靠各种信息系统来实现组织虚拟，反过来，政府要真正实现组织虚拟，必须具备很高的信息化水平：政府信息资源充分共享，政府业务流程自动流转，在线服务可靠、完善、持续。同时，通过对政务业务流程中的无序知识进行系统化管理，实现知识管理和共享。可见，组织虚拟是电子政务发展的战略目标，是评价电子政务成熟度的基本维度之一（徐晓林和李卫东，2007）。

四、电子政务成熟度评估模型

（一）国外典型电子政务成熟度模型

电子政务成熟度模型的发展主要与软件行业模型及标准、企业IT治理框架和政府总体框架三类模型相关。目前，国际上代表性的模型主要有四种：加拿大电子政务能力自查（E-government capacity check，EGCC）工具、美国商务部发布的IT架构能力成熟度模型（IT architecture capability maturity model）、智利电子政务成熟度模型（Chile-CMM[①]）和联合国电子政府成熟度模型（UN-CMM[②]）。

电子政务能力自查工具是由加拿大财政部秘书处与毕马威（KPMG）合作开发的一套用于电子政务能力自查和诊断的工具，简称EGCC。它主要用于评估组织以下六个方

[①] CMM全称capability maturity model，能力成熟度模型。

[②] UN全称United Nations，联合国。

面的能力：电子战略、风险和项目管理、价值链管理、架构、组织能力、绩效管理。而在每个关键领域下，电子政务能力自查又进一步细分成多个能力指标，如制定电子（政务）战略的具体能力指标包括"电子愿景""治理""战略、规则和策略""资源承诺"四项，每个能力划分成五级，便于组织可以通过对比能力描述，清晰地判断位于哪个等级和与目标等级之间的差距。

IT架构能力成熟度模型显得"小而精"。该模型将成熟度划分成六个等级，且每个成熟度等级下分九个属性（架构流程、架构开发、业务链接、高层管理参与、运营部门参与、架构沟通、IT安全、治理、IT投资及获取战略）。该模型的评估工作一般由专职IT管理部门进行，评估范围只涉及IT管理部门的内部事务，具体是通过利用计分卡的方式，对部门的IT架构能力进行评分，并制订部门流程改进方案，进而可提高IT设施的利用效果和效率。

智利电子政务成熟度模型是由智利政府和费德里科·圣玛丽亚技术大学的Iribarren（伊里瓦伦）、Solar（索拉尔）等在能力成熟度模型集成（capability maturity model integration，CMMI）基础上开发出的全面的电子政务能力成熟度模型。该模型将组织能力分成了4个作用域（电子政务战略、IT治理、流程管理、人和组织）、17个关键作用域和54个关键变量。通过能力成熟度等级的评估，获得现有能力的成熟度与预先设定的成熟度要求之间的能力差距。该模型认为并非越高的成熟度意味着对组织越有利，政府机构应根据自身的可用资源来制订目标方案，并与电子政务实施的环境相适应。

联合国电子政务成熟度模型引用了企业型能力成熟度框架COBIT 4.1和智利电子政务成熟度模型，并最终整合成一套能力改进路线。该模型包括五个作用域（计划与组织、获取与实施、交付与支持、监督与评价、电子政务），适合于IT高层对组织能力作定性的判断。实际上，联合国是将该模型作为帮助菲律宾、蒙古国等技术落后国家提升政府服务能力的工具，故要摒弃掉许多与国家、文化等因素相关的内容，在内容上较为抽象，评估方法虽然较为详细，但对于能力提升的部分有明显不足，使用时还需根据各国情况进行补充和修改（黄梦醒等，2008）。

（二）国内电子政务成熟度典型模型

国内在电子政务管理研究进程中，比较有代表性的视角则是电子政务项目管理和电子政务治理。电子政务项目管理视角下常将电子政务系统视作一个复杂项目，利用项目管理理论和方法来分析与设计电子政务系统的规范过程。电子政务治理的视角则是以企业信息化、政府治理、公司治理为理论基础开展的应用理论、关注组织层面的治理模式、沟通机制等组织运行机制的安排。基于以上两种视角，国内代表性的模型主要有以下几种：公共项目的组织能力成熟度模型（organizational capability maturity model，OCMM）、电子政务组织项目管理成熟度模型（E-government organization project management maturity model，EGOPM3）、电子政务治理框架。

公共项目的组织能力成熟度模型是以一个公共项目管理为目标形成的组织改革与再造模型。该模型遵循了CMM对组织能力的评估逻辑，将成熟度划分为从混乱到成熟五个阶段，并定义了不同成熟等级下组织的行为特征。但值得注意的是，OCMM提出了政府机构在组织设置方面的建议，对于具体成熟度阶段中关键作用域的具体内容并未提及。

电子政务组织项目管理成熟度模型是在项目管理成熟度模型的基础上构建起来的组织能力测评方法。与之前讨论的成熟度模型不同的是，该模型针对对象是最佳实践，而不是关键域（二级指标）。也就是说，每一个二级指标都可能包含不同程度的最佳实践。以二级指标"项目范围"为例，最佳实践包括"项目范围确定过程""项目需求收集过程""项目范围测量过程""项目范围控制过程""项目范围改进过程"，这五项最佳实践中，前两项是标准级实践，"项目范围测量过程"被认为是测量级实践，"项目范围控制过程"认为是控制级过程，而"项目范围改进过程"是改进级过程。这样的设计意图是为了说明，每一项组织流程都可以被不断优化，从最初级达到最高级规范化。

电子政务治理框架是一个将 IT 治理理论运用在政府管理领域的理论框架。该模型详细指明了电子政务的治理作用、治理范式以及治理绩效影响因素。对"是什么""为什么""怎么样"给出了回答。该框架虽然厘清了电子政务治理整套体制的建设过程，帮助实施者认识到了建设重点、难点以及可能存在的风险，但并没有提供具体的实施参考。

第二章补充材料

本章参考文献

董大彬. 2007. 我国电子政务发展浅析[J]. 科技信息（科学教研），（19）：276.

董振国. 2014. 推进电子政务核心应用的思考[J]. 电子政务，（4）：117-121.

黄梦醒，邢春晓，杨吉江. 2008. 电子政务成熟度模型及其评价（英文）[J]. Journal of Southeast University（English Edition），（3）：139-142.

李洪波，熊励，刘寅斌. 2016. 大数据环境下的政务智能：框架与流程[J]. 新世纪图书馆，（1）：61-64.

林素絮，曾颖. 2005. 电子政务及其相关概念[J]. 电子政务，（Z2）：56-61.

刘萍. 2008. 行政管理学[M]. 北京：经济科学出版社.

王谦，陈放. 2007. 实施电子政务 构建服务型政府[J]. 北京航空航天大学学报（社会科学版），（2）：31-34.

徐晓林，李卫东. 2007. 电子政务成熟度评价的四个基本维度[J]. 电子政务，56：39-44.

杨雅芬. 2015. 电子政务知识体系框架研究[J]. 中国图书馆学报，41（2）：29-40.

佚名. 2002. 什么是"电子政务"[J]. 求知，（2）：36.

张节，曾伟. 2008. 基于战略对应的电子政务成熟度评价研究[J]. 电子政务，71：55-61.

张锐昕. 2010. 电子政府概论[M]. 2版. 北京：中国人民大学出版社.

赵生辉，侯希文. 2011. 中国电子政务成熟度的非线性增长规律研究[J]. 电子政务，101：66-73.

中华人民共和国发展和改革委员会. 2005. 国民经济和社会发展第十个五年计划信息化发展重点专项规划[EB/OL]. https://www.ndrc.gov.cn/fggz/fzzlgh/gjjzxgh/200507/t20050714_1196619.html[2020-10-20].

中华人民共和国中央人民政府. 2016. 国务院关于印发"十三五"国家信息化规划的通知[EB/OL]. http://www.gov.cn/zhengce/content/2016-12/27/content_5153411.htm[2020-10-20].

周盛虎，段红. 2007. 中国电子政务发展综述[J]. 法制与社会，（7）：823-824.

第三章

电子政务的发展

 本章导言

电子政务发展的一般模式是从发达国家各自独具特色的电子政务实践中总结归纳出来的用于指导电子政务实践的依据。各个国家和地区采取不同的举措与模式以积极推进电子政务的发展。本章将通过梳理国内外具有一定代表性的电子政务建设实践经验与模式，总结国内外电子政务发展的经验与启示。

第一节 电子政务发展的一般模式

模式（model）是指某种事物的标准形式，或者是可供重复套用的结构、框架等，它可以对显示时间的内在机制和事件之间的关系进行直观、简洁的描述。电子政务的发展模式是指导电子政务实践的依据。

各个国家和地区正纷纷采取措施，积极推进电子政务的发展。然而，各国的电子政务发展模式不尽相同，这既有客观因素，也有主观因素。

从客观因素来说，电子政务的发展不能脱离本地区既有的经济社会条件。其中，经济要素作为行政环境的首要因素，对电子政务的发展水平具有决定性作用。沟通网络、创新基础和人力资源的水平也对电子政务的发展起重要影响。

从主观因素来说，不同国家、不同地区面对电子政务采取的态度不同，进而会提出不同的愿景和目标。即使有些国家和地区在电子政务建设上提出大致相同的愿景和目标，但由于具体策略的优先顺序选择不同，最终也会带来电子政务实施及其绩效的差异。

通过梳理各国电子政务的通行做法，吸取他国经验教训，归纳出电子政务的一般发展模式，有助于形成更为科学、积极稳妥的电子政务策略，从而加快电子政务的建设步伐。

一、电子政务战略与规划

（一）电子政务战略的含义

电子政务战略是实现电子政务行动的基础，能有效满足信息时代政府转变的需求，具有全面性和整体性。不同的政府在不同的时期确定的电子政务战略不尽相同,一般而言,电子政务战略包括以下几个方面的内容。

(1)定义。电子政务实施者对电子政务的清晰认识,其中包括拟解决的关键问题和准备包含的利益相关者。

(2)愿景。简洁表达电子政务观念和计划。

(3)目标。明确的目标,便于检测和评估。

(4)政策。支持电子政务发展所必需的政策。

(5)方法。确定组织就绪状态的方法。

(6)流程。识别和优先电子政务项目的流程。

(7)模型。支撑电子政务发展行动的业务模型。

一个典型的电子政务战略通常被描述为:"以公民为中心,利用信息技术实现政府转型"。其基本立意为:按传统政府部门设置实现政务流程的政府结构和运作模式,具有条块分割的基本特征。但传统的政府结构和政务运作模式不仅会带来效率低和成本高的问题,而且不符合"以公民为中心"的基本要求,因此亟待改革;而电子政务有助于政府以技术进步为手段,推进和实现从"以政府为中心"向"以公民为中心"转型。

因此,电子政务不能建立在原有政务流程的基础之上,必须与政府再造结合起来。这是各国和各地区"以公民为中心"电子政务发展战略的共同出发点。

然而,不同国家和地区提出的"以公民为中心"的战略,服务于并不完全一致的发展愿景,在发达国家和发展中国家之间存在较为明显的差异,在电子政务发展最为领先的国家之间也有差别。比如,美国、新加坡、加拿大在强调"以公民为中心"发展电子政务时,战略的侧重点都带有自己的特色。美国政府"以公民为中心"的电子政务战略的核心是与降低政府运行成本、提高政府效率和有效性的愿景密切关联或为之服务;加拿大非常关注网络化政府服务的发展及其在世界上的领先性,使其成为世界各国中最面向公民的网络化政府;新加坡电子政务战略愿景的特点更强调电子政务服务于本国提升区域竞争和全球竞争地位的战略需要,推动本土企业参与国际竞争。

(二)中国电子政务发展规划

我国在"十二五"期间提出了三份电子政务的发展目标。2011年3月,我国通过了《中华人民共和国国民经济和社会发展第十二个五年规划纲要》,第一次提出电子政务的发展目标;同年,工业和信息化部也印发了《国家电子政务"十二五"规划》(表3-1);2012年5月,国家发改委发布了《"十三五"国家政务信息化工程建设规划》。这些文件针对这一期间电子政务的发展以及后续相应工程建设内容都进行了明确的规划,并且将具体的电子政务发展目标划分为可量化的指标。

表3-1 "十二五"规划中关于电子政务发展思路与规划

领域	内容
网络基础设施	电子政务基础设施建设不断发展,电子政务网络互联互通率平均达到85%以上
应用系统	应用发展取得重大进展。县级以上政务部门主要业务基本实现电子政务覆盖,政务信息资源开发利用成效明显。政务部门主要业务信息化覆盖率,中央和省级超过85%,地市和县区分别平均达到70%、50%以上

续表

领域	内容
政务信息资源	电子政务信息共享和业务协同取得重大突破。县级以上政府普遍开展跨地区、跨部门信息共享和业务协同，共享内容和范围不断扩大，业务协同能力不断增强。主要业务信息共享率平均达到50%以上
社会管理和公共服务	政府公共服务和管理应用成效明显。县级以上政府社会管理和政务服务电子政务水平明显提高，社会管理和政务服务事项电子政务覆盖率平均达到70%以上。县级以下街道（乡镇）和社区（行政村）的政务服务事项电子政务覆盖率分别平均达到50%、30%以上
网络与信息安全	电子政务信息安全保障能力持续提升。县级以上地方电子政务信息安全管理制度普遍建立，信息安全基础设施不断发展，安全可靠软硬件产品应用不断加强，信息系统安全保障取得显著成绩
发展支撑	专业技术服务水平持续提升，专业技术服务机构技术服务达标率平均达到60%以上，应用支撑服务能力明显提高

资料来源：《国家电子政务"十二五"规划》

"十三五"期间，电子政务的发展走向了一个新的高度。"十三五"时期是全面建成小康社会决胜阶段，政务信息化工作要面向时代发展主题、面向改革治理需要、面向社会公众期望，贯彻以人民为中心的发展思想，聚焦"放管服"改革创新、纵横联动协同治理、"互联网+政务服务"、促进创新创业等任务，增强发展能力，提升服务水平，优化发展环境，推动政务信息化建设迈入"集约整合、全面互联、协同共治、共享开放、安全可信"的新阶段。坚持把推进国家治理体系和治理能力现代化作为政务信息化工作的总目标，大力加强统筹整合和共享共用，统筹构建一体整合大平台、共享共用大数据、协同联动大系统，推进互联互通难、信息共享难、业务协同难等问题的有效解决，将"大平台、大数据、大系统"作为较长时期指导我国政务信息化建设的发展蓝图，构建一体化政务治理体系，促进治理机制协调化和治理手段高效化，形成部门联动的协同治理新局面（表3-2）。

表3-2 "十三五"规划中关于电子政务发展思路与规划

领域	内容
大平台共享新设施	深入推进政务信息化建设的集约整合和共享共用，加大平台整合创新力度，一体化推进国家电子政务网络、国家政务数据中心、国家数据共享交换工程和国家公共数据开放网站的融合建设，打造"覆盖全国、统筹利用、统一接入"的大平台，形成存储数据、交换数据、共享数据、使用数据、开放数据的核心枢纽
大数据慧治新能力	形成国家政务信息资源管理和服务体系，实现80%以上政务数据资源的高效采集、有效整合，政务数据共享开放及社会大数据融合应用取得突破性进展，形成以数据为支撑的治理能力
大系统共治新格局	以跨部门、跨地区协同治理大系统为工程建设主要形态，建成执政能力、民主法治、综合调控、市场监管、公共服务、公共安全等6个大系统工程，形成协同治理新格局
大服务惠民新模式	形成线上线下相融合的公共服务模式，依托综合政务服务平台有效汇聚各行业领域政务服务资源
工程建设管理新局面	形成"政府+市场、平台+系统"的工程管理新模式，大幅减少系统分散建设和信息孤岛，集约化程度明显提升，工程规模得到显著控制，建设进度得到明显加快，绩效评价发挥约束引导实效；相关立法工作取得进展，标准规范体系、安全保障体系进一步完善，形成长效、可持续的发展环境

资料来源：《"十三五"国家政务信息化工程建设规划》

最新出台的"十四五"规划更是强调以数字化转型整体驱动生产方式、生活方式和治理方式变革，推动电子政务发展走向深入、融合、建设以及应用并重。通过建立健全国家公共数据资源体系、健全数据资源目录和责任清单制度，扩大基础公共信息安全有序开放、构建统一的国家公共数据开放平台和开发利用端口，深化对政府数据的挖掘，进一步加强公共数据开放共享。通过加大信息化建设统筹力度，完善国家电子政务网络、集约建设政务云平台和数据中心体系，推进政务信息系统云迁移，加快政务信息化建设快速迭代。通过全面深化"互联网+政务服务"，提升全流程一体化在线服务平台功能，强化数字技术在公共卫生、自然灾害、事故灾难、社会安全等突发公共事件应对中的应用，全面提升预警和应急处置能力（表3-3）。

表3-3 "十四五"推进国家政务信息化规划中关于电子政务的发展战略

领域	内容
电子政务网络体系	构建统一的国家电子政务网络体系，推动地方、部门各类政务专网向统一电子政务网络整合，打破信息孤岛，实现应联尽联、信息共享
政务服务平台功能	丰富全国一体化政务服务平台功能，构建统一的电子证照库，推广电子合同、签章等应用，在社保、医疗、教育、就业等方面提供更便捷公共服务，实现更多事项一网通办、跨省通办
基础信息库	完善国家人口、法人、自然资源、经济数据等基础信息库，提升数据资源开发利用能力。深化数字技术在公共卫生、自然灾害、事故灾难等重大突发事件应急处置中的应用
政务数据开放	推动政务数据按政务公开规则依法依规向社会开放，优先推动企业登记和监管、卫生、教育、交通、气象等数据开放。健全制度，严格保护商业秘密和个人隐私
市场监管信息化建设	加强市场监管信息化建设，完善"双随机一公开"监管、"互联网+监管"、信用监管等机制，提升食品药品、农产品、特种装备等的协同监管能力
网络安全保障	强化网络安全保障，严格落实分等级保护制度，增强政务信息化基础设施和系统、数据安全保障能力

资料来源：《李克强主持召开国务院常务会议 审议通过"十四五"推进国家政务信息化规划等》，网址：https://www.gov.cn/premier/2021-11/17/content_5651513.htm；《"十四五"推进国家政务信息化规划》

（三）国外电子政务发展规划

美国目前电子政务的主要发展规划是继续推行"扩大电子政务主动行动"的战略，其目的是巩固已有发展成就，进一步提升政府部门之间的协同效应，提高政府管理绩效。

英国早在1994年就已开展电子政务的建设工作，先后制定《政府现代化白皮书》《电子政府：信息时代公共服务战略框架》《21世纪政府电子服务》等一系列发展规划。英国电子政务的主要战略愿景是希望借助电子政务的发展，降低公民在政府办公场所的排队时间，方便公民生活。

德国电子政务的实施自"联邦在线2005"计划以来，已出台了一系列相应措施方案，帮助政府推动电子政务的发展。

欧盟在1999年12月提出"电子欧洲"方案，各成员国也都为本国制订相应的信息化发展方案，并不断促进相关法律法规的完善。欧盟每半年会定期对各个成员国信息化建设程度进行全面评估，并解决相应问题。国外电子政务发展战略如表3-4所示。

表 3-4 国外电子政务发展战略

国家	发展计划	发布时间	基本任务
美国	《政府信息技术服务的前景》	1994 年	建立以顾客为导向的电子政府
美国	"重塑政府计划"	1996 年	联邦政府在 2003 年实现全部上网
德国	"联邦在线 2005"	2000 年	联邦政府在 2005 年实现所有政务网上办公
英国	《政府现代化白皮书》	1999 年	到 2008 年,实现政府所有服务项目在线提供,所有公共服务实现全天候在线提供和全民使用互联网
英国	《电子政府:信息时代公共服务战略框架》	2000 年	为公众和企业提供更好的服务,更高效地使用政务信息资源
欧盟	"电子欧洲 2002"	2000 年	提高欧盟国家的互联网接入水平,加强各类通信网络的市场竞争,加强各类通信网络的市场竞争,加强培训和信息保护以促进互联网社会应用水平
欧盟	"电子欧洲 2005"	2002 年	为投资和就业提供良好的社会环境,促进公共服务现代化
新加坡	行政事务自动化	1980~1999 年	行政事务上网、开发 IT 行业及培养 IT 人力;拓展政务系统从政府至全社会;将新加坡建设成智能岛
新加坡	电子政务行动计划 I	2000~2003 年	建设全球信息通信之都,建设电子经济及电子社会
新加坡	电子政务行动计划 II	2004~2006 年	挖掘信息通信潜力,全面开放信息市场,将信息通信发展作为推动社会经济发展的主要动力
新加坡	整合政府	2010 年	利用信息技术建立整合政府,通过无缝后台更好地服务群众

不同国家电子政务战略愿景的差异,与其电子政务发展程度密切相关。尽管所有中欧国家都在追求政府转变的目标,但实际上存在明显差别。一般来说,电子政务比较领先的欧洲国家,无论出于改进政府治理还是与欧盟保持一致的考虑,都较早确定了清晰的电子政务战略;相反,电子政务比较落后的地区普遍缺乏愿景设计和战略思考。

二、优先顺序与发展重点

由于各国社会发展状况不平衡,每个国家所选择的发展电子政务的优先顺序与战略重点也不同,从而呈现不同的发展路径。

各国在电子政务优先顺序和战略重点方面的主要差异,首先,表现为电子政务与国家宏观战略衔接的不同或电子政务本身在信息化乃至整个国家发展战略中的地位不同。由于各国各地区经济、政治和社会发展不平衡,面临着许多急需解决的问题,发展电子政务的任务不可能摆在最优先的战略位置。其次,电子政务建设是否具有具体的行动计划。从提出发展战略到形成基本行动计划,再到选择确定重点项目,这是愿景转变为现实的必经之路。最后,该国是否具有清晰的路线设计。一个清晰的路线设计能在衔接近期和中远期发展目标下，确定优先发展的重点。

我国电子政务发展分为四个阶段：①起步阶段：国务院信息化工作领导小组时期（1996～1998年）；②初级阶段：国家信息化领导小组时期（1999～2007年）；③发展阶段：工业和信息化部时期（2008～2013年）；④发展新阶段：网信办时期（2014年至今）。

纵观我国电子政务发展历史，电子政务发展重点如下：首先，电子政务发展的内部驱动力是新的政务需求，而信息技术的急速发展是其发展的重要基石；其次，建设牵头机构行政级别，对电子政务建设实施进程产生了重要影响；再次，公民参与程度不断加强，政府服务功能逐步深化；最后，受到不同政策扶持和思想指导，我国电子政务发展不同时期拥有不同内涵。

世界上大多数发达国家电子政务侧重于以服务作为核心思想。另外，国外政府对公民的看法也与我国不同。它们更倾向于将公民视作客户，每个政府部门的服务过程都无缝连接。它们虽然也将政府看作电子政务发展的主导者，但是也清晰认识到电子政务的最终发展水平与服务水平有重要关联。因此要实现电子与政务的平衡，必须始终是站在公民的角度不断改进、不断完善相应服务项目。国内外电子政务发展重点对比如表3-5所示。

表3-5 国内外电子政务发展重点对比

项目	阶段	发展重点	指导思想
国内	起步阶段	加强基础设施建设	效率至上
		提升工作效率	
	初级阶段	实现工作模式的转变	
	发展阶段	适应改革开放和现代化建设要求	创新理念
	发展新阶段	资源整合和规范化管理	规范统一
国外	起步阶段	服务导向	以人为根本服务对象
	初级阶段	将公民视作客户	重视电子政务发展水平与服务水平的内在关联
	发展阶段	实现电子与政务的统一与平衡	统一平衡
总结	国内	效率→理念	
	国外	理念→效率	

三、领导力与组织

政府领导力及组织机构是实现电子政务战略和规划的重要保障。我国目前电子政务主要是由国家信息化领导小组领导，建设协调小组来负责具体管理，信息化工作办公室进行组织协调，各部门分别组织相应的管理框架体系。另外各级政府建立了内部的信息中心，主要负责信息化的基础设施建设工作。

国外，以新加坡为例，在电子政务建设过程中是由政府统一领导，下设分管电子政务的专职机构，细分政府行政职能，设立资讯通信发展管理局。

整体来看，各国电子政务的领导力及组织机构呈现以下差异。

（1）政府战略与政策的决策机构各有不同。一些国家将政府首脑机关作为决策机构，一些将政策机构设置在部一级；一些国家在不同机构分工决策的基础上常设更高层跨部门决策机构综合决策，其他国家在高层综合决策机构内增设电子政务的专门机构。

（2）推进实施与部门协调机构各有不同。电子政务的实施主体必然涉及政府各部门和公共机构。然而，政府高层需担负推进各部门实施和协调各部门行动的责任。常见的模式是推进实施与部门协调功能由高层机构兼任。其中，有的是由原有综合机构担任；有的是成立跨部门的新机构；有的是将实施、协调与预算分配统一，强化推进与协调的力度。

（3）顾问咨询与社会参与机构各有不同。从由政府部门、私营部门、社会团体和专家组成的正式战略顾问机构，到侧重技术、信息内容、安全、行政改革等专门问题的咨询机构，甚至还存在组织较为松散的各类"论坛"，各国的模式十分多样而且可以综合采用。

（4）政府首席信息官（chief information officer，CIO）制度在各国电子政务的推进中处于不同地位，起着不同作用。以澳大利亚政府为例，澳大利亚政府认为电子政务成功的关键是政府的主导和政府各部门之间的协调。为此，澳大利亚政府建立健全了电子政务建设的战略管理机构、组织协调机构和办事机构，以确保电子政务建设的顺利实施。

四、电子政务立法

电子政务立法是电子政务发展的关键要素，通过立法来保障电子政务发展已成为各国的共识。从国内外电子政务发展轨迹不难得出：政策、纲要、发展规划和法律法规往往在电子政务的发展中起着极其重要的引导和创造先决条件的作用。重视电子政务必须从创造良好政策法律环境入手，电子政务的启动、发展、普及都需要有科学、合理、有力、有益的政策环境激励和法律法规规范。

在电子政务发展模式中，电子政务立法主要体现在两个方面：①是否存在电子政务的专门立法；②已有的法律法规对电子政务建设与应用相关的覆盖范围如何。纵览当前各国电子政务立法的情况，各国根据国情采取了不同的立法策略。

我国电子政务相关法律建设历程如表3-6所示。

表3-6 我国电子政务相关法律建设历程

年份	法律法规	主题	主要内容
1994	《中华人民共和国计算机信息系统安全保护条例》	信息安全	规范境内计算机信息系统的安全保护制度、安全监督问题
1997	《计算机信息网络国际联网安全保护管理办法》	信息安全	维护合法及公共利益
2000	《软件企业认定标准及管理办法（试行）》	行业规范	规范软件行业的认定标准
2000	《互联网信息服务管理办法》	信息安全	规范互联网信息服务活动
2001	《中华人民共和国计算机软件保护条例》	信息安全	调整计算机软件在开发、传播和使用中发生的利益关系
2002	《计算机软件著作权登记办法》	信息规范	鼓励维护软件登记

续表

年份	法律法规	主题	主要内容
2002	《互联网出版管理暂行规定》	信息规范	加强对互联网出版活动的管理，保障互联网出版机构的合法权益
2004	《中华人民共和国电子签名法》	电子签名	规范电子签名行为，确立电子签名的法律效力
2007	《中华人民共和国政府信息公开条例》	信息公开	规范信息公开，保障信息安全
2017	《互联网域名管理办法》	信息规范	规范互联网域名服务及其运行维护、监督管理等相关活动
2018	《中华人民共和国电子商务法》	电子商务	规范电子商务行为，维护市场秩序

但是，我国在建设电子政务过程中依然缺乏纲领性文件，立法规则缺失，立法评价和监督机制仍不够完善。电子政务法律法规犹待进一步完善。

国外则比较注重相关法律法规的建设，以美国为例。近些年来，美国出台了一系列的法律和文件，其中包括以信息为主要内容的《电子信息自由法案》《公共信息准则》《削减文书法》《消费者与投资者获取信息法》等。此外还有属于信息安全方面的立法（如《网上电子安全法案》）、促进基础设施建设的立法（如《1996年电信法》）、有关电子商务与网络知识产权的立法（如《统一电子交易法》）以及一些政策性文件（如《国家信息基础设施行动议程》与《全球电子商务政策框架》），构成了电子政务的法律基础和框架。专家指出，这些法律在法律体系中所扮演的角色各有不同：信息立法是电子政务立法的主要内容；信息安全立法是电子政务立法的重点；促进基础设施建设的立法是电子政务立法的基础；电子商务与网络知识产权的立法是电子政务立法的必要补充。

一般而言，电子政务的立法工作应涉及以下几个方面的内容。

（1）电子政务的定义、目的、意义、标准化，以及政府机关和公务员的职责。

（2）实现电子政务应进行的工作及电子政务的运营原则，包括国民及企业的便利，政府业务流程的改革，业务的电子处理规范，政府机关信息的公开，行政机关对电子政务的确认责任，促进政府服务及信息的公共利用，个人信息的保护，技术开发与维护的外包等。

（3）行政事务及其管理的电子化，包括电子文书的制作及成立，电子文书的到达及发送时间，电子官印的认证，行政信息共同利用和标准化，信息通信网的构筑及保护，通过信息通信网开展业务或者召开会议，远距离工作，信息化教育等。

（4）政府服务的电子化，包括电子申请的受理、行政信息的电子提供、缴纳手续费等。

（5）政务文书业务的削减，包括纸质文书的削减计划等的设立、业绩电子公示、文书削减委员会的设置等。

（6）电子信息事业的推进，包括中长期电子政务事业计划，成果评价，模范事业的推进，优秀系统的普及、扩散，信息化促进基金的支持，信息化组织的设立等。

（7）对发展电子政务过程中违法、犯罪行为的民事、行政和刑事法律责任的追究等。

五、资金投入与筹措

不同国家和地区电子政务所需资金筹措与投入的差别，首先体现在投资规模。显而易见，发达国家与发展中国家因经济条件不同，用于电子政务建设与应用上的资金都有较大差异。在欧美发达国家，政府预算可为大型电子政务项目提供充足财源；而在发展中国家，电子政务资金显然不足。我国电子政务的建设多数由国家出资，政府在网站建设过程中起主导作用。但是随着建设数量的不断提升，仅依靠政府资金是远远无法满足电子政务发展需求的。因此必须引入社会资金进入电子政务的建设领域。

电子政务所需资金筹措规模的大小是一个相对概念。即使是最富裕的国家，电子政务所需资金也很少出现全部由政府尤其是中央政府独自提供的情况。一方面是因为政府预算资金是稀缺资源。无论国家贫富与否，政府要做的事情、要支出的资金和政府能做的事情、能支付的资金总会产生矛盾。在资源有限的情况下，政府自然需要引入其他财源。另一方面是因为，从历史的观点看，政府现有的项目资助方式、有关规则和实践等都是工业革命的产物，无法适应信息时代的要求。政府需要探索、创新筹资模式，同时要修正过时规则。

从各国实践来看，最值得我们关注的就是多元化、多渠道筹资与投资的趋势，以及各国各地区在这方面的实践探索。为了解决资金短缺问题，各国政府都积极探索，寻求新兴筹资模式。新兴筹资模式主要包括以下七个方面。

（1）公私合作与基于绩效的协议模式。这种模式的特点是政府与厂商合作。厂商投入并以项目产生的收入来补偿投资。其中，基于绩效的协议，强调厂商要根据政府所提的目标，选择最好的解决方案加以实施，政府按双方确定的绩效指标来考核，以奖优罚劣。

（2）共享服务模式。就共同合作的协调行动领域，不同的政府机构通过高层协调或其他手段，成本由各参与机构间分担。

（3）分期支付模式。使用分期付款或其他融资方式，购买相关硬件、软件或IT服务，从而将购买成本分摊到较长时间里去，避免一次性支付。这往往由另一个机构先借钱给政府，政府再分期返还融资。

（4）购买与采办策略模式。政府像企业一样行事，提高市场购买力，降低采购成本。具体包括整批采购以获得批量折扣、改进采购程序以及结合采用基于绩效的协议等手段。

（5）外包模式。鉴于政府机构内部很难完全找到和较为经济地长期保有所需的专业经验与专业服务，政府通过与私营部门订立协议，委托私营机构提供所需。

（6）效益筹资模式。政府用来自特定项目所获得的财务效益，如增加的收入或节约的资金，对该项目进行支付。

（7）预算策略模式。为解决项目资金不足或提高现有资金管理的灵活性，政府允许项目主管机构保留和变通使用其他项目的余额资金，允许跨预算年度使用资金等。

调查发现，各国政府在解决电子政务筹资问题时，多采用预算策略、购买与采办策略、外包、分期支付以及基于绩效的协议等模式。

第二节 国外电子政务经验与启示

一、全球电子政务发展现状

联合国经济和社会事务部（United Nations Department of Economic and Social Affairs，UNDESA）关于联合国电子政务调查的评估，自 2001 年启动以来连续发布《联合国电子政务调查报告（中文版）》，已成为全球电子政务领域最权威的报告。《2022 联合国电子政务调查报告》已于 2022 年 12 月 28 日正式发布，报告的主题是：数字政府的未来。

（一）全球电子政务整体发展水平不断提升

《2022 联合国电子政务调查报告（中文版）》指出，全球电子政务发展趋势持续向前推进，许多国家从较低的电子政务发展指数（E-government development index，EGDI）水平过渡到较高的水平。本期调查中，全球共有 60 个国家属于 EGDI 非常高水平组，具体数值从 0.75 到 1.00 不等，与 2020 年的 57 个国家相比，该组国家数量增加了 5.3%。共有 73 个国家属于高 EGDI 水平组，具体数值在 0.50 至 0.75 之间；53 个国家属于中等 EGDI 水平组，具体数值在 0.25 至 0.50 之间。7 个国家（比 2020 年少 1 个）属于低 EGDI 水平组（0 至 0.25 之间）（表 3-7，图 3-1）[①]。

表 3-7　2016 年、2018 年、2020 年和 2022 年每个组别国家数量（单位：个）

级别	2016 年	2018 年	2020 年	2022 年
非常高 EGDI	29	40	57	60
高 EGDI	65	71	69	73
中等 EGDI	67	66	59	53
低 EGDI	32	16	8	7

资料来源：《2022 联合国电子政务调查报告（中文版）》

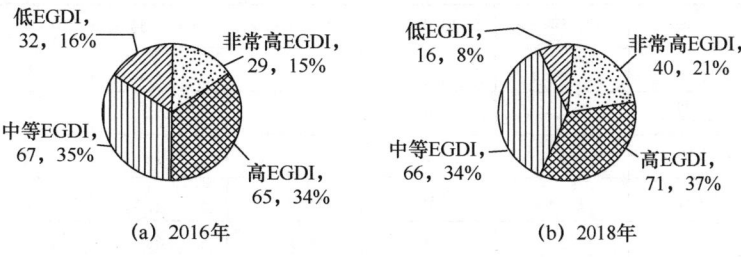

(a) 2016 年　　　　　　(b) 2018 年

[①]《2022 联合国电子政务调查报告（全文）》，https://hrssit.cn/info/3022.html[2023-09-11]。

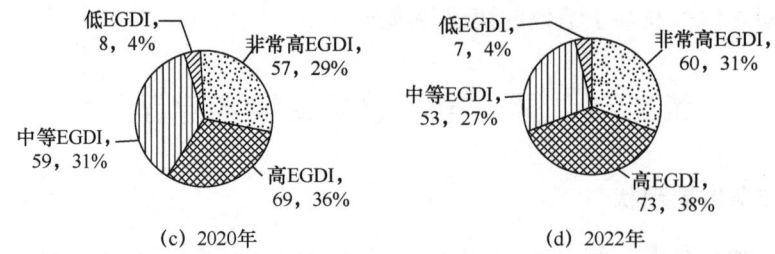

(c) 2020年　　　　　　　　(d) 2022年

图 3-1　2016 年、2018 年、2020 年和 2022 年每个组别国家数量百分比图

（二）区域电子政务发展均有不同程度进步

EGDI 是用于衡量国家电子政务发展水平的综合指数，反映了各国政府利用信息交流技术提供公共服务的意愿与能力。电子政务发展指数值被分为四个等级，指数范围从 0.75 到 1.00 为"非常高"水平组，0.50 到 0.75 为"高"水平组，0.25 到 0.50 为"中等"水平组，0 到 0.25 为"低"水平组。

自 2020 年以来，除一个区域（大洋洲）外，其他区域的 EGDI 平均值都有所提高。其中，欧洲在电子政务发展方面仍然处于领先地位，EGDI 平均值为 0.8305。亚洲的区域 EGDI 平均值（0.6493）排名第二，其次是美洲（0.6438）、大洋洲（0.5081）和非洲（0.4054）。非洲取得了最为显著的进展，其 EGDI 平均值增加了 3.6%，其次是亚洲（1.9%）、欧洲（1.7%）和美洲（1.5%）。非洲的电信基础设施指数（telecommunications infrastructure index，TII）值增加了 12%，美洲增加了 6.5%，亚洲增加了 4.6%，这在很大程度上推动了这些地区 EGDI 值的上升。尽管非洲也取得了重大进展，但其 EGDI 平均值仍然低于全球平均值 0.6102。

（三）电子政务发展处于领先地位的国家

以 193 个联合国成员国为对象的"联合国电子政务调查"，是根据在线服务、人力资源、电信基础设施三项指标计算出 EGDI 进行的排名（得分范围为 0.0～1.0）[1]。根据 EGDI 的高低，电子政务发展水平位列全球前 10 的国家依次是：丹麦、芬兰、韩国、新西兰、瑞典、冰岛、澳大利亚、爱沙尼亚、荷兰、美国（表 3-8、表 3-9）。

表 3-8　电子政务发展位于领先地位的国家排名变化表

国家	区域	2022 年排名	2020 年排名	2018 年排名	2016 年排名	2014 年排名	2012 年排名
丹麦	欧洲	1	1	1	9	16	4
芬兰	欧洲	2	4	6	5	10	9
韩国	亚洲	3	2	3	3	1	1
新西兰	大洋洲	4	8	8	8	9	13
瑞典	欧洲	5	6	5	6	14	7
冰岛	欧洲	5	12	19	27	19	22

---

[1]《联合国电子政府排名》，http://www.e-gov.org.cn/article-150610.html[2017-07-01]。

续表

国家	区域	2022年排名	2020年排名	2018年排名	2016年排名	2014年排名	2012年排名
澳大利亚	大洋洲	7	5	2	2	2	12
爱沙尼亚	欧洲	8	3	16	13	15	20
荷兰	欧洲	9	10	13	7	5	2
美国	美洲	10	9	11	12	7	5

资料来源：《2022联合国电子政务调查报告（中文版）》《2020联合国电子政务调查报告（中文版）》《2018联合国电子政务调查报告（中文版）》《2016联合国电子政务调查报告（中文版）》《2014联合国电子政务调查报告（中文版）》《2012联合国电子政务调查报告（中文版）》

表3-9 2022年电子政务发展处于领先地位的国家

国家	EGDI等级（子组）	区域	在线发展指数	人力资本指数	通信基础设施指数	EGDI指数（2022年）	EGDI指数（2020年）
丹麦	VH	欧洲	0.9797	0.9559	0.9795	0.9717	0.9758
芬兰	VH	欧洲	0.9833	0.9640	0.9127	0.9533	0.9452
韩国	VH	亚洲	0.9826	0.9087	0.9674	0.9529	0.9560
新西兰	VH	大洋洲	0.9579	0.9823	0.8896	0.9432	0.9339
瑞典	VH	欧洲	0.9002	0.9649	0.9580	0.9410	0.9365
冰岛	VH	欧洲	0.8867	0.9657	0.9705	0.9410	0.9101
澳大利亚	VH	大洋洲	0.9380	1.0000	0.8836	0.9405	0.9432
爱沙尼亚	VH	欧洲	1.0000	0.9231	0.8949	0.9393	0.9473
荷兰	VH	欧洲	0.9026	0.9506	0.9620	0.9384	0.9228
美国	VH	美洲	0.9304	0.9276	0.8874	0.9151	0.9297

资料来源：《2022联合国电子政务调查报告（中文版）》《2020联合国电子政务调查报告（中文版）》《2018联合国电子政务调查报告（中文版）》《2016联合国电子政务调查报告（中文版）》《2014联合国电子政务调查报告（中文版）》《2012联合国电子政务调查报告（中文版）》

根据表3-8与表3-9可以看出，丹麦连续三次在调查中获得全球最高的EGDI值，电子政务发展水平较高；韩国自2012年以来，EGDI排名一直保持在前三的水平，是亚洲EGDI表现最好的国家；美国作为北美洲唯一一个EGDI排名进入前十的国家，在美洲和全球电子政务发展中发挥了主导的作用；新西兰和澳大利亚电子政务建设水平是大洋洲中排名前列的国家。

（四）我国电子政务发展水平不断提升

联合国电子政务调查报告数据显示，我国EGDI从2018年的0.6811提高到2022年的0.8119，排名比2018年提升了22位，取得历史新高，达到全球电子政务发展"非常高"的水平（图3-2）。其中，作为衡量国家电子政务发展水平核心指标的在线服务指数上升为0.8876，在线服务为全球"非常高"的水平。由此可以看出，我国不断深化"放管服"改革和大力推动全国一体化政务服务平台建设，取得了阶段性成效。

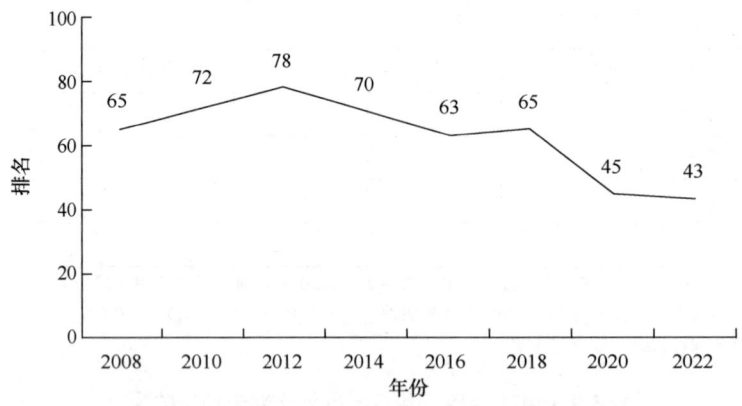

图 3-2　2008～2022 年我国 EGDI 排名变化情况
资料来源：2008～2022 年联合国电子政务调查报告（中文版）

二、韩国：大力推行数字政府建设

根据早稻田大学发布的《第 13 届（2017）国际数字政府评估排名研究报告》，韩国在 2016 年的评估排名中位于世界第四；显然，韩国的数字政府建设已成为全球最佳实践典范之一。研究与学习韩国数字政府建设历程与内容，对于加快我国政府数字化转型有着重要的启示作用。

（一）韩国数字政府建设历程

1. 启动期（1979～1994 年）

20 世纪 70 年代后期，韩国政府开始推进行政业务的电算化，正式开启了信息化发展。20 世纪 80 年代中期，韩国政府启动"国家基础信息系统工程"，该工程的实施极大简化了政府的办事流程，提升了政府的办事效率。

2. 基础期（1995～2000 年）

1995 年，韩国政府开始实施国家信息基础建设计划，出台了《促进信息化基本法》与《促进信息化基本计划》，为推进韩国政府各部门间信息化交流、满足国民最基础的信息服务提供法律保障。1995～2010 年，韩国政府推进"韩国信息基础设施工程"，逐步建立起了覆盖全国的信息网络系统，并开启了主要提供信息的数字政府 1.0 时代，为韩国电子政务的发展营造良好的社会环境。

3. 成长期（2001～2007 年）

韩国开始实施大规模的电子政府工程，政府建立了"一站式"的电子政务门户网站，向公众提供在线服务，内容涉及生活、健康、教育、环境等 31 项与电子政府公共服务相关的核心工程，以进一步完善电子政务系统。

4. 数字政府 2.0 时期（2008～2012 年）

韩国政府开始使用 Web 2.0 技术，发布了"国家信息化基本规划"和"国家信息化实施规划（2009—2012 年）"，部署了电子政务未来发展方向和具体的实施计划，2.0

时代政府角色表现为限制性地公开信息和参与民众互动（陈畴镛，2018）。

5. 数字政府 3.0 时期（2013 年至今）

区别于数字政府 2.0 时期，韩国政府从供给驱动型的透明度（响应性的公开信息公开）向需求驱动型的透明度（主动分享）转变，为民众提供个性化服务。2013 年 6 月，根据建设透明的政府、有能力的政府、服务型政府的理念，宣布实施政府 3.0，启动了数字政府建设的新范式。

（二）韩国数字政府 3.0 的体系与内容

1. 建设体系

韩国数字政府 3.0 以实现更好的治理与国民更加幸福的生活为最终愿景，以"通过通信技术为民众提供定制化服务"为核心，着力实施透明型政府、能力型政府与服务型政府三大战略，以实现开放、共享、沟通与合作的社会价值[①]。

其中，透明型政府强调政府向公众开放与共享公共信息，并且在政策制定的过程中与公民进行广泛的交流与合作，以构建公私伙伴关系；能力型政府则强调推进部门间的深度协调合作及基于大数据的组织管理，进而有效解决面临的社会问题；服务型政府则指以公众为导向，大力运用最新信息技术向个体提供量身定制、一站式的公共服务。

2. 主要内容

为实现政府治理新范式，韩国政府从以下三方面提出改革措施。

1）管理公共数据

一是建设公共数据门户网。为方便公民查询与使用数据，韩国政府建立了部门数据集中发布的专门的公共数据门户网。2013 年，成立开放数据中心与开放数据战略委员会，对公共数据的使用提供法律和技术咨询，并对运行情况进行实时评估。二是鼓励公私部门充分利用公共数据。2013～2017 年，开放数据战略委员会推出"开放数据总政策计划"，逐步推进公共数据开放与建立政府、公私部门间的开放数据系统。

2）改善公共服务

一是建立公共交流渠道。为实现公私合作，韩国政府于 2013 年 9 月制订公共政策网络辩论计划，并建立 e-People 网站作为专门的政策辩论门户。公众可就教育、住房、就业、交通、福利等议题进行广泛辩论，相关意见在政策制定中有直接体现。二是完善公共服务平台。建立一站式服务中心，并建立 24 小时在线公共服务网站作为发布公共信息与办理公共服务事项的统一平台，用来解决部门分割问题。三是提供多样化公共服务。在保留传统面对面服务方式的同时，利用最新信息技术创新公共服务提供方式，如移动平台等。

3）增强政府公信力

一是扩大信息公开范围。信息公开门户网站集中了所有部门的公开信息，使民众无须分别查找访问。二是加强官员财产信息公开。韩国行政、立法与司法部门均设有伦理

---

① 资料来源：韩国内政部发布的"Government 3.0"（政府 3.0）。

委员会，负责官员财产信息公开以防止官员不正当得利①。

（三）韩国数字政府建设的特点与经验

1. 强有力的政府保障并强化产业发展

韩国数字政府建设采用"政府主导"模式，从"信息化推进委员会"到"电子政务特别委员会"，韩国历任总统都对数字政府能够提高国家核心竞争力有着深刻的认识，并积极投入巨大的资金。同时，韩国把数字政府建设和扶持信息通信产业捆绑推进，并将信息通信产业发展带来的效益，作为进一步建设数字政府的资金支撑。

2. 以高效政府和服务型政府为愿景

韩国通过数字政府建设，重新设计行政业务流程，实行行政事务的重组，推行大办公室制和窗口服务制，极大便捷了民众生活，并将"亲切"服务作为评判公务人员工作的标准之一。同时，公民可通过"泛政府在线沟通门户"，直接通过该网站发表意见建议，切实实现公民参与政府决策与政策监督的政策目标。

3. 以信息共享数据公开作为数字政府建设的核心

首先，韩国政府 3.0 主动向公众发布大量行政管理数据与公共服务信息，便利公众获取政府数据。其次，通过信息公开促进透明政府建设，主动公开大量不涉及公共安全与个人隐私的政府管理数据，为公众监督政府运作提供便捷的数据支撑。最后，韩国政府 3.0 向民众提供定制化的公共信息，并鼓励企业运用政府公开的数据以创造就业岗位。

4. 积极应用新兴信息技术推进数字政府建设

韩国政府积极建设公共数据门户网、信息公开门户网、24小时公共服务在线网，方便公众"一站式"获取信息与办理事项，并设计政务移动客户端，方便公众即时获取公共信息。2019年10月，韩国公布《数字化政府创新推进计划》，旨在适应以人工智能、云计算等尖端信息通信技术为主导的数字化转型趋势，改善现有的电子政务服务。

（四）韩国政府经验启示

1. 优化总体设计，落实数字政府

借鉴韩国政府 3.0 总体设计，通过数字化转型推进政府部门业务重组与流程再造，需要结合我国国情，进一步探索与"数字政府"相适应的政务信息化建设管理新体制，制定数字政府的推进战略并提出相关政策。同时，成立配套的指导数字政府建设的组织管理机构，明确各部门职责，共同推进数字政府的整体建设朝好的方向发展。

2. 围绕民众个性化需求，推动数据开放共享

韩国政府 3.0 以满足民众个性化需求为出发点，大力推动本国政府数据开放和信息共享。对此，借鉴"韩国模式"，我国应加快增强公共数据资源共享共用的力度，探索应用数据驱动决策方法；建立相关政府部门的数据汇聚更新机制，明确数据的使用标准

---

① "Park unveils 'Government 3.0'"，http://koreajoongangdaily.joins.com/news/article/article.aspx? aid=2973371[2013-06-19]。

与安全责任。同时，加强与企业和公众的沟通合作，鼓励社会化力量参与政府数据开放。

3. 从涉及面广的系统入手，推进跨部门协同

部门传统组织架构严重阻碍政府数字化转型，为实现我国政府跨部门协同、打破"信息孤岛"，可借鉴韩国政府总体架构和在线电子采购系统跨部门整合互动的做法。同时，韩国政府加快建立政务信息资源共享与交换规范及标准，十分明确地界定了部门间信息共享协同的责任义务。

4. 应用新兴信息技术，助力数字政府建设

韩国政府 3.0 大力倡导应用新兴信息技术推进数字政府建设，我国应加快建成满足物联网、云计算发展需求的网络基础设施，推动基础设施互信互联互通实现一体化，以驱动数字政府发展。同时，借鉴韩国移动电子政务经验，加快实现我国移动电子政务服务的应用普及，满足用户即时的移动服务需求。

三、澳大利亚："以公众为中心"与数据治理体系建设

《2022 联合国电子政务调查报告（中文版）》报告显示，澳大利亚排名第七，相较前几年名次有所下降。但值得注意的是，澳大利亚在人力资本开发方面仍处于领先地位。澳大利亚走"以公众为中心"的电子政务公共服务发展道路，给我国带来极大借鉴意义。

（一）澳大利亚："以公众为中心"

2002 年，澳大利亚联邦政府提出以"更优的服务、更好的政府"为目标的电子政务发展战略，整合联邦、州和地方三级政府和部门之间的网上服务，促进信息在不同层级政府及部门之间共享，面向公众提供一站式服务。

1. 政府主导

为推动电子政务实施进程，澳大利亚联邦政府先后设立在线服务委员会（Online Council）、联邦政府信息管理战略委员会（Information Management Strategy Committee，IMSC）、联邦政府首席信息官委员会（Chief Information Officer Committee，CIOC）和联邦政府信息管理办公室（Australian Government Information Management Office，AGIMO）等机构，以促进纵向邦、州和地方政府间及横向各部门间的协调，保障全国电子政务建设一致性发展。

同时，澳大利亚政府为推进数据资源共享，为民众提供更便捷的信息服务，也出台了一系列政策作为支持，主要分为三个方面：①战略支持方面，包括《响应的政府：新的服务议程》（2006 年）和《国家政府信息共享战略》（2009 年）；②标准框架方面，包括国家合作框架（national collaboration framework，NCF）和国家标准框架（national standards framework，NSF）；③协同架构方面，包括《跨部门协同技术互通框架》（2007 年）、《跨部门协同信息互通框架》（2009 年）和《跨部门国家协同框架》（2011 年）等。

2. 服务至上

除提供即时性、权威性政府信息外，澳大利亚政府还建立了一系列以用户为导向的

门户网站，用户可自行在网上下载表格填写并回寄有关机构，并可通过一个"窗口"直接办理求职、纳税等业务服务。这一系列以用户为导向的门户网站，主要分为综合性和专业性两类。

澳大利亚政府门户网站是综合性门户网站的代表。该网站内链接了700多个澳大利亚政府机构网站，可链接到100万个网页[①]。该网站能够实现用户群体特点的个性化定制，其信息和服务涉及包括教育、就业、医疗保健等方方面面的生活性内容。

专业门户网站又主要分为用户群体和行业两类。用户群体类网站主要有企业网、老年人网、妇女网、青少年网等，行业类网站主要有农业网、文化网、教育网、就业网、环境网等。

3. 反"数字鸿沟"

为避免出现地区间、群体间的"信息差"，避免政府服务被限于富有的精英阶层或少数科技爱好者，澳大利亚政府开展了反"数字鸿沟"行动。

一是重视基础设施建设，制订产业投资计划和改善偏远地区通信条件的行动框架，重点解决偏远地区网络覆盖率问题；二是引入市场竞争机制，通过实行项目招投标，改善信息资源配置状况，有效降低企业和公民的上网成本；三是面向特殊群体提供专门信息服务，如建立老年人信息服务中心，开发盲人专用系统等。

（二）澳大利亚数据治理体系建设

数据时代，数据治理成为政府工作关注的焦点。澳大利亚政府在信息管理和数据开放的实践中积累了大量的经验，从数据资源体系建设、数据治理制度规范、网络形态治理结构、治理工具体系支撑四个维度，形成了独具特色的澳大利亚政府数据治理体系。

1. 数据资源体系建设

数据资源体系建设是政府数据治理的基础，是推动电子政务发展的基石。澳大利亚政府数据治理资源体系建设是纵向中央到地方的拓展过程与横向政府部门到社会公众的扩展过程的综合。

1）纵向上：中央到地方的拓展

政府网站是政府数据资源整合的重要平台。通过政府网站，用户可在线访问政府服务，政府也可通过邮箱向用户发送信息、通知。由此，大大促进双向互动，方便政府更好地了解公众的信息需求。澳大利亚政府网站建设见表3-10。

表3-10 澳大利亚政府网站建设

时间	具体内容
2000年	实施"政府在线目录"（government online directory）工程，以实现政府上网目标
2002年	提出"更优的政府、更好的服务"的电子政务策略，以促进政府网站的资源整合
2004年	政府门户网站提供联邦政府各个部门及地方、社会组织多网站链接；网站资源按资讯服务、关于政府、新闻与媒体等类别分类；提供"我的政府"等个性化服务

---

① 黄涛. 面向目标 面向顾客 面向问题：澳大利亚电子政务建设模式评述.信息化建设，2006（6）：41-42.

2）横向上：政府部门到社会公众的扩展

一方面，澳大利亚政府允许用户上传数据。数据门户网站建立了开放数据实践社区，鼓励用户积极参与数据治理。另一方面，公众获取数据途径多样。澳大利亚公共服务部门积极利用 Twitter、Facebook、YouTube 等线上交流软件与公众进行沟通，并可第一时间获取公众反馈。

2. 数据治理制度规范

数据治理制度是政府数据治理的保障，在数据治理体系建设过程中，澳大利亚政府形成了法律法规保障、政策规章执行、统一治理标准、审查问责机制等完善的政府数据治理框架。

1）法律法规

澳大利亚政府数据治理法规体系法律法规建设，涉及数据收集与整理、数据保存与获取、隐私保护和数据安全三个方面。较有代表性的有：1988年《隐私权法》对个人信息的处理，如信息收集、使用、储存和披露做出了规定，而《2013年隐私法条例》则对其具体情况做出了诠释。

2）政策规章

对于加强公众获取数据意识、保护公众数据安全等方面的权利，政府的政策制定提供更为坚实的保障。具体来看，政策主要涉及电子政务、数据开放、隐私保护、数据安全等四个维度（表3-11）。

表3-11 澳大利亚关于电子政务的部分政策

维度	具体内容
电子政务	《澳大利亚公共服务大数据战略》《澳大利亚公共服务大数据指南》《澳大利亚政府云服务政策》《云服务实现指南》《澳大利亚政府云计算政策406资源管理指南》《云计算安全考虑》等
数据开放	《开放政府宣言》《联盟的电子政务政策与数字经济》《2020年数字连续性政策》《信息共享启动指南》等
隐私保护	《澳大利亚隐私管理框架》《2018确保个人信息安全指南》《隐私影响评估指南》《医疗保险福利和药品福利方案的隐私指南》等
数据安全	《2018数据泄露的准备和应对——根据1988年"隐私法"管理数据泄露的指南》《保护性安全政策框架》等

资料来源：刘芮和谭必勇（2019）

3）治理标准

数据治理标准体系的建立使数据治理更加有章可循，按照标准制定主体划分，澳大利亚数据治理标准制定主要有以下四种形式（表3-12）。

表3-12 澳大利亚数据治理标准制定主要形式

形式		具体内容
政府机构制定标准	AGLS元数据标准、澳大利亚政府记录互操作性框架	精确搜索，高效数据发现和信息使用，有效地记录管理
	跨政府合作制定标准	促进政府数据治理国际化合作
	空间信息理事会	收集、管理和使用空间信息的跨政府组织

续表

形式		具体内容
社会组织制定的标准	澳大利亚标准	制定数据开放、远程数据库访问
政府机构与社会组织合作制定标准	安全消息传递	由数字卫生界合作开发，实现医疗健康数据的安全共享和保密可靠
国际标准完善本国标准体系	澳大利亚统计局采用统计数据和元数据交换的国际标准	规范本国统计数据管理流程，接轨国际

注：AGLS 表示 Australian government locator service，澳大利亚政府定位服务

4）审查机制

澳大利亚联邦政府建立起内外部审查监督机制，以保证数据政策的有效落实。

外部审查：根据 2010 年《澳大利亚信息专员法》设立信息专员办公室[①]，主要负责审查各机构是否按规定要求履职。同时，设立"信息专员"专职管理信息审计业务，审计结果将通知各方并在官网公布，保证信息的公开透明。

内部审查：内部审查是政府部门自我改进、促进政府服务落到实处的一种机制。以财政部内部审查为例，主要包括执行准备度评估（implementation readiness assessment，IRA）和网关审查过程两个部分，执行准备度评估主要审查政策执行度和项目完成度。网关审查过程则是对其他政府审批程序的补充。

3. 网络形态治理结构

网络形态治理结构推动治理主体的多元化，由政府机构、社会组织和社会公众等主体共同参与政府治理。

1）政府机构：主导地位

重塑政府数据治理框架，为民众提供更加优质的公共服务，是政府作为治理活动的组织者不可推卸的责任。

为应对政府数据种类繁多、类型复杂等问题，澳大利亚政府机构内部共同合作，各部门之间权责明确。例如，由澳大利亚统计局、税务局、教育和培训部、卫生署、公共服务部、社会服务部等六个部门合作开展的"多机构数据集成项目"[②]，其目的是将有关医疗保健、教育、政府支付、个人所得税和人口普查的信息结合起来，以便全面了解国家在一段时间内的发展情况。

2）社会组织：协同治理

积极引入私人组织参与，能够为政府数据治理工程提供技术支持和资金保障。例如，数据开发工具——谷歌分析 360 与澳大利亚联邦政府积极合作，使得公务人员享受免费使用该软件的权利，也能够获得谷歌专家的技术支持与免费培训。

积极引入非营利性组织参与，其组织结构的多样灵活性，能够促进政府数据治理的

---

① "Who we are", https://www.oaic.gov.awabout-the-OAIC/who-we-are[2023-09-21].

② "Welcome to the Australian of Bureau Statistics", http://www.abs.gov.au/websitedbs/D3310114.nsf/home/Statistical+Data+Integration+-+MADIP[2023-04-04].

方式的多样性：其一，帮助政府部门制定政策、标准以及推动政策执行，如澳大利亚数据集成伙伴关系是由总理和内阁部领导的一个项目，旨在最大限度地利用政府数据资产并使其价值最大化；其二，提供技术支持，TM-Link[①]作为世界上第一个与国际接轨的商标数据库，是在澳大利亚研究理事会资助下，由澳大利亚知识产权局与斯威本科技大学、墨尔本大学合作建立，且该数据库能够针对不同的用户开发不同的数据分析工具；其三，参与政府数据治理的国际化合作，如开放数据研究所（Open Data Institute，ODI）作为全球性数据治理机构，旨在利用数据促进政府创新，提供优质的服务和产品，并提供数据服务满足个人、社区和社会的需要。

3）社会公众：积极主动参与

社会公众参与政府数据治理主要有数据上传、数据利用、数据监督三种形式。公众可通过申请和认证发布数据集，对问题及时进行反馈。同时，公众可通过问责制进行数据监督。公众积极行使问责权利，有利于政府行政效率的提高，实现政府服务智慧化、人性化的目标。

4. 治理工具体系支撑

治理工具体系为政府数据治理提供技术支持，是政府数据治理不可或缺的要素。澳大利亚政府数据治理技术体系主要包括数字化工具和社会化手段两方面。

1）数字化工具

数字化工具可以分为数据标准化工具、数据开发工具、数据平台、数据管理系统四种类型。数据标准化工具有助于实现数据格式化形式一致化，实现数据的互通性；数据开发工具能够满足用户多样化的信息需求，如国家地图；数据平台是向用户提供数据服务的中介，如2016年8月上线的数字市场，使政府能够迅速寻找服务供应商；数据管理系统能够规范政府内部信息处理流程，如国家档案馆的电子文件和记录管理系统，大大简化了办理的手续和流程。

2）社会化手段

社会化手段主要包括在线网站、社交媒体的应用及相关APP的应用推广两个方面。一方面，利用在线网站和社交媒体宣传数据治理，如联邦政府各部门开通的Twitter、Facebook等社交媒体的官方账号，能够有效提升公众数据意识。另一方面，APP以其成本低廉、快速方便等特点，也能够作为政府数据治理的有效手段。

（三）澳大利亚政府的启示

1. 完善数据治理资源体系建设

纵向上，在立足国情和地方实际的基础上，从现有的政府信息服务基础设施平台着手，整合数据资源，逐步推进不同平台的联结和互通，以促进政府数据服务水平的提升。

横向上，借鉴澳大利亚政府由政府部门到社会组织和公众横向扩展的过程启示，从用户需求角度出发，建立多样反馈机制，鼓励公众和社会组织参与数据治理。

---

① "About TM-Link"，https://www.tmlink.net.au/[2023-04-04]。

2. 推动法律规章完善与执行

法律法规体系的建设能切实保证治理的权威合法性。我国《促进大数据发展行动纲要》与《国务院关于积极推进"互联网+"行动的指导意见》的颁布，奠定了政府开展数据治理的基础。此后各地纷纷将"数据开放"与"智慧服务"纳入政府工作计划，逐步推动数据治理的纵深发展。

但相比于澳大利亚，我国政府数据治理实践起步时间晚、地区差异较大，法律法规体系建设提升空间较大。因此，应在借鉴澳大利亚等政府数据治理相关法律法规健全的国家的基础上，不断完善相关法律法规。各地也要结合数据开放情况，制定适合本地区数据开放的政策与执行策略。

3. 构建多元主体协同治理框架

澳大利亚政府在数据治理过程中形成了公众、社会组织、政府机构间的多元合作。作为一项重要的公共治理问题，我国政府内部间要加强合作，明确机构间的职责和权力，建立规范的合作程序。同时，政府应鼓励社会组织、公众参与到社会治理中，积极监督政府行为。

4. 运用技术治理实现"智慧服务"

在借鉴澳大利亚政府利用先进的治理工具的基础上，我国政府应加快推进相关技术的发展创新，充分利用大数据、云计算等技术提升政府服务水平，实现公共服务的精细化、智能化，为政府数据治理营造良好的社会环境，以便为公众提供优质信息服务。

四、丹麦：数字战略与数据开放政策法规

（一）丹麦政府的数字战略

丹麦政府积极加强地方与国家层面的合作，致力于为公民提供一个整体的、全面的数字化公共部门。政府要求所有公民必须使用在线公共服务，对于难以获得在线服务的群体，如老年人、残疾人等，政府积极与非政府组织和基层组织合作，组织数字培训课程，以提高其计算机知识水平。

《2020 联合国电子政务调查报告（中文版）报告》显示，丹麦的数字化政府在全球表现最佳，已连续两年位居榜首。2018 年联合国报告将丹麦的快速进步（自 2016 年第 9 位升至第 1 位）归功于丹麦政府实施的新的数字战略。

2018 年 1 月，丹麦政府提出了"数字增长战略"。该战略的实施旨在运用新技术增加国家收入，以多种方式改善国家的环境、医疗保健和人民生活，使丹麦大众都能从数字化中受益。其中，数字身份证（NemID）是丹麦数字战略的基础。数字身份证允许居民访问公共和私人服务，公民可在此提交税款、就医等。2018 年，丹麦国家公民门户网站 borger.dk 全国调查显示，92%的丹麦公民对数字身份证相关服务表示满意。

1. 政府部门数字化战略

为实现这一战略目标，2011 年，丹麦财政部设立数字化机构，旨在贯彻落实丹麦政府在公共部门的数字化目标，实现丹麦福利社会的服务现代化。同时，丹麦政府也颁布

了多项涉及多领域的数据开放政策（表 3-13），切实加速了数字丹麦的建设进程。

表 3-13　丹麦政府数据开放政策

政策名称	时间	主要内容
《促进公共数据免费开放获取协议》	2002 年	将分散的地址数据通过统一政府平台向民众免费提供
《开放政府联合行动计划——丹麦》	2013 年	《开放数据创新战略》，提升社会获取公共数据意识，并确保数据可获得性
《开放关键领域的数据库承诺书》	2015 年	通过升级指南、工具等促进关键领域数据开放
《2011—2015 年数字政府战略》	2011 年	提供高质量核心数据，并对政府部门使用的核心数据进行统一
《基本数据项目》	2012 年	通过稳定有效的数据集散器，将高质量的基本数据在统一平台免费开放；建立跨机构基本数据协会
《2016—2020 年数字化战略》	2016 年	对基本数据项目进一步推进；使公共领域数据成为经济发展引擎；解决数据使用中的安全问题

根据《2016—2020 年数字化战略》，丹麦政府出台多项具体政策以推进数字化建设。如 2016 年，丹麦政府发布《一个更强大和更安全的数字化丹麦》；2018 年，丹麦政府发布《丹麦数字技术增长战略》，旨在推动人工智能、大数据、物联网的发展，使丹麦成为数字革命的领导者；同年，丹麦卫生部、财政部、地区和地方政府联合推出《国家数字健康战略（2018—2022）》，旨在推动丹麦医疗系统的可持续发展；2019 年，推出"人工智能国家战略"，实现用人工智能方案加速数字化福利方案的普及。

2. 政府数字化推动企业创新

丹麦的电子政务是通过政府与私营企业的合作来实现的。为了加快数字化转型和政府创新，丹麦政府积极与当地私营部门和高科技中小企业合作，尝试开发数字化合作方案。例如，丹麦政府的支持 GovTech 计划，旨在帮助科技初创企业提供方案，以帮助它们创造公共价值。

丹麦政府大力支持初创企业发展。根据 2019 年全球创业指数（2019 global entrepreneurship index），丹麦的创业环境得分位居欧盟之首，在全球排名第四，在初创企业机会、技术吸收程度、人力资本和竞争方面得分最高。

（二）数据开放政策法规

丹麦的政府数据开放工作起步早，开放数据水平高。对丹麦政府数据开放共享的政策、法规建设情况进行研究，有利于更好更快地推进我国政府数据开放工作。

1. 关于获取公共政府行政机构文件的法案

1985 年 12 月颁布的《关于获取公共政府行政机构文件的法案》，作为丹麦推进政府数据开放进程的开端，以法律形式赋予了丹麦公民查阅政府数据资料的权利。法案中对"个人可申请查看不涉及保密内容的政府文件""限定禁止开放文件类型的范围""规范获取政府处理公共文件的申请流程"等，从法律层面促进了政府工作的透明化。

2. 关于处理个人数据的法案

2018年出台的《个人数据保护法》主要涉及个人数据在传播利用时的保护问题。法案对不同种类的个人数据的获取、保存、传播、使用规范进行了规定。例如，对掌握着大量个人相关的数据的政府进行明确约束，如对"政府使用个人犯罪数据""政府获取和使用个人身份号码""政府处理市民来电信息""政府将个人债务信息提供给其他机构"等行为进行了规范，以确保公民合法权利不被侵犯。

3. 公共部门信息再利用法案

《关于获取公共政府行政机构文件的法案》无法为社会和个人再利用政府数据的行为提供法律依据。2005年6月《公共部门信息再利用法案》颁布，建立了再利用公共部门文件和数据的统一规则，为社会和个人再利用政府数据提供了法律保障。该法案将政府数据开放的使用范围、获取程序、格式、费用等问题都通过法律途径进行了规定。例如，对"公共部门信息的合法使用范围""获取再利用文件及数据的合法程序""再利用信息的收费"等问题进行了明确规定。

由此可见，丹麦政府通过关于数据开放共享的法律规定，使政府、企业、个人在使用数据时有法可依。在《2016—2020年数字化战略》中，丹麦明确提出要加强相关法律建设，其具体内容及法律体系对我国的立法起到参考作用。

（三）丹麦政府的启示

1. 制定步骤明晰、连贯性强的政策规定

丹麦政府数据开放范围广泛全面，从基本数据到关键数据，从确保数据免费开放到确保数据有效利用，步骤清晰明确。同时，丹麦政府的数据开放政策的颁布与实施是层层递进的，具有连贯性。如《2016—2020年数字化战略》就是对《2011—2015年数字政府战略》的延续和发展。并且，在数字化战略背景下，相关政策的规划安排十分具体，约每半年到一年就有一个阶段性小目标，内容涉及医疗健康、人工智能等多方面，并规定在一定期限内免费开放某一领域的数据或提高某一领域数据质量。相对而言，我国政府数据开放工作仍处于起步阶段，在数据开放的深度和广度以及相关法律法规健全等方面，丹麦政府政策规定的特点值得我们借鉴。

2. 完善个人数据信息安全立法

我国政府开展数据开放与共享工作，主要以《中华人民共和国政府信息公开条例》和《政务信息资源共享管理暂行办法》为依据。

丹麦《个人数据保护法》规定了个人数据在传播利用时的保护问题，值得我们借鉴。具体来说，借鉴方面包括：对政府、企业、个人活动涉及个人信息搜集的活动目的和过程有合理合法、目的明确的要求；对识别不准确的、有误导性的个人信息有进行纠正和更新的要求，提高公众数据使用的质量；设立相关政府机构用以监督、规范个人信息的收集和使用行为等。

3. 政府数据分阶段免费开放

丹麦的政府数据开放共享起步较早，从地理数据到各类基本数据，再到比较敏感的关键领域数据，采取循序渐进的策略。我国现在还没有详细的政府数据开放规划，分步进行政府数据开放，对我国数据开放建设是十分必要的。在开放数据的顺序上，也可以结合地方实际、适度效仿丹麦政府。

首先，对一些机密性不高但民众关心的基本民生数据进行开放。例如，基础地理数据、不动产数据、气候数据等，以便利民众生活，实现企业和经济组织对其的再利用。同时，设立跨机构的管理部门，统筹协调各项数据的开发利用，监督和保障数据的准确性及时效性，并将数据经由统一的平台开放。

其次，对于关键领域的数据开放。我国正在进行廉政建设，对于政府工作上的文件和数据的公开，有利于提高政府机关工作透明度，鼓励公民问政及积极参政。有利于提高政府工作效率，提升政府形象。但在开放关键领域数据时需特别注意，要明确界定数据开放的领域及内容，对于涉及国家机密、个人隐私、商业机密等内容的数据，应该排除在数据开放的范围之外。

4. 提高数据使用者的专业素质

在《2016—2020 年数字化战略》中，针对数据的获取利用者提出了进一步的要求。掌握梳理与数据分析能力的使用者，能有效提升数据使用效率。因此，政府在开放数据的同时，可对有需求的数据获取者提供有偿或无偿的指导。同时，配备专门的工作人员科普推广政府数据开放的概念，是十分有必要的。

5. 开放数据拉动经济增长

丹麦政府实施开放数据战略，并施行《促进公共数据免费开放获取协议》，极大地刺激了丹麦的社会经济发展。我国正处在经济转型的过程中，借鉴丹麦的成功经验，开放政府数据为社会提供了新的经济增长点，依靠政府数据拉动经济发展的进程的方式是值得重视的。

第三节　国内电子政务典型模式

"互联网+"正逐渐与传统行业进行跨界融合，我国政府部门的政务处理也需要融入互联网技术，以便更好地为人民群众服务，这就给电子政务的发展带来了巨大的机遇。2018 年 6 月 22 日，国务院办公厅印发《进一步深化"互联网+政务服务"推进政务服务"一网、一门、一次"改革实施方案》，就加快推进政务服务"一网通办"和企业群众办事"只进一扇门""最多跑一次"等做出部署。本节对电子政务的发展新模式进行探析，并列举出国内电子政务的几种典型模式。

一、国内政务服务改革模式概述

（一）国内主流政务服务模式

1. "一条龙式"

分审批部门进驻政务大厅，各自摆摊设窗，各自提供咨询服务和受理，审批须回各自部门审定，办事人要跑部门窗口。

2. "一站式"

所有审批部门进驻政务大厅，个别业务实行相关部门物理整合式"一口受理"，业务还是部门各自受理，办事人还是要跑部门窗口。

3. "一门式"

按各部门自行设立为"小一门"或多个部门组合为"大一门"综合一窗受理，受理窗口为各部门人员，受、审没有分离，每项业务实行两套信息受理系统重复录入，办事人等待时间长，效率低，还未实现一窗通办。

4. "一窗式"

实现法人类所有业务不分部门一窗通办、联办，公民类下沉就近一窗综合办理，受理窗口均为政务中心人员承担，实行受、审分离，并推行信息共享、互联互通，自助终端、微信、APP、客户端、邮政快递、小蜜蜂箱网办收件取件、远程视频服务等"互联网+服务"模式。

5. "五个一综合式"

实现"一卡通行、一号接通、一格管理、一网办事、一窗服务"的新型社会治理和政府公共服务模式。

6. "三位一体联动模式"

以"五个一综合平台"为运行基础，由大数据云中心实现"一窗服务、一网监管、一队伍综合执法"三位一体事中事后监管联动执法模式，有全政务生态互联网+服务的支撑，包括线上线下一体化、智能政务机器人客服、跨城通办等。

（二）互联网+政务服务沿革

2011年——中共中央办公厅、国务院办公厅印发《关于深化政务公开加强政务服务的意见》，本级行政许可审批等与公众密切相关的事项，政务公开、审批服务、效能监察。

2013年——上海自贸区投资业务创立"一口受理"模式。

2014年——广州荔湾区实行"一窗模式"服务；以11个通用标准窗口综合受理977项企业法人及自然人业务。

2014年——天津滨海新区成立行政审批局；109颗公章被封存，实现全区部分业务1颗章审批模式。

2016年——《国务院办公厅关于转发国家发展改革委等部门推进"互联网+政务服务"开展信息惠民试点实施方案的通知》（国办发〔2016〕23号）发布。

2017年——《国务院办公厅关于印发"互联网+政务服务"技术体系建设指南的通知》（国办函〔2016〕108号）发布。

2019年——李克强签署国务院令，公布《国务院关于在线政务服务的若干规定》（国令第716号）。

2020年——《国务院办公厅关于加快推进政务服务"跨省通办"的指导意见》（国

办发〔2020〕35号）发布。

2021年——《国务院办公厅关于印发全国一体化政务服务平台移动端建设指南的通知》（国办函〔2021〕105号）发布。

2022年——《国务院关于加快推进政务服务标准化规范化便利化的指导意见》（国发〔2022〕5号）发布。

（三）各地模式-组织架构特征分析

1. 南北模式对比

（1）南方各地模式。注重在"服务集成"上下功夫、做文章，表现在组织机构上以政务办或政务数据局为主要形式。

（2）北方各地模式。注重在"权力集中"上动手术、下刀子，表现在组织机构上以行政审批局或后期的行政审批服务局为主要形式。

2. 审改服务模式

（1）"一窗式"政务服务中心模式（代表：广州荔湾区）。服务集成，重整优化审批服务方式，一窗受理、后台分类审批、标准化+信息化。

（2）行政审批局模式（代表：天津滨海新区）。审批集成，改革调整行政审批体制，职能归并、窗口按业务口设置。

（3）部门设窗政务中心模式（代表：大部分地区）。为传统摆摊设窗模式。

（四）全国有代表性的三个地区"一窗式"比较

（1）广州：2014年荔湾×首创"一窗式"受审监相分离模式，2015年广州全市推广，提出"一窗受理、集成服务、市区联动、统一入口、统一平台、统一标准"。

（2）山东：2017年提出"一张清单、一窗受理、一次告知、一网通办、一窗出证"。

（3）浙江：2016年提出"一窗受理、集成服务、最多跑一次"[①]（表3-14）。

表3-14 广州、山东、浙江"一窗式"的比较

区域	模式	优势	存在问题
广州	统分模式 统一标准 百花齐放	统一模式统一标准 允许各区进行个性化拓展优化 同时共享交换、电子证照统一推进	管理协调难度大 技术要求高
山东	全省统建 一荣俱荣 一损俱损	集约建设 内部一体化	灵活性不足 节奏较慢
浙江	全省统建 顶层推动 "诸侯割据"	流水线作业 省级统筹 重点推进共享平台建设，接口开放	省级各厂商统筹难度高 依赖共享交换平台的建设

---

① 《第二章 | 政务服务5大改革模式的现存问题》，https://mp.weixin.qq.com/s/Fi-xDijugenzZBRtv0FaPw[2019-06-06]。

二、广州荔湾区"一窗式"政务服务改革

广州荔湾区 2014 年以来推进的"一窗式"政务服务改革,通过机制创新与互联网信息技术支撑相结合,努力探索"互联网+政务服务"的新路子。2016 年,国务院办公厅转发《推进"互联网+政务服务"开展信息惠民试点实施方案》,方案将荔湾区"一窗式"即"前台综合受理、后台分类审批、统一窗口出件"的改革成果作为改革创新政务服务的典型案例向全国推广。经过两年来不断深化改革,逐步实现了大厅服务"一窗式"、网上办事"一网式"、自助终端服务"一柜式"、上门服务"网格式"、咨询服务"视频式"、查询服务"微信式"等多元化、个性化创新政务服务,极大地提高了办事效率。

(一) 广州荔湾区政务服务改革历程

(1) 小店。2009 年前"部门小店",特点:以部门为中心,分散办理,自我监管。

(2) 门店。2013 年前"一条龙一站式",特点:以部门为中心,一条龙办理,自我监管。

(3) 集成店。2014 年"一窗式",特点:以窗口为中心,集中办理,集中监管。

(4) 集成店+网店。2015 年"五个一综合",特点:以公众为中心,集成服务,流程监管,线上线下一体化。

(5) 旗舰店+云店。2016 年"三位一体联动模式",特点:放、管、服三位一体联动,集成服务,综合监管,联合惩处[①]。

(二) 广州荔湾区政务服务改革内容

1. "三位一体",系统推进

将"一窗式"政务服务改革纳入"三位一体"改革统筹分类推进。区委、区政府在统筹考虑、全面论证、科学决策的基础上,明确以政务服务、综合行政执法、社区网格化服务管理等彼此相互联系、与群众生活关系最紧密、政府改革愿望最迫切的三项改革工作为重点,全面深化荔湾区改革各项工作,并将行政审批政务改革定为区委、区政府 2014 年"1 号改革工程"。

荔湾区的"三位一体"改革是一个系统的改革,各个改革之间相辅相成,不可或缺。实现政府职能转变是目标系统,各项改革的主要目的就是实现政府职能转变。"一窗式"政务服务改革是动力系统,纠正行政审批过滥、复杂、轻监管等问题是"一窗式"改革的必然动力。"一网格"是控制系统,它规划监管职能,把握住审批事中事后的各市场主体都能有序诚信经营。通过各类网格员在网格巡查发现问题,上报信息系统统一指派给职能部门进行依法监管,防止各类市场主体行为的失序和跑偏。同时通过网格化信息平台统一派单,规范职能部门行政行为,促进依法行政。"一队伍"是保障系统。它规

---

① 《第一章丨全国"一窗式"政务服务改革成效分析及模式对比》,https://mp.weixin.qq.com/s/QvLYsmfqAmPMgnRt2Ct9KQ [2020-01-15]。

划行政处罚职能，对违背市场秩序和法律法规的各类主体进行处罚，以维护和保障有序与诚信的市场秩序及环境，起到强力纠偏的作用。

2. 问题导向，精准施策

荔湾区通过对政务服务的现状进行调研分析，梳理出存在的八大难题，即：①"协调难"，部门和地方条强块弱，区街被动接受工作；②"统筹难"，入驻部门各自为政，新增服务"增窗增人"；③"教育难"，各线窗口"临工"坐台，临聘人员素质较低，服务质量不高；④"共享难"，各条专线信息分割，形成多个信息"孤岛"；⑤"高效难"，审批手续烦琐，办理业务要在多个窗口反复折腾；⑥"告知难"，各种材料多变，服务不规范、效率低，群众无所适从；⑦"查询难"，各部门分头审批，进度情况无从知晓；⑧"监管难"，审批分离，窗口存在一定程度的自由裁量，为权力寻租留下空间。

针对以上问题，制订针对性改革方案，一一进行破解。具体采取以下创新措施。

（1）由"多窗"变"单窗"，实现前台"一窗收件、统一出件"。改"依部门设窗"模式为一个"综合窗口"统一受理，实现受理权与审批权分离。

（2）由"多科审批"变"一科审批"。推行科室审批负责制，入驻部门将行政审批事项授权给进驻区政务服务中心承担行政审批的科室集中行使。

（3）由"多表"变"一表"。推行清单式、规范化的受理和审批模式。

（4）由各部门"专网多系统"变多部门"平台共享"。在目前各部门业务审批系统无法统一的情况下，区统一开发建设一站式行政审批平台，全流程实现公众外网咨询、查询、预约，内部专业网分类审批，网上办事大厅与实体政务大厅的并轨运行；与区效能监察网联通，各部门将相关审批数据同步推送至该平台，确保所有审批事项的流程信息即时可查可管。

（5）由"坐席审批"变"远程审批"。提供可视互动业务咨询受理服务。办事群众可以通过远程视频业务咨询系统，直接连通所要咨询的部门，实现面对面的文件资料传输、问题咨询与解答。

（6）由"区级集中"变"街道分担"，推动公民类审批重心下沉街道，方便市民群众在家门口即可办结日常个人审批事项。

（7）由"多次登门"变"单次办妥"。创新审批事项联合勘查验收机制。赋予区政务办对重大审批项目的监管督办职能，明确工程类重点审批事项的勘查和验收，由区政务办组织协调相关职能部门联合开展，加强对重点审批项目的有效监管。

（8）由"大厅办理"变"家门口办理"。突破行政管辖限制，推出"广佛同城、服务先行""市民之窗"自助服务终端系统，为两地群众提供24小时公民类审批服务。同时优化扩充"市民之窗"自助服务终端功能，携手广州邮政，创新推行"智慧政务+智慧邮政"的"一柜式"政务微服务，实现"自助申报→邮政收件→政务受理→集中审批→快递送达"的新模式。

（9）由"多头分散管理"变"集中统一管理"。组建政务办直属管理的综合受理窗口机构，落实窗口受理人员，改变过去由各派驻部门分散管理的传统，较好地实现了部门负责决策执行、政务服务中心负责管理监督的权责平衡，解决了广州市之前普遍存在的政务办权力"中空"的问题,形成了服务与责任、管理与考核之间的有效约束。

3. 创新驱动,标准随行

"一窗式"模式最主要的特点就是标准化,通过标准化打通企业群众"办事难"的无形之"门",即"窗口受理难"。同时实施"一窗式"综合受理,要以信息技术为依托,而信息化的前提必须是标准化。具体为以下几个方面。

（1）平台标准化。区统一开发"荔湾区一站式行政审批系统"作为公共综合受理平台,通过标准化程式实现公共平台与各职能部门专业审批系统进行交换联动,破解当前各专业审批网"只独立、不共享"难题。

（2）受理标准化。在受理上实行"一窗式"标准化"流水线"作业,即一个窗口受理所有审批事项,群众按公开的清单提供办事材料,窗口受理人员按照清单收件,审批部门人员后台按照清单事项进行审批,审批人员审批完毕后由统一的出件窗口进行出件。群众办事只需在受理窗口递件和到出件窗口收件,不再逐一跑审批部门单设的窗口。

（3）清单标准化。制定审批事项标准化清单。荔湾区推行一窗式政务改革伊始,即同步要求各审批部门将办理事项收取的材料按照标准模板制作审批事项受理清单,由单位加盖公章后向社会公开。截至2015年,荔湾区纳入一窗式受理共有977项事项,共编制977项事项的详细受理提交的材料清单,公开在政务大厅显示屏和荔湾政府门户网站、网上办事大厅、政务微信平台等多渠道上供办事企业和群众查询。

（4）流程标准化。实行行政审批事项办理各个环节流程标准化,即前台一窗受理标准化,中间公共平台与各职能部门专业审批网进行标准化对接,然后各审批部门按照各自审批程序各自审批,最后按统一出件标准由综合出件窗口出件,这样在最大限度内实现了审批各个环节即"收件—受理—审核—审批—出件"的有效对接,提高了办事速度。

（5）告知标准化。借鉴电商网上物流的做法,荔湾区统一在每一个行政审批的"受理、审核、审批和出件"四个环节,通过由"一窗式"审批平台统一推送短信的方式告知办事群众办事进度,并将办事进度同步显示在门户网站和政务微信上供办事群众方便查询。

（6）指南标准化。按照标准化格式编制以事项为入口的"办事指南",即采用"办理事项名称—事项编号—办理地点—办理时间—办理时限—收费标准—资料（清单）—办理流程图—法律文书（表格）填写示例"的标准格式,让办事群众能够一目了然。新的指南把原先的"官方"文字形式编制为图表形式,使各种层次的办事群众易看易懂,并在办事大厅办事查询机实现可查可打印,同步在"广州荔湾"门户网站和荔湾政务微信平台发布。

（7）审批标准化。实行行政职能部门审批权限统一由一个科室集中行使,审批科室行使审批权时,按照依据相关法律法规制作的统一标准化流程进行审批;对办理事项涉及多个部门或者审批过程中需要勘查的按照统一的联合审批、勘查机制进行联合集中审批或勘查。审批标准化实现审批各个环节规范透明,有效杜绝了暗箱操作。

（8）监管标准化。通过以上各个环节的标准化建设,同步实现了对审批部门及其审批人员的监管标准化。在系统平台上统一受理,实现一网打尽,避免在系统平台外的受理审批行为，有效预防权力寻租的可能；在平台设置时限限制技术措施，对超期限的审批行为进行亮灯警示，避免审批不作为情况的出现；与纪律监察局效能监察联网，对行政审批各环节实现全流程监管，及时纠正出现问题；将平台记录作为审批人员日常和年终考核的主要依据，有效约束审批人员依法审批，按时完成审批事项。

4. 互联网+智慧政务

成功应用最新互联网技术，是荔湾区政务改革取得成效的关键因素。

1）最大限度地利用信息技术手段，开启互联网+政务

2013年10月，将原属于科信部门的信息化职能连人带编划到区政务办，由区政务办行使信息化建设管理、电子政务和大数据统筹的职能，这为荔湾区的政务改革顺利应用信息技术手段打下了坚实的基础。同时，将原属于区政府办的政务公开职能划转到区政务办，将主动公开渠道的政府门户网站建设管理划由区政务办承担，这为区政务办统一推进行政审批改革各项工作的公开，促进政务服务改革始终透明高效创造了有利条件。为了确保行政审批后事中、事后的监管，在荔湾区政务办增设网格化管理科（挂12345政府服务热线管理办公室牌子），专门负责建立、规范、拓展全社区网格化平台基础信息数据库和应用系统，拟定城市社区网格化服务管理、"12345"政府服务热线的管理制度和服务规范，建立"12345"政府服务热线和网格化信息平台联动机制等职能。实现了"一窗式服务、一网格监管、一队伍执法"三位一体联动，事件处理跟踪、协调和督办，为提高办事进度奠定了坚实的基础。目前，荔湾区"一窗式"政务服务改革通过"一站式行政审批系统"平台、政府门户网站、政务微信、远程视频、自助终端等及"一柜式"微政务实现了办事流程、预约、查询、咨询网上走，群众甚至只需要在家门口按要求递件和按时收件就可办理行政审批业务。

2）破除部门壁垒，倒逼部门信息共享

在荔湾区的改革实践中，信息壁垒主要体现在三个方面：一是与现行的垂直管理体制相冲突。一些部门认为地方政府要共享该单位的信息资源，应请示上级业务主管部门才行。二是与现行的政策法律制度有抵触，一些部门认为信息资源共享与中央部委现有的行政规章和业务规范相冲突。三是各政府部门的认识和沟通问题，如怕共享会产生保密问题，怕损害本部门的利益，如资源的独占权。这三方面可以说是部门不愿信息共享最主要的理由，也是最难说服部门的难点所在。

荔湾区实行受理、审批、监管相分离。政务改革工作按照"三集中、三到位"原则推进。"三集中"即部门行政审批职能向一个科室集中，承担审批职能的科室向政务服务中心集中，行政审批事项向电子政务平台集中。"三到位"即行政审批事项进驻政务服务大厅到位，行政审批授权承担审批的科室到位，电子监察到位。受理与审批职责分离，负责行政审批事项受理的单位与负责行政审批的单位分离。审批与现场勘查、管理分离，行政审批部门对需要现场勘查的事项负责审批，指定其他科室负责申办事项的现场勘查、收费计价和日常管理工作。

荔湾区委、区政府提出了在街道政务中心推行"统一受理、综合办理"，在区政务服务中心推行"统一受理、分类审批、统一出件"的政务服务改革方案，以"三集中、

三到位"为支撑,以信息技术为支持,推行"工程类、经营类、公民类"三大板块政务服务方式,从"传统批发市场式"向"电子商厦式"转变,最终打造出"荔湾模式"的政务电商平台模式。

荔湾政务服务首先在咨询区设部门固定窗口,有业务才到咨询区,方便管理和提供良好服务。其次是分块独立评价,因为改革初期可能存在不协调的地方,企业、群众对流程不熟悉,分块独立评价有助于审核和改进。再次是采用综合收件不分类模式(不然仍会出现忙闲不均的情况),汇总各部门要求的材料形式,对收件员进行形式审查培训。最后是根据目前业务量,收件窗口设3~4个,取、送件设1个,发件窗口设2个,设综合查询区、填单区、等候区。同时将行政审批事项受理权限由入驻行政主管部门授权到区政务服务中心人员,由区政务服务中心人员进行前台受理。行政主管部门将各自行政审批权限集中到一个部门,并入驻到区政务服务中心后台专职进行审批,需要进行现场勘查的由行政主管部门其他科室进行,不再由审批科行使。事中、事后监管由区综合行政执法局派驻执法人员到行政主管科室,与行政主管部门监管人员共同组成监管执法队进行综合监管执法。整个审批、监管、执法通过区统一开发的网格化信息指挥系统进行调度,并与区效能监察系统对接联动,一旦出现异常情况,就会启动问责。这样就通过信息化手段实现了"一窗式"审批、"一网格"监管、"一队伍"执法"三位一体"联动,打破了人事归属壁垒,破除了原先受理、审批、监管执法全由行政主管部门一肩担,职权利益高度一体化容易导致腐败的弊端,实现了相互监督,促进了廉洁,同时也提高了办事效率[1][2]。

(三)荔湾区政务服务改革启示

1. 制度设计

《中华人民共和国电子签名法》的第十四条指出:"可靠的电子签名与手写签名或者盖章具有同等的法律效力",这就从法律的高度规定了"当事人约定使用电子签名、数据电文的文书,不得仅因为其采用电子签名、数据电文的形式而否定其法律效力"。但是在一些传统部门中,出于数据信息的安全可靠性,电子签名仍得不到认可。为了让电子签名得到普及,一些传统部门要转变思想观念,加快信息化的部门改革,加快电子签名普及。另外,电子签名的司法鉴定是电子签名效力认定的保障以及法律依据,要建立起专门和相关电子签名机构,为电子签名提供服务和保障,认定电子签名的效力以提高行政效率。

2. 运行机制设计

政务服务中心运行机制的完善与建设,要坚持精简化、公开化以及服务化为方向。要进行政府的流程再造,就是学习与借鉴企业的流程再造,来推进政府的流程再造。政府的流程再造必须要以服务办事群众、方便办事群众为第一宗旨,合并重构职能相近、业务性质相似的职能部门,使职能相对集中,由一个部门统一进行管理。在政务运行机

---

[1]《第三章|"一窗式"改革成功案例——广州市荔湾区(上)》,https://mp.weixin.qq.com/s/w0ojxuc9P-rLBeu6biePrA[2019-06-14]。
[2]《第三章|"一窗式"改革案例——广州市荔湾区(下)》,https://mp.weixin.qq.com/s/9oEq4wH8Wj03_eNvo_r1WQ[2019-06-14]。

制中，政府要进一步对政务信息的公开程度进行改革，让公众更多了解政府信息。政务公开让办事群体更多地了解政府部门的工作进度以及工作效果，要做到以下几个方面：一是告知方式多样化，口头告知等模糊性的告知方式应该尽快退出政务服务的舞台，继而用书面告知和网上告知替代；二是规范告知形式，审批单位要制定出统一的规范告知表格，让群众易于理解事项；三是告知渠道多样化，加大政府网站的宣传作用，在网站公布各审批机关要求的相关审批前置条件的规章制度和办理细节，以方便办事群众申请，提高审批效率。

3. 新技术运用

要加强政府与公民之间的沟通，电子政务的完善与发展显得尤其重要，只有电子政务充分发展，政府才能更有效发挥其信息共享和提高行政效率。要加快协同政务发展，行政管理中的协同是指针对某一事项把各个不同的政府部门组织起来，使之能够集中力量，完成同一任务，通常包括制度协同、技术协同、流程协同和资源协同等几个方面。协同政务就是指政府部门之间利用信息技术手段进行跨部门业务协作，把政府的各种资源进行整合，优化政务流程，打破组织间的隔阂，以网络为核心，形成新的组织，最终使政府资源得到最充分利用的新型政府工作模式。加快部门之间协同的发展，让各个部门进行知识的共享与政务信息的沟通，能够更好地消除部门间的隔阂，增加沟通与合作，提高行政效率。

荔湾区政务服务中心自成立以来，始终坚持执政为民理念，以着力解决群众办事"四难"问题为导向，坚持以改革谋发展，以创新促改革的思路，从"优化行政审批流程、完善政务服务体系"上入手，全力推进政务服务改革打造"荔湾模式"。荔湾区的政务改革是属于全国首创，对我国的各地区政府的改革有一定的借鉴之处（刘允强，2020；杨家怡，2018；连樟文，2016）。

三、浙江衢州"最多跑一次"改革

2016年12月，浙江正式提出"最多跑一次"改革（吴江，2018），衢州成了这次改革的先行试点市，开启一场刀刃向内的政府革命，其首创的"一窗受理、集成服务"模式已成为全省标配，"多审合一""测验合一"更是走在全国前列。衢州以"最多跑一次"改革为牵引，不断深化政府改革，转变政府职能、再造服务流程、提升行政效能，其改革经验具有一定学习和借鉴价值。

（一）衢州"最多跑一次"改革历程

2016.9.20——市行政服务中心率先试行"一窗受理、集成服务"模式。

2017.4.10——浙江日报头版头条为《群众办事 一窗受理——看衢州如何实现"最多跑一次"》。

2018.3.1——召开全面深化"最多跑一次"改革暨"无差别受理"推进会。

2018.4.24——市行政服务中心"无差别受理大厅"正式启用。

2018.5.28——全国首创"无差别受理"窗口办电服务正式上线。

2018.7.16——成为全国首批支持"电子身份证"线下业务办理的城市。

2016~2018年这两年多的时间里,衢州在改革中找到了属于自己的节奏。从"一窗受理、集成服务"到全面推行"无差别受理",从"一网通办"到"同城通办"再到"一证通办",努力在"最多跑一次"改革中,追寻着"一次也不跑"的目标。

浙江衢州努力打造"前台综合受理、后台分类审批、综合窗口统一出件"的全新工作模式,建立第三方对政务服务的全程统筹协调和监管管理机制,形成"统一收件、按责转办、统一督办、统一出件、评价反馈"的业务闭环。从行政服务中心入手,打造更加智慧集成的一线服务窗口。对政府权力和部门职能的调整,将职能部门的受理权剥离授权给行政服务中心综合窗口,由窗口按职责分派各部门进行并联审批再统一出件,把原来的"跑部门"变为"跑政府",把"分头跑、挨个办"整合为"只进一门、只对一窗"(郁建兴等,2019)。

（二）浙江衢州的改革内容

衢州政务服务改革主要是从组织结构改革、业务流程改革、技术支撑体系、一站式大厅服务四个方面进行实践探索。

1. 组织结构改革

在组织结构上,衢州按照"一件事"原则把原需分别到各部门服务窗口审批的事项整合到一个综合窗口,以"一窗受理"实现跨部门信息共享、业务协同,集约资源、减少成本、提高效率[①]。

1) 设置"综合受理窗口"

以全面梳理权力事项清单为基础,实现"事项归并、一窗受理"。

2016年初,衢州行政服务中心有260多个办事窗口,分属于35个部门单位,每个窗口只受理审批一类业务,存在"业务不均衡、窗口有冷热、资源有浪费"问题。

2017年1月,衢州把涉及43个部门1090项审批事项中的611项纳入行政服务中心"一窗受理"范畴。按业务流程和办事数量开设社保、公安、公积金、税务、投资项目、不动产等六大综合受理窗口,并与相应审批部门签订授权书,统一授权综合窗口受理(简称综窗),实现受理与审批环节分离。

2) 设置其他窗口

对于收费、公共事业服务、中介服务等即来即办事项,以及专业性极强、对审查有特殊需要的事项,经行政中心管理办公室审核同意后,设立部门专业窗口自行受理。衢州目前设有交通、人劳、安监、质监、烟草、商务、住建、卫生、电信九个专业窗口,形成"综窗+专窗"受理体系[②]。同时,设置"协调受理"窗口,提供容缺收件、全程代办、困难帮办、应急处理等"绿色直通"服务。

[①]《万字干货：彻底讲透衢州"最多跑一次"改革经验,难点+措施+经验!》,https://mp.weixin.qq.com/s/XF5CeX8RTzh2RMSsqIPW8Q[2019-12-20]。

[②] 注：专窗并不是自成一体,其受理信息、办理过程、审批结果须全部上传录入到权力运行系统,产生的审批(审查)证照自动流转到电子证照库,由电子印章管理员加盖相应单位公章,形成"网上共享,统一监管"办理体系。

3)科学设置综合受理流程

综窗负责事项的受理审核、按责分办、统一出件等审批服务工作。

(1)现场办理情况。综窗工作人员要对其提交材料的完整性进行审查,核验相关证明材料,对符合受理清单、受理样本或经部门确认无误的,当场接收并开具"受理通知书",明确办理时限、取件日期和地点等信息;对容缺受理、材料不全及不符合受理条件等情况,按实施细则处理。

(2)网络申请情况。综窗收件登记后开始处理。综窗按事项分类将材料递交牵头部门,由牵头部门负责分发递交相关部门,电子材料通过权力运行系统(或其子系统)进行共享实现并联审批。属于非常驻部门事项,通知相应部门领取,电子材料同样网上流转。

在法定或承诺办理时限内,部门将办理结构文书或证件、"办理结果交接表"转交综窗,无误后签收出件,也可以统一委托邮政单位寄件。送达成功后一般在1个工作日内,由综窗在"办理结果交接表"上填写签收人信息并送至牵头部门归档。

2. 业务流程改革

在业务操作和运行上,以"办事事项标准化建设"为抓手形成"一套标准",最大限度地精简办事程序、统一办事流程、规范办事行为,避免职能部门"各唱各调、各定各规"。

1)编制标准化办事指南

由行政服务中心牵头制定业务受理统一标准,对涉及35个部门833个事项进行梳理,形成《"一窗受理"事项标准化办事指南》,明确地规范了事项名称、内容、申请主体、资格条件、办理时限、申报材料等基本要素,并制作了清楚易懂的简化版、图示版在网上公布,方便群众和企业查询,解决办事人"找谁办、哪里办、怎么办"问题。

《"一窗受理"事项标准化办事指南》改变过去审批部门标准不统一,条款表述含糊、难以理解,有些条款甚至相互矛盾、互为前置的局面。同时,以一套标准破解政出多门、权责不清、推诿扯皮等难题,无论是前台受理、后台审批还是监督监管都有据可依,哪个环节、谁是负责人一目了然。

2)编制标准化受理清单

针对群众和企业反映的"证明材料多、证明难、反复证明"等问题,编制了《"一窗受理"事项受理材料标准化手册》,取消无法律法规依据的证明和盖章环节,取消审批流程中出现的额外、反复盖章办事环节,取消"其他材料"等语义模糊、自由裁量权大的兜底条款,明确所需材料的名称、要求、份数、类别、是否需要原件、是否可容缺等要素。

群众根据标准化手册准备材料,省时省力、方便快捷,一次办结成功率大大提高。综窗工作人员严格依据手册中规定的材料清单进行收件,避免工作人员凭经验把关产生的错误失误。对于该手册中未列出的材料,严禁各审批部门私自要求办事人另行提供,杜绝"奇葩证明",不得越权越位。

3)科学配套保障制度

建立"一图式"并联审批流程,建立一体化办事规范和办理流程,实现部门间办事无缝对接。先后出台《衢州市投资项目模拟审批实施细则》《浙江政务服务网衢州平台应用管理实施细则》《衢州市行政服务中心管理办公室容缺受理实施细则》等业务运行制度文件（宁竞，2019）。

建立行政服务中心统筹协调和监督考核制度，对中心工作人员进行统一管理，制定了《首问责任制》《一次性告知制度》《工作人员守则》《统一着装管理办法》《信息安全管理制度》等服务行为规范，同时加强培训、轮岗，培养"多能型"人才（宁竞，2019）。

强化中心第三方监督职责，建立办理工作回访机制，推进政务服务态度、效率、质量等要素的量化考评，使工作效果和工作责任可跟踪、可追溯，提高工作人员责任心和群众满意度。

3. 技术支撑体系

充分发挥网络信息技术作用，以"系统相通、数据跑路"的"一网通办"为技术支撑，打通省市县乡四级网上服务系统，打通各部门行政审批系统和政府服务网，拆除数据烟囱、激活沉淀数据、实现线上线下融合互动。

1）开发"综合受理"系统平台

依托浙江政务服务网，开发完成"综合受理"平台，推进"综合受理"平台、投资项目在线审批监管平台、企业注册联合审批平台等与权力运行系统"一个账号通用、内部系统切换"，实现权力事项库中所有审批服务都能在"一个口"完成。

着力推进"综合受理"平台省市两级自建系统的对接，在省数据管理中心和相关省级部门支持下，衢州已经实现审批平台和省交通厅、省公安厅、省工商局等10多个省级部门自建系统对接，能够实现基础数据库与政务网实时交换共享，审批部门可以直接调取数据中心的户籍、社保、婚姻登记、国地税、不动产登记数据以及金融系统的相关数据，提高审批的准确性、时效性。

2）搭建数据资源共享交互体系

针对材料重复提交、时效性差等问题，衢州重点开发电子证照库、全市非涉密投资项目、不动产交易登记共享、企业注册登记联合审批等平台，实现申请人相关数据信息的调用，通过电子化管理材料方式实现政府和办事人成本"双下降"、办事效率"双提升"。

截至2018年9月，衢州已归集了涵盖公安、民政、住建等15个部门的203类证照批文、生成了228 108本电子证照和批文文件的可信电子证照系统，市民就能在浙江政务服务APP上办理社会保险、老年证申请、交通违章处理等238个事项。

3）向基层延伸一网通办服务

衢州以打造基层治理"四个平台"（综治工作平台、市场监管平台、综合执法平台、便民服务平台）为重点推进基层业务协同办理。同时，建立起"一窗受理"云平台，六个县（市、区）全部接入，乡镇（街道）网上服务站全部建成，并与智慧社区、基层网格化服务、农村信息化平台进行"网格整合、业务融合"，实现市县乡村服务四级联动。

群众办事可通过网上云平台或手机客户端进行在线申请办理、快递送达，实现"网上申报不出村,手机申报不出户"的"零跑腿"全流程闭环受理。目前,房屋权属证明、纳税证明、个人社保信息查询、公积金账户信息查询、行驶证补换、驾驶证补换、港澳通行证再次签注、户外广告审批等21项事项均开通了网上便民服务。

4. 一站式大厅服务

以智慧化建设为目标打造"前台受理、后台审批、统一出件"的一站式服务新大厅,以业务流促信息流,努力营造省内及周边地市服务最优、效率最高、门槛最低、成本最小、体验最好的政务服务环境,最大限度地满足"人人快办事"的需求。

1)布置人性化办事大厅

2016年9月,衢州下发《衢州市行政服务中心改造升级工作方案》,投入2000万元对办事大厅进行改造升级,把员工餐厅和辅助办公间腾空拓展为大厅用地。

办事大厅分为法人事项办理大厅、自然人事项办理大厅、房屋交易和不动产登记办理大厅、公安出入境事项办理大厅、公安综合事项办理大厅、国地税联合办税和其他专业窗口事项办理大厅等七个厅,整体布局更加科学化、人性化。同时设置前台受理区、后台审批区、公共事务区、电子政务体验区、商务区等一系列配套服务区域,并设立业务咨询台,建立主任、科长、审批部门人员轮流坐班制,提供咨询导引、疑难解答、矛盾调解等个性化服务。同时引进书吧、咖啡吧等休闲场所,配有母婴室、医药箱、便民充电、轮椅、手杖助残设备等,营造温馨氛围。

2)规范大厅现场管理

参与起草浙江《政务办事"最多跑一次"工作规范第4部分:服务大厅现场管理》,规定了现场管理的管理职责、基本要求、服务标识、服务环境、服务物品、服务形象、安全管理和管理绩效等八项内容。对服务用品和办公设备实行定位、定容、定数量管理,统一规制、打造标准化办公区。

同时加强对工作人员的政治素养、心理素质、业务能力等的培训,定期开展日常检查、监督考评和奖惩活动,打造一支精干、敬业、满足AB岗[①]需要的工作队伍。

3)提升服务大厅智慧化水平

行政服务中心大厅已成为网络全覆盖、信息共分享、行为有记录的智慧化服务大厅。

开发自助电子填表系统,申请人只需在该设备上刷一下二代身份证,再根据屏幕及语音提示,自助拍摄现场人像、采集指纹、制证照片及手写签名,输入本人基本信息和申请信息,系统就会自动打印出申请表格。开发排队叫号评价一体化系统,实现统一编号、短信提醒、无声叫号。开发办事进度(结果)公示系统,实时显示各类事项的办理部门、办理进度等信息。

(三)改革具体措施及成效

1. 组织结构整合和信息化技术应用——住房公积金改革

公积金业务量大面广又最复杂,这主要囿于体制机制的束缚:信息化水平低;市县

---

① AB岗工作制是指在工作日内各科室、窗口岗位A岗责任人因各种原因不在岗,B岗责任人应接替A岗的工作制度。

两级分级管理，业务分家；资金分散有安全隐患，大量资金闲置在银行且缺少监管等。

按照"模式金融化、管理标准化、业务智能化、服务社会化"发展目标，衢州加快推进住房公积金管理体制改革、信息化建设、大数据应用平台建设、创新服务方式，以"四步走"完成公积金办理的整体性、便捷性。

第一步：理顺市县两级管理体制，打通纵向层级。

2016年6月，各县（市、区）住房公积金管理机构统一并入市中心，实现全市政策、业务、资金、系统"四统一"。

第二步：调整内部职能科室，整合横向功能。

2016年8月，把综合科、计财科、行政审批科、信息科等职能科室中与一线业务相关人员全部移到行政服务中心，不论业务类别，每个窗口均能受理，实现服务集约高效。

第三步：全力打造大数据应用平台，夯实一网通办基础。

与中国银行、中国农业银行、中国工商银行、中国建设银行、交通银行等协作银行和中国人民银行征信系统、社保系统、市场监管企业信息系统等联网；2017年3月，向省数据管理中心发出全省第一张公积金业务信息数据请求清单，通过省大数据平台采集各部门信息，完成了全部业务信息共享。

到2017年，完成4000多万个历史数据的修复勘验，实现对分散在8个中心、20余套旧系统中原有数据的恢复整理，建成了覆盖全市16多万名缴存职工、接续近20年历史的完整数据库；以此进一步开发电子档案服务功能。

第四步：邀请银行进驻中心，实现公私部门合作。

协调中国银行、中国农业银行、中国工商银行、中国建设银行、交通银行、招商银行、浦发银行、中信银行八家承办公积金业务银行进驻行政服务中心服务大厅，委托银行承办放贷等柜员业务，公积金管理中心办理审批、核算、风控等核心业务，实现"中心主导、银行代办"，跑一次就能办好公积金、商业组合贷款两件事。

2. 围绕"一件事"的组织功能整合和业务流程再造——不动产登记改革

衢州于2017年3月率先在全省推出"一窗综合受理、后台并联审批、同一窗口出件、信息互换共享、水电气联动过户、材料统一归档、证书快递送达"的不动产登记模式，实现了"多窗"到"一窗"的物理整合，以及涉及国土、住建、税务三部门职能的化学整合。

改革主要经历了三次业务流程升级。

（1）一窗受理、优化流程。由不动产登记窗口牵头，一窗受理房屋交易、不动产登记、税收缴纳所需全部资料。同时，推出不动产登记与水电气等公用事业联动办理。

（2）推行"无差别受理"，实现"同城通办、全市通办"。通过建立市县一体信息库，打破属地限制，群众和企业可就近、自主选择市域内不动产登记服务大厅办理业务。2018年5月7日，衢州率先在全省一次性推出不动产转移登记、变更登记以及抵押权首次登记等12项不动产登记业务，以及商品房预（现）售交易、商品房转移交易等10项房屋交易业务"全市通办"标准化服务。

（3）推行"无证明办理"，实现"一网通办"。2017年10月，衢州在全省率先完成了不动产登记自建系统与浙江政务服务网"一窗受理"平台对接。窗口工作人员可通过省、市公共数据共享平台进行信息调用和审核。申请人只需提交一张身份证,就能完成不动产业务办理,实现"无证明办理"。同时,推广不动产登记信息联网实时查询、网上预约预审、支付宝缴费等线上服务,推进"无证办""掌上办",打造"掌上办事之城"。

3. 结构上公私合作一体化整合——投资项目领域

衢州的"多审合一""多评合一""多测合一"投资项目服务"三合一"模式走在全国前列。

"多审合一":指将建设、人防、消防、气象等施工图审查,按照"一窗受理、一套资料、一站审查、一个平台、统一监管"的模式运行。

"多评合一":指将政府投资项目和企业投资核准类项目在初步设计阶段涉及的节能评估、环境影响评价、安全评价、水土保持方案、地质灾害危险性评估、地震安全性评价等六类评估事项,实行"统一受理、统一评估、统一评审、统一审批"。

"多测合一":指将建设工程审批、建设及竣工后涉及的土地测绘、规划测绘、竣工测绘、不动产测绘等技术服务,统一委托给一家测绘中介服务机构承担,实行统一测绘、成果共享。

"三合一"模式最大的特点是以公私合作实现公共服务多元化供给。

(1)破除部门藩篱,把图审交给统一的专业中介。住建部门牵头联合审查工作,消防部门按属地原则下放管辖权限,人防、气象部门不再保留单独的行业中介服务机构。具备综合性审查功能的中介机构入选为服务定点供应商,通过计算机随机摇号产生。

(2)在全省率先建成市县一体的行政审批中介服务网。在网上发布评估或测绘需求,中介承诺服务、业主择优选择,评估评审同步、结果实时考核。测绘结果由中介机构分别提供给规划(测绘)和国土资源部门作为规划竣工核实和不动产登记的依据,实行"统一测绘、分类报告、一次收费"。进一步提升整体服务效率,明显降低项目工程成本,激发企业投资热情和经济社会发展活力。

4. 组织内部功能整合和流程优化——商事领域

衢州在全省率先实现企业登记"一窗受理",每个窗口均可办理名称核准和企业设立、变更、注销、备案等各类登记事项,实现部门间职能整合,进一步优化办事流程。主要举措有以下几个方面。

1)实行"多证联办、证照联办"

联合公安、商务、海关、出入境检验检疫、贸促会、人民银行等六部门出台了《衢州外贸企业"证照联办"实施方案》,实现对外贸企业"13证联办",使办事从原来跑十多个部门变为跑一个窗口(宁竞,2019)。

2)实行企业注册登记与后置审批"证照联办"

实现营业执照与后置审批16个部门62个审批事项综合受理、联合办理,凡是可以一次性提交联办材料的办理事项,按"统一受理、统一标准、统一材料、统一平台"要求进行运作。基本能实现企业开办"当场即办、即时快办"。推进"一址多照""一照多址"、工位号注册、集群注册等措施,大幅度降低制度性成本。

3)优化网上审批服务

全省率先启用全程电子化登记系统,具有智能化提示、全方位逻辑判断、信息快速导入、申报材料自动生成等特色,能实现网上申报、受理、审核和网上投诉咨询、查询。通过"网上办理、快递送达",可使审批事项20%实现"零跑腿"。

2017年7月,联合阿里巴巴公司开发商事办事服务"最多跑一次"钉钉平台,实现手机端的企业注册咨询及申报。

5. 向基层延伸"最多跑一次"改革实践——区县乡村改革

常山"最多跑一次"改革2017年满意率达96.67%,位列全省第3名。该县"最多跑一次"改革最大的特色是探索建成基层治理体系"四个平台",并与"最多跑一次"有机融合,实现行政组织内部职权进一步向"最后一公里"下放。主要分为以下两个阶段。

1)简政放权、集中办公

(1)打破部门管理基层站所与乡镇间"条块分割"障碍,将国土、规划、计生、农业、林业等19个部门75项审批权限下放到乡镇,对未能下放的一部分实行乡镇受理、县乡网上联动审批,另外一些实行乡村干部全程代办。

(2)完善乡镇一级服务管理功能,按集中集约办事原则设置综治工作、市场监管、综合执法、便民服务平台,相应部门进驻平台,取消"条线窗口"。

(3)为确保人员到位、管理到位,出台了《常山县乡镇"四个平台"干部管理十条规范》,赋予乡镇对部门下派干部的考核权,下派干部年终考核奖按照派出部门和属地乡镇(街道)年度考核结果分别以20%、80%的比例计算奖金;赋予乡镇人事权,下派干部的调整、交流须事先书面征得属地乡镇党委同意。对不适宜、不胜任现岗位的,可由乡镇党委提出,商派出部门后调整。

2)形成"梭子型"乡镇治理体系

在"四个平台"基础上把"前台终端"纳入,形成"前台一个窗口综合受理、中端'四个平台'高效处置、末端一张网格出件"的"两头小、中间大"形态的服务体系。

这种运作模式(图3-3),极大促进了"最多跑一次"改革向乡镇(街道)延伸,真正方便了群众办事。

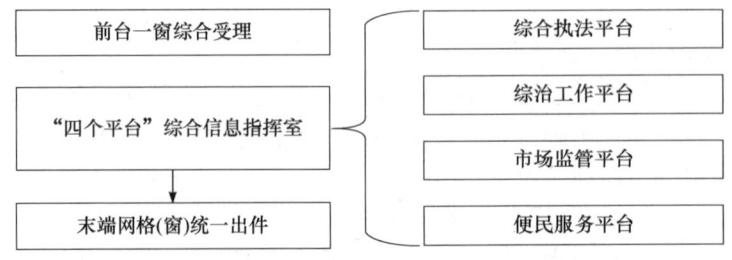

图3-3 常山"梭子型"基层治理模式组织架构图

6. 政府和外部营利性组织的协作——中介机构改革

衢州严格按照要求，做好中介服务项目梳理和精简、中介机构与行政机关脱钩、运用"互联网+政务服务"思维搭建中介服务网上平台、加强对中介服务的规范监督等工作。

其中，最有特色的是建立中介机构信用等级评定办法，在"三合一"模式中开展中介信用评价。从中介机构的资质、质量管理体系、规范经营、价格收费诚信等多维度进行诚信量化评价，对列入国家和省行业失信"黑名单"的实行一票否决。

（1）中介机构半年度评价平均分在70分以下（不含70分）的进入末位淘汰（在每年7月份、1月份的第1天零时系统自动更新上个6个月的平均分值），备选单位替补进库。

（2）规定综合评级为C档的，暂停抽取资格3个月；综合评级为D档的，暂停抽取资格6个月；综合评级为E档的，暂停抽取资格12个月。

通过建立信用评价和联合惩戒机制，倒逼中介提高服务质量，营造优胜劣汰、风清气正的营商服务环境，促成政府和企业的良性互动。

7. 大数据网格化精细化应用——融合"雪亮工程"

2017年，衢州被中央社会治安综合治理委员会办公室确定为首批"雪亮工程"项目全国示范城市，提前三年完成了中央、省定四个100%的目标，实现了公共安全视频监控资源"全域覆盖、全网共享、全时可用、全程可控"，推动并实现30多家市级部门的数据打通，有效地提高了社会治理预测预警预防能力。

"雪亮工程"把只管看的"眼睛"升级为能看能思考的"头脑"，为"最多跑一次""四个平台"纵深推进提供信息基础和技术支撑，构建起以市综治中心为枢纽，市县联动、系统集成的综合指挥体系，形成了固定视频"天眼"、网格员移动"网眼"和普通群众"众眼"三位一体的立体化盯防体系。

衢州在全市103个乡镇（街道）全面建成运行"四个平台"，把全市所有村（居）划分为4305个网格，由乡镇（街道）统一管理的15 780名全科网格员遍布其间，形成了"事在网中办、人在格中走"的工作格局。

通过"雪亮网格"，网格员能快速发现并处理问题、指挥系统能快速接收情况并正确发出指令，这些信息数据还能及时传送到市大数据中心和同城云计算灾备中心，公安各警种间数据，52个部门的数据，以及智慧环保、智慧城管等八个平台数据都能实现联网互通、统筹共享。"线上+线下""制度+技术"让衢州"最多跑一次"改革跑得更稳、更远、更快（楼何超，2020；朱璐霞和杨磊，2020）。

（四）浙江最多跑一次的改革启示

1. 完善地方立法配套，优化顶层设计

"最多跑一次"浙江实践表明，立法能凝聚改革的共识，为深化改革奠定稳定的基础。地方立法的形式有效地保障了地方改革实践的推行，通过法律责任的强化，也能更好地维护地方改革实践的优秀成果。《浙江省保障"最多跑一次"改革规定》以法治的形式予以优化营商环境，区域评估制度、施工图设计文件联合审查制度、商事登记制度均以

制度方式促改革成果。地方立法的完善，也需要顶层设计的优化。简政放权式的路径探索，多证合一的统一办理，无差别的窗口化接待，跨区域受理与就近办理，都是浙江法治革新的写照。浙江司法公开网的设置、新型诉讼服务中心的构建、12368 司法服务热线的畅通、移动客户端与短信平台一体化的诉讼服务体系，为营商法治环境提供线上线下、方便快捷的一站式诉讼服务。

2. 推进打造网络政府，加快数据建设

浙江于 2014 年推出政务服务网站，公布政府部门的权力清单。市民可以通过网站，完成部分行政业务或者个人缴费业务的办理。随着信息网络技术的不断开拓，浙江在打造网络政府的过程中，逐步由原先的"政务服务+网络"的形式向"网络+政务服务"模式转变。

目前，浙江省各相关职能部门已经完成多个业务与一窗受理平台的对接，各地也积极开展地区网络政府部门职能系统的对接建设，完善了多个市级县级数据信息系统，登录政府相关的服务网站，可以借助大数据对用户的 IP 进行实时定位，及时跳转到用户所在区域的地方职能部门管理网页。这样的实践经验也符合创新型服务型政府的构建。通过网络大数据的协调运作，以往一些政府职能部门间的相互推诿和审批过程烦琐等问题，得到了进一步的整改和落实。打造透明化阳光的办公模式，不仅能使人民群众看见各个步骤，而且能使相关部门进行有效的电子化监察问政，有助于打造全新的廉洁阳光政府。

此外，通过加大网络的宣传普及力度，能让群众更了解相关改革举措，给予企业营商环境建设更多的支持。

3. 发挥地方特色优势，面向国际环境

发挥地方分理机制优势，落实因地制宜的地域改革模式至关重要，浙江注重积极发挥各地域创设营商法治环境的优势，加速推进国际贸易交流园区、生产园区、品牌销售园区建设，依托高校平台开展各类营商法治环境课题研究，打破传统营商环境的限制，促进国内外企业经贸协作。

2018 年，杭州发布《关于深化"最多跑一次"改革 建设国际一流营商环境的实施意见》[1]等文件，为优化营商法治环境破除相应机制障碍，全力打造透明、公平、稳定的营商环境，推动以杭州为中心的城市产业集群发展。浙里式改革让许许多多的企业感受到杭州这座魅力之城的激情与温度，杭州高速发展的格局更持续吸引着海内外经济主体的落户。截至 2019 年 6 月底，杭州已有各类市场经济主体 121 万余户。

义乌作为国际贸易发展的浙江桥头堡，担负着国家级、省级两大综合改革试点的重要任务，特色营商法治环境的开创显得尤为突出与关键。2019 年 1 月，义乌发布优化营商环境的 28 条《关于进一步优化营商环境促进民营经济健康发展的实施意见》[2]，着重强调了作为金义都市圈重要生产基地与浙江省贸易交流集散地的知识产权保护力度。

法治是营商环境的"好伙伴"，是优化营商环境的制度保障；改革则是优化营商法

---

[1] 《中共杭州市委 杭州市人民政府关于深化"最多跑一次"改革 建设国际一流营商环境的实施意见》，http://www.hangzhou.gov.cn/art/2018/12/4/art_1345197_26335289.html[2018-12-04]。

[2] 《最新义乌发布优化营商环境"28 条"》，https://www.thepaper.cn/newsDetail_forward_2864409[2019-01-16]。

治环境的内在需求,地方实践是优化营商法治环境进程的生动写照。浙江"最多跑一次"改革规定,以地方立法的方式固化了改革中的经验做法,破解了优化营商法治环境中存在的一些制度障碍。积极完善地方立法配套,优化顶层设计,大力推进各级网络政府与政务大数据建设,充分发挥地方优势,面向国际切实解决各类企业与人民群众办事不便的传统营商环境问题,既是实践的全新启示,也是法治建设的改革重音。

四、武汉"四办"政务服务改革

(一)武汉"四办"改革历程

2017年,武汉深入实施审批服务"马上办、网上办、一次办"改革,聚焦企业和市民办事难、办事慢、办事繁,努力打造全国审批事项最少、流程最简、时限最短、服务最优的城市。

2018年,武汉市在行政审批方面创造了"马上办、网上办、一次办"改革全国经验。此次进一步改革,总结了"三办"改革经验,吸收国内先进城市做法,将以企业和群众办事更快、更好、更方便为导向,全力打造全国政务最优和营商环境最好城市。

2019年3月,武汉市政府常务会议审议《武汉市深化政务服务"马上办网上办就近办一次办"实施方案》(送审稿)。方案提出,按照合法合规事项"马上办"、积极推行"网上办"、现场事项"就近办"、复杂事项"一次办"标准,到2019年6月底,形成全方位推进"四办"改革格局,企业开办、工程建设项目审批等营商环境重要指标对标优化成效明显,政务服务"一网通办"基本实现。到2019年底,"马上办"达60%以上,市区两级事项"网上办"分别达到90%、80%以上,面向自然人提供现场办理事项"就近办"达70%以上,"一次办"达90%以上,政务服务环境达到国内先进水平。

2020年,为进一步改善营商环境,不断深化"四办"改革,全面优化政务服务,助推经济社会发展,制订了"四办"改革方案,即《2020年武汉市深化"四办"改革优化政务服务实施方案》。

(二)武汉"四办"改革内容

1. 聚力流程优化,推进政务服务协同高效

(1)深入推进政务服务事项对标优化。按照"能简化就简化,能线上办理就线上办理,能不见面审批就不见面审批"的要求,对照北京、上海、杭州、深圳等国内先进城市最优标准,开展减事项、减环节、减材料、减时限、减跑动次数的"五减"行动,切实解决事项不够精细规范、审批环节不够精简、线上线下融合不够、服务效能不优等突出问题,全方位推进政务服务流程重塑。继续精简行政审批事项,聚焦市场主体和人民群众反映强烈的痛点、难点、堵点,再取消下放调整一批行政权力事项。按照"应领尽领""应进必进"要求,扎实做好省政务服务事项管理系统中各级政务服务事项的认领工作,支持自然资源和规划等重点领域审批服务"大集中"改革,推进各类政务服务事项入驻政务服务大厅集中办理。持续优化办事流程,进一步规范全市各级政务服务事项办理条件、办理方式、申请材料、办理时限、审核程序、发证方式。推进政务服务事项标准化,固化对标优化成果,实现审批服务"无差别受理、同标准办理"。

(2)推进"一事联办"集约服务。按照"一号申请、一套材料、一窗取件"和成熟一件推出一件的要求,编制"一件事"清单,逐项制定办事指南,明确涉及事项、责任部门、办理条件、申报方式、申请材料、受理模式、审核程序、发证方式,为办事企业群众提供"一窗通办、一事联办"审批服务。

2. 聚力重点领域改革,全力优化政务服务环境

(1)深化商事登记制度改革。实现企业开办一表申请,最快半天办结,最长不超过1个工作日,免费提供企业印章。优化完善企业开办"一网通办"平台功能,推进开办企业涉及的申请营业执照、刻制印章、申领发票、税控设备、社保登记、住房公积金开户登记、银行开户七个事项同步网上办理,一次性领取营业执照、印章、发票和税控设备。加快电子营业执照、电子印章推广应用。精简涉企经营许可事项,实行分类管理,持续推进"证照分离",实现"照后减证"和"准入""准营"同步提速。推进企业登记"容缺受理"和企业名称登记告知承诺制。优化市场主体注销办理流程,降低注销成本。

(2)深化工程建设项目审批制度改革。突出精简环节、减少时间、降低成本,推进工程建设项目审批全流程、全覆盖改革,加快落实联合测绘、联合验收。工程建设项目从立项到开工审批环节精简至19个以内,申请材料精简至30项以内。学习借鉴"标准地""标准厂房"做法,结合区域统一性评价成果实行告知承诺制、先建后验,推进产业项目、简易低风险项目拿地即可开工、拎包即可入驻。探索取消施工图审查或者缩小审查范围,实行设计人员终身负责制。完善工程建设项目审批管理系统功能,推进与省投资项目在线监管平台、施工图审查系统等互联互通。深化重点项目帮代办,主动靠前提供政策辅导、专家咨询、预排工期、进度跟踪、协调督办等服务。

(3)深化不动产登记改革。推进不动产登记全流程网上办理、数据自动获取、信息自动核对,实现抵押注销、查封、更正、异议、换证等不动产登记业务即来即办;抵押登记、变更登记、转移登记1个工作日办结(批量登记和继承、受遗赠登记除外)。推进"不动产登记全城通办""水电气过户一体化"。推动法院、机构编制、公安、住房保障房管、司法、民政、市场监管、税务、地方金融工作等部门和单位信息与不动产登记信息联通共享,实现不动产登记电子证照协同互认,推进办事企业群众"零材料"办理。推进不动产权籍一体化调查,实现房屋预(实)测绘成果信息与不动产权籍调查信息共享。

(4)优化水电气获得服务。简化优化水电气等市政公用设施建设项目审批流程,实行并联办理、联合审批,实现接入外线工程审批总时间压缩至5个工作日以内。优化电网建设项目审批流程,助推建设世界一流城市电网。对中小微企业以及穿越城市道路不超过15米、线路长度不超过200米的水电气接入工程实行告知承诺备案制。中小微企业获得用水办理环节为2个、办理时长为3个工作日、申请材料1项,对DN(公称直径)40毫米以下的简易低风险项目,推行"零跑腿、零环节、零费用、零时长"服务。推进"一证办电",实行企业报装一窗受理和"掌上电力"可查。探索实行1250千伏安及以下小微企业"零费用"接入。获得用气办理环节最多3个,申报材料减少至1项;用气量在10米每小时以下的供气接入工程实行"三零"(零上门、零审批、零投资)服务。推进水电气报装系统与市工程建设项目审批管理系统、省政务服务一体化平台深度对接、数据共享。推动与工程建设项目配套的水电气市政公用设施提前建设,实现企业申请报装即可挂表接入,提高接入效率和可靠性。

(5)规范行政审批中介服务。对照省行政审批中介服务通用清单,清理规范并制定发布市、区两级行政审批中介服务清单。放宽行政审批中介服务市场准入,破除中介服务垄断。加强"湖北省行政审批中介服务网"的推广应用。强化中介服务监管。

3. 聚力网上服务能力,加快推进"一网通办"

(1)推进一体化平台深度融合。按照"应迁尽迁""应并尽并"要求,推动撤销市级部门专网,统一并入或者联通接入政务外网,分类推进各部门信息系统整合重构。推动国家、省级、市级平台业务系统深度融合,新增接入政务服务事项200项以上。充分应用身份认证、数据共享、电子证照、电子签章、统一支付、统一物流等支撑平台,提升全程网办水平。深化数据场景应用,加强大数据可视化分析。完善线上政务服务平台安全、数据、云资源等基础架构,强化"一网通办"支撑。

(2)深化电子证照归集应用和数据共享。实现已归集电子证照100%覆盖市级自建业务系统办理的政务服务事项,电子证照类目100%关联办事材料清单,市、区两级政务服务大厅办事窗口100%接入电子证照库。探索"电子证照卡包"创新应用,实现"一码亮证";在税务、社保、住房公积金等涉企服务高频领域深度应用电子营业执照;利用区块链技术,探索推行证照、数据调用全程上链,提升证照使用安全性。加快推进出台政务信息共享管理办法、公共数据公开管理办法。

(3)推进"全市通办""一张身份证办成事"。围绕户籍户政、出境入境、交通交管、社保医保、税费办理、卫生健康、就学养老、住房公积金等领域,分别拟定事项清单,优化再造办事流程,深化数据互认共享,依托一体化政务服务平台,探索跨层级、跨区域办理和一张身份证办成事。"全市通办"和"一张身份办成事"事项分别达到100项、150项。

(4)更大范围推进便民服务自助办、掌上办。健全完善市、区、街道三级24小时自助政务服务体系,新增100项服务事项;利用银行等商业机构网点密集优势,探索"政务服务+银行"模式,推动自助服务终端进楼宇、进社区、进园区。推动鄂汇办APP可办便民服务事项达400项。

4. 聚力提升窗口服务能级,推进线上线下集成融合

(1)优化服务暖企便民。运用网上办、掌上办、预约办、邮递办、自助办等渠道,畅通绿色通道,推行容缺审批、告知承诺等制度,提供高效便捷服务,推进惠企利民政策落地见效,满足企业群众办事需求,减少人员跑动聚集。发挥政务服务热线作用,畅通群众咨询、投诉、反馈渠道。

(2)加强政务服务大厅建设管理。加强对全市各级各类政务服务中心的统筹管理。有序推进市、区政务服务大厅智慧化建设,加强街道(乡镇)、社区(村)综合服务站

点建设。深化综合窗口改革,完善"前台综合受理、后台分类审批、综合窗口出件"工作模式。完善政务服务中心服务规范体系,推进线下服务规范化。配齐配强政务服务大厅入驻人员力量,加强业务培训,强化服务意识,提高政务服务工作人员业务水平和综合素质。做好健康码推广应用,加强政务服务大厅疫情防控工作。

(3)推进"好差评"制度落地见效。加快全市政务服务机构、各类政务服务平台与"好差评"系统对接,推动实现政务大厅窗口平板电脑、自助终端统一评价服务全覆盖,形成评价、反馈、整改、监督全流程衔接,企业和群众积极参与、政府部门及时改进的良性互动局面。做好政务服务"好差评"与"双评议"衔接工作。

(三)武汉"三办"改革中取得的成效与"四办"目标

武汉市顺应人民群众对美好生活的期待,践行以人民为中心的发展思想,坚持集成、智能、共享理念,以企业群众办事极致体验为导向,以政务服务极致效率为着力点,在"三办"改革中取得了一定的成效,并在2020年确定了"四办"目标与任务,持续优化营商环境。

1. 武汉"三办"改革中取得的经验

(1)坚持需求导向,构建审批服务新模式。从企业和群众办事角度、服务需求出发,打造透明高效便捷的综合审批服务,切实解决企业和群众反映最强烈的办事难、办事慢、办事繁问题。梳理需要企业和群众"跑腿"的行政权力和政务服务事项,分类编制市、区、街道(乡镇)三级"三办"事项清单10 015项,其中,"马上办"5720项,占57.1%;"网上办"5218项,占52.1%;"一次办"8298项,占82.9%。出台行政审批事项服务指南编写规范、行政审批和政务服务事项通用目录,在全市范围推行同标准、无差别的标准化审批服务。按照"一事项一标准、一子项一编码、一流程一规范"的要求,对"三办"事项逐项编制标准化的办事指南和一次性告知书,通过政府网站、宣传手册等形式向社会公开。建立"三办"事项清单动态调整机制,不断扩大审批服务"三办"覆盖面,推动"一次办"向"马上办","马上办"向"网上办","网上办"向"不用办"迈进,不断扩大"零跑腿"事项范围。

(2)力推集成服务,开辟提能增效新路径。以办好"一件事"为标准,推进机构、流程、信息"三个集成",实现"进一个门、跑一个窗、上一个网"办理所有审批服务事项。市级审批主管部门全部设立行政审批处,15个区全部组建行政审批局,推进审批职责、机构、人员全集中,审批服务实现从物理集中向功能集成转变,实行"一个机构、一个窗口、一枚印章"管审批。按照一个流程办好"一件事"的标准,试行情景式审批。市、区政务服务中心综合设置审批服务窗口,构建前台一口受理、后台分类审批、限时办结出件、全程电子监察的闭环运行机制。打通投资审批绿色通道、不动产登记提速通道、证照数据共享通道、审批系统融合通道。市级审批服务办理时限平均每个事项压缩10.6天,申报材料平均减少0.87份。企业设立审批环节由7个精简为4个,审批时间由平均20个工作日压缩至4.5个工作日。不动产交易、税收、登记实行"一网受理、一窗办结"。按照网上办事是常态、网下办事是例外的要求,优先推行"网上办",构建全市统一的身份认证系统、统一的政府大数据中心。"云端武汉·政务服务大厅"已覆盖15个区政务服务大厅、171个街镇政务服务中心，基本实现全市审批服务一个数据库、一朵政务云、一张政务服务网。

（3）聚力改革创新，激活审批提速新动能。聚焦重点、难点和焦点问题，开展联合攻关，重点突破，打通企业和群众办事"最后一公里"。围绕服务招商引资，打造产业项目、政府投资、土地供应"三个绿色通道"，优化工业投资、政府投资、企业投资审批"三张流程图"，推行分段审、分时批工作机制。深化行政审批中介服务治理，建立涉审中介服务事项、收费、机构"三张清单"，市级审批中介服务事项由77项减为41项。开展"红顶中介"专项检查，实行中介机构服务质量星级评价。建立全市统一开放的行政审批服务机构名录库和网上服务平台，打造审批"中介超市"，实现"零门槛、零限制"入驻。鼓励各区、各部门推出各具特色改革措施，涌现出网上警局、电子证照卡包、市民一卡通、工商登记四十五证合一、建设工程施工图审查一站式免费并联办理、全程免费代办帮办、"5+2"错时延时服务等创新措施，通过亮点示范，整体提升政务服务水平。

2. 武汉"四办"改革目标

《2020年武汉市深化"四办"改革优化政务服务实施方案》突出流程优化和"一网通办"，分别从政务服务"四办"比例和营商环境重点领域改革两个方面提出了2020年拟达到的目标。

（1）在政务服务"四办"比例方面：政务服务环境达到国内先进水平。全市政务服务事项"马上办"比例达到70%以上，简易事项即来即办；"网上办"比例达到95%以上，可全程网办比例达到70%以上；"就近办"比例达到75%以上；"一次办"比例达到95%以上；办事群众好评度达到99%以上。

（2）在营商环境重点领域改革方面：企业开办实现"一表申报、一个环节、最快半天办结"；工程建设项目实现从立项到竣工验收全流程审批时限不超过45个工作日；推进不动产登记全流程网上办理，简易事项即来即办，抵押登记、转移登记1个工作日办结；中小微企业水电气接入探索推行"三零"（零上门、零审批、零投资）服务。

第三章补充材料

本章参考文献

博登海默 E. 2017. 法理学：法律哲学与法律方法[M]. 邓正来，译. 北京：中国政法大学出版社.
陈畴镛. 2018. 韩国数字政府建设及其启示[J]. 信息化建设，（6）：30-34.
电子政务法研究课题组. 2009. 国外电子政府立法总结与分析报告："电子政务法研究"课题专题报告之一[J]. 电子政务，（7）：69-98.
高家伟. 2003. 论电子政务法[J]. 中国法学，（4）：63-68.
管小红. 2018. 2018年中国电子政务行业发展现状及未来发展趋势分析[EB/OL]. http://www.chyxx.com/

industry/ 201806/650335.html[2018-06-19].

郭祎. 2019. 新时代"互联网+政务服务"的挑战与对策研究 以成都武侯区实践为例[J]. 实事求是，266：64-68.

李沫霏. 2019. 电子政务发展模式：中外比较与中国策略[D]. 长春：吉林大学.

连樟文. 2016. 广州市荔湾区：推进机制创新促信息惠民[J]. 中国信息界，（3）：40-41.

刘芮，谭必勇. 2019. 数据驱动智慧服务：澳大利亚政府数据治理体系及其对我国的启示[J]. 电子政务，（10）：68-80.

刘允强. 2020. 推进政务改革 优化营商环境：荔湾区"一窗式"政务服务改革经验介绍[J]. 建筑市场与招标投标，（1）：50-53.

楼何超. 2020. 浙江"最多跑一次"改革的实践及启示[J]. 宏观经济管理，442：79-83.

宁竞. 2019. 整体政府视角下衢州市"最多跑一次"改革实践研究[D].杭州：浙江工业大学.

沈光辉，陈晓蔚. 2015. 内涵本质、功能定位与发展模式：基于学习型社会视野的社区教育理论研究热点问题探讨[J]. 现代远距离教育，（2）：9-14.

汪向东. 2006. 从不同发展模式归纳电子政务的发展阶段：以联合国DPEPA与美国公共管理协会的研究为例[J]. 中国信息界，（9）：25-26.

王舵. 2016. "互联网+政务"：电子政务发展新模式[J]. 人民论坛，（23）：96-98.

王利明. 2007. 民商法研究（第10辑）[M]. 北京：法律出版社.

王猛. 2016. 政府3.0与治理变革：韩国的经验及其对中国的启示[J]. 云南社会科学，（4）：13-18, 186.

吴江. 2018. 2018年，浙江立法早知道[J]. 浙江人大，（4）：46-48.

武克俭. 2018. "互联网+政务"：电子政务发展新模式[J]. 数字通信世界，168：152.

杨家怡. 2018. 浅述广州市荔湾区"互联网+政务服务"模式[J]. 大众科技，20：178-180.

佚名. 2017. 佛山："一门式"政务服务改革启示[J]. 计算机与网络，（4）：4.

佚名．2018. 丹麦政府数据开放的政策法规保障及对我国的启示[EB/OL]. https://www.sohu.com/a/225339372_99983415[2018-03-12].

郁建兴，等. 2019. "最多跑一次"改革：浙江经验，中国方案[M]. 北京：中国人民大学出版社.

张锐昕，李健. 2018. 政府电子公共服务供给的愿景筹划和策略安排[J]. 中国行政管理，（4）：79-83.

张锐昕. 2016. 电子政府与电子政务[M]. 2版. 北京：中国人民大学出版社.

张育雄. 2016. "互联网+政务服务"发展现状及服务模式浅析[J]. 现代电信科技，（4）：56-60.

张越. 2016. 佛山"一门式"政务服务改革[J]. 中国信息化，269：55-56.

郑芳. 2014. 世界城市化发展模式比较[J]. 世界农业，（6）：24-27.

周汉华. 2007. 电子政务法研究[J]. 法学研究，（3）：3-19.

朱璐霞，杨磊. 2020. "互联网+政务服务"的流程再造与数据共享：基于浙江"最多跑一次"改革的考察[J]. 安徽行政学院学报，58：47-54.

第四章

电子政务与政府管理变革

 本章导言

随着信息技术的飞速发展,电子政务已经成为政府管理变革的重要驱动力。电子政务的应用和发展推动了政府管理模式的变革,而政府管理模式的变革也为电子政务的发展提供了更广阔的空间。电子政务与政府管理变革之间存在相互促进的关系,二者相辅相成,共同推动着现代化的政府转型。这种关系不仅提高了政府管理的效率和效果,还推动了政府管理模式的变革和创新,为构建更加开放、透明、参与式的政府治理模式奠定了基础。本章将深入探讨电子政务与政府管理模式、电子政务与行政体制改革、电子政务与公共服务改革、电子政务与社会治理变革之间的关系。

第一节 电子政务与政府管理模式

20世纪后期以来,以互联网为代表的网络技术的广泛应用正改变着人类社会的生活、交往以及思维方式,社会结构也因此走向了网络化。社会网络结构的生成对政府模式及其社会治理方式提出了新要求和新期望,政府在积极回应这些新诉求的同时,也将网络技术不断应用于其管理模式的转变中。电子政府的发展引发了政府内部的自我重塑,促进了政府行政体制变革,改变了其提供公共服务的模式与社会治理手段。在技术应用和制度创新的关系上,技术应用积聚起来的变革力量最终将引发政府模式从管理型向服务型的转变。

一、电子政务促进传统政府管理模式的变革

(一)政府管理创新发展历程

新中国成立70多年以来,信息技术逐渐成为当代社会发展中的一个基本要素,不仅加剧了信息技术创新与人类社会转型的互动程度,而且信息技术变革也在政府管理创新过程中发挥了重要作用,信息技术变革与政府管理创新的互动连接日趋紧密。时下,信息技术驱动下的政府管理创新主要经历了信息化、网络化、社会化和云端化四个发展阶

段，并呈现出从"媒体化政府""数字化政府"向"智慧化政府"发展的状态。

1. 信息技术驱动下政府管理的信息化阶段

20世纪八十年代，我国政府开启了政府信息化战略，即通过政府信息公布与发布电子化、信息传递与交换电子化等，在政府内部实现数据信息的电子化管理。我国政府信息化建设主要分为"政府计算机化"与"政府软件化"两个阶段。而无论是"政府计算机化"还是"政府软件化"，二者都是将以往的手工行政进行电子化处理，并没有涉及政府内部办公之外的事务，仅以应用计算机技术实现政府信息管理创新为目标，本质上所进行的是依托于计算机硬件系统和软件技术所进行的政府办公自动化的电子政务建设，且并没有对政府运行机制和管理理念产生影响。

2. 信息技术驱动下政府管理的网络化阶段

随着以互联网为代表的信息技术不断发展，在政府信息化建设的基础上，我国数字政府建设步入了网络政府建设阶段，即运用互联网技术，打破行政机关的组织界限，构建了一个电子化的虚拟机关，使得公众可以从不同的渠道获取政府有关的信息和服务，政府也可以对民众和社会正当的需求做出更有效的回应。虽然这一阶段政府政策文件中还用"电子政务"一词，但是其内涵已经在信息技术发展背景下发生新的变化，开始从强调政府内部信息化转向强调通过信息技术实现政府与非政府主体在虚拟空间中的交流，并通过信息技术为社会公众提供相应的信息服务。

3. 信息技术驱动下政府管理的社会化阶段

2015年，我国政府提出"互联网+"行动计划，各个地方政府纷纷利用互联网创新政府管理机制，提出"移动政府"的建设议程。移动政府是网络政府结合移动互联网技术的产物，主要是指政府利用手机、蓝牙等无线通信和移动技术，为公众提供服务和对社会进行管理。移动政府拓展了数字政府的外延，不仅拓展了政府与非政府主体之间沟通的渠道，更为重要的是通过移动互联网赋权于社会，通过技术安排和制度安排将非政府主体吸纳到行政体系内，充分调动和发挥社会主体的力量，协助政府对社会进行管理，并对政府行为进行监督。让社会治理不再是政府独有权力，实现放权还权于社会，从而更好地促进政府职能和管理目标的实现，实现政府管理的社会化。因而，移动政府也可以被看作一种"以监督管理为中心的数字政府"。

4. 信息技术驱动下政府管理的云端化阶段

在大数据时代，数据信息逐步成为政府管理所依靠的重要资本，如何将数据信息所蕴含的管理价值挖掘出来，将其转化为政府管理的重要依据，成为政府关注的重点。2015年，国务院印发了《促进大数据发展行动纲要》，明确指出建立"用数据说话、用数据决策、用数据管理、用数据创新"的管理机制，实现基于数据的科学决策，推动政府管理理念和社会治理模式的进步。我国政府开始将大数据技术应用于政府管理中，通过构建"云政府"实现政府的大数据管理。云政府是数字政府在大数据技术驱动下的产物，其不仅将数据信息作为政府管理的资源，而且将算法管理作为政府管理的重要工具，形成了"以算法管理为中心的数字政府"。

（二）大数据时代政府管理的新形态

大数据时代背景下，政府对大数据的有效治理可以催生许多新的政务、新的服务、新的形式，实现政府管理形式的创新，打破政府部门之间的数据孤岛。政府数据要发挥出社会效益，首先，需要进行必要的行政体制改革解决政府内部利用的问题；其次，还可以提供各种数据的外部服务，如政府数据开放、"互联网+"政府服务、新型公共服务、大数据应用等；最后，政府大数据可以与企业合作提供协同数据公共服务，创新外部服务治理新形态。总之，大数据的高效利用已成为实现政府治理体系和治理能力现代化的一条重要途径。政府管理的新形态基本特征包含以下五大方面。

1. 政府治理的多元主体协同特征

国家、市场与社会三个层面的多元主体参与协同共治成为政府治理的理想模式。大数据时代的来临，使得政府治理的相关决策活动日趋复杂化和多样化，仅凭政府单一主体难以更好地提供公共服务，实现善治。同时，伴随着公民意识的觉醒，政治参与理念逐渐深入人心，互联网扩大了公众表达意见的声音，社会力量逐渐壮大，企业和公众在社会治理中的话语权和权威不断提升。因此，通过政府、企业和公民多元主体间的相互协作、相互协调、共同治理，各治理主体之间形成了多元互动、多方协作的运作模式，从而实现更好的社会治理。

2. 政府治理以服务为主要职能

服务型政府治理中的"服务"和"服务提供"使治理主体不再像传统政府管理主体那样处于强势地位，若服务对象有合理的决策需要和要求，政府就必须及时回应，化消极和被动为积极主动。因此，在以服务为主要职能、以服务提供为职能实现的主要方式的情况下，决策活动就一定要用大数据。

3. 政府治理以法律政策的颁布施行等间接手段作为主要和基本管理手段

政府数据治理决策活动的重点就是在制定和施行有效处置多种多样的复杂社会关系的准则的同时，做出合理、科学的判定和选择。法律政策是处理各种复杂社会关系的产物和依据，因此，决策不可避免地要涉及高度复杂的社会关联。这时，以反映包括因果关系在内的多种多样关联关系见长的大数据，理所当然地要比传统政府管理决策中主要依靠传统统计调查获得的随机抽样调查数据的信息质量更好、针对性更强，使用大数据协助完成决策活动有利于获得更高水平的决策效果。

4. 政府治理促使政府职能转变

政府治理在政府职能转变以及职能实现方式转变中的特殊要求，使行政审批等常规性职能活动必须完成从单纯的事前审批到事前审批、事中审批、事后审批相结合的转变。这种转变使政府监管方式发生根本性调整，传统的依靠申请人提供证据信息，政府部门进行审核验证，最终决定"许可"或者"不许可"的方式，必须让位给减少事前审批、强化事中和事后监督的管理与服务的新方式。

5. 政府治理强调综合应用多种管理工具

此种特征时常导致决策活动超高频次发生，其中对不同管理工具的适用性和施行效果的预测准确程度成为决定决策活动质量和效果的关键。大数据拥有不局限于因果关系的其他各种关联关系的特点以及特有的低成本特性，使得大数据管理工具在选择应用决策活动中进行精准的预计和测度有了前所未有的优势条件。

二、"互联网+政务"推动政府行政体制改革

党的十九大报告指出，深化机构和行政体制改革要"转变政府职能，深化简政放权，创新监管方式，增强政府公信力和执行力，建设人民满意的服务型政府"[①]。党的二十大报告也指出，转变政府职能，优化政府职责体系和组织结构，推进机构、职能、权限、程序、责任法定化，提高行政效率和公信力[②]。在我国行政体制改革取得巨大成就的同时，我们也要看到改革中存在的效率困境问题。破解效率困境的根本出路，就在于运用互联网与大数据技术，在"互联网+政务服务"与公共服务的基础上，以政务提速倒逼行政审批制度、投资审批制度、监管体制等各方面的改革，从而有效化解部门分割管理与整体政府建设之间的矛盾。

（一）"放管服"改革：建设人民满意的服务型政府实践新举措

"放管服"改革是一场刀刃向内的政府自我革命，旨在重塑政府和市场关系，使市场在资源配置中起决定性作用，更好发挥政府作用，推进国家治理现代化。"放"的核心是政府角色定位问题，需要重新界定政府、市场、社会之间的边界，目的是激发市场活力和社会创造力；"管"的核心是政府管理转型问题，目的是建设现代政府；"服"的核心是治理能力现代化，目的是建设人民满意的服务型政府。通过"放管服"改革使长期存在的"重审批、轻监管、弱服务"局面得到很大改变，在破解政府职能缺位、错位、越位问题上探索出了一条新路。政府管理理念在进步、管理方式在变革、管理手段在创新、管理效率在提高，公平竞争的市场环境逐步形成。"放管服"体现了政府职能转变的核心理念是行政管理体制改革的深化（陈水生，2020）。

（二）不见面审批：从管理到"善治"的公共行政理念转变

"放管服"改革首先就要破解基于部门职能分割管理体制的"多头审批""多头评估""多头审图""多头勘验"等问题。为解决这一问题，江苏省在研究、总结本省各地典型经验的基础上，推广南通市、苏州工业园区、盱眙县、南京市江宁区、盐城市大丰区等地的创新做法，以"不见面审批（服务）"为抓手，综合推进了网上审批、集中审批、多评合一、联合勘验、联合审图、全程代办等政务提速做法（李军鹏，2018）。

[①]《习近平：决胜全面建成小康社会 夺取新时代中国特色社会主义伟大胜利——在中国共产党第十九次全国代表大会上的报告》，https://www.gov.cn/govweb/zhuanti/2017-10/27/content_5234876.htm[2017-10-27]。

[②]《习近平：高举中国特色社会主义伟大旗帜 为全面建设社会主义现代化国家而团结奋斗——在中国共产党第二十次全国代表大会上的报告》，http://www.qstheory.cn/yaowen/2022-10/25/c_1129079926.htm[2022-10-16]。

（三）送政上门：化解公众服务需求日益增长和服务能力滞后的矛盾

民之所望，施政所向。南京市栖霞区的"不见面审批（服务）"将互联网的思维和技术融入"放管服"改革之中，实现审批服务事项"全程互联网在线办理"，借助"互联网+"促进监管和服务效能实现二次飞跃，变"群众跑腿"为"数据跑腿"，成功地解决了公众服务需求爆发增长和线下服务能力提升相对滞后之间的矛盾。

（四）"互联网+"政府治理创新：依托互联网技术倒逼行政管理体制改革

"不见面审批（服务）"改革典型体现了政府利用先进生产力促进制度（生产关系）变革的理念与实践。从"以技术变革促进政府改革"的角度看，这一创新主要有两个方面：一是互联网技术为"放管服"改革提供了技术支撑；二是采用现代技术倒逼各级政府按照新时代、现代化、系统化的管理和服务要求进一步完善公共服务体系和政府治理体系。

三、"互联网+"助力公共服务个性化、多元化

在"十四五"时期，我国公共服务与公共治理的多元化改革取向无疑将日益明确，坚持在市场化取向改革的基础上，适时引入社会各方力量，竞争性地共同提供高质量的公共服务，具有重要意义。有些公共服务的供给必须由政府主导或兜底，而有些公共服务完全可以由政府主导，但采取政府购买、政府与社会资本合作（public-private-partnership，PPP）等方式，由社会相关行业或部门提供相应服务，一是可以鼓励服务性行业的发展壮大，带动相关领域的就业；二是有利于培育一个竞争性的服务提供环境，确保更优质高效的服务质量。

从深化公共服务供给体系改革的具体层面来看，可着重考虑从如下几个方面寻求突破。

（一）重视"互联网+"与大数据背景对公共服务供给理念的新冲击

互联网浪潮席卷全球，倡导大数据背景下的社会治理模式已成为新的时代潮流。在全球范围内，与现代化进程紧密相伴的现代公共服务的供给模式，将形成新的巨大冲击。从主要发达国家经济体系变迁的经验性规律看，公共服务的供给已经成为工业化完成之后的经济体系的主要支柱，是就业和经济产出的主要来源，也是公共支出的主要领域。我国当前公共服务的供给也随着经济发展而不断增长，但相较于居民更迅猛增长的需求，供给"不平衡不充分"的问题更为凸显。因此，基于"互联网+"与大数据的优势，从制度和治理结构层面寻求突破之策，是未来推进公共服务供给模式多元化改革的一个重要思路（邢正军，2017）。

（二）重视与社会资本合作，加速社会资本的松绑和推广

随着20世纪80年代以来一系列新兴模式的兴起和扩张，政府与社会资本合作模式、政府购买方式、互联网与社区相结合方式（养老、护理服务）逐渐涌现。这为公共服务

供给治理模式的重构提供了一种可能。传统的公共服务提供模式——"政府市场两分法"逐步被打破，随着第三方"社会"力量的兴起，重视"社会"的作用，转向"政府社会市场三分法"，构建社会化的治理模式已逐渐成为一种可能。因此，大力倡导多元化的公共服务供给模式，对于未来中国社会具有重大意义。

（三）提升地方政府公共服务供给创新的能力与动力

在我国的国家治理体系中，地方政府作为重要的一环，对公共服务供给与社会治理，具有举足轻重的作用。我国幅员辽阔，东、中、西部地区公共服务需求日益增长，在"互联网+"和大数据的背景下，地方政府充分利用互联网推动公共服务供给方式的创新已成为可能。借助网络之力，政府能更好地提供多元化的公共服务，也已成为可能。在当前环境下，地方政府公共服务供给的创新，可从政府的信息化建设、公共数据资源的开发、公共服务领域APP应用等方面的创新开发入手，以吸纳社会多元主体积极参与公共服务创新供给。

（四）大力倡导社会共治模式，推动公共治理主体从单一到多元

推进公共治理体系的建设和完善，政府的力量固然非常重要，但并非唯一。在全面深化改革的进程中，倡导政府与社会共治，积极培育第三方力量有效参与社会治理或基层治理，对于改变政府单一治理模式，推动社会治理主体公共化、多元化，具有重要示范效应。新公共管理运动、新公共服务论在西方兴起的背景，有助于我们了解社会多元化共治的发展态势。我们应坚定不移地推进市场化、多元化的社会共治模式，如公共服务供给主体多元化，保护社会组织、部门或个人提供公共服务的积极性和权益。这有助于未来进一步明确我国公共服务多元化供给模式与社会治理体系的改革目标愿景（范建鏋，2020）。

四、政府大数据创新以人为本的社会治理

当前，我国正处于推进全面深化改革和实现经济社会现代化的重要战略机遇期。然而，经济体制改革在释放生产力的同时，也激发民众产生多元化的社会需求，并对社会治理提出了更高要求。创新社会治理体制、推进社会治理体系和治理能力现代化，成为提升社会治理绩效、构建良好治理秩序的必然选择。

（一）清晰有序的共治模式

边界清晰、协作有序的多元共治模式是社会治理现代化的基础性要求。社会治理主体的多元化意味着主体间边界也呈现模糊化趋势，主体间互动也容易呈现出无序和混乱的特征。在多元共治模式下，为了应对边界模糊引发的社会冲突与治理失序，明晰主体间权责边界、理顺相互关系是实现社会治理现代化的必然选择。政府、社会组织、企业、公众等主体间的角色定位、权力分配、权利保障、合作模式等，都应实现规范化和清晰化。大数据技术通过信息汇集、整理、挖掘以及有逻辑地再现等过程，逐步地将复杂多样的大样本信息转化为简单、明晰、启发线索明显的可识别信息。

（二）动态调适的规则体系

社会规则体系是社会治理有效运行的基石。大数据背景下的社会治理技术和治理方式的巨大变迁，推动着社会规则体系的变革。大数据技术的广泛应用使社会治理的对象、方式、机制等发生巨大变化，形成了社会规则体系解构和再结构化的客观需求。社会主体思想观念、物质利益、行为模式的变化构成了社会规则体系重构的主观需求。技术、规则与行动者是构成社会系统的关键要素。社会规则体系必须提高对治理环境高度复杂、互动过程动态剧变、治理技术日新月异的现实回应性。大数据背景下社会治理现代化的关键在于"协调"，必须实现技术革新、规则变迁与社会行动之间的良性互动与有效调适。

（三）精准高效的治理机制

精准高效的治理机制是社会治理现代化的题中之义。大数据技术带来治理思维和治理方式的改变，推动社会治理向整体性、精准化和参与式治理转型。治理主体逐渐采用理性、精准的科学思维替代传统的模糊管理思维。智能技术应用推动了社会治理方式创新，提高了治理机制的灵活性。数据技术的精准定位能精准把握民众的生活需求，通过搭建智能化公共服务平台，提供更具针对性、人性化的公共服务。

（四）包容共享的治理格局

社会治理现代化最核心的要素是价值导向。党的十九大报告中提出，要"形成有效的社会治理、良好的社会秩序，使人民获得感、幸福感、安全感更加充实、更有保障、更可持续"[1]，党的二十大报告也提出，"发展壮大群防群治力量，营造见义勇为社会氛围，建设人人有责、人人尽责、人人享有的社会治理共同体"[2]。这些论述都着重强调了人民在社会治理中的主体地位，彰显了社会治理以人民为中心的鲜明价值取向。大数据技术的应用与发展为精准识别民众需求提供了便利，社会政策的制定和执行以人民最为关切的社会问题为导向，通过整合开放数据资源和政策资源为民众提供公共服务。保障人民群众权利是实现治理包容共享格局的基础性要求，城乡居民拥有的知情权、参与权和监督权能对社会治理主体的行为构成有效制约，防止政府部门和社会组织侵蚀公共利益。此外，社会治理现代化尤其强调要注重保障社会弱势群体的权利，贯彻落实全民共享的价值理念。在大数据时代，数据霸权、数字鸿沟等问题凸显，包容共享所指向的信息权利均等、数据平权、技术平权构成社会治理现代化价值指向的新内涵（王振兴等，2019）。

总之，大数据、云计算、人工智能等是信息革命的新成果，作为一种新的生产要素，催生了新模式、新产品、新业态、新经济，促进了社会生产力的提高，继而改变了人们的生活方式，影响了社会的运行方式，从而产生一种新的文化，促使社会组织模式及权

---

[1] 《习近平：决胜全面建成小康社会 夺取新时代中国特色社会主义伟大胜利——在中国共产党第十九次全国代表大会上的报告》，https://www.gov.cn/govweb/zhuanti/2017-10/27/content_5234876.htm[2017-10-27]。

[2] 《习近平：高举中国特色社会主义伟大旗帜 为全面建设社会主义现代化国家而团结奋斗——在中国共产党第二十次全国代表大会上的报告》，http://www.qstheory.cn/yaowen/2022-10/25/c_1129079926.htm[2022-10-16]。

力关系发生重大变化,进而改变社会的组织与管理方式,引发政府治理的变革和创新(杨昌勇和奚洁人,2020)。

第二节 电子政务与行政体制改革

一、行政体制改革历程

作为政治体制改革的重要内容,行政体制改革贯穿了我国改革开放和社会主义现代化建设的全过程。立足我国客观实际和发展需要,行政体制改革对政府的机构设置、隶属关系、职能划分及其运行等方面的体系和制度做出调整与完善,从而符合当前经济发展现状、顺应社会进步。纵观四十多年来行政体制改革,我国共开展了八次以机构改革为主线的行政体制改革。参照中国共产党全国代表大会报告和机构改革方案,本节将我国行政体制改革历程划分为以下五个阶段。

(一)精兵简政以提高行政效率(1982~1986年)

为配合党和政府开展以经济建设为中心的社会主义现代化建设计划,解决因十年"文化大革命"的内乱造成的政府内部机构林立、职责不清等突出问题,我国政府于1982年开始进行国务院机构改革。本次改革以精兵简政为原则,裁减合并了一批职能重叠或相近的机构部门,并在政府部门内部,削减副职领导数量,调整干部队伍的年龄、文化结构;推行"市管县"体制改革,以经济相对发达的市作为上一级政权管辖周边邻近的县级行政区域;调整相关事业单位的机构设置、人员编制、管理权限,以配合商品经济及各项社会事业建设需要;改革政企关系,通过利改税,扩大国有企业自主权。

这一阶段改革,重点通过精简庞大臃肿机构,调整优化干部队伍结构,以克服官僚主义、提高政府行政效率,使企业生产经营与社会事业建设更具有活力。但由于改革本身没有厘清政府职能问题,改革后期出现机构膨胀、人员冗杂、行政费用激增等问题。

(二)转变政府职能以破除计划经济体制(1987~2002年)

伴随着经济体制改革的逐步深入,迫切需要行政体制做出相应的调整和完善,以搭建符合经济基础的上层建筑。

1987年,党的十三大提出"社会主义有计划商品经济的体制,应该是计划与市场内在统一的体制"(中共中央文献研究室,1991)。为更好地适应上层建筑,1988年行政机构改革以精简、统一、效能为原则,以转变政府职能为重点,裁撤合并了中央与地方的大量非常设机构。这一时期,中央逐步向地方放权,政府向企事业单位放权。但由于对"计划"与"市场"二者认识理解不到位,改革出现摇摆反复,突出表现为原裁撤的机构被重新设立,如1993年,将机械电子工业部重新拆分为机械工业部和电子工业部,能源部被分设为电力部和煤炭部。

1998年的行政体制改革旨在彻底破除原有计划经济体制,加快社会主义市场经济体制建设进程。机构方面撤销了几乎所有的专业经济管理部门和行政性公司,并对业务相近的部门予以合并,如社会保障工作统一由劳动和社会保障部负责,药品检测、监督等统一由国家药品监督管理总局负责。作为力度最大、精简机构最多的改革,政府职能转变有了质的飞跃。

这一阶段的改革,理顺了政府与党、与企事业单位以及央地之间的关系,明确了建立适应社会主义市场经济体制的行政管理体制这一目标。但在工业经济领域,一些本应合并、撤销的部门,却被保留和增加,涉及深层次改革的政府职能转变的问题依然没有得到很好的解决。

(三)加强宏观调控以符合社会主义市场经济体制(2003~2007年)

为配合经济体制建立完善的社会主义市场经济的目标,这一阶段的行政体制改革重点在于加强宏观调控,探索建立符合社会主义市场经济体制要求的行政管理体制。因此,为逐步建立行为规范、运转协调、公正透明、廉洁高效的行政管理体制,在科学发展观思想的指导下,我国于2003年进一步对行政体制进行改革。

本次改革将国家发展计划委员会改组为国家发展和改革委员会,以指导经济体制改革;设立国有资产监督管理委员会和银行业监督管理委员会,以深化国有资产和金融业监管体制改革;组建商务部,以推动流通体制改革。这些部门的建立为随后的大部制改革进行了有益探索。同时,针对金融、流通、食品以及安全生产等领域,改革优化了政府职能,加强了政府宏观调控和监管。

这一阶段的改革在一定程度上精简了机构及人员编制,消除了政企不分的组织基础,有效转变了政府职能。政府的经济调节、市场监管、社会管理和公共服务的能力不断增强,符合社会主义市场经济体制需求的中国特色的行政管理体制开始形成(丁志刚和王杰,2019)。

(四)推行大部制改革破解部门管理"碎片化"困境(2008~2017年)

为解决部门间机构重叠、政出多门的现象,在我国由生存型社会向发展型社会转变的关键时期,为促进经济社会的健康发展,我国政府进一步推进体制改革。

2008年,行政体制改革,进一步转变国家发改委职能,推进国家发改委、财政部、人民银行等相关部门的协调联动机制,理顺部门职责关系,加强和改善宏观调控职能。同时,整合职能相近、业务趋同的部门,推行大部制体制,通过组建工业部和信息化部等机构部门,规范机构设置,优化组织职能。

2013年,行政体制改革,继续深入推进大部制改革,整合机构、健全职责,整合食品药品、海洋、能源等机构,实行铁路政企分开,本次改革精简了4个正部级机构,改革后国务院组成部门有25个。本阶段的大部制体制建设,有效解决了政府部门管理"碎片化"现象,更加深入推进政企分开、政事分开,进一步提高了政府的宏观调控能力,中国特色社会主义行政管理体制建设更加完善。

(五)深化党和国家机构改革,推进机构职能优化协同高效(2018年至今)

2018年3月,中共中央印发了《深化党和国家机构改革方案》,以此为总体部署,全国各地区各部门开始开展机构改革。《深化党和国家机构改革方案》以习近平新时代中国特色社会主义思想为指导、以国家治理体系和治理能力现代化为导向、以加强党的全面领导为统领，对党和国家机构进行了大刀阔斧式的改革（苗爱民和杨晋，2019）。为推进党和国家机构职能优化协同高效，本次改革落脚于改革机构设置，优化职能配置，深化转职能、转方式、转作风，提高效率效能，积极构建系统完备、科学规范、运行高效的党和国家机构职能体系[①]。横向上对各类党政部门的职能进行整合，纵向上对层级之间进行整合，如中央与地方关系等，从深度上解决"职能碎片化"问题。

本次改革力度之大、范围之广、影响之深，是改革开放以来历次行政体制改革中最大的，涉及党和国家机构改革的方方面面。改革顺应了新时代中国特色社会主义发展要求，目前正在有序推进中。

四十多年来，我国行政体制改革沿着清晰的脉络持续推进。现阶段正处于网络技术深入发展、海量信息数据亟待处理的新时期，政府部门需不断创新，持续变革。在这种环境下，电子政务应运而生，并伴随着行政体制改革的深入而不断发展。电子政务是实现行政体制改革的重要手段之一，牢牢把握网络信息化的发展契机，将有利于加速推进行政体制改革。

二、行政改革推动电子政务发展

20 世纪 80 年代，我国广泛采用电子信息技术，信息化建设正式起步。作为信息化建设的一个重要组成部分，电子政务在行政体制改革的推动下逐步发展，其发展历程大致经历了以下四个阶段。

（一）准备阶段（1988~1992 年）

1988 年，行政体制改革设立机械电子工业部，主要负责振兴电子产业。随后，国务院常务会议决定，将国务院电子振兴领导小组办公室更名为国务院电子信息系统推广应用办公室，并继续支持各行各业应用电子信息技术。1988~1992 年，国家发展计划委员会、机械电子工业部、国家科学技术委员会和电子信息技术推广应用办公室，在传统产业技术改造、EDI（electronic data interchange，电子数据交换）技术、CAD/CAM[②]以及 MIS（management information system，管理信息系统）等领域，不断推动电子信息技术应用向纵深发展。

（二）启动阶段（1993~1997 年）

1993 年"金卡""金桥""金关"等重大信息化工程，拉开了国民经济信息化的序幕，我国信息化建设正式起步。1993 年 12 月，成立了以国务院副总理邹家华为主席的国家经济信息化联席会议，确立了"推进信息化工程实施、以信息化带动产业发展"的

---

① 《中共中央印发〈深化党和国家机构改革方案〉》，https://www.gov.cn/zhengce/2018-03/21/content_5276191.htm#1 [2018-03-21]。

② CAD 表示 computer aided design，计算机辅助设计；CAM 表示 computer aided manufacturing，计算机辅助制造。

指导思想。1996年1月,国务院信息化工作领导小组成立,统一领导和组织协调全国的信息化工作。随即,从中央到地方,信息化在各领域得到迅速发展。

(三)开展阶段(1998~2000年)

1998年,伴随着新一轮改革,国务院组建信息产业部,设立信息化推进司(国家信息化办公室),并将原国务院信息化工作领导小组办公室并入新组建的信息产业部,负责推进国民经济和社会服务信息化的工作。自1998年"政府上网工程"提出以来,各级政府在信息化方面的投入逐渐增加。1999年,恢复国务院信息化工作领导小组,由国务院时任副总理吴邦国担任组长,并将国家信息化办公室改名为国家信息化推进工作办公室。

(四)发展阶段(2001年至今)

2001年,党中央、国务院大力推进我国信息化建设,决定成立国家信息化工作办公室,并由朱镕基担任国家信息化领导小组组长,同时成立国务院信息化工作办公室作为其办事机构,由国家发展计划委员会主任、国家信息化领导小组副组长曾培炎兼任国务院信息化工作办公室主任。

目前我国电子政务发展取得了一定规模的成就,在信息公布、网站建设、留言回复等方面的成效显著,著名的"十二金工程"也推动了政府网络信息化的进程。但随着技术不断进步,民众民主意识不断提升,传统的政府管理和服务模式已经无法满足现实需要,电子政务的发展面临着更大的挑战。电子政务和行政体制改革的关系密不可分,在当前背景下,为更好地深化行政体制改革,更有力地应对电子政务的升级挑战,需明晰二者关系,推动双方相互促进发展。

三、电子政务推动我国政府行政体制改革进程

(一)电子政务推动政府管理观念变革

网络信息技术的不断进步,使政府与企业、公众的互动沟通更加方便。而电子政务的推行,要求改变官员的思维和行为方式,改变部门之间、政府与公众间的信息分享方式,建立以服务为中心、以公众的需求为导向的电子政务建设模式,从而转变政府职能,加快政府改革进程。

党的十九大报告中,对于深化机构和行政体制改革,强调"统筹考虑各类机构设置,科学配置党政部门及内设机构权力、明确职责""转变政府职能,深化简政放权,创新监管方式,增强政府公信力和执行力,建设人民满意的服务型政府"[①]。党的二十大报告也强调,要"深入推进改革创新,坚定不移扩大开放,着力破解深层次体制机制障碍,不断彰显中国特色社会主义制度优势,不断增强社会主义现代化建设的动力和活力,把

---

① 《习近平:决胜全面建成小康社会 夺取新时代中国特色社会主义伟大胜利——在中国共产党第十九次全国代表大会上的报告》,https://www.gov.cn/govweb/zhuanti/2017-10/27/content_5234876.htm[2017-10-27]。

我国制度优势更好转化为国家治理效能"[1]。电子政务作为用现代信息技术优化政府的行为方式、管理手段和管理工具，对于推动我国深化机构和行政体制改革有重大意义。由此可见，转变管理观念，推行电子政务，提高政府工作效率是我国政府工作的当务之急。

（二）电子政务发展推动服务型政府建设

为顺应信息社会对政府管理的需要，电子政务发展努力提高服务质量，建立使人民满意的服务型政府。

一方面，政府首先通过运用电子政务，打通与民众、企业间的沟通渠道，努力实现对公众服务需求做出快速反应、为民众提供更广泛服务的政府服务目标；其次，通过电子政务信息化，可以广泛传递政府信息，收集民众意见，从而实现更加民主科学的决策。另一方面，电子政府以民众需求为中心，在充分利用信息网络技术的基础上，极大地丰富了政府公共服务的内容和形式，增强政府的服务能力。因此，电子政务建设可以推动政府工作实现低成本、高效率、亲民化，也利于政府树立良好的政府形象。

（三）电子政务发展推动高效型政府的建设

为推动政府机构层级优化需求的实现，电子政务发展努力推动政务流程更加便捷化，建立强执行力、强公信力的高效型政府。

首先，电子政务发展推动行政审批制度的深化。伴随着电子信息技术的发展进步，政务流程更加简洁便利，很多事务审批在网上都能够以最少的流程完成通过。"一站式"的行政审批制度，打破了传统政务的一个部门以另一个部门业务的办结为受理条件的业务流程模式，省去不必要的中间环节，提高政府办事效率。其次，电子政务发展推动行政层级的优化。电子政务技术使得政府工作扁平化，能够实现决策层和操作层间的直接沟通，实现信息一对多、多对一的瞬间响应，节省了许多的人力物力和财力，缓解了政府机构臃肿膨胀的不良状况。通过网络信息化技术，电子政务实现政府管理过程中的电子化、自动化、网络化，与传统政务模式形成鲜明对比。

（四）电子政务发展推动责任型政府的建设

为满足公众参与了解政务的需求，电子政务发展努力实现政府公开，建设行政工作高度透明的责任型政府。

首先，电子政务发展推动职责清晰的政务系统的建立。优化与管理电子政务，需要建立在政府内部规范化运作的基础上，而这无疑对政府内部权责体系的建立和精细化管理增加了压力。其次，优化电子政务不断提高政府的透明度。电子政务的开放性可以有效抑制传统政务中的腐败、徇私现象，极大地推动了廉洁政府的建设。一方面，行政机关内部具有自我约束性。电子政务的开放性使政府行政活动始终置于政府内部及公众的监督之下，这促使行政工作人员进一步强化自律式的管理机制（芦欣，2008）。另一方

---

[1]《习近平：高举中国特色社会主义伟大旗帜　为全面建设社会主义现代化国家而团结奋斗——在中国共产党第二十次全国代表大会上的报告》，http://www.qstheory.cn/yaowen/2022-10/25/c_1129079926.htm[2022-10-16]。

面，政务公开的过程也是权力行使主动接受监督的过程。了解政府对于重大活动或重要事项的决策，有利于民众实现参政议政与政策监督。

电子政务密切了政府与公众间的关系，使社会公众更易于对政府实施监督，更加促使政府主动履责。电子政务的建设过程不断强化政府的责任理念，为建立责任政府创造了必要条件。

第三节 电子政务与公共服务改革

公共服务是指由政府部门、国有企事业单位和相关中介机构履行法定职责，根据公民、法人或者其他组织的要求，为其提供帮助或者办理有关事务的行为。公共服务改革最早始于20世纪70年代末的英国，这一改革针对政府职能转变，重构政府、社会与市场三者关系，同时以探索如何处理公平与效率的关系为主要内容。

我国在改革开放之后，将市场经济体制改革放在首位并取得了巨大成就，但政府职能转变和治理制度变迁一直相对滞后。十一届三中全会以来，我国公共服务改革历经探索准备、正式启动、快速推进和全面深化四大阶段，取得了一定的成果，逐渐打破了带有计划经济色彩的传统公共服务体制，初步形成了公共服务供给模式的多元化，形成了中国特色的公共服务体系，明确提出了新形势下公共服务改革的目标与重点。"十二五"和"十三五"时期，我国先后制定并实施了《国家基本公共服务体系"十二五"规划》《"十三五"推进基本公共服务均等化规划》两部国家级基本公共服务规划，覆盖全民的基本公共服务制度基本建成，各级各类基本公共服务设施持续改善，国家基本公共服务清单项目全面落实。此外，党在十九届四中全会明确提出了"推进基本公共服务可及性"的目标任务，十九届五中全会再次提出在"十四五"时期实现"基本公共服务均等化水平明显提高"，到2035年"基本公共服务实现均等化，城乡区域发展差距和居民生活水平差距显著缩小"的远景目标，以寻求公共服务保障能力和群众满意度的不断提升。

党的十九大明确提出中国特色社会主义进入新时代，社会主要矛盾已经转化为人民日益增长的美好生活需要和不平衡不充分的发展之间的矛盾[①]。这一矛盾变化的重要背景是公共服务作为明显短板，已经成为促进以人为本的新型城镇化和实现高质量发展的突出问题。党的二十大再次强调，要紧紧围绕这个社会主要矛盾推进各项工作，不断丰富和发展人类文明新形态[②]。人们对公共服务数量、内容、品质、效率的要求越来越高，现有公共服务供给体系面临严重的财政压力和效率瓶颈，公共服务改革迫在眉睫。与此同时，移动互联网、大数据、云计算、物联网、人工智能等数字技术取得了长足进步，在社会经济等各个领域迅速普及应用，极大地改变了生产生活方式，使社会进入一个高度联通的数字时代。这既为现有公共服务模式带来了巨大挑战，即对公共服务的不满被网

[①] 《习近平：决胜全面建成小康社会 夺取新时代中国特色社会主义伟大胜利——在中国共产党第十九次全国代表大会上的报告》，https://www.gov.cn/govweb/zhuanti/2017-10/27/content_5234876.htm[2017-10-27]。

[②] 《习近平：高举中国特色社会主义伟大旗帜 为全面建设社会主义现代化国家而团结奋斗——在中国共产党第二十次全国代表大会上的报告》，http://www.qstheory.cn/yaowen/2022-10/25/c_1129079926.htm[2022-10-16]。

络放大,政府反应滞后在高速变化的环境显得更加难以接受,个体诉求更容易激起更大范围的群体响应,同时也激发了公共服务改革的热潮。

一、电子政务驱动公共服务改革

在不同历史时期,技术一直是公共服务改革的"触发装置"。早在20世纪80年代,公共部门就开始广泛使用电脑,提高办公效率。20世纪90年代,互联网的发展和社交媒体的兴起,推动了公共部门加快组织变革的步伐。直到近十年,信息通信技术在公共部门的大规模应用才真正驱动了公共服务改革。从理论上看,市场的内在缺陷构成了学者关于公共服务改革的逻辑起点。而数字技术的应用经由数字化、网络化和智能化,能够从根本上打破原有公共服务模式的底层逻辑,重塑政府、企业、社会和公民的关系,形成全新的合作边界和协作方式。

(一)信息技术应用延展了公共服务的范畴边界

公共服务最早由法国学者莱昂·狄骥在其著作《公法变迁》(1912年)中提出:从公共服务的社会功能及政府所在的职能定位出发,认为"任何因其与社会团结的实现与促进不可分割、而必须由政府来加以规范和控制的活动,就是一项公共服务,只要它具有以下特征:除非通过政府干预,否则便不能得到保障。"在以往的公共服务研究中,"公共"这一前缀似乎是不言自明的,即由公共部门组织提供的服务。新公共管理兴起后,公共服务提供者和生产者的角色被分离,公共服务的融资来自公共部门,但生产却可以由市场化企业或社会组织来承担。尽管公共服务的市场化程度在各国不断加深,但从根本上看,公共服务不是在自由市场中进行的,而是在消费者权力有限的准市场中进行的。公共服务的用户不能像"逛商店"一样购买某些公共服务,而是依赖一个特定的服务机构或服务提供商的选择。因此,与私人组织在自由市场上提供的服务相比,公共服务的用户要么有一个有限的退出选择,要么完全没有退出选择。

电子政务的发展进一步打破了公共服务不同角色之间的界限,也使公共服务的范围边界进一步模糊。一方面,市场化企业和私人行为者逐渐深度参与到公共服务提供中;另一方面,原本被视为私人服务的内容对"社会团结的实现和促进"这一公共利益越来越重要,将来可能转变为一种必需的公共服务。更重要的是,电子政务高度联通的技术特点,有助于实现公共服务用户在不同服务生产者之间的自由选择,形成一个公共服务的自由市场。未来,更多的公共服务将跨越公共和私人之间的边界来提供,将所有权、融资和服务生产相结合的可能性也模糊了谁是公共组织,而且模糊了公共组织与私人组织相比的一些独特性。

(二)数字化减少公共服务中的信息不对称问题

公共服务的公共性决定其用户是广大"不确定的多数",难以适用"谁受益谁负担"的原则,因而无法确定消费水平,无法对其收费,也无法排除"搭便车"行为,这导致没有市场激励来生产公共产品,存在市场失灵。由于公共服务质量的可观测性、可度量性较低,供需信息不对称现象普遍,在达成供需均衡的过程中,很难发挥市场与价格机制，致使公共服务供给滞后于公众对公共服务的需求。信息不对称在高度专业化的公共服务中长期存在，造成供需不匹配，服务评价困难，创新动力不足等普遍问题。

那么，如果在公共服务领域借助电子政务能够较为准确地掌握用户信息，将"不确定的多数"变为"确定的全体用户"，由于信息不对称而产生的市场失灵便不再成立。尽管信息不是改进公共服务的万能药，但可能是必要条件。电子政务能够使城市中大量人、机、物实现数字化，通过全方位、全流程和全系统的数据归集，形成统一的数据底层，推动政府数据资源和社会数据资源的融合、共享，从而提升了政府获得全面系统信息的能力，也加深了其对公共服务的细化和深化。这一数字化的过程能够解决原有公共服务供需信息不对称的问题，实现即时反馈、动态匹配，无缝衔接。另外，公众使用公共服务过程中的行为数据能够被记录并沉淀下来，使公共服务评价由传统的"意识驱动"向"数据驱动"升级，及时触发公共服务提升优化，带来更多的创新实践。

（三）网络化使公共服务中的集体行动成为可能

公共服务是一种公共产品，具有非竞争性和非排他性。奥尔森认为公共产品的提供需要集体行动，只有通过合作才能创造任何个人都无法单独提供的公共产品，但是除非集体中的人数很少，或存在强制及其他某些特殊手段促使个人按照他们的共同利益行动，否则理性的、自利的个人将不会采取行动以实现他们共同的或集体的利益。这也成为政府作为社会代理人承担提供公共服务职能的重要原因。而奥斯特罗姆基于长期的社会实证调研发现，对于彼此十分了解、经常沟通并且建立了信任和依赖感的小规模公共事务，政府或市场并非仅有的选择，自主治理更为有效。无论是奥尔森对达成集体行动的悲观，还是奥斯特罗姆对此的乐观，背后都存在类似的逻辑条件，即如何使个人在集体中的合作收益更大，"搭便车"成本更高。

电子政务为减少时间和空间的限制提供了一种途径，互联网尤其是智能手机和移动互联网的发展使社会生活呈现出高度在线化和网络化的特征。集体行动的开展越来越依赖于对信息的编码、沟通与交换，而网络化缩小了时空距离，跨时间、跨地点、跨领域的沟通互动成为常态。人与人之间交往的频率和密度越来越高，网络互动呈现社群化特征，创造出易于沟通的社会环境，使现实生活中涉及人数众多的集体行动在线上呈现出紧密社会的特点（如六度分隔理论的观点，最多通过六个人就能够认识任何一个陌生人），从而使集体行动有了更多成功的可能。当前，通过网络对公共服务质量集体发声，形成共同的意见和要求，已经成为公众参与公共服务创新的常态。未来，公众还可能在公共服务创新的更多环节展现出强大的组织能力，打破公共服务中的"集体行动困境"。

（四）智能化降低公共服务供需匹配的交易成本

公共服务供给客观上受公共财政预算的限制，在保障公共服务质量的前提下如何尽可能降低服务成本是一个关键问题。随着社会经济发展水平的提高，公众对公共服务的需求从生存型向发展型转变，对供给效率和服务质量的要求越来越高，而依靠传统方式响应这些需求变化的成本极高。基于数字化和网络化基础，人工智能技术的发展和应用能够最大限度地提高公共服务的"能动性",使公共服务智能化。

在经济学理论中,在信息对称、交易成本为零等假设前提下才能推导出最佳的资源配置结果,而智能化的价值就在于使现实中的资源配置最大限度地接近信息对称、交易成本为零的状态,极大地降低公共服务成本,使有限的预算能够提供更广泛、更充足的公共服务。智能化能够在大数据算法支持下及时感知和识别公众需求,快速发现敏感热点,及时高效地做出回应,从而降低公共服务过程中的交易成本,包括查找信息以及签订和监控合同的成本,并通过信用评价机制,减轻机会主义行为和不确定性。因此,智能化之于公共服务,重点不在于落地实施之前"正确"地制定政策,而是支持在环境变化中"学习"和"适应",不断优化公共服务供给,实现公共服务的主动供给、精准化供给和个性化供给,满足不同个体、不同时间、不同地点的差异化需求。

二、电子政务促使公共服务的改革方向:从"服务传递"到"价值共创"

在数字化、网络化和智能化的进程中,公共服务应该被理解为一个动态过程,价值是由提供者和公众共同创建的,其根本转变在于:任何服务必须由公民和公共部门共同创建,并根据公民对其质量的满意度进行评估;电子政务赋能公民深度参与公共服务决策;所有公民都必须能够成为共同生产者,而不仅仅是用户。具体将呈现以下变化。

(一)公共服务由"单一主体"向"多元互动"转变

全球电子政务调查中将电子政务进程划分为四个阶段:新兴、增强、交易和互联,并指出在不同阶段建立的能力——政府机构向公民传播单向信息(新兴)、让公民参与双向离散互动(增强)、让公民参与关联互动(交易)以及在它们之间进行内部协调(互联),这些都是公共服务创新的基础。对照我国的实践,尽管数字技术应用在公共服务改革中已经成为潮流,但是目前大多数公共服务改革仍然受限于传统供给体系,集中在行政审批的服务内容中,以提高信息公开度,明晰办理流程和简化办理手续为主。想从第一阶段向前迈进,需要改变由政府单向主导的传统模式。

传统的公共服务供给体系依附在政府科层体系上,遵循的是专业分工和等级森严的科层制逻辑,具有垂直性和单向度的特征。在传统模式下,尽管新公共管理运动推动许多市场化企业参与公共服务生产,且在此治理理念下公众参与度也显著提高,但这并不意味着实现了真正的"多元互动"。公共服务中的"多元互动"存在一个关键问题:政府以外的主体能够参与公共服务决策,设计新的服务吗?答案在于更多的权力和决策权转移到政府以外的主体,而不是直接自上而下地决策和制定政策。因此,相对于由政府主导的传统公共服务模式,电子政务时代的公共服务将更偏重网络社会的双向沟通和多元互动,促进公众需求的表达和汇聚,及时快速捕捉和整合需求信息,并通过数字技术"增权赋能",使市场化企业、社会组织和公民个体等深度参与到公共服务决策、提供、评价和生产过程中。

(二)公共服务由"层级管理"向"平台模式"转变

从"单向主导"转向"多元互动"意味着从层级管理到治理理念的转变,其要义是通过平等、协商、合作的方法,使发端于政府的"自上而下"与发端于公众的"自下而上"实现较好的衔接和结合。这一理念的实现需要载体和机制,而互联网经济中的平台模式为实现这一理念提供了有益的借鉴。从企业主导的互联网平台来看,平台通过连接和组织交易而不是自己生产来创造价值,它还会产生强大的网络效应,使整个平台的价值随着参与者——用户和供应商加入其"生态系统"而不断上升。同时,电子政务的数字技术使平台能够通过评估、奖惩、信息流和定价等规则与机制来引导参与者行为,促进陌生人之间实现顺畅交易,从而将小额交易扩展为大规模市场,使市场逻辑扩展到许多以前无法大规模市场化的新领域。

平台模式由数字技术的发展和应用所促成,可以成为公私合作和内外转化的包容性工具。平台能够通过横向(多个主体之间)和纵向(服务环节之间)相结合,搭建政府、企业、社会组织、公民之间的交互与信任网络,将政府和整个社会存在的资产、资源和能力组织到共同的发展平台上,并通过平台治理机制来协调集体行动和追求公共价值。平台治理权将在政府、市场和社会之间分配,向政府以外的公共服务主体"增权赋能"是平台模式的精髓。尽管政府机构仍然可以保持相对较高的控制水平,促进和协调必要的集体行动,以确保公共价值,但它不能仅仅作为中央权威,而是要尊重利益相关者的自主性和自制力,认识到合作需要真正的信任和善意,甚至接受协调角色被分配给其他角色。同时,平台模式必须在自主性和控制性之间取得平衡,找到符合公共部门利益的商业模式,以及建立一个具有选择和采用标准的组件式协作流程。平台模式也将推动公共服务的开放式创新,使新的创新随着时间的推移不断增加,并且还将产生新的公共服务内容,如应对"数字鸿沟"的公共数据服务。

(三)公共服务由"部门主导"向"数据驱动"转变

传统公共服务供给以行政职能为中心,强调专业化分工,具有条块分割的特点。按照《"十四五"公共服务规划》,我国八大领域 81 项基本公共服务被配置在社保、卫生、教育、文化等不同层级行政组织,这些实体物理形态的政府部门在管理权力上是分离的、在地理位置上是分散的、在管理流程上是断裂的,并严格按照专业分工运作,形成职能界限明显的相互独立的"烟囱式"行政组织。由于部门利益的路径依赖、信息沟通和知识分享成本高、技术标准不一等因素使公众往往难以获得完备的服务信息,也难以有效地表达意见,从而弱化了公众对服务质量的评价和监督能力。

随着数字技术的广泛应用,一方面,公众政治参与的渠道和形式更趋多样化,能够实时反映对服务质量的态度;另一方面,公众在利用政务服务网、政务 APP、政务微信小程序等平台获取公共服务的行为数据能够被系统后台记录并沉淀下来,相关部门可通过数据算法和人工智能对公共服务绩效进行评估。此外,"好差评"制度的实施,所产生的相关数据也有助于政府部门对提供的公共服务进行调整和改善。"数据驱动"的公共服务评价流程并不是单向流线式的,而是不断调整和循环的。正如国务院发布的《促进大数据发展行动纲要》中所提出的建立"用数据说话、用数据决策、用数据管理、用数据创新"的管理机制。未来政府的角色将越来越多地从直接提供公共服务转向提供数据,助力市场和社会力量进行公共服务创新。通过以公民为中心的大数据发掘公共服务的不同需求,更准确地预测公众行为和意见,使公共部门能够深入研究当前的问题,建立多元化的公共服务供给体系，为公民提供积极、精确和个性化的公共服务。

（四）公共服务由"同质固化"向"情境适应"转变

为了保证财政资金的使用效率，公共服务传统上以大规模、规范化和同质化的模式运作，并且存在较强的惯性和路径依赖，表现为公共服务供给机制的固化。事实上，虽然公共服务标准具有普适性，但公共服务需求具有明显的地域性、群体性和时间性。不同年龄阶段、不同家庭情况、不同生活状况的人群对教育、医疗、养老、就业等公共服务的需求程度不同。每个人对于公共服务的需求也不是单一的，是一个需求的复合体，并随着时间变化而有所不同。这使得公共服务需求在个体需求、人生阶段和空间分布上的现实差异性与公共服务供给的同质性和相对固化之间的矛盾越来越明显。

借助电子政务中的数字技术应用，推动公共服务提供的普适性和情境化并举是数字时代公共服务改革的理想目标。基于多元互动的理念，通过平台模式下的数据驱动，能够将参与公共服务提供、消费和调解的政府机构、企业、社会组织、公民和其他行动者联合起来，提供多个服务中心和不同的服务入口与渠道，使公共服务更贴近个体所处的服务情境。未来，增强公共服务的情境意识和情境智能，将是数字技术重塑公共服务的关键创新，从而实现即时性的供给时效、可扩展的服务内容、互动性的协同方式、共享性的目标导向。当然，情境化公共服务必须是包容性的，需要确保所有参与者都有能力使用和受益于这种创新服务。

公共服务改革对于解决社会问题，减缓经济压力，提高社会期望、促进公平正义不可或缺。但无论是在理论还是在实践上，公共服务改革都较为缓慢。一方面，公共服务改革与公共部门的改革紧密相关；另一方面，公共服务通常被嵌入到行政、法律、政策和监管框架中，这些制度层面的改变也是渐进的。当前，电子政务、数字技术正在快速融入公共服务实践，有望为公共服务改革带来前所未有的驱动力。正如比尔·盖茨所说，"人们往往高估未来两年的变化，而低估未来十年的变化"，数字时代的公共服务创新将是非线性的，并与数字经济发展高度互动，将有可能创造一种有别于福利国家模式，兼顾公共服务与社会活力的全新的社会经济发展模式。

第四节　电子政务与社会治理变革

一、我国社会治理变革历程及演变脉络

（一）我国社会治理变革历程

自改革开放以来，中国社会的治理形态发生了深刻变革，逐步实现了从"管控"到"经营"再到"管理"最后到"治理"的历史演进，实现了从"包办社会"到"经营社会"再到"管理社会"最后到"治理社会"的多重共进的变革历程。总体来说，我国社会治理变革主要经历了以下四个阶段（陈鹏，2018）。

1. 社会治理的"管控"阶段（1978~1992年）

经济体制改革所导致的社会利益分化，促成了我国社会治理的最初孕育和发端。这一阶段社会治理变革的主要特征包括：①缺乏自身独立形态。"社会"含混在政治和经济之中，社会治理被国家治理所覆盖，还没有构成一个系统的整体。②从属于经济建设。经济改革始终占据国家建设的中心和优先地位，社会领域的建设、改革和发展都服从和服务于经济恢复与经济建设。③行政化色彩较浓。这一阶段的社会治理表现为在行政体制下的社会管控，政社分开的目标并未有效实现。④带有较强计划体制痕迹。社会治理制度的设计是随着计划经济体制的框架进行调整的，具有较强的城乡二元分割性和社会管制特征，并对后续的中国社会治理改革创新产生了深远的影响。

2. 社会治理的"经营"阶段（1992~2002年）

党的十四大后，社会主义市场经济体制正式确立。在经济改革深入推进的背景下，社会治理领域的改革创新也相继展开，政府的社会管理职能开始提出，但是经济职能仍占据绝对主导地位。这一阶段社会治理改革的主要特征包括四个方面：①凸显市场化原则。市场原则成为整个社会的支配性逻辑，社会领域被全面渗透，也导致了"上学难""看病贵""住房难"等民生问题。②强调 GDP（gross domestic product，国内生产总值）主义导向。这一时期的社会治理主要是为了服务于国有企业改革，其突出表现就是社会保障和社会福利的剥离和外移。③重视法治建设。推进了相关立法，如《中华人民共和国劳动法》《中华人民共和国老年人权益保障法》等。④仍缺乏独立自主形态。在利益主体日益多元化的背景下，社会治理重心逐步下移，社会治理问题日渐获得较多探讨，但尚未确立自身的政治权威性。

3. 社会治理的"管理"阶段（2002~2012年）

随着改革深入到社会领域，社会管理应运而生，政府致力于构建社会主义和谐社会。这一阶段的社会治理改革具有以下几个主要特征：①触及社会领域自身改革。"社会建设"和"社会管理"概念正式被提出，特别是"社会建设"成为中国特色社会主义事业四位一体的重要组成部分，表明"社会"作为一个独立自主领域出现。②注重发挥社会政策作用。在经济转轨过程中，出现大量"下岗失业人员"和"农民工"（孙立平，2002），贫富差距进一步拉大，政府开始重视发挥社会政策维护社会公平作用。③强化政府责任担当。强调享有基本公共服务是公民的基本权利，是政府的基本责任。④带有较强维稳色彩。社会治理改革的主要任务是应对和消解经济市场化所衍生的各种社会问题。

4. 社会治理的"治理"阶段（2012年至今）

党的十八大以来，中国特色社会主义进入新时代，现代意义的社会治理得以正式确立和发展。党的十八届三中全会明确提出创新社会治理体制，实现了从"社会管理"向"社会治理"的历史新飞跃。这一阶段社会治理改革的最鲜明特征是，推进社会治理现代化，着力建设"共享型社会"。其主要特征具体包括以下四个：①宏观、微观改革并重。既有宏观的大的体制性改革，也有微观的机制性再造，顶层制度设计初步成型。②存量增量改革联动。通过存量改革进一步激活和推动增量改革，特别是在事关群众切身利益的民生领域进行了重要突破，一些新的惠民利民举措纷纷推出。③强调依法治理。注重将社会治理纳入法治化轨道，以法治方式、法治思维、法治精神来谋划和深化社会治理改革。④强调共享平权。更加强调社会总体利益的优化和改善，特别是聚焦社会边缘群体,突出共建共治共享。

(二)我国社会治理变革的演变脉络

梳理我国社会治理变革历程,不难看出,其经历了一个从"被动回应"到"自觉推进"、从"边缘"到"主流"、从"模糊"到"清晰"的发展过程。自改革开放以来,我国社会治理所发生的深刻变化,集中体现在如下九个方面。

1. 社会治理理念:从"管控"到"治理"

在经济社会发展的不同阶段,社会治理具有不同的话语表达形态。社会治理改革最早是从"社会管控"开始起步的,即国家对社会的严密管理和全面控制。1998年,在国务院机构改革中,首次提出社会管理是政府的基本职能,此后的党和政府工作报告多次提及社会建设和管理问题。直至2013年,党的十八届三中全会正式提出"社会治理"概念,实现了从传统社会管理向现代社会治理的新飞跃。可以说,从"社会管控"到"社会经营"到"社会管理"再到"社会治理",从"政府基本职能"到"党的路线、方针、政策",体现了中国共产党对社会建设和社会治理本质规律认识的不断深化,也是其执政理念的深刻革命。

2. 社会治理主体:从"一元"到"多元"

改革前,国家是社会治理的唯一主体;改革后,实现了从单一治理主体向多元治理主体的结构性转变。在多元化的社会治理主体中,主要包括四类:①党委,发挥总揽全局、协调各方的领导核心作用;②政府,经历了一个从"负责"到"主导"再回归到"负责"的演变过程;③社会组织,发挥协同作用,包括企事业单位和其他社会组织等;④公众,是参与社会治理的重要力量。四类社会治理主体,能够充分调动和发挥各方的优势和积极性,彼此之间形成有机的互动关系,从而构成一个系统的社会治理主体结构。国家与社会的合作治理是中国社会治理的发展方向,这也是实现从"单中心治理"走向"多中心治理"的必由之路。

3. 社会治理对象:从"问题"到"需求"

社会治理的不同发展阶段,具有不同的治理对象,这也与社会主要矛盾的变化密切相关。20世纪90年代中期前后,社会矛盾问题进入多发频发突发期,这一时期的社会管理成为一种重要应对举措,具有较强的维稳色彩,属于问题驱动型。党的十八大以来,加强和创新社会治理应运而生,其更好地满足了人民群众对美好生活的向往和追求,更加注重和凸显对人民群众社会需求的治理,体现出更强的维权色彩,属于需求驱动型。可以说,从社会问题治理到社会需求治理,标志着中国社会治理从一种消极社会治理向积极社会治理的重要转变。

4. 社会治理方式:从"粗放"到"精细"

社会治理方式,体现了一个社会的治理模式的特质及走向。我国社会治理方式的转变主要体现在四个方面:①从总体支配到技术治理,现代信息技术与社会治理各要素实现深度融合;②从集权治理到分权治理,分权化改革实践,充分调动了地方的积极性,也有效激发了市场和社会的活力;③从静态治理到动态治理,由传统的针对固定区域的静态治理,转变为应对流动区域的动态治理;④从人治到法治,党的十八大以来,法治成为社会治理方式改革创新的主旋律,坚持依法治理、系统治理、综合治理、源头治理与专项治理紧密相结合成为社会治理方式改革创新的基本取向。

5. 社会治理手段：从"单一"到"复合"

改革之前,整个社会主要依靠的是行政性手段实现有效运转。随着市场化改革的推进,市场机制开始成为配置社会资源和治理公共事务的基本机制,社会治理的手段体系日渐丰富多元。在改革进入"攻坚期"和"深水区"的背景下,运用任何单一治理手段,已很难有效解决问题、达到标本兼治。这就需要统筹运用经济调节、法律规范、道德教化、情感激励、舆论引导等多重手段,形成和构造社会治理手段的最佳组合,以实现良好的社会治理效能。总的来说,改革开放以来的社会治理变革,实现了从单项治理向复合治理、从刚性治理向柔性治理的转变。

6. 社会治理载体：从"单位"到"社区"

不同类型的治理载体,会营造和产生出不同的治理效果。中国社会体制变革的关键之处,就在于"单位制"的逐步解体和"社区制"的逐步确立,实现从单位治理向社区治理的转变。党的十八大以后,城乡社区治理被提升为国家治理现代化的基础性工程,进一步确立了其社会治理微观组织基础的战略地位。社区作为一种社会生活共同体,是各类社会资源的富集之地,具有广阔而丰富的公共空间,是多元社会主体进行互动交往的最佳场所,因而也就成为社会治理最为基础的空间单元。

7. 社会治理制度：从"分割"到"融合"

中国社会治理改革的核心任务,就是建立健全与社会主义市场经济、民主政治、先进文化相适应的新型社会治理制度。改革以来,社会利益结构分化日益多元化,社会资源配置日益市场化,城乡、干群之间的这种二元分割性逐步缩小、减弱,开始呈现相互融合的发展趋势。党的十八大以来,全面推进共享社会建设,深化户籍制度、信用制度、社保制度、人口制度、土地制度等在内的社会治理基础性制度改革创新,从形式上实现了全国层面城乡统筹、城内并轨的一体化发展。这是社会治理变革至为重要的突破。

8. 社会治理目标：从"模糊"到"清晰"

社会治理目标体系的清晰程度,直接反映了党和政府社会治理政策意识的发育状况。党和政府对社会治理目标的认知,经历了一个不断探索、逐步深化、与时俱进、日臻完善的发展过程。从社会整体的角度来看,社会治理改革的目标,经历了从建设和谐社会到共享社会的转变,前者更强调维稳,后者更突出维权,且在维权中实现维稳,达成两者的辩证统一。特别是党的十八大以后,社会治理作为一种全新的改革理念,成为党执政的重要方略和政策设计。

9. 社会治理地位：从"依附"到"自主"

社会治理地位的形成和确立,是一个社会建构的历史过程。改革前,社会建设依附于经济、政治建设之中,缺乏独立的形态和地位。直至十六届四中全会提出社会建设概念，"社会"才作为一个主体领域得以确立。这种自主地位的确立主要体现在：①理论地位，社会建设成为中国特色社会主义事业"五位一体"总体布局的基本组成部分，标志着社会建设理论的形成和确立；②政策地位，社会治理等相关名词在党的重要报告文件中设置了专门的章节予以阐述，并逐渐成为政策制定的惯例；③组织层面，在中央及地方都设立了社会治理的主管机构，为加强和创新社会治理奠定了坚实的组织基础。

二、电子政务与社会治理

（一）"互联网+政务"与社会治理

社会治理是国家治理的重要组成部分，直接关系到社会的和谐稳定。党的二十大报告提出要"健全共建共治共享的社会治理制度，提升社会治理效能"①。党的十九届四中全会《中共中央关于坚持和完善中国特色社会主义制度　推进国家治理体系和治理能力现代化若干重大问题的决定》提出，必须加强和创新社会治理，完善党委领导、政府负责、民主协商、社会协同、公众参与、法治保障、科技支撑的社会治理体系。该决定专门将"民主协商"和"科技支撑"纳入社会治理体系中。"民主协商"丰富了社会治理的渠道和方式，"科技支撑"则夯实了社会治理的技术基础，二者既是新时代加强和创新社会治理的必然要求，也是打造共建共治共享的社会治理格局的重要内容。

如果说政府对互联网的早期应用是仅将互联网视为一种新的信息传播技术，那么近十年来政府正在努力地适应新的发展形势并逐渐形成"互联网思维"。政务微博、微信和小程序等都是这种思维在政务领域的直接反映，"互联网+政务"则是这种思维的集大成者。在过去的数十年中，伴随着科学技术的迅速发展，互联网在社会治理中得到了广泛的应用，"互联网+政务"极大地提升了社会治理的能力。从信息角度来考察，"互联网+政务"在社会治理中的应用，主要解决了以下三个方面的问题（韩志明，2020）。

1. 延展了社会治理的触角

互联网的应用以信息为中介，既架设了互联互通的桥梁，也延伸了社会治理的触角，还拓展了社会治理的空间。通常的情况是，互联网延伸到哪里，信息终端也就到哪里，社会治理的触角也可以延伸到哪里。在各种社会治理信息平台建立起来后，包括综合治理平台和网格化管理平台等，智能终端设备全面覆盖到社会的各个角落；将更多社会事实纳入社会治理网络之中，极大地延展了社会治理的神经末梢，努力做到不留死角、不挂空挡、无禁区、无盲点、无漏洞。

2. 提升了信息交互的效率

借助互联网技术，一方面方便了政府部门远距离快速地搜集和整理相关信息，精准地扫描、发现和定位社会治理问题，从而能及时地响应社会的需求；另一方面，社会民众也能够随时随地获取信息，表达意见和诉求，与政府部门进行互动，包括积极参与社会治理、提供社会治理的问题信息和效能反馈等。在社会各方的持续互动中，不同社会

---

① 《习近平：高举中国特色社会主义伟大旗帜　为全面建设社会主义现代化国家而团结奋斗——在中国共产党第二十次全国代表大会上的报告》，http://www.qstheory.cn/yaowen/2022-10/25/c_1129079926.htm[2022-10-16]。

主体不仅可以更好地进行信息和资源的交换,还可以构建平等协商和理性互动的网络环境,从而提升社会治理的水平。

3. 增强了社会治理的能力

"互联网+政务"的应用既改变了社会治理的观念和意识,也提高了多元主体的社会治理能力。一是通过互联网,政府可以科学而精准地监测社会的变化,更加高效地制定和执行政策,部署和实施行之有效的治理活动;二是互联网提供了社会治理的新方式和新体验,发挥了互联网互动、体验和分享的优势,可以推动社会治理主体的参与,提高社会治理的多样性、适应性和匹配性,提供更加个性化和差异化的服务;三是互联网可以打通政府之间、政府部门之间和政府与民众之间的边界,打破政府为中心的治理形态,促进多元主体的参与,推动各方面资源的联通和共享,提高多元主体协同应对复杂社会的能力。

(二)电子政务在社会治理中的地位和作用

从社会治理的视角看,电子政务起着整合社会多元价值和利益,推行民主政治的基本理念,重构政府形象,推动公共服务创新和降低治理成本的基础平台的作用(吉云霞,2013)。

1. 电子政务是实现多元治理关系的重要前提

20世纪90年代以来发展起来的治理理念和实践,已经不是传统意义上的统治或政府管理的含义了,它成为一种新的社会治理"范式"。这种社会治理范式的转换,在很大程度上得益于现代信息技术的发展和社会信息化。现代信息通信技术发展的作用为:①打破了政府与公众行政地位的不平等,为公众参与政治、与政府建立良性互动关系奠定了基础;②为社会治理由单一中心转化为多中心治理范式转变奠定了基础;③为社会治理打破传统政府层级制条块分割治理奠定了基础。电子政务通过G2G、G2B和G2C模式把社会、企业、公众视为平等的契约主体,互联网的开放的结构和资源共享性更易于打破传统政府层级制条块分割治理的局面,更好地实现政府与社会共同治理。

2. 电子政务是实现当代民主理念的重要条件

当代社会治理的一个重要方向和目标,就是把社会、企业、公众视为平等的契约主体,并利用现代信息技术这个基础平台实现政府与社会、企业、公众的交流和互动,建立一个开放性民主政府,实现其民主政治的基本价值。显然,电子政务在其中扮演着非常重要的角色。主要表现在:①电子政务为社会公众参政议政提供了现实可能的条件;②电子政务有助于达成社会公共管理中的信息资源共享,增强社会治理网络体系赖以存在的政务信息共享的基础;③政务公开是保证公民知情权、知政权,进而促进公民参与政治和社会管理过程的基础。

3. 电子政务是树立现代政府形象的重要途径

传统的政府易产生机构庞大、人浮于事、效率低下、办事缺乏程序、透明度低、权钱交易、官僚主义严重等弊端,而借助电子政务,数据监督取代了人工监督、过程监督取代了事后监督、整体监督取代了个体监督（周文彰，2020），滋生推诿扯皮、官僚主义等官场病的土壤也随之消失，将有助于树立廉洁、公平、高效的政府形象，可提高社会治理的有效性。

4. 电子政务是推动公共服务创新的重要工具

社会治理的核心理念之一就是为民众提供更好的公共服务。发展电子政务的核心价值之一就是改善政府的公共服务，提高公共服务的水平和质量。在促进政府完善公共服务的过程中，通过电子政务，公共服务可同步实现服务领域、服务方式、服务提供者范围的扩展。在服务领域的扩展方面，电子化公共服务将很快向更加广阔的应用领域开拓；在服务方式的扩展方面，将呈现有益的多样化局面；在服务提供者范围的扩展方面，政府将不再是唯一的电子化公共服务提供者。

5. 电子政务为降低治理成本和促进政府有效运作提供了重要保障

社会治理的效率理念要求政府提高办事效率，找到降低成本的有效途径。电子政务能够在全面提高政府办事效率方面发挥"加速器"的作用，同时可以降低治理成本和促进政府有效运作。此外，电子政务能够使官员腐败失去条件，从而降低行政成本。随着电子政务的发展，在越来越多的事项上实现不见面审批，避免了人为干预，既保证了公平公正，也使得"吃拿卡要"、权钱交易等寻租现象难以发生。

三、电子政务与社会治理现代化升级

根据党的十九大报告的精神，打造"共建共治共享"的社会治理格局，要求社会治理工作始终坚持"党委领导、政府负责、社会协同、公众参与、法治保障"的工作方针。这意在明确以多元共治的生态化机制构筑社会治理的现代化体系。但实践方面仍有差距，新时代作为电子政务新模式的"互联网+政务"的创新机制能够为社会治理现代化提供升级再造的驱动力（尹巧蕊，2020）。

（一）以顶层设计保障社会治理趋势的专业化

随着"网络强国"战略的实践深入，国家相关部门针对"互联网+政务"先后出台环环相扣、层层递进的系列政策及指导意见。首先，国家相继出台系列政策，以去除传统政务的窠臼与陈规，提升社会治理现代化的专业化水平，最大限度地便民利企，共享"互联网+政务"改革发展的社会治理成果。其次，2017年国务院发布的《"互联网+政务服务"技术体系建设指南》及2018年国务院办公厅印发的《进一步深化"互联网+政务服务"推进政务服务"一网、一门、一次"改革实施方案》等顶层设计，其主旨就是要以互联网发展的专业化技术指导为前提，促成政府完成搭建服务型社会的角色转变，即从以政府导向为中心转向以人民需求为中心。

要深刻理解政务活动本质上是代表国家向社会提供公共秩序保障、公民利益维护等一系列公共产品和社会服务的，这就需要考量政府管理制度的供给与社会民众的现实需要之间的供求关系是否和谐，并借助"互联网+"的创新模式提高政务的专业化管理、专门化服务的层次与水准，从而避免公共管理与服务出现"政府提供的民众不需要，民众

需要的却又找不到"的尴尬局面。为此，各政府部门应逐步形成基于"互联网+政务"的基本体系：①以事项清单标准化为基础，构建统一的业务支撑体系。②以数据共享为核心，构建统一的基础平台体系；以身份认证、电子证照、安全保障等为重点，构建统一保障技术体系。③以电子监察和第三方评估为手段，构建统一的监督考核体系。由此，从供给侧结构性改革的角度为社会治理现代化厘清了专业化趋向。

（二）以立体维度扩容社会治理层面的社会化

在"互联网+政务"模式下，社会治理不再局限于以单向度、命令式的行政导向为中心，而是以市场运转、公共需求为原轴，基于"互联网+"的赋能效应，形成政府、社会、公众三大治理层面的立体维度。

首先，在"互联网+市场监管"层面，互联网成为低成本的信息处理基础设施，用户至上、开放透明、跨界融合、数据决策等互联网思维，不仅促进社会治理从以管制为重心转向以服务为重心，为企业和民众提供便捷高效的人性化政务服务，并且强调打破以固守部门利益为主的合作壁垒与信息孤岛，整合政务管理服务系统的社会化向度，破除部门化割据现象，利用大数据的执法监管与信用约束的治理效能，增强政府监管的合理性、市场资源配置的精准性及政务服务的针对性。

其次，在"互联网+社会治理"层面，面向诸如医疗、食品、交通、教育、安防等社会公共利益需求的民生领域，以合作共治、创新共享的互联网思维搭载移动终端下黏合度极高的"O2O"[①]模式，提高信息资源分享利用的覆盖率，活跃官民互动协商的共识机制，实现社会多元治理的决策共建。

最后，在"互联网+公共服务"层面，以人文关怀、体验为王的互联网思维创新政务实践，注重用户接受管理与服务时的操作流程的简单化，进而激发公共服务的供需关系调整，借助互联网的平台技术与规模化传播效应，打造公共服务的"一站式"平台，达到优质服务与公共资源均等化、普惠性、社会化的现代治理效果。这也是我国政府职能转型、社会治理现代化升级的核心着力点。

（三）以智慧政府践行社会治理路径的智能化

伴随着"互联网+"赋能于政务改革的创新模式，智慧政府的多样形态必然出现。政务"O2O"实现了政务实施的虚拟化形式，提高了线上线下管理与服务的效果，构筑了无影无踪却无处不在的网络政府。政务"C2G"[②]模式更关注管理服务中供给侧与社会公众需求侧之间的关系，开放政府非涉密但与社会公共利益相关的信息数据，以可重复利用、人机可读或识别的形式，载入政府门户网站或"两微一端"的社交平台上，并要求在某一类或某一部门的工作机制中设立网上互动、意见交流、信息反馈、问题解决等官民互动、政企互通的跟进性网络平台服务，以此满足多样性、复杂化的公众办事需求。在网络"政府"与平台"政府"的打造中，社会治理将能够实现智能化协同与网络化众

[①] O2O 表示 online to offline，即线下商务的机会与互联网结合在了一起，让互联网成为线下交易的前台。
[②] C2G 表示 consumer to government，政府的电子商务行为。

在某一类或某一部门的工作机制中设立网上互动、意见交流、信息反馈、问题解决等官民互动、政企互通的跟进性网络平台服务，以此满足多样性、复杂化的公众办事需求。在网络"政府"与平台"政府"的打造中，社会治理将能够实现智能化协同与网络化众筹的升级效应，确保社会治理以现代化的思路、科学化的工具、全民化的参与实现公共秩序共治的良性互动、资源分配格局的合理正当。在政务"P2P"（peer to peer，点对点）模式中，利用新兴数字技术与数据思维，重点盘活数据资源的资产效能，以互联网技术为支撑，形成以信息化系统为基础、以在线化连接为核心、以智能化数据为驱动的数字政府，从而实现了分布式、点对点的横向社会治理与综合公共服务，推动了社会治理的精准化与智能化的升级和再造。

（四）以过程可视巩固社会治理效果的法治化

法治化是社会治理现代化的核心指标，强调的是在社会治理过程中相应制度创设的公开化与公平化、制度执行的效率化与合理化。在此意义上，"互联网+政务"与社会治理的法治化目标不谋而合。"互联网+政务"聚焦于强化政府责任、打造阳光政务、实现共享共治，通过对政务流程的线上再造和对权力事项实行统一编码，能够有效杜绝暗箱操作。同时，通过政务平台的信息跟踪与反馈机制，实现对政务的全程化动态管理、透明监督，以此驱动权力运行以尊重权利为前提、政府施政与社会责任相挂钩，消除政务管理与服务中公权力不作为、乱作为等有悖于现代社会治理的不良现象。此外，由于互联网的信息对称、去中心化，能使公众在线办事过程不被身份、地位及财富等标签限定而被平等对待，这不仅有利于所有人在同等条件下获得同等待遇，而且客观上提升了社会对政务实施的可视化监督，增强了政务行为的规范性、挤压了自由裁量权的实施空间，最终为推进社会治理法治化奠定基础。

综上所述，电子政务既是当前深化行政管理体制改革、全面推进"放管服"的有力抓手，又是提升社会治理现代化水平的助力器，更是实现国家治理体系和治理能力现代化的重要途径。

第四章补充材料

本章参考文献

陈鹏. 2018. 中国社会治理 40 年：回顾与前瞻[J]. 北京师范大学学报（社会科学版），（6）：12-27.
陈水生. 2020. 国家治理现代化视角下的"放管服"改革：动力机制、运作逻辑与未来展望[J]. 政治学研究，（4）：72-81，127.
邓明辉. 2014. 治理视域下我国城市政府公共服务供给创新研究[D]. 武汉：武汉大学.
丁志刚，王杰. 2019. 中国行政体制改革四十年：历程、成就、经验与思考[J]. 上海行政学院学报，20（1）：35-48.
范建鏋. 2020. 扎实推进相关改革进程 实现公共服务供给多元化[J]. 中国发展观察，（Z8）：39，40-42.

郭益辰. 2014. APP 软件对我国公共服务改革的作用研究[D]. 大连：东北财经大学.
韩志明. 2020. 从"互联网+"到"区块链+"：技术驱动社会治理的信息逻辑[J]. 行政论坛，27（4）：68-75.
何水. 2013. 中国公共服务改革：实践透视与路径探寻[J]. 郑州大学学报（哲学社会科学版），46（6）：5-9.
何艳玲. 2006. 从"科层式供给"到"合作化供给"：街区公共服务供给机制的个案分析[J]. 武汉大学学报（哲学社会科学版），（5）：655-660.
吉云霞. 2013. 论电子政务在社会治理中的地位和作用[J]. 法制与社会，（26）：187-188.
李军鹏. 2018. 基于"互联网+"的放管服改革研究：以江苏省"不见面审批（服务）"与江苏政务服务网建设为例[J]. 电子政务，（6）：74-80.
刘晓洋. 2017. 大数据驱动公共服务供给的变革向度[J]. 北京行政学院学报，（4）：73-79.
芦欣. 2008. 论电子政务在我国政府行政体制改革中的应用[D]. 秦皇岛：燕山大学.
苗爱民，杨晋. 2019. 新中国成立70年来行政体制改革的回顾与启示[J]. 中共山西省委党校学报，42(5)：7-11.
孙立平. 2002. 资源重新积聚背景下的底层社会的形成[J]. 战略与管理，（1）：18-26.
王振兴，韩伊静，李云新. 2019. 大数据背景下社会治理现代化：解读、困境与路径[J]. 电子政务，（4）：84-92.
魏涵. 2014. 电子政务与行政体制改革的关系[J]. 学理论，（20）：12-13.
魏礼群. 2017. 中国行政体制改革的历程和经验[J]. 全球化，（5）：5-14，134.
吴克昌，闫心瑶. 2019. 政府数字治理加速公共服务变革[N]. 中国社会科学报，2019-11-29（7）.
邢正军. 2017-12-27. 以互联网技术倒逼行政管理体制改革[N]. 新华日报，（16）.
杨昌勇，奚洁人. 2020. 大数据时代背景下的政府治理创新探析[J]. 上海行政学院学报，21（1）：33-43.
姚文江. 2008. 以电子政务建设推进行政管理体制改革[J]. 兰州学刊，（3）：75-76.
尹巧蕊. 2020. "互联网+"的政务改革与创新：打造社会治理现代化的升级版[J]. 领导科学，（16）：22-26.
尹艳华. 2000. 网络经济将如何改变政府的管理[J]. 政治学研究，（1）：54-60.
张贵群. 2017. 精准服务：公共服务供给侧结构性改革的行动逻辑[J]. 重庆理工大学学报（社会科学版），31（7）：81-86.
张克中. 2009. 公共治理之道：埃莉诺·奥斯特罗姆理论述评[J]. 政治学研究，（6）：83-93.
中共中央办公厅，国务院办公厅. 2018. 关于建立健全基本公共服务标准体系的指导意见[EB/OL]. http://www.gov.cn/zhengce/2018-12/12/content_5348159.htm[2018-12-12].
中共中央文献研究室. 1991. 十三大以来重要文献选编（上）[M]. 北京：人民出版社.
周文彰. 2020. 数字政府和国家治理现代化[J]. 行政管理改革，（2）：4-10.
周瑜. 2020. 数字技术驱动公共服务创新的经济机理与变革方向[J]. 当代经济管理，42（2）：78-83.

第五章

电子政务与政府流程变革

本章导言

在电子政务的发展过程中，政府流程的变革是关键的一环。电子政务与政府流程之间存在着密切的联系。建立在分工理论基础上的传统政府流程是阻碍当前电子政务发展的主要障碍之一。推行电子政务的首要任务就是通过应用信息技术完成对传统政府流程的变革。政府流程再造是指导流程变革的重要管理思想，它提倡彻底抛弃原有流程，进行全新设计，是一种激进做法。作为一种温和方式，政府流程优化也是实现流程变革的重要方式。它提倡以原有流程为基础，进行优化改造，是一种改良做法。本章将深入探讨电子政务与政府流程变革的关系。

第一节 政府流程的内涵与特征

一、政府流程

（一）政府流程的内涵

"政府流程"概念与"业务流程"一词息息相关，为深入了解"政府流程"的内涵，首先需要了解"业务流程"的含义。业务流程是指为完成某一目标或任务而进行的一系列逻辑相关的活动的有序集合（濮小金等，2009）。而"政府流程"概念，最早于1908年由学者亚瑟·本特利在《政府流程：社会压力研究》一书中提出。他从集团政治理论出发，将政府流程阐释为"一种团体的行为，一种利益的表现和一种压力的驱使"（Bentley，1908）。

对于"政府流程"概念，国内学者也进行了深入研究。学者吕晓阳（2010）在《电子政务理论与应用》中提出，流程是指为完成某一目标或任务而进行的一系列逻辑相关活动的有序集合，而政府流程作为流程的一种，特指政府部门中的业务流程；学者王立华（2011）在《电子政务概论》中，将政府流程定义为：政府在实施管理和提供服务时，为实现行政目标、履行行政职能所进行的，能够体现政务活动规律的一系列活动步骤的集合。

本书认为，政府流程是指：政府在行使职权、进行行政时，为完成向特定公众提供特定服务或产品的任务目标，所进行的体现工作规律性、顺序确定性、联系密切性的有机行为模型，是在公共组织内部设计的决策、计划、实施、监督控制等具有内在逻辑联系的连续事件链和作业过程。

（二）政府流程的特征

政府流程不单是完成特定目标而进行的一系列政务活动的集合，具体来看，其包含以下几个特征。

1. 合法约束性

作为政府的行为活动，政府流程应当维护公民的合法权益，应当按照相关规定，公平公正地执行。"法无授权不可为"，政府流程规定严格，只要没有法律授权，政府不能在流程中为自己创设权力，更不能约定俗成。相比只要不与法律规定相违背即可加以实施的企业与其他社会组织流程，政府流程所受的强度更大，且面临着社会诸多方面的约束。

2. 明确具体性

政府流程的明确具体性体现在，该流程是为实现明确的目标，首先制订一个明确的实施方案，其次针对该实施方案明确整个工作步骤的过程。在总流程下，为使整体方案得以有效实施，也会相应制定明确的子流程。同时，政府流程的确定性也体现在，政府流程的内容必须由政府机关甚至立法机构以明确的书面形式确定，并能够体现国家和政府机关的意志。因此，政府机关工作人员须严格按规定执行流程，监督人员按规定进行严格监督，违反法定程序的工作人员也须相应地承担法律明确规定的行政或司法责任。

3. 稳定有序性

政府流程是政府意志的体现，这就意味着流程一旦确定，须在较长的时间范围内能够稳定有效地实施。同时，庞杂的政府工作现状，也迫使政府在制定流程时必须小心谨慎，以减少流程更改带来的不便和工作失效。同时，政府流程也是多个活动有序的组合，各工作在先后次序上的确定性安排，能够更加清晰地体现政府流程的稳定性，反映并顺应客观规律，从而保证事务的有序推进。

4. 便利服务性

在市场经济条件下，政府的职能正在发生改变。政府更加专注于对市场环境和市场秩序的维护，更专注于探索如何能够更有利于市场经济的发展。因此，政府业务流程在实施管理时，应时刻谨记以事事为公众和企业着想、处处为公众和企业争取更加便利服务为目标。同时，服务性对于政府流程的可操作程度有更高的要求。因此，在制定流程时，必须遵循客观规律，在合理合法的基础上，使流程制定更清晰明确、具体可行。

（三）政府流程的分类

政府流程的类别，按照不同的标准要求，其划分的种类、内容也不尽相同。具体来看,有以下六种划分方式(罗欣,2012)。

1. 按照法定效用划分

按照法定效用划分,政府业务流程可以分为强制性流程和选择性流程。强制性流程是指行为人在实施工作行为时没有可以自主选择的余地,必须按照相关的法律法规和行政条款不折不扣地执行,不得对流程的步骤及内容进行改动,并且违反行为流程即触犯了法律,会导致相关行为无效并需接受法律制裁;选择性流程,当实施相关流程工作时,操作人员具有一定的选择余地,能够在一定范围内根据实际情况选择是否实施以及如何实施,一经确定实施以及实施办法,有关人员必须执行。若在实施过程中有不当行为或者自由裁量权过界行为,将构成程序不当。对比来看,选择性流程是合法性范围内较为宽松的流程。

2. 按照效力范围划分

按照效力范围划分,政府业务流程可以分为内部流程和外部流程两种。内部流程是指只涉及某一机关或系统内部的工作行为或处置内部事务的流程,当有不当行为或违法行为时,只能通过上级机关解决,而不能提出司法审查请求;外部流程是指涉及机关或者系统外部的工作行为或者直接处置社会公共事务的流程。

3. 按照精细程度划分

按照精细程度划分,政府业务流程可划分为一般流程、作业流程、动作流程。一般流程是针对工作活动过程的环节构成制定的流程,如系统流程、活动流程等,其规范的有关位置、次序、方向等都相对具有概括性。作业流程是针对工作活动过程中的各项操作制定的流程,其比一般流程精细,除一般流程规范的内容外,还涉及具体步骤、手续、方法、时间、距离、有关标准等。动作流程是针对工作活动中工作人员的有关动作制定的流程。该流程最为精细,甚至要细致到操作者手、脚、眼的每一种变化,主要适用于体力劳动占较大比重的工作过程。

4. 按照步骤的路线形式划分

按照步骤的路线形式划分,政府业务流程则可划分为串联型流程、并联型流程和复合型流程。串联型流程,又称连续型流程,指各步骤按时间顺序向前递进的流程。并联型流程,又称平行型流程,指若干不同步骤可在同一时间内完成。复合型流程,又称平行连续性流程,在流程中一部分步骤依照时间顺序向前递进,一部分步骤可同时完成,该流程实际是集合了前两种类型的流程形式。

5. 按照工作行为性质划分

按照工作行为性质划分,政府业务流程则可分为立法性流程、执法性流程、司法性流程三种。立法性流程是政府机关针对制定法规规章和其他规范性文件而建立和实施的流程。执法性流程是政府机关针对法律、法规、规章和其他规范性文件的执行而建立和实施的流程。司法性流程是政府机关针对特定司法权的行使而建立和实施的流程。

6. 按照工作内容性质划分

按照工作内容性质划分,政府业务流程则可分为文件流程、档案流程、会议流程、信访流程、基建管理流程、物资采购供应流程、服务流程等。

二、电子政务发展冲击传统政府流程

伴随着信息技术的不断更新进步，传统的以管理职能为核心进行政府工作设置安排的流程管理模式，已经无法满足电子政务高效率化和集约化的要求，也不能适应瞬息万变的社会发展形势。随着电子政务的发展，传统政府流程的不适应主要体现在以下几点。

（一）政府工作人员思想守旧阻碍电子政务推广

在传统集权模式的指导下，政府官员逐步形成了官本位、权力本位的思想，在这种思维的定势下，政府及其工作人员倾向于对人财物等资源进行直接分配。并且，长久以来，一些政府机关工作人员在履行社会管理职能时，有时会出现工作作风散漫、工作执行力不足等现象，这显然与建立以公众为导向、以要求政府提供更高质量社会服务为目标的电子政务建设相违背，更严重阻碍电子政务进程的推进。同时，部分领导在推行政务信息公开时，对公开数据、信息持消极甚至抵触情绪；部分官员认为政务信息公开会加剧组织内外部矛盾，在信息公开中抱着不公开则不出错的思想，使政务信息公开变成形式主义；部分工作人员缺乏主动学习的观念，只会机械地重复简单的、传统的工作等，这些思想上的误区严重影响电子政务在信息公开方面的功能。

（二）行政结构陈旧限制电子政务运转效率

传统形式下，政府层级制的组织结构模式能够实现集中发挥权力的作用，但在长期运行中，中间层次组织机构膨胀、信息传递成本增加、信息传递迟滞、信息失真等缺点日益显露出来。

同时，政府行政机构根据职能性质，被划分为一个个专业部门。庞大的职能机构使得一个流程的办理需要经由若干部门同意，这也就意味着公众在进行公务办理的时候需要到每个部门进行逐一办理，这严重阻碍政府办事效率的提升。而长久以来政务人员所习惯的这种传统政府的行政方式，无疑与电子政务要求运用高新信息技术来为社会公众提供"一站式"服务的服务目标不相适应。

（三）利益分化阻隔电子政务信息共享

传统的政府专业化分工，使整个政府被分割为一个个独立的部门。每个部门都有其固定的职责和任务，部门与部门间的联系也并不密切。这种强调专业分工及相互制衡的部门结构设置，易使各职能部门更注重关注本部门利益，而忽视整个政府的组织目标。当部门利益与组织整体目标发生冲突时，部门利益与个人利益甚至会高于组织整体利益；当部门利益与其他部门的利益发生矛盾时，部门间的利益博弈更阻碍政府组织的可持续发展。此时，政府信息被人为地分割开来，信息孤岛的大量出现，严重阻碍电子政务的信息公开、共享。不但影响政府组织科学决策能力及公共服务能力的提升，更给部分官员增加寻租、腐败的机会。

传统的官僚机构使得政府内部出现工作人员守旧思想、组织机构条块分割、业务流程复杂分散、部门利益独立分化等问题，严重阻碍电子政务的深入开展。电子政务的发展，强烈要求改变传统政府流程。为降低政府运行成本，提高政府办事效率，"政府流程再造"概念应运而生。

三、政府流程再造的背景及概念

（一）"业务流程再造"概念与"政府流程再造"背景

政府流程再造是在业务流程再造基础上提出的政府流程再造模式，为深入了解"政府流程再造"概念，不可避免地需要了解"业务流程再造"的含义。1993年，美国著名企业管理大师迈克尔·汉默与咨询专家詹姆斯·钱皮合著《企业再造：企业革命的宣言书》，系统阐述了"业务流程再造"的基本概念（徐晓林和杨兰蓉，2018），即对企业的业务流程做了根本性的重新思考和彻底翻新，以便使企业在成本、质量、服务、速度等方面取得显著的改善，使企业能最大限度地适应以顾客、竞争、变化为特征的现代企业经营环境。

为改变传统官僚制所带来的弊端，迎接新技术革命与经济全球化的挑战，自20世纪80年代开始，西方掀起了一场"政府再造运动"的公共管理革命。以"再造政府"为主要内容的公共管理改革运动，是参照"企业流程再造"概念提出的，其目的是对政府工作流程进行梳理、规范与优化。

（二）"政府流程再造"概念与特征

伴随着信息技术的深入发展，世界各国都在探索政府信息化的道路，用以提高政府服务效率与服务质量，而这不可避免地需要对公共管理事务进行"再造"性定义。例如，劳伦斯·琼斯和弗雷德·汤普逊在《面向21世纪的公共管理体制改革》一书中涉及的新公共管理范式改革运动"5R"（restructuring，reengineering，reinventing，realigning，rethinking）即从重构、重建、重塑、重组、重思中"再造政府"。

学者丁云龙等（2011）认为，该新公共管理改革具有三个典型特征：精简——来自缩小政府规模的举措；重建——来自私人部门对重建组织过程和组织结构的努力；不断改进——来自质量运动。

拉塞尔·林登通过对现存体制下官僚组织的弊端进行反思，提出了"无缝隙政府理论"。该理论创造性地将研究目光转向客户，"让它的顾客感到有透明度、办事顺畅、毫不费力"，其以顾客和结果为导向所设计的整套思维原则，从根本上对政府体系进行了重新改造。

本书认为，政府流程再造是指在引入现代企业业务流程再造理念并运用现代管理学思想的基础上，以公众需求为核心，将政府业务流程进行全面彻底的重组，以使政府在公共服务提供的质量与效率上得以显著提高，使公共产品或服务更能取得社会公众的认可和满意。

政府流程再造的特征有以下三个方面。

1. 以公众为中心，以服务为导向

政府流程再造改变了传统管制性的政府履职模式，主动从公众角度出发重新设计原有流程，针对公众的需求来提供公共产品和服务，以打造一个具备服务意识、负责任的政府，政府也要给公众更多的选择并主动倾听公众意见。

2. 注重政府流程的持续动态性

政府流程再造改变了以专业职能部门为中心进行划分的传统政府流程，注重整体流程的系统性优化，注重削弱和改善部门分割的现象。同时，需要明确的是，政府流程再造的目的是为公众创造有益的服务，当公众的需求发生变化时，政府工作人员需根据变化进行重新审视、规划远景、整合优化甚至启动再造，并进行后续的跟踪、评估与反馈，以便更好地满足公众需求。因而，整个流程再造是没有完成时，是持续的、动态的过程。

3. 注重节约成本和提高效率

政府流程再造通过运用网络信息技术，能够抛弃陈旧的工作流程，并创造一种更符合现实工作需要的、全新的工作方式，以削减不必要的支出，裁减不必要的部门，从而提高政府的工作效率和效能。

四、电子政务与政府流程再造的关系和影响

（一）电子政务与政府流程再造的关系

1. 政府业务流程再造是实施电子政务的基础

为提高政府效率，节约行政成本，从而更好地满足公众、企业和其他社会团体的需要，电子政务着力建设"数字政府"。而建设"数字政府"的过程，实际上是对现有政府机构、运行机制进行根本性整合和优化的过程，并最终通过网络实现政府电子化。因此，电子政务的构建实际上是对于政府流程的再造过程。

2. 电子政务是实现政府业务流程再造的依托

电子政务是政府业务流程再造的一个重要工具，是借助技术来实现政府再造的手段。伴随着现代信息技术和通信技术的发展，电子政务能够有效提升政府间及政府与公众间的沟通效率，提高行政机构及行政人员的决策质量和水平，提高公民参与政务活动的便利性和广泛性，并能极大地创新政府服务形式。因此，电子政务的构建和运作必须与政府流程再造相结合，才更加具有现实意义，才能显示出其巨大的优势。

（二）电子政务对政府流程再造的影响

1. 缩小业务流程的规模

业务流程的规模体现业务流程的复杂程度，而运用高新信息技术的电子政务，却能够使原有繁杂而分散的政府业务流程被大大简化和缩减。因而，业务内容的减少自然会使业务流程的规模缩小。

2. 扩大业务流程的范围

电子政务能够实现政府部门间信息的公开、共享，并能够帮助淡化部门间严格划分的职能界限，使多部门实现政务协同，并能够在同一条业务链上开展工作。因此电子政

务的发展，极大地扩展了业务流程穿越职能部门和专业岗位的范围，使得各部门能够更有效率地进行分工协作。

3. 降低业务流程的中介度

电子政务的发展能够打破传统政务流程的序列化作业。在电子政务的影响下，政府流程中的活动没有固定的次序，使活动并行处理成为可能。在此背景下，电子政务极大地提高了政府的服务效率，更加方便了工作人员的办事质量。

第二节　政府流程再造的原则与目标

政府流程再造是企业流程再造理论在公共管理领域的应用，是利用信息技术来革新基于专业化分工的传统分隔式管理模式，实现以公众服务为导向、以技术利用为支撑、以效率提升为目标的改革措施。

一、政府流程再造的原则

实施政府流程再造的基本原则包括以下方面。

（一）合法性原则

政府流程再造必须以依法行政为前提，无论是对原有流程的梳理还是对新流程的设计，都需要对前置条件、程序等进行合法要件的审查。在实施政府服务流程再造中应特邀法律顾问参加工作小组，具体负责流程再造的合法性咨询和审查。

（二）创新性原则

流程再造追求的是一种彻底的重构，而不是追加式的改进或修修补补的改良，它要求转变习惯性的思维方式，发挥组织的创新能力，突破现存的结构与流程，重新发明完成工作的方法。因此，政府部门流程再造不能够简单地依靠减少几张申报表、缩短个别环节，提高办事效率，更要根据相对独立、相互制约的组织管理原则，对政府部门内部职能进行整合，实行决策、执行、监督三职能的相互区隔与协调。

（三）绩效原则

政府流程再造的目的是实现绩效的飞跃，即非常显著地减少作业时间、降低作业成本、提高生产力、提升产品质量和服务品质。这就要求政府流程再造过程应着重搞好规划、程序建设和行为监管，尽量减少部门摩擦，实现便捷互动。

（四）便民原则

政府流程再造的根本目的是"便民、利民"。在流程设计中应尽量实现"全程代理"和"并联式"服务，以部门职能整合或通过授权组建跨职能的联动团队，压缩决策——执行间的传递过程，减少公众往来于各职能部门间的消耗，为公众提供公平、公正、公开的服务。

二、政府流程再造的目标

政府流程再造的目标可以概括为以下几个方面。

(一)流程便捷化

流程再造的直接目的就是在分解和诊断原有流程的基础上,实施流程优化,使之达到便捷化和自动化,从而降低时间成本,提高服务效率。政府流程再造的直接目的就是为了提高政府的绩效,更加高效地为人民群众服务,因此自动化的行政流程就是政府再造的核心目标,是政府从行政形式、行政手段与行政技术上的全面改革。必须指出的是,流程便捷化不仅仅指的是精简机构或者是单一职能部门内部的变革活动,而是众多部门的联动;它不是单纯的技术变革,而是把行政业务流程系统化为战略决策。

(二)行为规范化

流程再造首先是一种管理工具,其技术性的内涵要求它是准确地描述并形成标准作业的一系列过程,因而,必然要求其目标和结构的科学、系统、严密与可行;同时,作为公共行政运行系统的战略性革新,它必须追求再造过程中的法治化、制度化、程序化。行政管理规范是政府行政管理的要求,同时也是我国社会主义建设发展走向法治化、制度化和程序化的象征。总之,不管是对流程再造的过程本身,还是对使过程顺利运行的制度和人,规范化都是基本要求。

(三)过程人性化

传统的行政管理中,政府行政管理的过程缺乏人性化,管理形式单一,管理手段刻板。政府流程再造就是为了提高行政管理过程的人性化,真正将"为人民服务"落到实处,真正做到行政管理的一切都是为了人民的利益。在整个流程再造过程中,要始终树立"以人为本"的服务理念,要始终以服务对象需求为导向,进行快速回应、周到的服务;同时必须明确,流程再造的过程不仅仅是全程信息、全面技术的革新,其落实与运行最终要靠广大公务员的全面参与,因而必须通过人性化管理,注重组织文化再造,激励和发挥行政人员的创造力,建立一种知识化、团队化、网络化的工作平台和相互协调、相互监督、相互合作的工作关系。

(四)品质标准化

从政府流程再造的属性和目标可以看出,尽管政府流程再造不是组织再造,但由于流程再造打破了以部门职能和分工为导向的流程设计模式,要求按照"公众需求"和围绕"结果"进行政府流程设计,必然涉及组织内部分工、职务、工作能力需求、薪酬、绩效评量、管理者角色及策略等因素,导致原有政府组织的重构。公共服务和公共产品的供给应体现无差别服务,公平与效率兼顾。再造流程的标准化与评价指标体系设计是达成政府部门业务流程彻底重构的基本前提。政府流程再造的另一目的就是提高行政管理品质标准化水平,尽快实现管理型政府向服务型政府转变的管理模式,以此来约束政府公务人员的道德素养与行政品质，促进我国政府公平、公正、高效地行政。

第三节　政府流程再造的内容与方法

一、政府流程再造的内容

信息化发展过程中，信息技术为政府流程再造提供了基本方法和工具。政府流程再造无不伴随着信息技术的应用，信息技术的发展也有力推动着政府业务流程再造的进程。在信息技术环境下，政府的决策过程、执行过程、监督过程、反馈过程都将发生深刻变革。

（一）基于信息技术的政府决策流程再造

决策活动是行政活动中的典型活动，行政执行是决策活动的继续，决策之前的调查研究、分析判断也是决策活动的组成部分。可见，政府管理的过程就是决策制定的过程，因此政府决策流程再造是政府流程再造的基础环节。基于信息技术的政府决策流程再造将彻底改变决策信息采集、决策信息加工、决策方案制订、决策方案选择的整个决策过程。

首先，信息技术能提升城市政府决策信息采集的模式、过程和品质。信息是政府决策的基础，科学决策要有信息质量的保证。

（1）信息技术能提高信息保真率，从而改变政府现行信息传递模式与组织结构。社区或市民借助网络多渠道将信息直接传至决策层，使信息传递渠道多元化；中间层级功能的消退，导致现代政府组织结构向中空化方向发展。两大变化的实质在于中间层级信息传递功能的网络替代，这就消除了信息与决策层之间的人为阻滞，使信息传递准确、及时，能避免信息传递失真。

（2）信息技术能拓展政府的决策信息源，改善决策者的有限理性。赫伯特·西蒙认为，在管理决策过程中，决策者进行理性判断和抉择的能力是有限的；在有限理性下，决策只能达到满意化而不可能做到最优化。有限理性阻碍了政府决策科学化的实现，而造成人类有限理性的原因主要是信息的缺失或信息量不足。互联网等信息技术将各终端用户发展为潜在的决策信息源，他们的意愿、要求可随时在网络上发送。由于网络终端交互联系，其意愿表达会引发网上信息聚集，即某种意愿的表达可能带动其他用户就相关问题发表见解、表达意愿，从而把恰当的信息提供给政府的领导者，避免信息不完全产生的有限理性。

其次，信息技术能实现政府决策信息加工的自动化和智能化。决策人拥有了大量决策信息之后，如何加工处理海量信息是决策者面临的最大困难。信息技术的发展将很好地解决这一难题。在信息技术条件下，决策者可借助各种信息系统和统计分析软件，从海量信息中提取和挖掘有价值的信息。

最后，各种决策支持系统和专家系统能依据基本的决策信息，自动为决策者生成若干可选的方案。这一方面，可以避免决策者为寻求和制定决策方案耗费大量的时间；另一方面，可以弥补决策者对某些专业知识掌握的不足。这在政府应急决策中是非常重要的。政府决策者面对紧急情况，如何在最短的时间内拿出可行的处置方案，是对决策者的重大考验，也是对政府管理能力的巨大考验。信息技术将改变政府寻求和制订决策方案的整个流程。

（二）基于信息技术的政府执行流程再造

传统的金字塔式的政府管理模式是下层众多的管理机构和人员隶属于上层少量的领导机构和人员的组织管理结构，管理信息由底层向上层传输，管理权力则由上向下贯彻，在管理机构和人数上是下层大上层小，形成金字塔；管理权力是上层大下层小，形成倒金字塔。这种结构模式是工业技术革命的产物。这种管理模式的业务流程分散到庞杂的组织机构中，存在很大的随机性和灵活性，执行效率也比较低下。

在信息技术环境下，尤其在电子政务实施过程中，信息系统的建设一般要进行业务需求分析和数据需求分析，通过构造政府业务流程图和数据流程图，就可以很好地梳理和优化政府的业务流程，在流程再造的基础上，让业务流程作为一种标准和规范固化在信息系统里，这样可以有效规制政府的行为，防止人为的"暗箱操作"。

（三）基于信息技术的政府监督反馈流程再造

信息技术将强化行政决策执行的监督，降低决策执行变形的发生率。一方面，信息技术能简化监督信息反馈的传输渠道。政府门户网站直接与广大民众的网络终端相连，计算机网络能替代决策监督反馈的中间环节，可避免反馈信息的失真，从而形成强大的监督网络，以规范政府行为。另一方面，互联网技术以"秘密投票"的方式确保监督者尤其是民众敢于监督。网络监督反馈能避免信息泄密的隐患，更能有效地保障监督者合法权益，消除其顾虑。简言之，网络监督安全系数高，为监督活动提供了技术保障。

可见，政府流程再造是电子政务系统建设中的重要环节，只有完成了政府流程再造，电子政务建设才能发挥应有的效益。所以，流程再造是评价电子政务成熟度的基本指标之一。

二、大数据时代的政府流程再造

党的十九届四中全会指出，要"建立健全运用互联网、大数据、人工智能等技术手段进行行政管理的制度规则。推进数字政府建设，加强数据有序共享，依法保护个人信息"[1]。党的二十大报告指出，要"转变政府职能，优化政府职责体系和组织结构，推进机构、职能、权限、程序、责任法定化，提高行政效率和公信力"[2]。大数据时代，政府流程再造被赋予了更多的内容，不仅要利用大数据技术来整合政务信息，实现行政组织结构和业务流程再造，提升部门内部和跨部门的运作效率，更为重要的意义在于以数据开放、数据共享和数据决策的大数据思维重塑行政管理理念（刘晓洋，2016）。

（一）行政管理理念再造

政府流程再造的目的是构建以公众需求为导向，对政府部门原有组织结构、服务流

---

[1] 《中共中央关于坚持和完善中国特色社会主义制度 推进国家治理体系和治理能力现代化若干重大问题的决定》，http://cpc.people.com.cn/n1/2019/1106/c64094-31439558.html[2019-11-06]。

[2] 《习近平：高举中国特色社会主义伟大旗帜 为全面建设社会主义现代化国家而团结奋斗——在中国共产党第二十次全国代表大会上的报告》，https://www.gov.cn/xinwen/2022-10/25/content_5721685.htm[2022-10-25]。

程进行彻底重组。大数据思维在识别公众需求、再造行政组织结构、重塑行政业务流程方面起到了很好的作用。

1. 数据开放理念

政府数据公开观念经历了"以政府为中心"和"以公众为中心"两个阶段,当下随着大数据技术的发展进入了"以每个人为中心"阶段(表5-1)。随着信息技术从 Web 1.0 发展到 Web 2.0,再到 Web 3.0,政府形态也从政府 1.0 发展到政府 2.0,再到政府 3.0。在政府 1.0 时代,数据开放表现出"以政府为中心"的特征,政府发布简单静态信息,为公众提供单向在线服务,在国家治理中扮演单纯提供信息的角色。在政府 2.0 时代,政府侧重于"以公众为中心",其角色表现为限制性地公开和参与。随着云计算、物联网等新一代信息技术的发展,大数据技术的数据采集能力、数据储存能力和数据分析能力使得"以每个人为中心"的观念成为可能。因此,与基于移动互联的 Web 3.0 时代相适应的政府 3.0 就是要树立"以每个人为中心"的观念,主动公开信息,保障公众主动参与。

表 5-1 数据开放的比较

发展阶段	以政府为中心	以公众为中心	以每个人为中心
信息技术	Web 1.0 (互联网站)	Web 2.0 (Blog、论坛等)	Web 3.0 (移动互联技术)
政府形态	政府 1.0	政府 2.0	政府 3.0
公开内容	静态政务信息	动态政务信息	全部政务信息
互动模式	单向沟通	双向互动	移动互联实时互动
政府角色	单方提供信息	限制性公开	主动公开

2. 数据共享理念

在工业化时代,数据标准、储存格式和传输格式的差异,导致政府部门的数据不能互通共享;而官僚体系下"条块分割"的组织安排更加剧了数据割裂的格局,出现了数据"部门化"、数据"私有化"和"信息孤岛"等问题。大数据不仅改变了人类的工作和生活方式,还改变了人类的思维方式,即"从小样本到全样本"(迈尔-舍恩伯格和库克耶,2013)。"全样本"数据思维内在要求公共管理者摒除"数据是部门私有财产,数据是权力"的观念,树立数据共享理念。正是因为大数据共享,提升了政府部门间的协同能力,构建了虚拟组织,提升了公务员的决策能力,减少了中间管理层,组织趋向扁平化,提升了政府治理能力,分析公众需求,提供"一站式"服务。

3. 数据决策理念

在大数据时代,电脑和基于移动互联的手机、GPS(global positioning system,全球定位系统)、传感器等大数据采集技术可以采集文本、图像、音频和视频等"全样本"数据,大数据处理技术、数据分析/挖掘技术可以对这些结构化和非结构化数据进行科学分析,这样基于整体的、海量的、准确的数据预测更为精确,是一种科学式的可能性认识。大数据的核心价值是预测，体现在发现和挖掘潜在价值，从"未知"可能中发现问题和规律，而不是仅仅从"已知"现实中发现。数据决策思维就是"用数据说话"，从传统经验式决策走向科学式决策，通过大数据技术主动识别公众服务需求，及时感知社会热点问题，为民众服务。

（二）行政组织结构再造

信息技术的不断更新，从根本上促进了政府结构调整。大数据技术对于数据和信息的传递、整合和分析能力，提升了政府跨越更多传统界限进行整合的可能。大数据技术作为政府流程再造的"赋权者"赋予了传统实体政府"虚拟治理"能力，使得组织结构由传统的金字塔式走向了虚拟化、扁平化和柔性化。

1. 组织结构的虚拟化

行政组织虚拟化是利用数字网络的沟通优势来打破受时间、空间约束的传统实体组织，将相互独立的"烟囱式"行政组织进行虚拟整合，是一种网络化的组织结构。在大数据时代，基于移动互联的网络技术让部门沟通更顺畅、更紧密，云计算和云存储技术则为数据整合提供了更强有力技术支持,大数据技术改变和影响了官僚系统的信息流动、协调及其工作。大数据技术支持下的权力和信息的运转将突破传统等级制的约束，以顾客的服务需求为秩序来运转，形成了虚拟组织结构。虚拟组织是以技术作为连接和协调手段的动态联盟，其成员间的合作关系是动态的、不固定的，完全突破了以内部严密的组织制度为基础的传统官僚制。

2. 组织结构的扁平化

在科层机构中，信息和权力集中在等级结构的上层，组织结构呈现出"高耸"金字塔式特征。这种传统的等级制工作程序在信息化时代出现了种种"不适应"。在大数据时代，数据是一种战略资源，共享的数据更是展现出强大的生命力和价值。云计算和云存储极大地丰富了政府共享数据的总量、范围和类型，这为数据分析和数据挖掘提供了基础。而大数据分析/挖掘技术的广泛应用，又提升了公务员的决策和管理能力，使原来在科层机构中起上传下达作用的中间层被削弱或走向消亡，组织形态由尖形变为扁形。

3. 组织结构的柔性化

在追求效率的过程中，为了简化任务，完整的公共服务常被分割成不同小环节，由不同部门、不同人员来承担。传统的组织与管理策略就是以"组织—个人"为分析单位，按专业分工原则来配置权力，组织间的职能边界清晰。大数据提升了公务员的治理能力，使其能承担更多细化的任务；大数据提升了政府的协调能力，政府部门按顾客需求来组成工作团队。任务扩大化和工作团队的形成都意味着行政组织间界限日益模糊和柔性化，行政组织模式由组织严密的官僚制逐步发展为临时性的、以任务为导向的团队式、松散的网络式组织。

（三）行政业务流程再造

传统的行政业务流程严格地按官僚制原则运转，部门间按职能领域和职能关系编织成一条严密的、先后衔接的管理链条。大数据技术赋予行政组织"虚拟治理"能力，构建了虚拟组织。虚拟组织扁平化只是组织的外部形态特征，其表征下隐藏着职责领域、决策权、行政信息和管理程序等组织元素的重新配置。

1. 政府部门内部业务流程再造

政府部门内部业务流程再造就是通过政府部门内部协作，使每项职能只有一个政府业务机构管理，做到业务不重复、机构不再重叠。在大数据技术推动下的政府部门内部业务流程再造体现在两个方面。一是建立政府部门数据共享库。以大数据为核心的政府部门内部业务流程再造离不开"数据"，数据的集成就形成了诸如电子证照数据库、电子资料数据库和审批信息数据库等。二是实现并联审批和辅助决策。并联审批就是将过去的"受理—承办—审核—审批"不同环节的串联审批转变为同步办理。同时，政府部门内部业务流程再造不仅仅对原有业务流程进行革新，更重要的变化是决策机制。与传统政府内部层层请示，由上级决策不同，决策支持系统将辅助公共管理者决策，实现决策自动化，使得决策模式由过去的个人理性决策转变为基于数据的技术理性。

2. 跨政府部门的业务流程再造

跨政府部门的业务流程再造就是以公众需求为导向，以提供完整性公共服务为目标，有效地整合不同业务和政府部门内部业务流程，实现跨部门跨业务的业务流程再造。大数据支持下的跨政府部门、跨业务的流程再造包括以下内容。一是以数据集成为基础的跨部门流程再造。信息孤岛是我国当前政府信息化面临的突出问题，这直接影响到政府跨部门业务协作能力。如何整合广泛分散在不同部门的、异构的数据资源，成为提升政府跨部门合作能力的关键，而大数据技术中的云存储、Hadoop技术为数据集成共享提供了技术支撑。二是以数据响应为核心的跨部门政务协同。以数据响应为核心的政府部门间的政务协同客观上需要突破组织藩篱、实现资源共享，大数据支持下的数据集成和信息整合为构建以数据响应为核心的跨部门政务协同提供了基础。

3. 政府对外服务业务流程再造

政府对外服务业务流程再造主要是为公众提供产品或服务的流程，在大数据支持下的政府服务业务流程再造就是要利用信息化技术，实现服务途径的虚拟化、便捷化和一体化。具体包括以下几方面。一是识别服务需求，从被动走向主动。大数据分析和挖掘技术为识别公众需求提供有力的技术支持，也成为西方各国改善在线服务的治理工具。因此，对外服务业务流程再造可以利用这些大数据技术来主动识别公众需求和推荐服务。二是服务热点分析，从供给走向需求。大数据思维方式要求政府网站建设要从供给导向走向需求导向，更加注重公众的体验，而非仅从政府部门职能履行角度来设计网站栏目和内容。例如，"热点图"能通过公众在政府门户网站页面上的点击行为直接反映其服务需求，从而以公众需求而不是政府供给来设计政府网站内容。三是整合服务渠道，从分散走向整合。目前，各政府门户网站和手机客户端的后台数据库、业务平台和应用系统是相互隔离的，前台形成了多个认证渠道，使得公众必须要申请多个账号来对应政府部门多端口。大数据时代要求政府的业务运作需要利用云计算、云存储等大数据技术，在数据层建立政府大数据库实现数据库的共享，在平台层构建大数据支持统一的政府业务支持平台，在应用层实现部门应用系统的互联互通，在前台构建统一的网站端口和移动端口。

三、政府流程再造的方法

（一）政府流程再造实施的方法

实施政府流程再造可以采取以下几种方法。

1. 分开管理、决策与事务性工作

要强化政府管理与决策的作用，政府所发挥的作用中很重要的一个方面是引导与催化，它要站在全局的高度，引导并帮助企业和公众的思想与行为向富国利民的方向发展。过于关注事务性工作，试图成为所有领域专家的做法必须改变，政府要扮演更明确的引导与催化的角色，可以引入第三方（如社会中介等部门），并充分发挥专家的作用。

2. 清理、整合流程

清理是指消除现有流程内对满足社会需求没有贡献的非增值的环节，如不必要的文牍及信息传递、重复的活动、反复的审核等。整合是对清理后非增值的流程予以简化，并对这些清理后的流程进行整合，以首尾相接的、完整连贯的整合性业务流程来取代过去被各种职能部门割裂的破碎性流程，以便更好地满足公众的需求。

3. 简化中间管理层，扩大授权，追求成果

流程再造鼓励向管理者充分授权，发挥每个人在业务流程中的作用。再造后的业务流程要求最大限度地发挥每个人的工作潜能与责任心，同时加大事后监督的力度，由政府公务员承担相应的管理责任。

4. 按自然顺序排列流程步骤

流程步骤不应是人为的线性序列，而是按流程的自然先后次序排列。在传统流程中，有很多人为的硬性的直线顺序。比如，按传统做法，第一步骤未完成前，下一步骤就不能开始，但实际上这并非总是必要的。负责第一步骤的工作人员收集的信息对第二、第三步骤也许并无作用，但它们可能对第四、第五步骤才有价值。按流程的自然顺序，不同的步骤可以同时进行，这可大大提高工作的效率。

5. 从源头一次性捕获信息，实现信息共享

在传统的业务流程中，相同的信息往往在不同的部门都要进行收集、存储、加工和管理，其中存在很多重复性的劳动，很多单位甚至建立专门的部门，收集和处理其他部门产生的信息。随着信息技术的发展和应用，信息处理完全可以由处在不同业务处理流程中的人员完成，通过业务流程再造确定每个流程应该采集的信息，并通过信息系统的应用，实现信息在整个流程上的共享使用。

6. 使流程柔性化

公众的需求是不同的，因此对所有公众都采取单一标准化的流程是不适宜的。在当今的环境需求下，需要使同一流程有多种变化形式，每一种变化只处理相应的事项，因

而简单明了，且不存在特殊事项和例外事项，事情的处理更加规范化，处理速度也会大大加快。

7. 再造人力资源，创建学习型组织

人力资源越来越成为组织竞争优势的核心要素，要正确引导政府公务员不断学习，借以提升政府竞争力，以建立一个学习型的政府组织和人力资源环境。

8. 注重技术，特别是信息技术应用

技术的真正力量在于能帮助打破陈规，创造新的工作方法，并不是更好地发挥原有的工作流程的作用。因此，在政府流程再造时尤其要正确认识信息技术所起的作用，站在新技术的高度，坚持不懈地努力学习技术，认识技术，并将其融入流程之中，实现其真正的价值。

（二）政府流程再造实施的策略

政府流程再造的方法尽管千差万别，但其最终目的是一致的，即破除原有的政府职能分工，将流水线式的连续作业扁平化，建立效率高、适应性强的政府体系。正是基于这一点，政府流程再造应采取如下实施策略。

1. 电子政务的发展应与政府再造同步进行

在推进电子政务的过程中，不可将现有的政府管理、运作的框架简单地网络化，或者将电子手段加入传统的政府管理方式中，不进行根本的变革。应该按照电子政务的要求，特别是电子政务"简明、透明、高效"的要求，对现行的政府管理职能、组织以及业务流程进行必要的调整和改革，从而为电子政务的推进创造良好的体制条件。

2. 合理选择再造的政府业务关键流程

再造政府流程是一个系统工程。钱皮曾说过："业务流程再造这场革命，就我看来至多成功了一半。"（哈默和钱皮，2007）20世纪90年代，美国的企业业务流程再造有1/3没有成功，政府流程再造和企业业务流程再造一样，不可能轻易成功。因此，选择的试点应在目前机能障碍最深刻的流程上。一般不宜同时对政府所有的业务流程进行再造，而应从政府所面临的危机、问题出发，考虑政府的承受能力，优先选择简单的、易于获得成功的关键业务流程。否则，会导致业务流程再造的失败。

3. 打造复合型的专业人才队伍

再造业务流程需要复合型的人才，他们既要熟练掌握自己的职能业务，又要熟悉其他业务，并能高瞻远瞩、顾全大局，熟练地使用计算机等现代信息技术，具备良好的人际协调能力并对政府的服务对象具有强烈的责任感。再造政府流程并不是修修补补，而是一个彻底的工程，因此一支强有力的改造队伍是必需的，他们要从政府中障碍最深刻的流程开刀，重新设计政府的业务流程，进行新的集成化。若没有彻底改造政府流程的精神和勇气，政府流程再造终将流于形式或以失败告终。此外，再造政府流程需要先进的信息技术手段，如应用计算机网络等，这是毋庸置疑的。

4. 基于"服务链",再造政府流程

在企业流程再造中,企业有"价值链",可以以此为依据实现流程再造。政府再造流程是否也存在一个链条呢?实质上,政府再造流程中的链条就是"服务链",政府流程再造的核心是形成"服务链"。以这种基于"服务链"的思想再造政府流程,要求政府部门之间相互协作,为公众提供良好的服务,公众是其最终客户。要将公众的每一次服务请求,看作客户对政府部门下的一次"订单"。将政府部门提供服务的过程看作执行一次"订单"。要求政府内部的各服务部门和个人根据自身的职能分工,对"订单"进行分解,从而形成以"订单"为工作中心,各部门和岗位之间相互配合和协作的政府内部"服务链",为公众提供以"服务链"为纽带的"一站式"服务。

总之,政府流程再造是一个渐进的、逐步优化的过程,任何试图一步到位的想法都是不切实际的。应该从流程再造的迫切程度和流程再造所涉及的利益调整两个角度设计出政府流程再造的最优策略。

(三)政府流程再造实施的基本步骤

政府流程再造是一项复杂的系统工程,涉及方方面面,必须按照合理的程序逐步执行,才能顺利进行。实施政府流程再造一般可遵循以下七个基本步骤。

1. 规划愿景

政府高层领导应当从战略的高度来考虑政府流程再造,对现有流程要有整体的把握和对未来新流程有清晰的目标。第一,需要高层领导认识到流程再造的重要性,并给予支持。第二,挖掘流程再造的机会,确认各项作业流程亟待改进之处。有两种方法可用于确定再造流程:综合法和预定法。综合法首先是要找出政府的全部流程,其次根据战略意义一次排序,最后得到候选流程。预定法是通过和高层领导的磋商会谈,从而找出最关注的流程。第三,确认使用信息技术的机会。信息技术是实施流程再造的关键,应该拟订应用信息技术的规划,从当前可能提供的技术出发,重点考虑哪些可以提高政府的运作效率,提高服务能力和水平。同时还要确认组织的战略目标与信息技术结构之间的关系。第四,对提出的备选流程进行评估,指出每项流程再造存在的难点。按照组织战略目标、信息技术可行性、风险大小等指标对各个备选流程进行排序,选出进行流程再造的候选流程。

2. 启动再造

启动再造标志着流程再造工程的正式开始。该阶段任务包括成立再造工作小组、设立再造工程目标和进行员工动员。因为流程改造通常会牵涉不同的部门,因此应当由各部门选出一位或两位重要代表组成再造小组。再造小组拟定和执行改革计划。再造小组依据管理和服务对象的需求,以及高层领导所拟定的目标,制定新流程再造目标和评估标准。为让组织成员对即将发生的改变有心理准备,负责改造的单位需与受影响的相关人员沟通,使其了解并认同改变的必要性。由于组织成员的创新观念十分关键,所以,宣传动员是再造过程的重要环节。

3. 诊断分析现有流程

此阶段包括两部分：一是调查了解现有的工作流程，二是加以分析。为了发现流程中阻碍、破坏机构整体效率的机制、活动环节，必须对现有流程进行分析批判。主要包括：①确定那些将带来不良后果的行为、瓶颈和不必要的步骤；②确定把职能信息系统分为几个系统，再合并成一个大流程系统；③确定正式、非正式的机能失调政策、规则，它们导致了无价值的附加活动；④确定所有不必要的公文，并对所需的表格、报告提出质疑。

4. 重新设计

分析原有流程之后，接下来就是重新设计流程，重点包括以下几个方面的内容。

1）设计新流程

设计新流程时，下面几个基本要素必须加以考虑。①与最终目标相结合。要确保早期制定的最终目标与流程结果结合起来，始终想着满足公众需求，将长期目标与短期利益相结合。②分配工作。要紧紧围绕目标和流程目的来设计人的工作。③取消层级体制。④去除确认的组织病症。对信息进行有效处理，但对那些仅仅用于传播信息的行为和角色要提出质疑。⑤提高工作效率。将注意力从间断工序转向一体化工序。⑥评价信息技术。确定一种合适的信息技术结构，使之能支持再造后的流程。重新设计，把焦点集中在对时间的影响上。重新设计的可能性在于将一系列活动同时用几个活动来代替，这样就节省了流程的等待时间。成功地运用网上基础数据和信息网络工程，使同时产生的信息可以同时到达每个节点，从而节省了时间。处在一个流程内的几项分割的任务应尽量合并，通过一个工作岗位来描述，这样能防止重要信息的丢失。通过使用信息技术平台对政务信息流程进行技术支持。每个人的工作可设计为并行任务，使得工作人员对信息做出更多的决策。

2）设计新人事及组织结构

新流程可能会对原有的组织结构造成冲击，使原本讲求分层负责、部门壁垒分明的传统组织结构被横向整合的新组织形态所取代。新的人事及组织设计，应考虑组织内部的沟通及如何有助于组织进行有效的决策，同时还应兼顾部门及个人的工作运行。新的人事及组织结构要授权，让实际参与作业的工作人员控制作业流程，有一定的决策权，即允许事后控制，并且控制力度要大，确保新流程不会出现失控。新的人事及组织结构的目标是保障新流程顺畅运行。

3）设计新的信息系统

新信息系统的设计要考虑具有弹性及经济适用性。新信息系统若设计得当，则可对业务流程的创新有很大帮助。

4）推出新流程原型

让机构高层领导了解新流程的特征、作业过程、工作设计、信息系统架构及设备标准，同时让部分政府工作人员使用并收集使用后的反应。这个过程可以反复不断地进行，即收集使用者的反馈信息，细致修改新流程，然后让使用者评估修改后的流程，再依据反应进行下一次修改。修改过程一直进行到使用者感到满意为止。

5. 实施新流程

此步骤包括两个方面的内容。

1）开发及建设新信息系统以有效实现新流程的目标

改造小组与信息部门人员确定流程所需要的信息，并依此作系统分析，修改软件设计，使原有的硬件更有效地运作，或者，在必要的情况下，新系统将取代原有的信息系统。

2）重建人事与组织，重点在于如何顺利组建新的组织架构

由于新组织架构强调横向整合，为了让工作人员有能力胜任新的职务与挑战，机构需安排培训，使工作人员获取知识与技能。需要注意的是，整个过程要尽量减少阻力、鼓舞士气。

6. 流程评估

业务流程再造结束后，就可以根据流程再造开始时设定的目标对当前流程进行评估，看新的流程是否达到了预期目标。评估的内容包括新流程表现、信息系统表现及工作效率。流程表现的评价指标主要有：提供服务的时间、成本、公众满意度、协调与决策的质量等。

7. 持续改善

一次政府流程再造的实施并不代表政府改革任务已永远完成，提高政府的绩效需要持续改善，这种持续改善实际上就是不断对流程进行分析、改进、完善的过程，并且这是一个长期的、持续的过程。

第四节　政府流程优化

以政府行政机构改革为中心，优化政府流程，是实施电子政务的必然要求，也是政府部门适应社会发展要求的有力举措。政府流程是一组相关的、结构化的活动集合，或者说是一系列事件的链条。

一、政府流程优化的内涵

政府流程是指政府在实施管理时，为达成特定目标所经历的体现工作规律的稳定的活动步骤的集合。政府流程优化是一个自我改造和完善的过程，必须以建立"服务链"为纽带的"一站式"服务为目的，它包括政府的内部流程优化和外部流程优化（李月，2014）。

政府流程优化通过对政府现有工作流程的分析、诊断，消除服务流程障碍，整合破碎流程，若干过程并举代替顺序操作；充分利用现代信息技术和IT智能技术，重新配置传统业务流程，实现政府业务流程的电子化、智能化，提高在线政务处理能力；在重塑政府职能的基础上，坚持流程导向，围绕结果而不是职能进行流程的再设计和重建，"简洁、高效、顺序、流畅"的政务流程可以更好地为社会公众提供公共产品和服务。

政府流程优化是对政府治理理念、原则、结构、行为等进行大规模的改革,以提高政府的绩效和服务的品质。包括以下几层关键含义:政府流程优化是一种系统的、综合的改进作业绩效的方法,它不是信息技术的解决方案,也不是细致的流程建模;政府流程优化需要特别的知识与技能,要回答公众需要什么,用户需要什么,能实现什么,什么将受到影响,变化将在何时发生,政府流程优化强调工作绩效的显著提高;政府流程优化是在一定政治环境下发生的;政府流程优化强调重视公众和利益相关者;政府流程优化强调根据需要,确定改革的广度和深度,选择流程优化或再造的方法,因此呈现出不同的特征[①]。

政府流程优化有以下四个基本原则。

（一）公众服务导向战略原则

这是政府流程再造路径选择的最基本原则,要求始终把公众服务作为政府工作第一要务,始终把公众看成政府服务的起始和终端,将公众服务贯穿于政府流程再造始终;要求政府的职能、行为、改革等都围绕公众展开,一切以公众为中心,并以公众的满意度作为政府运行的出发点和落脚点;要求政府做到公众至上,了解公众需求的变化,并根据需求生产和提供公共产品和服务,以公众的价值取向作为公共政策的重要基础与互动原则,并依据反馈信息改善公共服务产品及质量,为公众服务创造利益和价值最大化。

（二）渐进性和整体性原则

政府流程再造是一个庞大的系统工程,它涉及政府机构改革、政治体制改革等许多国家改革发展的核心问题,不可能一蹴而就。它的再造路径必然是一个循序渐进的过程,应该坚持以点带面、从试点到推广、从局部到整体、由表及里逐步推进的渐进性原则;政府流程再造的路径选择是一个完整的系统建设过程。在再造过程中,各职能部门之间、各业务流程之间、各实施阶段之间、各再造元素之间都存在着紧密的联系,绝不能孤立地分析和研究各个环节和步骤,而需要我们对政府流程进行整体的、全面的把握,以免出现以偏概全现象和对问题的片面性分析,导致过程和结论的严重偏差。

（三）简化便捷、效能提升原则

精简服务机构、减少服务层级、简化办事程序是政府流程再造的实质要求,需要在组织构造上进行有效的重塑性建设,在业务流程中提供简化便捷以及高效有力的公众服务,实现程序简化、办事快捷、效率提升的服务效果,以达到提高政府效能的目的,实现公众满意度的不断提升。

（四）整合资源、集成服务原则

政府流程再造同时也是一个资源再整合的过程,它包含了信息、权力、人力、物力、财力等资源的重新利用和再分配。应该首先对政府流程中各种资源进行优化和整合,再

---

① 资料来源:《政务流程优化》,《党建研究》2006年第5期。

将整合后重配的资源结合公众需求进行集成化处理,形成一个良性、协作、高效的服务体系,以适应信息化时代的发展、电子化政府的需要和服务型政府的要求,实现服务到位、服务到点、服务到家的集成化服务(邓崧等,2011)。

二、政府流程优化的途径选择

(一)政务流程解析模型

政府流程优化是提高政府效能和公众满意度的关键措施之一。政府流程是一个总体抽象的描述,具体到一个特定的政府部门,政府流程就是其基本的业务流程,即政务流程。虽然政府部门众多,政务流程各异,但它们的基本结构是相似的。任何一个政务流程都是一个复杂的综合体。从技术角度来看,政务流程的综合性意味着它们可以被分解和解析。这种综合性在多个与政务流程相关的外部因素中得到了体现,这些因素为我们提供了理解和优化政务流程的框架。由于这些因素类别的统一性,我们可以为各种政务流程提供一个相对统一的基本结构,从而更好地理解和优化政府流程。

为了更好地理解和优化政府流程,我们需要深入分析与政务流程相关的外在因素,主要概括为:公共权力、信息资源、物流资源、规则(法律、制度)。就公共服务而言,公共权力是政府提供公共服务的动力,信息资源是公共服务决策的依据,物流资源是公共服务提供过程的必要实体资源,规则是公共服务提供的规范要求。公共权力在政务流程上体现为责任落实过程中形成的责任链;信息资源在政务流程上体现为在不同业务节点进行业务办理与决策所依据的信息流;物流资源在政务流程上体现为政务流程运作过程中实体资源的管理和配置,是特定政务流程的一部分;规则在政务流程上体现为由不同业务节点的标准行为构成的业务流。综合以上分析,我们可以构建一个解析政务流程的基本模型(图5-1),即政务流程是由政务信息流、业务流、责任链互相作用构成的一个综合业务过程。由信息流、业务流、责任链构成对政务流程解析的模型,为政务流程优化提供了直观的途径选择。

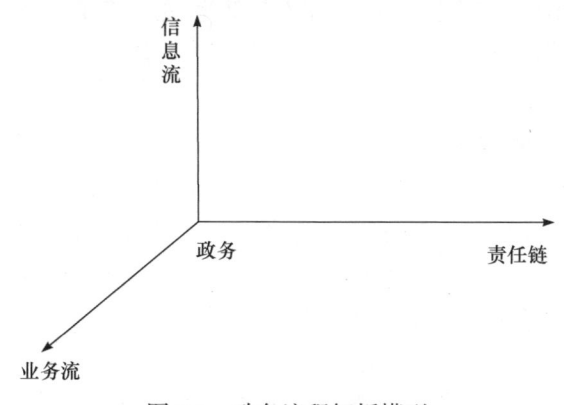

图 5-1　政务流程解析模型

(二)政务流程优化途径

政务流程的解析模型提供了一个三维的分析框架,政务流程可按这三个维度分解为三个相互联系的子流程。基于三个子流程，我们便可以分别从这三个维度探讨基于效率和基于效能的政务流程优化的基本途径。

信息流的优化涉及信息技术在政务流程中合理而有效的应用，这是当前电子政务建设涉及的重要内容。业务流的优化主要涉及政府的服务效率问题，像简化行政审批手续的改革就属于业务流优化的范畴。业务流优化是电子政务建设的核心目标之一，也是基于"政府-IT企业"模式的电子政务建设难以达到的目标。责任链优化主要涉及公共权力的配置问题，这是行政体制改革的核心内容，也是深化电子政务建设的难点问题。借助以上提出的分析框架将政务流程分解，意味着可以分别从三个不同层面改善。

政务流程优化的尺度可以有多种选择，选择的尺度可能直接源于当前被广泛认同的行政价值，如行政效率、效能等。政务流程优化的途径与优化尺度的选择直接相关，尺度选择不同，优化的途径也会有差别。

1. 基于效率尺度的流程优化

（1）基于效率尺度的信息流优化主要是建立有效的信息检索机制。它涉及信息的选择、分类及编码等，这是信息学与情报学研究的主要内容。在技术层面，这一问题需用信息技术加以解决，涉及信息技术的专业应用。

（2）基于效率尺度的业务流优化问题是业务流程优化或再造的核心内容。主要过程包括：①基于专业化管理的原则，按照政府业务流程的设计规则，对政府某一领域的业务进行全面的梳理，形成若干业务流；②对各业务流之间的关系进行可操作化分析，要求分析到具体的业务节点间的业务关系；③按规范削减负载（可以操作化为业务量）较小的业务节点，平衡这一改变对其他业务节点产生的负载；④重复步骤三，削减所有低于标准负载的业务节点，最后重新按业务规范要求平衡各业务节点的负载；⑤确定基于优化前业务流形成的合法批件的处理方案，以此为依据，解决可能由于业务流改变后而产生的历史遗留问题。

（3）基于效率尺度的责任链优化这一问题涉及公共权力的分配方式和结构的改变。基于效率对公共权力结构的优化主要是在不出现管理真空的状态下，如何使每个权力节点的管理幅度最大化，解决这一问题的有效措施是在公共权力信息反馈机制中引入信息技术。

2. 基于效能尺度的流程优化

效能是做正确的事，因而效能强调的是目标的正确性。效能问题与组织的战略决策相关，它是一个组织某阶段的初始决策。决策者在制定决策时会面对很多不确定性，因而决策失误不可避免。因此，基于效能尺度对政务流程进行优化的问题，就转化为如何优化政务流程，确保决策者尽量减少决策失误，或及早发现决策失误，从而及时中止决策实施并予以修正。

（1）基于效能尺度的信息流优化涉及两方面内容：一是按业务节点的业务内容和特点对信息进行规范分类、筛选和编码，确定哪些是业务节点需要的信息，然后按专业化的信息检索方式提供给业务链上的各节点，并按国家有关法律和法规及时补充与更新信息，使每个业务节点都能基于有效的信息进行业务办理和决策；二是为每个业务节点提供向其上级权力节点（可以越级）反馈信息的渠道，使其能将业务办理过程发现的决策失误及时进行信息反馈，从而使业务节点不仅对决策实施过程负责，还要对决策实施的结果负责。

（2）基于效能尺度的业务流优化主要包括：合理确定各业务节点的业务范围、业务内容和业务办理规范。基于效能尺度的业务流优化与责任链优化密切相关。

（3）基于效能尺度的责任链优化就是合理确定各业务节点的业务办理和决策的权限，并针对业务办理和决策权限，确定其因业务办理和决策不当应承担的责任，其中包括承担在业务办理过程发现决策失误而不作信息反馈的责任，使各业务节点能在自己拥有的权限与业务范围内独立办理业务和实施决策，同时对业务办理过程发现的决策失误及时向上级（可越级）进行信息反馈。政务流程优化是政务流程渐进改善的中心环节，是重构全新、优化的政务流程的基本保证（赫泉玲和黄珍潇，2007）。

三、利用电子政务来优化政务流程

电子政务的发展要求政务流程优化。电子政务是以信息技术为手段对传统政务模式的变革。实施电子政务，对于政府工作人员的行政观念、行政方式、行政手段等诸多方面都会带来冲击和革新。随着电子政务的深入开展，必然要求政务流程的优化。政务流程的优化反过来又将促进电子政务的发展。

（一）利用电子政务优化政务流程的必要性

电子政务对政府传统行政方式的挑战主要体现在以下两个方面。

（1）电子政务对传统政府官员行政思维的挑战。传统集权管理模式下的政府官员甚至普通工作人员，拥有占绝对数量的公共信息，这种信息不对称性与权力相结合，容易形成"官本位"的思维定式。政府工作人员能否摆脱传统的思维模式，将是实施电子政务最大的难点之一，也是电子政务对政府工作人员传统思维的挑战。

（2）电子政务对政府行政方式的挑战。传统政府业务部门的设置是按职能划分的，如财务、计划、工商、税务等。公务的办理也是由当事人到每个部门逐一申办，政府部门工作人员也习惯于这样一套规范的行政方式。电子政务要求以事务为中心，进行"一站式"的服务，所以，实施电子政务必然会对传统的政府行政方式带来挑战。

无论政府建立什么样的行政流程，都是为了简化政府审批流程，提高行政效率。因此，政务流程的优化必须与政府行政机构改革相结合，与转变政府运行机制相结合。另外，政府行政管理体制改革不会一蹴而就，政府做体制改革规划时必须考虑行政机构体制改革后的流程优化问题，必须考虑留出必要的技术升级空间，从国家电子政务标准出发，吸收现有流程的合理部分，同时充分考虑电子政务带来的影响和变化。

在我国，转变政府职能必须重视电子政务系统的开发和应用，而为了实现政务的信息化、电子化，改造、优化原有的政府业务流程和重组政府组织结构具有根本性的价值与意义，只有实现了完整意义上的电子政务，政府职能才会发生实质意义上的转变，并且能够保证已经转变了的政府职能不出现反弹。

(二)利用电子政务优化政务流程的优势

利用电子政务优化政务流程的优势是成本降低、反应迅速,局部效率和整体效率综合评估,横向沟通协调网络化,纵向管理控制自动化,权力运行立体化监控,业务并行和信息共享。

1. 成本降低、反应迅速

电子政务对政务流程的优化,一方面是对政府内部流程的优化,另一方面是对政府服务公众流程的优化。在传统政府中,传递信息要经过复杂的流程,并且是纵向传递,缺少横向沟通。电子政务优化的政务流程可以使信息在上下级传递过程高效率进行,并且随着网络技术的应用,采用数据库技术实现资源共享,使得信息流自动化,领导可以并行决策,从纵向的信息传递可以加入横向沟通。在传统方式下,公众办理业务需要经过政府部门的处理,再经过相关的批准、审核才能转到具体的职能部门进行办理。电子政务是从公共需求出发,利用网络技术,对公众提供服务的窗口和平台,使公众不必到具体的政府部门进行办理,公众一次性地将办理业务所需的相关材料传递给一个政府业务处理入口,这些业务就可以在政府部门之间进行并行处理,直接反映给有关的职能部门,以"并联"的交相互动方式落实解决。

2. 局部效率和整体效率综合评估

传统的政府部门大多按照其职能进行基本的划分,使得政府机构形成条块分割的现状。政府的政务流程往往涉及若干职能部门,这就需要各部门不仅对本部门还要对直属上级、对流程负责,使政务流程形成复杂、分散的局面。电子政务中政务流程要以公众和社会需要为出发点、以整体业务流程为中心来打破这种职能分割,使多个部门能够协同办公,使传统意义上的"以行政职能为中心"的行政流程模式向"以事务处理为中心"的政务流程模式转变,一项由多部门合作的工作可以由各部门并行,也就使得局部的效率可以和整体效率成正比,以达到优化政府的政务流程、节约工作成本和提高工作效率的目的。

3. 横向沟通协调网络化

现行政府中的工作人员不仅要做好事务性工作,还要做出很多决策。但是大量时间和精力被事务性工作占据,缺少部门之间的横向沟通。在电子政务中,琐碎、繁杂的事务性工作将交由计算机处理,政府工作人员有精力处理不能被计算机所处理的工作,如决策、引导、赋能等,同时能站在宏观、全局的高度处理事务,横向沟通的网络化使得服务公众的效率提高。

4. 纵向管理控制自动化

在传统的政府模型中,上下级的信息传递往往是通过文件传阅、召开会议等方式,存在信息传递过缓、传递不到位、反馈不及时、浪费时间等现象。但是在电子政务中,信息技术手段的利用将使非增值环节被简化,使政务流程得到更好的整合,变得更加顺畅,减少重复、浪费、无意义的现象。同时在工作过程中减少人力、物力的投入,消除出错的机会。电子政务优化的政务流程使得上级传递信息更顺畅、直达工作要点,下级反馈的信息也更及时，更到位。纵向管理的自动化提高了工作效率，领导决策也更准确、到位。

5. 权力运行立体化监控

在传统政府中存在着中间层，这些中间层是信息综合和传递的媒介，使传统的政务流程更加复杂。在电子政务中，组织中的高层可以和最底层进行直接的沟通，利用计算机可以实现信息处理的自动化，简化中间层，提高工作效率，权力的运行可以有效监控，这种优化后的政务流程要求每个人的工作潜能、责任心要最大限度地发挥出来，要大力加强事后监督力度，强化管理责任。

6. 业务并行和信息共享

传统政府的政务流程中，按照传统的做法，存在很多硬性的顺序也就是必须按部就班地完成各种工作。通过网络信息技术，我们可以把政务流程的"串联"模式转变为"并联"模式，突破流程的自然顺序，使不同的步骤同时或者同步进行，提高工作速度和效率。另外，在传统政府的政务流程中，部门之间业务范围有所不同，信息沟通不及时，致使很多相同的信息被不同部门反复地收集、存储和加工处理，工作存在重复性。随着信息技术的发展和应用，电子政务中信息可以从源头上一次性地获取，并且在资源库中实现信息共享，减少收集信息的重复劳动，大大发挥信息技术的优越性，提高获取信息的速度，提高效率。

基于以上内容分析，可以看出，利用电子政务优化政务流程的优势表现在很多方面，主要是可以实现政府政务流程的"简便、务实、廉洁、高效"，为构建服务型政府提供有力的支持。

（三）利用电子政务优化政务流程的途径

政务流程优化是结合当前的政治环境和社会发展方向及公众不断变化的需求，按照一定的标准，结合电子政务的相关内容，为达到最佳政务效果持续改善和优化流程的一种系统的优化方法，一种综合提高政府绩效的方式，一个观念性的变化，也是一个不断完善的过程。

1. 利用电子政务优化政务流程的方式

1）组织模式的转变

政务流程优化的目标之一就是根据现行的行政业务流程的性质、目的和活动要求，通过管理过程和管理职责的重新排列组合，取消一些不必要的环节，合并多余及重叠部门，改变"各司其职"的分工模式，突破组织之间的壁垒，整合政务流程，建立起"无缝隙"式的一体化工作流程模式，实现以任务为导向的模式到以流程为导向模式的转变。

2）负责对象的转变

政务流程优化的负责对象就是要由对上级负责转向对服务对象负责。优化后的政务流程就是要改变传统的政务工作方式，即政务工作的实施完成是为了上级满意，实现领导的意图，却忽视了工作的最终目的——服务社会公众。优化的政务流程就是要以最有效的途径解决实际问题，以公众为中心，真正体现政务流程优化的本质。因此在政务处理过程中要强化工作人员的使命感，提高其责任心，并积极倡导政务公开，增加公众对政府的了解和信任。

3）利用载体的转变

政务流程的优化方式是利用载体进行转变，也就是充分利用信息技术实现政务流程的自动化。调研现有工作流程，分析和诊断其中问题，构建新的政务流程是政务流程优化的目的。具体环节包括分析现有政务流程中存在的问题，并分析问题的实质，以对流程进行梳理、简化流程、优化信息传输方式，充分利用网络技术和计算机技术使政务流程自动化、网络化，实现政府能实时为社会公众提供服务的目的。

2. 利用电子政务优化政务流程的方法

政务流程优化不仅只是一个观念性的变化，它更应该是一套系统化的变革方法，需要有实用的方法来支持，对政务流程优化的过程进行有效的分析、处理，从而实现政务流程准确、合理、实用。因此，政务流程优化可以通过以下几个方法实现。

1）增减法

增减法包括取消、增加和减少。其中，取消就是在流程中彻底清除那些没有存在价值的过程、环节、岗位、设备工具、制度标准、方法、操作等。在流程中，那些多余的、无用的功能已被其他事物完全包含的，也就是没有存在必要的因素应当一律坚决取消。增加就是增添具有必要价值的过程、环节、岗位、人员配备、资金投入、设备工具、空间、时间、制度标准、操作等。在既有流程中缺乏的，同时又是流程合法有效所必不可少的因素，一定要增加。这种"加法"，主要就是"填补"增值的活动。减少就是降低、减少事物的规模和数量。压缩的对象主要是那些确有存在价值，但现有规模、数量、形式等超过实际需要的过程、环节、岗位、设备工具、制度标准、方法、操作等。

2）综合法

综合法包括扩展、合并、分开和均衡。其中，扩展就是扩大事物的规模和数量。扩展的对象主要是那些现有规模、数量、形式等还无法满足实际需要的过程、环节、岗位、设备工具、制度标准、方法、操作等。合并就是将若干事物按照一定的联系归并为一个整体。合并的对象主要是那些实际上不具备独立存在理由的过程、环节、岗位、制度标准、方法、操作等。在流程优化中，只要若干部分归并为以后能扩展功能的，甚至与原来同样有效的，都应当坚决合并。分开与合并相对，是指让构成一个整体的部分分解开来，各自获得独立存在的条件。分开的对象主要是那些规模过于庞大、组成部分分解开来独立存在会更有利的过程、环节、岗位等。均衡就是指让构成流程的因素之间建立一种和谐关系，消除各种有碍整体优化的"局部优化"和"局部劣化"现象，实现事物的均衡发展。

3）变化法

变化法包括侧重、替代、换位和变序。其中，侧重就是有意打破既有流程中的平衡，以强化构成流程的某一部分或者某几部分因素，提高流程的整体效能。替代就是用更加简便有效、更加经济的事物代替既有的事物。在流程优化过程中，只要存在这种替代的必要和可能条件，就用新事物或部分去替代旧事物，以使流程足够简便、足够经济，更有生命力。换位就是对构成流程的因素的存在空间位置进行变换。在流程优化中，只有改变构成因素空间位置后，流程才能够更加流畅、经济、合理，就应当进行换位。换位所针对的主要是办公空间布局，工作岗位、设备工具所处的具体位置等。变序就是改变既有流程中构成因素之间的时间顺序。时序应当是对客观规律性的正确反映，如果既有流程中的时序安排不合理，流程的功能将大大下降。因此，变序就成为流程优化的重要方法之一。

实际上，上述流程优化的方法是需要根据具体情况条件，特别是根据实现流程具体目标的需要结合运用的（栾吉华，2011）。

第五章补充材料

本章参考文献

邓崧，刘星，张玲. 2011. 现代公共管理理论下政府流程再造的路径选择[J]. 社会科学，（9）：4-12.
丁云龙，王胜君，周玉丰. 2011. 面向多元目标指向的地方政府流程再造[J]. 中国行政管理，（2）:14-17.
赫泉玲，黄珍潇. 2007. 政务流程的解析、优化与重构[J]. 华东经济管理，（9）：102-104.
李传军. 2011. 电子政务[M]. 上海：复旦大学出版社.
李月. 2014. 我国政府流程的设计与优化研究综述[J]. 辽宁师专学报（社会科学版），（3）：8-10.
刘晓洋. 2016. 思维与技术：大数据支持下的政府流程再造[J]. 新疆师范大学学报（哲学社会科学版），（2）：118-125.
栾吉华. 2011. 利用电子政务优化政务流程研究[D]. 长春：长春工业大学.
罗欣. 2012. 电子政务环境下政府流程再造研究[D]. 湘潭：湘潭大学.
吕晓阳. 2010. 电子政务理论与应用[M]. 北京：清华大学出版社.
哈默 M，钱皮 J. 2007. 企业再造：企业革命的宣言书[M]. 王珊珊，译，上海：上海译文出版社.
濮小金，司志刚，濮琼. 2009. 电子政务系统建设及应用[M]. 北京：机械工业出版社.
王立华. 2011. 电子政务概论[M]. 西安：西安交通大学出版社.
迈尔-舍恩伯格 V，库克耶 K. 2013. 大数据时代：生活、工作与思维的大变革[M]. 周涛，等译. 杭州：浙江人民出版社.
吴爱明，何滨. 2013. 公共管理硕士系列教材：电子政务[M]. 北京：中国人民大学出版社.
徐晓林，杨兰蓉. 2018. 电子政务[M]. 2版. 武汉：华中科技大学出版社.
于瑞娟. 2018. 电子政务环境下的政府流程再造研究[D]. 南京：东南大学.
Bentley A F. 1908. The Process of Government: A Study of Social Pressures[M]. Chicago：The University of Chicago Press.

第六章

政府信息资源开发与政府数据开放

 本章导言

政府是信息资源最大的生产者、发布者,也是最大的拥有者。政府所拥有的数据和信息比一般的信息资源更有价值,质量和可信度更高,直接关系到国民经济发展和社会生活的方方面面。因而,做好政府的数据开放工作具有十分重要的战略意义。本章将深入研究政府信息资源开发与政府数据开放,探讨在信息时代政府如何有效开发和利用信息资源,以及政府如何通过数据开放实践推动社会创新和发展。

第一节 政府信息资源开发利用

一、电子政务信息开发的内容及其重要性

(一)电子政务信息内容

电子政务是基于 Internet 网络的政府信息服务和处理系统,是政府信息化发展的目标和结果。电子政务主要包括三个组成部分:政府部门内部的电子化和网络化办公,政府部门之间通过计算机网络进行的信息共享和实时通信,政府部门通过网络与民众之间进行的双向信息交流。电子政务服务对象包括本机关内部,也包括其他机关、企事业单位以及社会公众。电子政务的运行需要以大量的信息数据为基础,其处理信息的内容包括以下三个方面。

(1)政府部门机关内部不适宜公开的信息,包括人事管理、后勤管理、内部工作流程等方面的信息,可以不予公开。另外,还包括一些内部会议纪要,某些具有密级规定的信息,以及仅在内联网上流通的信息。

(2)可在一定范围内交流的信息。主要包括只在指定系统共享的信息,如财政部与银行之间在外联网上流通的信息。

(3)向社会公开发布的信息。指各级政府在建立的网站上发布的信息,具体为政府

机构信息，包括政府部门设置、职责、职能、部门业务管理办法等政策法规信息，公布的国家和地方的政策法律法规、条例等信息；为社会各界服务的信息，包括国际、国内及地区的政府动态新闻，经济信息，统计信息，教育人才信息，招商引资，市场供求信息，热点推荐办事指南等；政务相关的信息，包括政府文件、政府公报、重大会议活动、政府实事项目等。

以上三方面信息，都是产生于政府内部，或虽然产生于政府外部但却对政府业务活动有影响的信息，这些信息统称为政府信息。可见，电子政务信息来源于政府信息。由此可见，政府是我们这个社会最大的"信息处理企业"。电子政务过程便是信息的收集、加工和处理的过程，政府职能的履行莫不依赖于适时、准确、相关的信息。政府是公共利益的代表，它必须了解民众需求；政府是导航者，需要了解社会环境变迁，从而做出准确的战略选择；政府是社会问题的管制者，而这又有赖于对社会问题信息的分析、判断和把握。因此政府信息资源开发利用是电子政务的基础，政府信息资源开发利用对电子政务具有重大作用，政府信息资源开发利用的程度决定了电子政务发展阶段（郑伦卫，2003）。

（二）加强政府信息资源管理的重要性

政府信息对于电子政府具有如此重要的意义，因而，亟须制定相应的法律条例加强对政府信息资源的管理。2019 年 4 月，时任国务院总理李克强签署国务院令，公布修订后的《中华人民共和国政府信息公开条例》。其中，第八条为新规定，要求各级人民政府应当加强政府信息资源的规范化、标准化、信息化管理，加强互联网政府信息公开平台建设，推进政府信息公开平台与政务服务平台融合，提高政府信息公开在线办理水平。行政规范性文件（简称规范性文件）直接涉及相对人权利义务，是最为核心的政府信息资源之一，做好规范性文件的管理及公开工作，对于发挥政府信息资源对人民群众生产、生活和经济活动的服务作用，具有非常重要的意义。

1. 政府加强自身建设的需要

政府自身推进治理水平提升，需要积极推行政务公开。中共中央十八届四中全会通过的《中共中央关于全面推进依法治国若干重大问题的决定》明确规定，要向社会全面公开政府职能、法律依据、实施主体、职责权限、管理流程等事项。涉及公民、法人或其他组织权利和义务的规范性文件，按照政府信息公开要求和程序予以公布。此外，中共中央、国务院印发的《法治政府建设实施纲要（2015—2020 年）》要求全面推进政务公开，坚持以公开为常态、不公开为例外原则。创新政务公开方式，加强互联网政务信息数据服务平台和便民服务平台建设，提高政务公开信息化、集中化水平。公开透明是法治政府的基本特征，全面推进政务公开，让权力在阳光下运行，对于发展社会主义民主政治，推进国家治理体系和治理能力现代化具有重要意义。因此，做好规范性文件的管理、公开，是落实党中央和国务院推进法治政府建设的要求，同时也是加强政府自身建设的需要。

2. 优化营商环境的需要

良好的营商环境是一个国家或地区经济软实力和综合竞争力的重要体现。政务公开在营商环境中处于基础性重要地位。世界贸易组织将透明度原则作为其制度性安排的总则性内容，突出体现了其基础性地位。我国"十三五"规划纲要中提出，营商环境包括公平竞争的市场环境、高效廉洁的政务环境、公正透明的法律政策环境和开放包容的人文环境四个方面。我国十四五规划纲要中提出，要"深化简政放权、放管结合、优化服务改革，全面实行政府权责清单制度，持续优化市场化法治化国际化营商环境"[①]。公正透明的法律政策环境的基础就是法律及政策文件是公开的，可预期的。政府机关制定的规范性文件，一般都较为具体，很多条款直接与经济活动有关，市场活动影响很大。规范性文件的公开有利于让市场主体掌握更全面更充分的信息，并在此基础上进行综合研判与科学决策。进而言之，规范性文件等政府信息资源的公开可以促进后续对数据的商业开发，从而有效提升公共服务的普惠化与便捷化水平，不断满足人民群众对于美好生活的追求。教育、社保、医药卫生等领域数据的开放利用，有助于推进"互联网教育""互联网医疗"等领域的发展。例如，上海"随申办"作为一种移动应用，就是基于政府信息资源开放所开发的，方便了民众及市场主体办事，受到了广泛好评。

3. 满足民众信息公开知情权的需要

公共机构不是为自己掌握信息，而是为公众的利益代管信息。这一观点现在已经深深扎根于全世界民众的心中。政府信息公开的主要价值和功能是满足公民的知情权，发挥政府信息对发展社会经济、科研创新和人民生活的作用。政府信息资源的公开一方面保障了人民群众的知情权、参与权、表达权、监督权；另一方面，民众可以根据公开的政府信息资源做出决策，以服务其经济社会活动。很多规范性文件直接涉及民生，如征收补偿标准、教育改革政策等，这些规范性文件的公正公开，能够较好地消除民众的疑虑，减少行政争议（钱焰青和彭传德，2020）。

二、信息资源开发主体

政府信息资源开发利用活动是有计划、有步骤、长期性、政策性的系统工程，进行政府信息资源开发的主体是多方面的。国外政府信息资源开发的主体主要有政府本身、非营利组织、营利组织以及多方合作。

（一）政府

政府是政府信息资源的主要生产者，肩负着信息采集的重任，同时也担负着对信息资源进行深层次的加工、组织以及传播的责任。政府作为责任者，不仅是开发政府信息资源的责任主体，而且也应该是利用和执行各种信息的主要实施主体。政府作为政府信息及各种社会信息的拥有者，积极有效地对信息资源进行开发利用，对提高政府信息资源的利用率、辅助政府决策、提高政府的工作效率有着非常重要的作用。

美国政府在电子政务方面取得了良好成果。美国政府官方门户网站是联邦政府开发的网站，该网站按照不同的类别和主题对信息进行组织与发布，聚集不同种类的数据，

[①]《中华人民共和国国民经济和社会发展第十四个五年规划和 2035 年远景目标纲要》，https://www.gov.cn/xinwen/2021-03/13/content_5592681.htm?eqid=838a73ce00111e8b00000002648db1bb[2021-03-13]。

向公众开放各种数据源。与美国类似,欧盟许多成员国的政府也自主开发官方门户网站,作为免费平台为公众提供各种政府信息。政府建立和维护相关的官方门户网站是开发政府信息资源的一种重要方式。

(二)非营利组织

非营利组织(non-profit organization,NPO)是不以营利为目的的组织。作为第三部门,NPO是政府部门(第一部门)和营利性企业(第二部门)以外的重要社会组织,是政府信息资源开发主体之一。非营利组织为了提高自身影响力,或是出于对社会公共利益的追求,积极并志愿地加入政府信息资源开发,承担部分社会工作的完成。非营利组织的重要作用在"政府失灵"时体现得非常明显,如政府在提供公共产品时,可能会产生低效、官僚、腐败等问题,这时非营利组织就可以弥补这一缺陷,发挥政府及其他组织无法比拟的独特作用。

例如,美国的Feeding American组织致力于进行非营利项目,其中一项就是对美国餐厅没有卖出去、没用完或是富余的食品信息进行收集、整理,提供给美国街头的流浪汉。这些食品不是客人吃剩的,而是干净的、未使用过的食品。Feeding Forward还主动联系社保组织、教堂等公益性机构,使得食品可以通过合适的渠道发放给流浪汉,促进了食品的合理流通。通过相关网站的建立和APP的发布,该组织集成了餐厅食品信息,减少了食品浪费,同时也为社会做出了积极的贡献。由此可见,该项目是对社会信息资源进行开发的有益探索。

(三)营利组织

目前,在开发利用政府信息资源方面有所作为的营利组织主要有商业网站、数据库商、信息内容提供商、出版商、媒体经营者等。营利组织虽然以营利为目标,但营利并不是其唯一目标。部分信息服务的免费提供、信息资源配置效率的提高、开发成本的降低、就业问题的部分解决等,都是营利组织所带来的社会效益。对整个社会而言,营利组织参与政府信息资源开发是有利的。

例如,欧洲最大的私人气象组织MeteoGroup,在英国、西班牙、比利时、瑞典、波兰、新加坡、爱尔兰等17个国家和客户中设有办事处,利用这些国家的气象信息和环境资源数据信息,为农业、运输、海洋、能源和媒体等多种专业市场提供定制的气象信息,并提供WeatherPro、MeteoEarth、Magical Weather等天气类服务。MeteoGroup通过多元化的信息服务获得了市场,一方面通过专业性的信息服务可获得利润;另一方面也通过免费的基本气象信息服务社会公众,提高了气象信息的利用率。MeteoGroup在全球范围的扩展也为整个社会提供了更多服务与便利,创造了更多价值。

(四)多方合作

政府信息资源的开发利用不仅是以上三方单独发挥作用,也应是政府和营利组织、非营利组织合作,共同开发可供社会公共开发利用的信息资源的过程。政府、营利组织和非营利组织之间的合作开发,整合了更多的信息资源,弥补了各个组织单独开发存在的不足,从而通过互补达到共赢,对信息资源进行更好的开发和利用。

在美国,联邦机构积极与非营利组织以及企业建立合作伙伴关系,致力于促进政府信息的流通和传播,促进信息资源的高效利用。例如,在伊利诺伊州,政府与当地图书馆合作,以建成通向全州信息的数字捷径为目标,开展了"黄砖路"项目。该项目利用图书馆在信息检索、组织方面的专业性优势,以及在自动记录聚合和索引等方面的技术优势,基于OAI-PMH(Open Archives Initiative Protocol For Metadata Harvesting,开放文档先导元数据收获协议)和Z39.50协议,构建了一个搜索服务模型,以搜索全州的图书馆馆藏、国家资助的数字化项目文件以及州政府网站内容。此外,美国政府出版局(Government Printing Office,GPO)也同图书馆、博物馆、政府机构及其他实体进行合作,提高政府信息及其他资源的可发现性,增强对这些资源的数字访问。这些图书馆(特别是学术领域的图书馆)与美国联邦机构长期合作,提供给公众大量的信息资源与信息服务及政府信息的获取渠道。GPO将政府信息提供给图书馆,图书馆再对这些信息进行编目处理与公布,以数字格式向用户提供政府内容,便于政府信息的传播。通过合作,GPO将公众和政府信息资源和服务集成化,提高了政府信息服务水平,优化了政府信息资源,促进了图书馆的建设。

三、政府信息资源开发模式

面向政府决策的政府信息资源开发模式各异,归纳起来大致有以下四类:政府自主开发模式、市场化开发模式、社会化开发模式以及许可制度开发模式。但在实际应用中,各国政府一般不会单一使用其中一种模式,而是对不同模式进行组合应用。

(一)政府自主开发模式

政府拥有着大量的信息资源,一个普遍认识是政府信息资源几乎占所有信息资源的80%,这使得政府自主开发信息资源成为一种普遍的开发模式。政府自主开发,即政府承担了信息资源开发的绝大部分任务,主导了开发进程与开发质量。政府对信息资源的整体把控,可以使政府信息资源得到更充分的开发,提高信息资源开发质量,还可节约成本,加快信息资源开发进程。因此,这是最基本的开发模式。政府电子政务的建设,包括政府门户网站的建设、政府网上服务的建设、政务信息的发布等,都是政府主导的自主开发模式。例如,美国政府开发的第一政府网站、英国政府开发的政府门户网站、新加坡政府开发的电子公众中心等,都是政府采用自主开发模式的成果。

(二)市场化开发模式

市场化开发模式本质上是一种商业化的开发模式,是指政府将可公共开发的信息资源以合同外包、委托开发等形式交由市场组织开发利用。政府不再直接参与开发过程,而只是提供一些方向性的建议。市场化开发模式不仅有利于信息资源开发效率的提高,同时在成本和服务质量方面具有一定优势。

美国信息市场发展较为成熟,在信息法律体系的保障之下,构建了信息透明、内容多样、成本低廉、开发高效的市场化开发增值利用模式。随着政府以外企业组织的参与,政府信息资源开发利用的市场化进程得以加速发展。在信息资源开发过程中，美国政府是海量政府信息资源的提供者、信息资源开发利用策略的制定者、开发合作对象的选择者以及市场的管理者。欧盟在政府信息开发中也大量利用了市场化开发模式，将开发工作外包出去。外包的信息包括政府工作信息、公私组织合作信息等。此外，政府还将信息进行专营权外包，以更好地开发信息资源。

（三）社会化开发模式

社会化开发模式是指政府不再直接开发信息资源，而是交由非营利组织对信息资源进行开发。主要包括一些公益性机构、社会机构、科研机构等组织，如图书馆、科技信息研究所、大学科研机构等。社会化开发模式不仅可以帮助政府开发一些政府不直接掌握的信息资源，还可以在一定程度上避免政府中的一些官僚、腐败问题，有效提高信息资源的开发效率。图书馆、科技信息研究所等机构在信息组织、信息检索方面具有优势，有利于信息资源的高效开发利用。

例如，OpenGov 是一个非营利、无党派组织，致力于推出一个全面开放的数据平台，对政府官员和公众都是透明的。OpenGov 拥有先进的财务报告引擎，可以显示政府的年度财务数据，包括基金收支、部门及账户类型。政府可订阅当前季度和截至当年的报告，通过季度和月度数据，计算预算差异。用户可通过电子邮件和社交媒体来下载或共享数据。截至 2016 年 3 月，OpenGov 给超过 900 个政府实体（包括政府机构、城市政府、学校）提供服务。在贝尔的丑闻（涉及城市的挪用资金）之后，贝尔市政府于 2013 年 10 月开始使 OpenGov 来重建这座城市和居民之间的信任。OpenGov 帮助很多市政府完成了效率的提升，辅助政府决策。

（四）许可制度开发模式

许可制度开发模式是为了使政府信息资源能够在不同部门、不同行业之间安全、合理、有序地流动而采取的一种辅助模式。具体流程是企业向政府申请，政府对信息资源许可后，企业才可以进行开发利用，其中大部分需要付费。美国政府的许可制度中主要包括：基于价格区分的许可、最低限制的许可、抑制过高定价倾向许可。英国在政府许可制度制定方面，采用了以下两种有代表性的制度。

（1）统一许可制度，也称点击使用许可制度。具体许可模式为公共部门信息许可、增值许可和议会许可三种类型。在该模式下，所有政府部门的信息资源均集成在统一的在线系统中，申请者通过登录 OPSI（office of public sector information，公共部门信息办公室）网站申请许可，得到网站许可后即可进行信息资源开发。许可使用的相关费用，则因政府信息资源的内容范围和增值程度的不同而有一定差异。

（2）专门许可制度。OPSI 网站其实并未集成所有部门信息，因为部分特殊部门无法将其信息对外公布，因此这些特殊部门并不适用统一许可制度。基于此，申请者可直接与特殊部门联系，以获取信息资源开发许可的权利。在该机制下，专门许可由部门直接颁发，但颁发行为受到 OPSI 的监督和制约。

四、政府信息资源开发成果形式

在多种开发模式下，政府信息资源开发成果的形式呈现多样化的特点，主要有政府官方网站、开放数据、智库、政府出版物等。其中有信息产品和信息服务，还有一部分是智库等实体组织，多种开发成果共同为政府和社会所利用。

（一）政府官方网站

政府官方网站这一开发成果形式是政府信息资源开发的基本形式，也是政府信息资源得以利用的基本途径。政府网站集成性强，信息内容涵盖了社会生活的方方面面。用户访问十分方便，且网站开发成本较低。此外，政府官方网站还集合了搜索、订阅、咨询、信息反馈等功能，用户访问友好性强。因此政府官方网站成为各地政府信息资源开发的主要形式之一。

2000年9月，美国开通了"第一政府"网站（FirstGov.gov 门户网站，http://www.firstgov.gov），成为世界上最早的政府网站。"第一政府"网站与美国所有的州、地方政府相连接，用户可以通过该网站访问美国的任何一个地方政府网站。网站内容包含了政府机构和在任官员、健康、住房和社区、工作与失业、法律问题等。除此以外，网站对政府各部门的业务实行集成开发管理，公民可以集中进行注册、查询、申请、缴费等一系列操作，这种一站式服务在很大程度上便捷了公民的使用。

英国政府网站一方面提供了政府运作、政府部门、政府政策等相关信息；另一方面集成了公民社会生活相关的内容。根据公众的实际需要，网站在主页中划分了若干主题，用户可以方便地浏览相关信息，这与美国的"第一政府"网站有相似之处。特别是英国政府网站专门为残障人士设立了一个独立板块，涵盖了福利与经济帮助、护理问题、残障人士设施与交通问题以及他们的权利保障等方面，充分考虑了不同人群的需求。此外，网站主页还支持用户自行搜索。

新加坡的电子公众中心是新加坡电子政务建设的成果之一，提供了包括经济、教育、环境、基础设施建设等各种政府相关数据，便于公民对信息的访问和利用，大量图表使用户更为直观地了解专业领域的基本状况及发展趋势。网站中的新加坡政府目录（Singapore Government Directory Interactive，SGDI）包含了政府的各个部门，并链接了包括电话、邮箱在内的联系方式，为公众提供了信息服务的便捷入口。网站还提供了公民反馈的路径，为政府信息资源开发提供了相关的意见建议。

（二）开放数据

近年来各国致力于数据及信息资源的公开与共享，开放数据备受关注。2011年，巴西、挪威、美国、英国等八国联合签署了《开放数据声明》，成立了开放政府联盟（Open Government Partnership，OGP）。目前，OGP 已有 70 多个成员国，共同为开放政府努力。2013年，八国又签署了《开放数据宪章》，承诺做出更多努力与行动。目前，美国、英国在开放数据方面取得了良好成果。截至 2024 年 3 月，美国政府数据开放门户网站——Data.Gov 已有 291 258 个数据集。用户可通过主题浏览的方式对农业、商业、财政、教育、当地政府、气候、公共安全等多个方面的数据集进行访问。这些数据集的格式包括 HTML、XML、PDF、RDF 等 30 余种。用户在浏览时可以对数据发布机构、机构类型、数据格式、主题、标签等进行限定，还可以自行为数据集添加标签，方便他人浏览利用。英国的数据公开网站（http://data.gov.uk.）对来源于政府机构、公共部门及其他地方当局的数据进行公开。截至 2016 年 11 月，该网站共有 40 209 个数据集，涵盖了政府、社会、教育、商业、运输、环境、健康等多个主题，采用 HTML、CSV、WMS 等不同的格式保存。通过对网站内容进行统计得知，这些数据集约 75%有开放政府许可证，16%还未获取到许可，还有少数数据集尚未公布。公民可以在该网站访问到原始数据，同时也可以对这些数据加以利用，拥有开放数据许可证的数据集可用于商业目的。

（三）智库

智库主要是指由不同领域的专家、研究人员组成的专门的研究咨询机构。智库为决策者提供国内和国际问题的相关分析和建议，以提供最佳策略和方案。智库对政府的决策和企业的发展都会产生很大的积极作用。智库有些是附属机构，如附属于政府、大学等；也有些是独立机构，通常客观地为公共利益服务，可以为政策制定者和公众所信赖。

根据 2020 年的《全球智库报告》，美国的智库以 2203 家的数量遥遥领先，是全球拥有智库机构最多的国家。从第二次世界大战开始，美国的智库就开始为军事决策提供依据。战后，智库被称为"美国政府的外脑"，积极地参与到政治、经济、军事、外交等方面，对美国决策有很大影响。美国的"旋转门"机制促进了人才的流通，在此前提下，智库为政府提供并输送了大量的专业人才，其专业知识和技能可以帮助政府更科学地做出决策；政府官员进入智库后，利用在政府工作的经验，可以更好地为政府需求服务，使智库工作更具效率。

英国共有智库 515 家，主要是为政府、党派或大企业公司决策提供智力支持。英国智库的功能主要有以下四个方面。

（1）提供政策建议，参与决策过程，为政府提供智力支持。

（2）通过公众舆论进行宣传，为政策提供思想氛围。

（3）在英国政府、政党、公民乃至世界之间架起沟通桥梁。

（4）前瞻性地为社会中的问题提出预警，防患于未然。例如，大赫国际利用各种社交媒体平台发布信息，通过这些平台收集公众的反馈与意见，更好地为政府决策提供民情民意。此外，大赫国际媒体中心的建设也是信息资源开发的一部分。大赫国际通过自己的媒体中心向公众提供全球的新闻以及专家的意见分析，为公众提供社会现状以及政策相关的信息。

德国智库均是非营利性机构和团体，大部分由政府直接提供资金支持，基金会、公司及个人等也会对其进行相应的捐助。由于德国智库的运行机制大多是由下至上的，其更多地通过向公众公开传递信息和决策策略来发挥作用。此外，德国的智库不受外部力量的影响，独立性强。因此可以客观地以公共利益为出发点进行研究工作。作为德国决策的源头，智库为政府决策提供了科学依据；作为政治沟通的工具，智库可以有效疏通利益的表达；作为一个法律上完全独立的机构，智库自主管理，不受制于政府，客观性更强，有利于更加科学有效地开发信息资源，为政府决策服务。

(四) 其他形式

国外政府信息资源开发成果的展现，除了网站、开放数据和智库以外，还有政府出版物、手机短信服务以及网络社交媒体等其他形式。

（1）政府出版物。在美国法典中，政府出版物是"一个单独的文件"，是"政府出资或根据法律的要求而出版的信息资源"。美国的 GPO 与美国政府印刷局、商业机构、图书馆等各个机构合作，共同完成政府出版物的生产、管理、收藏、发布等过程。政府出版物出版后向公众发行，并上传到网络中，可供社会以及公众查询和阅读。

（2）手机短信服务。随着手机使用的日益普及，短信成为政府与公众之间沟通的一个重要渠道。政府可以应用短信服务向公众提供信息，收集反馈信息。

随着互联网的不断发展，面向政府决策的信息资源开发方式日益丰富，除上述形式外，政府还通过社交媒体平台，如脸书、推特、微信等发布相关信息，与公众进行信息交流，提供多元化的信息服务。这些举措不仅扩展了政府信息服务的覆盖面，同时也为政府和公众对信息资源的利用提供了更为便捷的方式，提高了信息资源的利用效率。

在政府信息资源开发的过程中，政府很少采用绝对单一的开发形式，更多的是多角度、全方位、多层次、大范围地对信息资源进行开发，尽可能地提供更为全面的信息产品和服务。这种"多管齐下"的开发形式导致了信息资源开发成果形式的多样性，也有利于信息资源利用率的提高（王翠萍和侯璐，2017）。

第二节　政府数据开放概述

一、政府数据开放的内涵和特征

在政府信息化建设进程加速的背景下，政府数据开放在许多国家快速推进。2009 年 5 月，全球首个政府数据开放平台——美国联邦政府数据开放平台（www.data.gov）向社会开放，随之英国政府、OECD、世界银行等也陆续推行了政府数据开放。在中国，一些发达地区地方政府也已探索开放政府数据。2012 年 6 月，上海市公共数据开放平台（https://data.sh.gov.cn）上线，网站涵盖了经济建设、资源环境、教育科技、道路交通、社会发展等重点领域。随之，北京市公共数据开放平台（https://data.beijing.gov.cn/index.htm），还有浙江、贵州、重庆、武汉等省市也纷纷建立当地的政府信息开放网站。

海量大数据的涌现，使得原有的数据治理方式已不能适应开放政府数据环境的需要。因而探究开放政府数据下的数据治理对策，深入挖掘政务大数据蕴含的巨大价值，成为当前亟须破解的重大问题。政府数据开放既是实现社会民主的重要手段，也是社会治理的重要途径和方式。各国政府为了提高服务水平，也在不断地探索尝试，试图将数据开放与政府治理有效结合。要了解政府数据开放的相关内容以及要求，首先要明晰政府数据开放的内涵。

（一）政府数据开放的内涵

付熙雯和郑磊（2013）将"政府数据开放"与"政府信息公开""政府信息资源再

利用""公共部门信息资源增值利用"等相似概念进行对比分析,指出政府数据开放是政府机构在注重信息技术使用的基础上,积极主动地向社会公众提供免费且真实精确的政府数据,所有数据均应具备原始性、公共性和便捷性的特征。

赵龙文等(2016)以关联数据思想为基础,指出政府数据开放即政府将单一孤立的数据集整合起来,建立各数据集之间的相互关系,并在保证数据不涉及国家安全和隐私的前提下,向社会和公众开放"原始的""机器可读的"数据,最终实现数据的共享。

在此,本章认为政府数据开放是指政府将一些不涉及国家机密、国家安全和个人隐私的政府数据,依法依规通过网站、文件等各种形式向社会开放,以供民众监督以及进行深度挖掘利用的过程。要特别强调的是,政府公开的是"原始数据",即不经过任何加工和解读的数据,这跟传统意义上的政府信息公开是有所区别的。

政府数据开放的目的是使相关数据得到有效开发和利用,进而实现这些数据的社会价值和经济价值,促进人民民主和社会进步。政府数据开放的最终目的是创造一定的公共价值。

(二)与政府信息公开的区别和联系

政府信息公开是指对原始数据进行一定的资源整合,得出某个结论后再予以公开。了解政府信息公开的内涵与表现,将政府数据开放与政府信息公开相区分有利于深入把握政府数据开放的深层次内涵。

(1)内容不同。数据和信息的概念有所区别,因此,政府数据开放和政府信息公开的概念与涉及的内容也不同。数据是记录客观事物的性质、形态和数量特征的抽象符号,如文字、数字、图形和曲线等。信息是数据加工处理后得到的结果,并通过进一步分析,赋予相关情境的内涵,用于反映客观事物的规律,从而成为管理决策的依据知识。因此,政府数据开放是政府将一些原始的、未进行加工的数据例如当地人口分布及特征、当地经济情况、信访案件情况等直接向民众公开;而政府信息公开是将政府已有政务工作、已有政府信息向民众公开,是加工过,总结性的信息。

(2)机制区别。政府数据开放在数据开发利用过程中有时还需要寻求私人机构、商业机构的合作,如寻求互联网企业进行平台的开发和利用,这就形成了多方主体的合作治理机制,建立了一种合作治理的非对抗关系。信息公开制度主要以实现人民民主和对政府进行监督与问责为目标。政府有公开以及向公众单向输出信息的义务,如果行政机关没有履行这一公开业务,民众可以向法院提出司法审查请求,如此而来,政府与公众间形成了一种对抗关系。

(3)两者联系。政府数据开放承继了政府信息公开的基础,是大数据时代政府信息公开在广度和深度上的提升与发展,是信息开放工作的全面递进。

(三)政府数据开放的特征

(1)数据爆炸性。当今世界处于大数据时代,数据呈现爆炸式增长、海量聚集以及形式和来源多种多样的特征。数据数量多,来源广,规模大,为政府数据开放工作提供了新的契机。例如,某地政府已经联合当地企业和社会组织建立了个人信用档案平台用以查询公司和个人信用。政府数据开发建立在这一海量数据基础上，范围涵盖了经济、医疗、教育、就业等多个与广大人民群众息息相关的领域。这些领域的数据又彼此交互共享，共同促进政府数据开发和社会进步。各种社会组织和普通个人也可以及时利用这些信息进行分析，并将此作为决策的依据，应用到实际生活中，数据资源的价值进一步得到凸显。由此，数据爆炸性增长成为当今政府数据开放的重要特征。

（2）平台共享性。随着互联网的不断发展，涌现出各种新兴媒体和新兴传播方式。政府适应时代的发展的趋势，数据开放也不再拘泥于传统的线下传递方式，更多的是与商业机构合作，开发出统一的数据开放平台，将平台作为载体，在数字平台上统一公布和运行。此外，政府运用大数据技术和云计算技术，将分散存储在不同职能部门的各项数据进行整合分类，呈现在地域统一的数据平台上。这一数据平台具有共享性，供全体社会成员使用，实现了数据在整个社会和不同组织、个人的流通。同时，平台也具有开放性，任何人都可以无条件无门槛地查询和浏览数据。由此而言，数据在平台的运作下，实现了共享。

（3）主体协调性。政府数据开放涉及政府、社会组织和公众三大主体。相较于政府信息公开的被动性，主动开放是政府数据的基本开放方式。政府数据开放是政府主动与各社会组织进行合作，主动展示各项数据的过程，所以政府、社会组织、公众很容易就建立起一种信任、非对抗的合作友好关系。在数据公开过程中，政府不仅是数据提供者，也可以是数据的开发利用者，同时也是数据开放的受益者。同样，社会组织和公众也在这三个主体中不断进行转换。简单来说，政府数据开放是政府、社会组织和公众的合作治理，三者可以在这一过程中分享公共权力，增进公共利益，实现共同发展。

二、政府数据开放的意义

随着"互联网+"时代的到来，数据信息的数量和精确度激增。大数据时代背景下，社会每一秒的运转都会产生庞大的数据。政府进行数据开放能有效地利用这些庞大的数据，并使用"云计算"技术，利用数据共享平台将这些数据发布出去，以供有需要的人进行参考计算，挖掘各项原始数据的深层次含义。政府数据公开不仅能提升数据资源的利用效率，也是满足政府打造"阳光政务"的要求，增强决策透明度，提升政府治理能力，改善政府治理体系，建设为人民服务、让人民满意的服务型政府的重要举措。政府数据开放的兴起使得开放政府的内涵在公开政府信息基础上进一步扩展，政府数据开放成为数字时代政府以及社会治理的新形式。

（一）破解"信息孤岛"，提高行政效率

在网络信息技术尚未被普及的年代，各政府政务公开方式多为报纸刊登相关行政信息或各单位定制的读物，如在《半月谈》上进行分享。区域与区域之间、部门与部门之间的各种数据难以实现互联互通，甚至同一部门内部上下级沟通有时也十分困难，由此产生了"信息孤岛"现象。如今，随着各项网络技术的应用普及，原本信息沟通的技术障碍已被扫除，因此，能有效地破除原有的"信息孤岛"现象。主要原因有以下三点。一是政府数据开放有利于促进上下级之间，部门与部门之间的沟通、交流与合作，促进各类信息的有效整合，以及政府部门间的互联互通，实现数据资源的高效利用，降低行

政行为出错的概率。二是政府数据开放有利于民众及时掌握公共数据，了解相关的行政理念和行政决策，提升民众对公共政策的接受程度。由此而来，政府发布和执行新公共政策时遇到的阻力会更进一步减小，可以进一步提高政策执行效率。三是政府数据开放能实现社会公共数据共享和资源共享，也能及时发现数据存在的问题，减少数据出错的可能性，还能及时掌控利用信息资源，提高行政效率。

（二）消除"信息不对称"，扩大民主参与

随着政府数据开放工作的广泛推进，各地政府都在积极寻求三方合作开发数据共享平台，积极建设信息门户网站，实现信息公开和数据开放与共享。这也成为政府与时俱进，不断创新治理模式的重要途径。政府数据开放对于政府治理的积极作用体现在以下三方面。首先政府数据开放在政府、企业和民众之间架起了一道沟通互动的桥梁，这不仅能增加公众对政府工作的了解，提高政府工作的透明度，减少政府腐败和寻租现象，促进政府廉政建设。其次，政府数据开放为民众政治参与提供了新渠道和新路径，政府和民众双方接收的信息差距缩小，民众参与政治更方便更有效。这能有效破解政府与民众的"信息不对称"难题，打破政府与民众的"信息壁垒"。最后，政府数据开放也是政府向民众展示对自己工作自信、保障民众知情权和参与权的一种方式。政府有信心、有胆量接受民众的检验。政府数据的积极开放使得民众受到鼓舞，积极参与到全面监督政府切实履行行政职责和讨论民主决策过程中，针对具体公共事务提出自己的观点和意见，进一步扩大了民主政治参与范围。

（三）释放数据红利，提升数据利用开发效率

数据的根本价值在于利用。首先，政府公开其持有的数据，原有的数据利用者由原来的单一政府主体扩展到全社会，数据利用开发者范围进一步扩大，政府数据能得到更多人更好地运用，数据红利得到很好的释放。其次，政府一改以往的被动提供数据的态势，以数据用户需求为导向，积极主动地提供开放式的数据和资源。这不仅简化了民众获取数据的流程，同时也有效地节约了民众获取数据的时间成本和经济成本。此外，政府数据开放也是对全社会能力的一种认可，能激发全社会对数据开发利用的热情，促进民众集思广益，共同挖掘开放的数据背后的经济价值和社会价值，提高数据开发利用效率，推动整个国家和社会的向上发展。

三、我国政府数据开放的现状和困境

（一）我国政府数据开放工作现状

我国政府数据开放工作开展较晚，目前仍处于起步阶段。2015年国务院下发《促进大数据发展行动纲要》提出"推动政府数据开放共享，促进社会事业数据融合和资源整合，2018年底前建成国家政府数据统一开放平台"，正式确立政府数据开放战略。《复旦DMG：2023中国地方公共数据开放利用报告（城市）》指出，截至2023年8月，我国已有226个省级和城市的地方政府上线了数据开放平台，其中省级平台22个（不含直辖市和港澳台地区），城市平台204个（含直辖市、副省级与地级行政区）。与2022

年下半年相比，新增 18 个地方平台，其中包含 1 个省级平台和 17 个城市平台，平台总数增长约 9%。自 2017 年起全国地级及以上公共数据开放平台数量持续增长，从首次发布 2017 年报告时的 20 个增加到 2023 年下半年的 226 个。

目前，我国 337 个城市（含直辖市、副省级与地级行政区）中，60.53%已上线了公共数据开放平台。自 2012 年上海市和北京市等地率先上线数据开放平台以来，城市平台数量逐年增长，目前已达到 204 个。

（二）我国政府数据开放工作困境

1. 政府数据开放政策有待完善

政府数据开放政策是使政府数据开放得以平稳运行并提供指导性依据的规范性文件和措施，是在一个整体的政策性框架内约束和指导政府数据开放的演变与发展的制度性政策体系。恰当的政府数据开放政策能使得政府数据的开放始终处于可控的状态，有利于政府数据开放工作的不断推进与深化。截至 2022 年 8 月，我国中央层面尚无发布针对性的政府数据开放政策和纲领性文件，仅有国务院及相关部门已下发了一些规范性规划、纲要和政策文件作为政府数据开放的指南。例如，在已下发的《中华人民共和国政府信息公开条例》等相关文件的基础上，国务院于 2015 年印发了《促进大数据发展行动纲要》《国家信息化发展战略纲要》《"十三五"国家信息化规划》等基本政策，2016 年印发了《政府信息资源共享管理暂行办法》，2021 年国务院发布《"十四五"国家信息化规划》等。但除以上政策文件外，全国统一性的政府数据开放规则和具体措施政策都是空白的。由此导致数据开放的主体、范围、标准、形式、程序等方面缺乏统一调整规则，各地政府数据开放工作进展缓慢，效率不高，质量参差不齐。

近年来，党中央对于数据开放相关政策的完善也做出了一定的努力。党的十九届四中全会首次将数据纳入生产要素，2020 年 3 月 30 日，《中共中央 国务院关于构建更加完善的要素市场化配置体制机制的意见》提出，加快培育数据要素市场，推进政府数据开放共享，提升社会数据资源价值。"数据"作为五个要素之一被写入文件，该意见还提出加快培育数据要素市场。近年来，为了更好促进和规范政府数据开放和利用，一些地方已出台了专门针对政府数据开放的政府规章和规范性文件，如《上海市公共数据开放暂行办法》《北京市交通出行数据开放管理办法（试行）》《连云港市公共数据开放与开发利用管理暂行办法》《福州市公共数据开放管理暂行办法》等。

2. 政府数据开放平台有待统一

目前，政府数据开放的规则和位阶较低，地方和地方之间、中央和地方之间衔接困难，各地方"各自为政"的情况较为严重，缺乏国家性纲领性的统一政府数据开放平台。从我国规范政府数据开放的相关规则来看，主要是以政策为主的规则体系，且目前主要由地方出台政策配合各自开展辖区内的工作，规则位阶较低，各部门和各层级的开放工作协调较差。国家也没有出台和规定有关政府数据开放主体、主体权利、主体义务、开放标准、开放范围等有关要素，这些要素缺乏统一的规则调整，这使得各地政府数据开放工作限制颇多，工作进展缓慢，开放数据质量较低，开放效率不高。除此以外，中央及试点地区未有标准统一、明确细致的具体规则来规范引导相关工作的进行,地方数字政府建设统筹工作情况复杂,各地做法也不尽相同。从整体来看,政府数据开放平台存在地方统筹协调不畅,网络、平台、应用等资源建设管理缺乏有效配合等问题。

3. 政府数据开放权责有待明晰

在政府数据资源开放的过程中,政企责任边界模糊。当前,不少省区市政府已深度参与数字政府建设,如广东省的数字广东等。政府数据开放的特征决定了这一过程中必须有政企合作,但在具体实施过程中,政府和企业在数据开放上权责界定关系不清晰。这是由于政府和企业自身目标宗旨之间存在差异。政府自身的性质决定了其在数据开放平台建设中需优先考虑公益属性以及一些与广大人民群众切身利益相契合的要素,但企业的逐利性决定了它参与政府数据开放工作的优先价值追求是盈利。权责界定不清,可能导致合作企业在未告知政府的情况下,擅自动用政府数据,从而可能导致严重的数据泄露问题。各项数据是政府履职过程中产生和收集的,因而政府部门对政府数据有义不容辞的管理责任和保护责任。如何合理切分政企合作边界、形成政企发展合力,是政府数据开放中必须解决的一大难题。

第三节 国内外政府数据开放实践

一、国外政府数据开放实践成效及特征

(一)国外政府数据开放实践

目前,世界许多国家都在积极推动政府数据的开放。美国、英国、日本等国家在推动开放政府数据、引导社会利用方面一直走在前列(李雪梅,2020)。

1. 美国

美国是全球最早推动政府数据开放的国家,并于1966年颁布《信息自由法》,允许任何人要求政府开放特定信息,赋予公众获取信息的权利。目前,美国在政府数据开放方面已经形成了一系列较为完备的法律体系和开放机制。近10年来,美国政府在信息透明方面不断强化。2011年至2015年间,共推行了3次《开放政府国家行动计划》,让公众能更方便地获取政府数据,包括教育、医疗等多个领域数据,数据格式多样,开放主体覆盖国家管理局、航空航天、联邦政府、州政府等,并建成统一的政府数据开放平台。为了保障信息安全,防止泄密、侵权等行为发生,美国政府2013年以来先后颁布了《数据法案》《电子信息自由法令》《隐私法》《电子信息获取促进法》《电子政府法》等相关配套法律法规,形成了一套完整的信息保护法律系统,对个人隐私进行完整的保护(封云,2019)。当前,为了进一步促进政府信息透明度的提升和问责制的应用,美国政府还在不断深化政府数据开放工作,提高政府信息质量,不断完善政府数据开放体系。

2. 英国

英国政府数据开放实践相对较晚。随着民间对政府数据开放的呼声日益强烈,英国

政府于2009年启动了"让公共数据公开"的倡导计划，开始建设政府数据开放平台，为公众提供数据开放服务，并于2010年正式投入使用。2012年，英国政府发布《开放数据白皮书：释放潜能》，正式提出"数据权"这一概念，指出"公民享有获取任何不涉及国家安全和秘密的数据的权利"，并统一数据标准格式，推出一系列政策，加强政府数据开放工作。此外，还设立了公共数据集团、数据战略委员会、开放数据研究院、公共部门透明委员会等一系列监管机构，其数据开放度覆盖诸多政府机构（朱劭华和吴桂生，2019）。在数据开放的同时，英国政府还十分重视个人隐私保护，制定了《数据保护法案》《公共部门信息再利用条例》等法律法规。

3. 日本

日本于2001年开始大力推行政府数据开放，颁布实施了《信息公开法》，随后相继出台了"u-Japan战略""i-Japan战略""电子政务开放数据战略"等，运用大数据等技术推进公共数据的开放，覆盖政府财政、交通旅游、社会保障等多个领域，公众可以通过相关网站获取数据，并鼓励各界使用开放数据和大数据（朱悦，2019）。为推动地方政府开放数据，日本推出了整套规划，包括数据分类、标准格式等，并提供了相关指引和工具。同时，在数据开放上，日本强调部门间合作，并引入大量社会力量参与，协助政府开放数据。在相关法律法规上，采用较为谨慎的态度，以保障隐私权为前提，对公共数据的使用规则进行责任划分，设定相应的开放授权。

国际上，多数国家政府数据开放都具有明显的政府主导色彩，包括排名前列的加拿大、法国、韩国等国家。在政府数据开放中，主要集中于公共数据，如政府财政数据、地理数据、气象数据、医疗卫生数据等，其目的是使政府数据作为国有资产的公共属性得到落实，让政府数据能被社会、经济各个领域所利用。同时，极为重视个人隐私和涉及国家安全方面的数据，并将数据保护视为基本公民权利，建立了一系列法律法规进行监管保护，如欧盟出台的《通用数据保护条例》《欧盟个人信息保护条例》等，仅有巴西、阿根廷、智利等国家相对薄弱。总体来看，发达国家在极力推进政府数据开放的同时，又极为重视保障机制，不断完善法治环境，维护数据安全，保护公民隐私权。

（二）各国政府数据开放实践的主要特征

借助技术优势，西方发达国家建立了较为完善的开放数据平台体系。当前各国政府数据开放实践主要表现出如下四个特征（赵柯和薛岩，2020）。

1. 以促进经济增长与改善政府治理为目标

从发展目标来看，由于经济发展水平层次不一、政治制度形态各有不同，各国政府开放数据的动机也有差异。发达国家凭借其先进的信息技术，致力于挖掘数据的潜在商业价值以促进经济增长。比如，欧盟已经明确将应对数字化带来的挑战作为其未来的两大政策目标之一，并认为欧盟在数字经济中已经落后，这将影响欧盟经济竞争力，所以欧盟要建立数字单一市场，消除成员国政府给数据资源在欧盟市场内部自由流动造成的各种政策障碍。日本政府则将开放数据的主要目标定位为加强公私部门之间的合作、刺激经济发展以及提高政府效率。

2. 建立与数据开放相匹配的行政管理体制

为了确保开放政府数据运动能够持续进行，各国纷纷设立了专门的管理机构协调部门之间的配合，实现数据有序整合。美国在 2009 年颁布的《开放政府指令》中，提出创设联邦政府首席信息官和首席技术官两个全新职位。要求二者共同成立一个跨机构工作小组，重点关注政府内部的透明度和问责制，鼓励跨部门参与和协作，以提高政府信息的整合和开放程度。英国在 2012 年颁布的《开放数据白皮书：释放潜力》报告中提出成立开放数据用户小组，向数据战略委员会提供有关公共数据的建议，推动完善以满足公共利益需求为导向的制度透明。为实现数据的高度开放，澳大利亚政府专门成立了信息管理办公室，主要负责对政府信息的管理和修改。

3. 形成统一、开放、可读的政府数据开放标准

对于开放何种数据，用户获取数据是否免费，数据开放格式是否统一等问题，各国政府纷纷出台相关政策进行解决。美国《第 13642 号总统令》规定，美国政府数据开放格式需要满足两个要求：格式通用和机器可读。这意味着政府作为数据的提供方，在实现数据可用性上务必保证数据不是专有格式且没有使用上的限制。英国在 2012 年修订的《自由保护法案》规定了政府部门必须以机器可读、可重复使用或原始数据的形式发布数据。为了便于民众使用公共数据，澳大利亚政府规定基于开放标准的数据也可实现机器可读。值得注意的是，美国、英国、澳大利亚三国不仅在开放数据的标准上保持一致，而且它们提出的具体标准，对其他国家的政策实践产生了重要的影响。

4. 建立开放共享的数据平台

为确保数据能够被下载使用，为用户提供便利，各国政府纷纷搭建了一站式的数据服务平台。作为开放政府数据运动的先行者，2009 年 5 月美国开放政府数据网站（www.data.gov）正式上线，涉及农业、气候、消费者、教育、能源、金融、健康、地方政府等多个领域。2010 年 1 月，英国政府开放数据门户网站（http://data.gov.uk）正式投入使用。与美国的实践路径不同，英国开创了一种页面数据共享模式，允许民众或民间机构自动上传数据，可以通过设置个人账号对发布的数据进行管理。欧盟在 2013 年再次推出一个含有多种语言界面的试点网站，支持搜索整个欧盟数据。为了提高数据的利用效率，欧盟还创造性地开发出了一套数据可视化工具，为用户开设可视化操作培训、提供关联数据学习指南和培训。

二、国内政府数据开放实践

我国政府数据开放起步相对较晚。2004 年出台《中共中央办公厅　国务院办公厅关于加强信息资源开放利用工作的若干意见》后，政府数据开放开始稳步推进，尤其近年来随着电子政务的发展更是成果突出，相关法律制度建设也不断完善。目前我国不少地方政府都建立了政府开放数据平台，发布各项政府数据，如"北京市政务数据资源网""广东省政府数据统一开放平台——开放广东""贵州省政府数据开放平台""上海政府数据服务网""浙江政府数据服务网"等，汇集了大量的数据资产，提升了公众公共数据使用意识。政府数据开放范围主要包括安全、教育、财税、交通等领域，覆盖

公安、发展改革委、民政、司法、财政等多个部门。《2021年度中国地方政府数据开放报告》显示，浙江和山东在数据开放方面处于全国前列；截至2021年10月，我国已有193个省级和城市的地方政府上线了数据开放平台，其中，省级平台20个（含省和自治区，不包括直辖市和港澳台），城市平台173个（含直辖市、副省级与地级行政区）。目前，我国71.43%的省级（不含直辖市）政府和51.33%的城市政府已上线了政府数据开放平台。政府数据开放平台正成为地方数字政府建设的核心工作之一，以上海和贵州为例，展现我国地方政府数字治理实践。

（一）上海政府数据服务网

2012年6月，在上海市人民政府办公厅、上海市经济和信息化委员会的带领下，上海政府数据服务网（https://data.sh.gov.cn）正式成立并试运行，是我国首个地方政府数据开放门户。该门户建立的宗旨是释放数据红利，满足用户的"知情权"和"使用权"，挖掘数据的价值，发挥政府的经济影响力以及加快资源建设和科技创新，使用户能够自由下载利用数据资源，为用户提供一系列增值服务。

从网页设计上来看，平台分为首页、数据、数据图谱、互动社区、典型应用五大栏目，支持用户进行注册和登录。其中，首页可以很明显看到已经开放的数据项总量、开放数据资源个数、开放数据部门个数，下面又设置了按场景和按领域划分数据的类型。特别是按场景划分，图文结合，简单明了，最下面可以看到数据按最新更新、下载最多和评价最高进行分类，易用性很高。数据这一栏目下主要分为资源类型、数据领域、数据提供单位，数据默认的排序方式是下载次数。数据图谱这一块包含了数据领域、数据类型、委办局数据详情、下载量TOP 10、访问量TOP 10、用户需求比例，数据可视化做得比较好，可以很容易看出哪一块的数据较多。互动社区这一栏目用户可以给平台提建议、做调查问卷、发布帖子等，拉近了用户和平台的距离。典型应用这一栏目实用性很强，用户可以下载自己用得到的APP，而且还可以选择典型应用的排序方式，如按更新时间、下载次数、综合得分、浏览次数等。从数据开放内容方面来看，该平台涵盖经济建设、资源环境、教育科技、道路交通、城市建设等12个领域，并且分为场景和领域两大块，图情并茂，方便用户浏览下载。

在数据下载格式上，该开放门户支持多种下载格式，主要有XLS、CSV、JSON、XML等格式，但是也有部分DOC、PDF、JPG等不可机读格式，可机读格式所占比在国内排名第二。在检索方式上支持关键词检索、二次检索。

（二）贵阳市政府数据开放平台

2017年1月，贵阳市政府数据开放平台正式建立并进入试运行，2017年4月平台2.0版正式上线，2018年4月平台3.0版正式上线。贵阳市政府数据开放平台虽然成立得比较晚，但是平台一直在进行自身的优化，平台3.0版优化的内容主要是围绕"四个中心"（数据中心、用户中心、支撑中心、价值中心），基于"CBA"［云计算（cloud）、大数据（big data）、人工智能（artificial intelligence）］技术，提出"五位一体"（平台、业务、数据、管理、安全）的架构设计，采取"主动开放+依申请开放+契约式开放+孵化式开放"的数据开放模式，建成国内首个理念超前、技术先进、架构完善、模式多元的地级市一体化政府数据开放平台。在国内率先提供网页智能引导机器人、RDF（resource description framework，资源描述框架）格式、全量目录下载、自定义场景等功能。

从平台设计上来看，平台分为首页、数据、应用、网站分析、资讯动态、互动交流六个模块，支持用户进行注册和登录。其中，首页提供数据分类（按领域、按主题、按行业、按服务、按部门/区县）、专题场景（图文结合）、资讯动态，在资讯动态这一栏目下数据都是按最新更新时间排序的，更新比较及时且基本上每天都会更新。在数据这一栏目下，主要分为数据目录、数据集、API（application programming interface，应用程序接口）、依申请开放、地图数据五大类，用户可以根据自己的需要去查询数据。应用这一栏目下主要分为 APP、孵化中心、数据无限、应用成果提交、工具五大类。在应用 APP 这一栏，主要有 18 个实用性 APP 供用户下载使用，而且默认的是按更新时间排序；孵化中心主要分为贵阳交通大数据孵化平台和大数据精准招商云平台两大类；数据无限主要是基于媒体视角，通过挖掘开放数据的核心价值，经过采编、分析、制图，形成通俗易懂、活泼生动、利于传播的数据融媒产品；应用成果提交需要填写应用名称、开发者类型、开发者名称等信息；工具主要包括分析工具、应用开发、应用推广和免费资源四大类。网站分析下面主要分为热点数据、开放统计、全局图谱和分析工具，这四大模块的主要目的都是针对平台开放进行数据分析及开放情况统计分析。资讯动态主要分为数说贵阳和行业动态两大类，主要目的是向用户展示贵阳的发展情况和从平台建设以来各个行业的发展情况。互动交流主要分为建议反馈、调查问卷和数据纠错结果公开三大模块，而且还提供了平台公众号，拉近平台与用户的距离，增强用户黏合度，特别是数据纠错结果公开，用户可以很清晰地看到平台对用户的回复受理统计情况。

从数据开放内容来看，该平台涵盖了企业服务、社会发展、公共安全、生态文明等 14 个领域，每一条数据都有下载数量和浏览次数，排序方式可以按更新时间、访问量、下载量、评分等自由选择进行排序。从数据下载格式上来看，该开放门户支持多种下载格式，主要有 CSV、XML、EXCEL、RDF、JSON 五大类，其中，EXCEL 和 CSV 格式的数据数量最多，占了大概 4/5，基本上数据都可以进行下载使用。在检索方式上支持关键字检索、元数据检索和热点检索。

（三）国内政府数据开放的政策实践

以政府数据开放标志性政策的出台以及政府数据开放的特殊事件等为时间节点，结合我国政府机构改革和大数据、云计算、"互联网+"的先后涌现、发展进程，将政府开放数据政策实施现状划分为三个阶段。

第一阶段，1994～2006 年，政府开放数据政策实施初步萌芽。我国的政府开放数据政策始于 1994 年国家测绘局发布的《行政法规、规章和我国重要地理信息数据发布办法》，该文件对国家测绘局行政法规、规章和我国重要地理信息数据的发布办法做出了相关规定。此后，我国政府开放数据政策文件的发布并不多，相关政策的数量增长相对平缓。与此相对应，政策的实施经历了漫长的萌芽和缓慢发展过程。

第二阶段，2007~2014年，政府开放数据政策实施深入发展。2007年，《中华人民共和国政府信息公开条例》颁布实施，在国家信息化政策的推动下，国务院各部委以《中华人民共和国政府信息公开条例》为范本制定了具有部门特色的政府信息公开办法、意见、通知等，要求各部门及时、准确公布政府信息，政府开放数据政策有了进一步发展。与此相对的是，政府开放数据公报数量呈现小幅上涨态势，但效果并不明显，持续时间也相对较短，政策实施进入了逐渐深入发展的过程。

第三阶段，2015年至今，政府开放数据政策实施不断完善。2015年8月，国务院印发的《促进大数据发展行动纲要》提出政府的主要任务是"加快政府数据开放共享，推动资源整合，提升治理能力"，自此我国政府开放数据工作才从宏观层面得到国家重视。各部门纷纷响应该纲要，出台了一系列以《生态环境大数据建设总体方案》《交通运输信息化"十三五"发展规划》等为代表的、涉及国计民生各方面的政府开放数据政策文件。相对应的是，政府开放数据公报数量在2015年有一个激增，且在数量上持续保持良好态势，掀起了我国政府开放数据政策实施的浪潮。

三、政府数据开放的评估工具

政府数据开放的进一步发展需要全面客观地进行评估，以了解现状以及存在的问题和不足，进而采取相应措施来促进良性发展。评估框架设计及方法的科学性在很大程度上决定了评估的准确性，也会直接影响评估结果。下文将介绍几种国内外具有代表性的政府开放数据的评估工具（郑跃平和刘美岑，2016）。

（一）世界银行：开放数据准备度

2009年，世界银行召集33个成员国参与了信息获取政策修改的讨论。2010年，开放数据计划正式启动，世界银行通过data.worldbank.org平台免费开放了2000多种金融、商务、卫生、经济及人类发展统计数据，而这些数据之前大多只提供给付费用户。此外，数据首次以英文以外的其他语种对外提供，330种指标被翻译成法文、西班牙文和阿拉伯文。世界银行作为全球性的政府间金融组织，在推动发展中国家经济发展方面提供顾问和技术协助的作用。

2013年，世界银行开放政府数据工作组研发了"开放数据准备度"评估框架（open data readiness assessment）。在这一工作组看来，开放数据不只是简单地设计和推出一个开放数据门户网站，而更多的是一个动态的开放数据生态系统的演化。这个系统可以提供丰富的开放数据，并促使其再利用，以此来激发不同利益相关者的创新。这个评估框架适合各个层级的政府（国家或地区），甚至个别机构或部门用以评估、设计及实施开放数据行动。具体而言，该评估框架主要考察了政策/法律框架、体制结构和政府责任及能力、政府的数据管理与政策及数据可用性、高级领导力、开放数据需求、公众对于开放数据的参与和能力、开放数据项目融资、国家技术与技能基础等八个维度（表6-1）。

表 6-1　世界银行的"开放数据准备度"评估框架

一级指标	二级指标	一级指标	二级指标
政策/法律框架	个人隐私保护	高级领导力	可见的政治领导
	现有信息访问权限		已建立的政治领导和治理模式
	数据安全，归档及保存		现有的政治活动或计划
	政府数据的所有权许可		政治环境
	政府部门出售数据政策		与开放政府合作伙伴组织之间的关系
	政策/法律	开放数据需求	来自社会、发展伙伴及媒体的实际和潜在需求
			来自商业/私人部门的实际和潜在需求
体制结构和政府责任及能力	计划和实施的领导部门		公共部门对数据需求的倾听和回应
	首席信息官或负责数据管理的官方职位		外部利益相关者如何看待政府倾听和回应数据需求的意愿
	部门间关于ICT问题的协同机制	公众对于开放数据的参与和能力	信息媒介与生态
	绩效或服务质量评估		推动数据再利用的政府活动
	数据/统计部门		参与的社交媒体和数字化渠道
			移动客户端经济
	部门对数据发布的顾虑及应对		具有相关数据分析及技术培训能力的学术或研究组织
	政府的整体ICT技术基础	开放数据项目融资	开放数据项目起步阶段的资助
	政府的网上表现		基于开放数据的客户端及电子服务的资助
政府的数据管理与政策及数据可用性	对政府信息管理的政策和实践		ICT设施及人力资源发展资助
	数据持有态度		创新资助机制
	数据被如何持有	国家技术与技能基础	当地的ICT"生态"及技术普及程度
	政府内部和政府间的数据实际和潜在需求		互联网接入成本/计算与存储设施
	已经开放的数据及开放条件		IT产业、开发社区以及整体数字素养
	匿名个人数据的实践经验		
	拥有数据管理能力来领导项目的部门		

注：ICT表示 information and communication technology，信息与通信技术

（二）万维网基金会：开放数据晴雨表

开放数据晴雨表是由万维网基金会（the World Wide Web Foundation）、开放数据研究所（Open Data Institute）联合开发的，于2013年发布第一份《全球开数据报告》，截

至 2023 年共发布了四次全球评估报告。作为国际政府数据开放评估体系之一，开放数据晴雨表分析全球趋势，提供国家及地区对比数据，旨在揭示世界各国开放数据计划的真正趋势和影响。开放数据晴雨表的评估指标包括准备度、执行度和影响力。开放数据晴雨表的准备度维度考察国家或地区的政府、公民以及企业三方的相关准备以确保从开放数据行动中获得收益，包括政策准备、政府行动、公民权利及参与以及商业和企业的利用能力等；执行度维度对国家或地区政府在 15 个关键领域数据的开放（包括开放的数量、类型等）及更新状况进行考察；影响力纬度评估开放数据对于该国家或地区在政治、社会以及经济三方面的影响，如改善政府效率，促进经济发展等。开放数据晴雨表整体的评估数据来自四个方面：政府自测、专家问卷、数据评估、二手数据。此外，在分值计算方面，满分 100 分，准备度、执行度以及影响力三个维度分别占 35%、35%和 30%。每个纬度下的二级指标的权重也是均等的（表 6-2）。

表 6-2 万维网基金会的"全球开放数据晴雨表"评估框架

维度	指标			
准备度（35%）	政府政策	政府行动	企业家与商业	公民与市民社会
执行度（35%）	"责任"数据集群	"创新"数据集群	"社会政策"数据集群	
影响力（30%）	政治	经济	社会	

（三）开放知识基金会：全球开放数据指数

自 2013 年开始，国际开放知识基金会（Open Knowledge Foundation，OKFN）开始发布"全球开放数据指数"（global open data index，GODI），旨在搜集和反映当前世界范围内国家层面的开放数据状况。"开放数据指数"是一个从公民视角出发的独立评估，从而给政府提供一个来自使用者角度的可以测量的工具，进而帮助政府改善开放数据水平。2015 年，"全球开放数据指数"对全球 122 个国家和地区的开放数据进行了评估，包括国家统计数据、政府财政预算、政府支出、立法、选举结果、污染物排放、公司地址等 13 个数据领域（表 6-3）。同时，每一个数据领域细化到具体的数据指标，并通过一系列评估标准（如数据的存在性、格式、机读性等）来给予赋值，最后加权平均算出每个国家的指数。2015 年的整个评估经历了四个步骤：首先由志愿者对数据集进行评估，其次由当地协调员检查审核，再次通过专家评审员进行确认，最后在正式发布前进行大众评审。

表 6-3 开放知识基金会的"全球开放数据指数"评估框架

一级指标	二级指标	一级指标	二级指标
国家统计数据	国家 GDP（每季度更新）	政府财政预算	每年更新
	失业统计（每月 更新）		不同预算部分说明
	人口（每年更新）	政府支出	单个交易记录
政府财政预算	不同部门财政预算		交易日期

续表

一级指标	二级指标	一级指标	二级指标
政府支出	供应商名称	位置数据集	邮编
	交易金额		行政边界
	每月更新	政府采购招标	招标（名称、描述、状态等）
立法	法律/法规内容		奖项（名称、描述、价值等）
	法律的相关修订	水质	类大肠菌群
	最后修订日期		砷
	每季度更新		氟化物含量
选举结果	所有主要选举的结果		硝酸盐
	注册选举数量		TDS
	无效选举数量	天气预报	温度 5 天预测（每日更新）
	作废选举票数		风力/向 5 天预测（每日更新）
	数据需要公开到投票站层面		降水 5 天预测（每日更新）
污染物排放	微粒物质（PM）		过去一年的历史温度数据
	硫氧化物	土地所有权	陆地边界
	氮氧化物		土地所有者名称
	挥发性有机化合物		土地面积
	一氧化碳		国家层面
	每周更新		每年更新
公司地址	国家层面或至少三个大城市	国家地图	比例尺为 1∶250 000
	公司名称		全国道路标识
	公司标识		国界线
	公司地址		河流、湖泊、山脉等标识
	每月更新		每年更新

注：GDP 表示 gross domestic product，国内生产总值；TDS 表示 total dissolved solid，溶解固体总量；PM 表示 particulate matter，微粒物质

（四）经济合作与发展组织：开放政府数据指数

2014 年，OECD 开展了针对成员国开放政府数据情况的调查，调查对象主要是各国中央或者联邦政府的首席信息官（chief information officer，CIO）。调查目的是从数据可用性、可访问性和再利用性等三个方面评估政府在国际上开放数据方面达成协议的一些原则的实施上所做的努力。可用性主要考察提供的公共部门数据的范围等；可访问性主要评估这些数据的提供是否具有较高的使用性，如元数据及可机读数据等；再利用性主要考察政府在促进数据创新性再利用以及利益相关者参与方面的支持（表 6-4）。满分 1 分，每个维度占比 1/3。

表 6-4　经济合作与发展组织的"开放政府数据指数"评估框架

一级指标	指标测量
可用性	全国选举结果
	国家公共支出
	地方公共支出
	最近一次全国人口普查
	公共数据再利用应用
可访问性	CSV 格式的使用（机器可读）
	元数据的系统性提供
	可用功能：地理空间工具
	最流行数据集排名
	访问者投票功能
	添加数据集提醒通知
再利用性	关于发布数据类型的日常磋商
	软件开放竞赛（如移动客户端）
	面对公民和企业的信息会议
	数据及开放政府数据政策实施的发布
	组织绩效指标
	共创型事件的组织（如黑客马拉松）
	针对记者的数据推广
	政府里的数据分析团队
	对于公务员能力建设的培训

（五）联合国：开放政府数据调查

联合国作为全球规模最大、最具影响力的政府间国际组织，一直以来都在处理国际政治、经济和社会事务中发挥着极其重要的作用。2014 年 8 月，联合国经济和社会事务部发布《联合国 2014 年电子政务调查报告》。该报告每两年出版一次，对 193 个成员国的电子政务发展状况进行评估。这一报告首次将开放政府数据纳入其中，指出"开放政府数据能从根本上提高资源的使用率，改善公共服务"。在"只要不牵涉存在争议的隐私问题以及国家安全问题，所有政府数据都可以公开"的假设下，评估员查找出现在各政府网站上的数据集并按照不同领域进行分类。同时，调查还对政府数据是否可以便捷使用与再使用等进行了评估，如专门的数据门户网站、数据使用说明、数据格式等。此外，报告还关注了开放政府数据的政策、法律和制度体制状况等，调查各个国家是否通过立法的方式保护个人隐私和国家安全机密，以及开放数据的目录、形式等（联合国开放政府数据研究的主要考察指标参见表 6-5）。在 2014 年的全球电子政务报告中，开放政府数据调查只列出了排名靠前的 50 个国家，并没有给出评估的绝对数值以及结果排名。

表 6-5 联合国开放政府数据研究的主要考察指标

主要纬度	基本指标
政策与监管框架	宪法中对于信息获取的有关规定
	有关信息获取的立法
	宪法中对于数据隐私的规定说明
	有关数据隐私的立法
	有关开放数据的立法
	国际公约中涉及信息获取与数据隐私的内容表述
组织架构	信息（隐私）专员的存在
	信息专员或同等职位官员可以独立履行职责
数据目录的法律开放	数据利用是免费的吗
	除了"属性"和"相似分享"外，没有限制
数据目录的技术开放	网上可用（任何格式），但使用开放许可的开放数据
	可作为机器可读的结构化数据
	以上所有都是非专有格式
	以上所有还要适用万维网的开放标准
	以上所有还要有链接的数据

（六）开放数林指数

开放数林指数由复旦大学数字与移动治理实验室制作出品，自 2017 年 5 月首次发布以来，每隔半年对我国地方政府数据开放水平进行综合评价，精心测量各地"开放数木"的繁茂程度和果实价值，助推我国政府数据开放生态体系的培育与发展，截至 2023 年已连续第五年发布。2018 年以来，中国开放数林指数为国家互联网信息办公室信息化发展局跟踪监测国内公共信息资源开放情况提供数据支撑。开放数林指数邀请了国内外政界、学术界、产业界共 70 余位专家共同参与，组成"中国开放数林指数"评估专家委员会，体现了跨界、多学科、第三方的专业视角。专家委基于数据开放的基本理念和原则，借鉴国际数据开放评估报告指标体系的经验，立足我国政府数据开放的政策要求与地方实践，结合专家研讨与赋值，构建起一个系统、科学、可操作的地方政府数据开放评估指标体系，并为每项指标分配了权重。该评估指标体系共包括准备度、平台层、数据层、利用层四个维度及下属多级指标（表6-6）。

表6-6 开放数林指数评估框架

维度	指标			
利用层（20%）	利用促进	有效成果数量	成果质量	利用多样性
数据层（40%）	数据数量	数据质量	数据规范	开放范围
平台层（20%）	数据发现	数据获取	成果提交展示	互动反馈	用户体验
准备度（20%）	法规政策效力与内容	组织与实施	标准规范制定		

第四节 政府数据保障

近年来，为实现数据的最大化利用，满足公众多样化需求，不断提升民众参与公共管理的意愿，进一步提高政府管理、服务水平，我国颁布了数据开放法律政策，逐步加深了数据开放的深度与广度。与此同时，国家在制定政府数据开放政策的同时，也意识到数据安全、信息保护的重要性和紧迫性。政府数据作为国家重要的战略资源，只有在安全保障的基础上，才能使数据利用发挥最大效用，否则会成为社会发展的绊脚石。伴随着信息化建设和大数据技术的快速发展，加快推进数据安全、隐私保护等关键技术攻关，紧迫性不言而喻。

2021年3月，十三届全国人大四次会议通过的《中华人民共和国国民经济和社会发展第十四个五年规划和2035年远景目标纲要》，在此将大数据以及网络信息利用置于重要的战略地位。在"十四五"规划中，"网络安全"一词文中出现了14次，"数据安全"出现了5次，"数据要素"出现了4次。由此可见，网络安全、数据安全已成为国家、社会发展面临的重要议题。

关于政府数据开放背景下的信息安全的保障问题，将从安全维度出发，分别从战略层面、管理层面和技术层面三个基础保障因素出发进行分析。总体而言，具备健全法律体系、完善的组织机构和统一的开放平台与技术性的安全保障，有助于持续深入推进我国政府数据开放纵深发展。

一、信息战略安全建设

（一）开放数据与个人数据保护政策

政府在对公民进行相关必要信息采集工作时，务必会掌握公民大量的隐私信息；并且，在对于相关信息的共享使用时，政府在数据开放过程中更易造成公民数据泄露的现象。大数据时代，数据在传输中泄露、伪造身份进入系统等行为屡见发生，这给个人隐私信息的保护带来巨大挑战。我国也相应地颁布了法律政策，加强对于个人隐私信息的保护。

在法律方面，随着政府信息公开和数据开放的大力发展，国家努力对处于互联网环境下的个人信息进行保护，并先后制定了《电信和互联网用户个人信息保护规定》《关于加强网络信息保护的决定》《电信和互联网用户个人信息保护规定》《全国人民代表大会常务委员会关于维护互联网安全的决定》《中华人民共和国消费者权益保护法》等法律文件。同时，《中华人民共和国民法典》《中华人民共和国刑法》《中华人民共和国行政诉讼法》《中华人民共和国民事诉讼法》《中华人民共和国刑事诉讼法》《中华人民共和国网络安全法》等法律，对于个人信息保护问题根据情节轻重皆有所规定。

其中，2017 年 6 月 1 日起施行的《中华人民共和国网络安全法》更是主要为保障网络安全，维护网络空间主权和国家安全、社会公共利益，保护公民、法人和其他组织的合法权益，促进经济社会信息化健康发展所制定的；2021 年 8 月，十三届全国人大常委会第三十次会议表决通过的《中华人民共和国个人信息保护法》，对个人信息保护设立了多项条款和立法要求，强调了个人信息保护的基本原则，明确了个人信息主体的基本权利，分类规范信息处理主体相关活动等。

值得注意的是，2012 年人大常委会通过的《关于加强网络信息保护的决定》，将"个人信息保护"从各部门法和部委规章中的零散规定中，首次提升到单独的"法律"规范层面，这是中国公民个人信息保护法律体系的重大突破。

在政策方面，2000 年，全国人大常委会通过了《全国人大常委会关于维护互联网安全的决定》，该决定首次涉及个人信息保护，虽主要涉及侵犯公民通信自由和通信秘密而非全面的个人信息保护，但仍起到重视作用。

具体来看，政策规定主要涉及两方面：一方面，对于标准的建立。2013 年 2 月 1 日起，我国正式实施了首个个人信息保护的国家标准《信息安全技术、公共及商用服务信息系统个人信息保护指南》，该标准主要保护公民的隐私权。另一方面，对于行政的管理。2013 年工业和信息化部发布了《个人信用信息基础数据库管理暂行办法》、2014 年中国人民银行制定了《电信和互联网用户个人信息保护规定》、2017 年工业和信息化部制定印发了《信息通信网络与信息安全规划（2016—2020 年）》等行业行政规范。2020 年《网络产品和服务安全审查办法》也明确规定，对于电子政务等可能影响国家安全的重要行业和领域，应当通过网络安全审查。

（二）开放数据与国家信息安全政策

政府数据开放是全球发展趋势，而对于信息安全保障体系的建设，国家层面的规范性文件也多有强调。2004 年《关于加强信息资源开发利用工作的若干意见》明确信息资源开发利用的重要性和信息安全保障体系不够健全的问题；《2006—2020 年国家信息化发展战略》提出要建立和完善信息资源开发利用体系和国家信息安全保障体系；《2014 年政府信息公开工作要点》继续深入各领域的信息公开建设；《2015 年政府信息公开工作要点》第一次明确提出"积极稳妥推进政府数据公开，鼓励和推动企业、第三方机构、个人等对公共数据进行深入分析和应用"。政府层面的公开工作从信息上升到了数据层面；《2018年政务公开工作要点》明确提出要着力推进政务公开制度化规范化，贯彻落实政府信息公开条例；《2019年政务公开工作要点》从平台建设出发，提出优化服务功能，加强公开平台建设。此外，还强调了要完善公开制度规范；《2020年政务公开工作要点》从新冠疫情防控背景下出发，指出应围绕突发事件应对加强公共卫生信息公开，及时准确发布疫情信息；《2021年政务公开工作要点》紧扣"十四五"规划的要求，深化政务公开；《2022年政务公开工作要点》切实提出要夯实公开工作基础，规范执行政府信息公开制度，科学合理确定公开方式，此外，还要加强公开平台建设。

大数据时代，数据在传输中泄露、伪造身份进入系统等行为屡见发生。目前，我国部分涉及信息技术相关的软件、硬件产品仍依赖于西方进口，且与西方国家相比，我国信息基础设施相对较为薄弱。中美贸易战后，西方更是加紧对于中国数据信息的攻略。此时，政府数据开放可能会造成国家机密的泄露，使得国家信息面临着巨大的威胁，甚至会导致国家数字主权与国家公共安全出现危险。

为应对网络信息安全目前面临的严峻形势，中央网络安全和信息化领导小组于2014年成立。该小组的建立是贯彻落实十八届三中全会精神的重大举措，也表明网络信息安全的重要地位，体现出数据信息安全已成为国家、政府、部门以及各行业均不容忽视的一个国家安全战略性问题。

二、信息管理安全建设

（一）政府数据开放信息安全的组织机构

为促进与保障政府数据开放的广泛性与安全性，我国探索建立了有力的领导和执行机构。2014年2月27日，作为我国各领域网络信息安全和信息化重大策略的最高统筹安排机构，中央网络安全和信息化领导小组正式成立，并由习近平亲自担任组长。该领导小组主要负责研究制定网络安全和信息化发展战略、宏观规划和重大政策。随后，各地政府及其相关部门纷纷成立网络安全和信息化领导机构并设立网信办，使得自上而下的国家网络安全管理机构得到进一步理顺。

2018年，政府机构改革将中央网络安全和信息化领导小组改为中央网络安全和信息化委员会，负责网络与信息领域重大工作的顶层设计、总体布局、统筹协调、整体推进与督促落实。同时将国家计算机网络与信息安全管理中心由工业和信息化部管理，调整为由中央网信办管理。此举动优化了网信办职责，增强了网络安全统筹协调能力，更为网络安全工作快速发展打下了良好基础。

（二）政府数据开放信息安全管理机制

政府数据开放平台作为一个连接数据提供方与公众之间的通道，能够在聚合海量数据的基础上，实现数据管理、信息发布、资源获取与传播等功能。同时，政府数据开放平台能够实现优化数据资源配置，也是政府实现数据开放信息安全管理的平台与机制。

2015年，国务院印发关于《促进大数据发展行动纲要》帮助推动地方政府数据开放工作不断走向专业化、大众化，北京、上海、浙江、青岛、武汉等地方政府先后建立起专门的政府数据开放网站。其中，最早建立开放政府数据平台的城市为北京。《2021年度中国地方政府数据开放报告》显示，上海、浙江、贵阳、山东在数据开放方面处于全国前列；截至2021年10月，我国已有193个省级和城市的地方政府上线了数据开放平台，其中省级平台20个（含省和自治区，不包括直辖市和港澳台），城市平台173个（含直辖市、副省级与地级行政区）。截至2021年10月，我国71.43%的省级（不含直辖市）政府和51.33%的城市政府已上线了政府数据开放平台。

近年来，各级地方省市在对于政府数据信息安全管理建设中，都取得了极大的成效，在此，列举三个较为典型的地方政府数据开放发展情况。

1. "开放广东"平台

广东省政府数据开放平台名为"开放广东"（http://gddata.gd.gov.cn/），于2016年10月上线，当前平台已开放40个部门、21个地市的4027个数据集（省级462个、市级3575个），共开放数据1.472亿条，提供186个数据接口（省级87个、市级99个）和81个数据应用。

在数据应用方面，"开放广东"平台的数据地图功能提供了出租汽车企业、广东省文化许可类信息等10个主题的可视化地图；在互动交流方面，平台提供了数据申请、纠错公开、调查问卷和意见征集四种方式，为用户申请更多可用数据、反馈意见建议提供了渠道。此外，"开放广东"平台还提供了行业信息和数据开放平台的链接，包括广东省教育管理公共服务平台、广东省金融数据开放平台、信用中国（广东）和广东省建设行业数据开放平台。

2. 山东公共数据开放网

2018年1月，山东公共数据开放网（http://data.sd.gov.cn/）上线运行，目前平台已开放50个部门，16个地市的35 230个数据集（其中，省级736个、市级34 494个），该平台属于省级和市级数据完全覆盖的综合性平台，即该平台包含16个市级平台的全部数据和省级部门的全部数据。

在数据应用方面，平台提供的42个数据应用中，便民服务、交通出行和智慧旅游等方面的应用较多，也提供包含山东省博物馆信息、德州市驾驶人考场信息等38条目录的数据地图；在数据统计方面，平台提供开放指数栏目，对平台的数据开放情况进行评价，包括部门开放指数、主题开放指数和标签开放指数；在互动交流方面，平台提供了咨询建议、数据申请、调查问卷、常见问题等板块，便于用户和平台进行沟通。2018年，山东省全面建设市级政府数据开放平台，所有市都搭建了独立的开放数据平台，16个市级平台架构一致。

3. "云上贵州"平台

2016年9月，贵州省政府数据开放平台（http://data.guizhou.gov.cn）上线运行，"云上贵州"是贵州省政府信息共享和开放平台，自2014年贵州省启动"7+N"云工程建设以来，大部分政务部门的信息资源已经存放到云上。政府数据开放平台上线后，"云上贵州"平台所有被定义为绿色数据的资源，均可直接上架数据开放平台，实现数据实时在线。在数据统计方面,平台提供了可视化展示;但在互动方面,平台仅提供了数据申请一个栏目,并未设置数据纠错、意见反馈方面等功能。

目前,贵州省的九个市州均设有政府数据开放平台,除贵阳市政府数据开放平台于2017年上线外,其余平台均于2019年建成。2017年4月,《贵阳市政府数据共享开放条例》发布,成为我国首部政府数据共享开放的地方性法规,对数据开放范围、目录等进行了规定。

目前,我国尚未建立国家级统一的政府数据开放平台。但地方政府数据平台建设中通过"互动交流""咨询投诉"等板块来跟民众进行互动。同样,政府也积极与百度、阿里巴巴等企业建立战略合作关系,大幅提升了政府数据开放的有效利用率。

三、信息技术安全建设

对于政府数据开放信息安全技术的保障,需要从数据安全技术、载体安全技术、边界和环境安全技术等方面进行技术保障。

(一)数据安全技术保障

对于数据安全技术,主要从数据静态安全与数据动态安全两方面进行保障。

为防止存储设备内数据被偷窃、修改、删除与破坏,需要关注数据静态安全问题。目前,保障数据的静态安全的技术主要有:模拟信号跳频技术、磁带技术、RAID(redundant arrays of independent disks,独立磁盘冗余阵列)技术、复制技术、双机热备份技术、快照技术、失效检测技术、集群技术、AES(advanced encryption standard,高级加密标准)技术等。

为防止数据在处理、加工、使用、传输过程中被截获或篡改,出现未授权者伪造身份进入系统等现象,需要针对性地防范数据动态安全问题。目前,保障数据的动态安全的技术主要有:数字水印技术、隐写术、VPN(virtual private network,虚拟专用网)技术、PKI(public key infrastructure,公钥基础设施)认证、DAC(discretionary access control,自主访问控制)技术、MAC(mandatory access control,强制访问控制)技术、RBAC(role access control,基于角色的访问控制)技术、动态口令认证系统、对称密码体制、Kerberos认证等。

(二)载体安全技术保障

对于载体安全技术,主要从载体自身安全与载体数据安全两方面进行保障。

载体自身安全指通过对信息载体自身的防护与保护从而使载体处于安全的状态,以实现数据的安全。目前,保障载体自身安全的技术主要有:网络隔离技术、防火墙控制技术、载体防盗技术、载体防护技术、防震技术、故障检测技术等。

载体数据安全指通过对信息载体数据的防护与保护从而使载体的数据信息处于安全状态,以确保数据的安全处理、加工、传输与使用。目前,保障载体数据安全的技术主要有:载体数据加密技术、系统安全技术、高可用技术、虚拟专用网、安全协议、安全删除销毁技术、DAS(direct attached storage,直接附接存储)技术、NAS(network attached storage,网络附接存储)技术、SAN(storage area network,存储区域网络)技术、OBS(optical burst switching,光突发交换)储存技术等。

（三）边界和环境安全技术保障

1. 边界安全技术保障

对于边界安全技术，主要包括物理边界安全与逻辑边界安全。

物理边界安全是指通过技术和管理手段保护物理边界不被破坏、不被非授权进入或者损毁，从而得以保障物理环境安全。保障物理边界安全的技术主要有：电子锁、感应卡式门禁系统、指纹门禁系、虹膜门禁系统、面部识别门禁系统、巡更系统、红外防护系统、视频监控系统等。

逻辑边界安全是指通过技术或者管理的手段，保护逻辑的边界不被破坏、损毁或者非授权地进入，进而保障逻辑环境安全。保护逻辑边界安全的技术主要有：包过滤技术、应用代理技术、状态检测技术、NAT（network address translation，网络地址转换）技术、模式匹配技术、异常检测技术、完整性分析技术、网络隔离技术等。

2. 环境安全技术保障

对于环境安全技术，主要包括物理环境安全与逻辑环境安全。

物理环境安全是指确保物理网络、计算资源、基础性支持设施、计算所在的物理平台以及监督和监控系统等的安全。目前，保障物理环境安全的技术主要有：用户身份鉴别、防辐射信息泄露、机房监控系统、操作系统加固技术、应用软件安全技术、内储存器的保护技术、沙箱技术、安全审计技术、高可用主机群集技术等。

逻辑环境安全是指防止运行于物理平台上的网络系统、处理信息的系统、支撑性系统和平台（如操作系统、数据库系统）被破坏，从而确保其安全。目前，保障逻辑环境安全的技术主要有：安全审计技术、数字取证技术、安全编码技术、边界隔离和控制、病毒检测与防护、安全扫描与评估等。

第六章补充材料

本章参考文献

封云. 2019. 区块链在大数据征信中的应用展望[J]. 金融经济，（12）：121-122.
付熙雯，郑磊. 2013. 政府数据开放国内研究综述[J]. 电子政务，（6）：8-15.
李雪梅. 2020. 我国政府数据开放的困境及对策：基于大数据征信视角[J]. 征信，38（9）：30-35.
刘瑾. 2020. 我国地方政府数据开放发展模式研究：以广东、山东和贵州省为例[J]. 情报探索，（5）：82-90.
钱焰青，彭传德. 2020. 论加强政府信息资源的管理[J]. 中国行政管理，（2）：6-7.
汤志伟. 2016. 电子政务[M]. 北京：高等教育出版社.
王翠萍，侯璐. 2017. 国外面向政府决策的信息资源开发现状分析[J]. 图书馆学研究，（13）：16, 17-21.
王文强. 2017. 政府数据开放背景下中美信息安全保障比较研究[D]. 武汉：武汉大学.
张晓娟，孙成，向锦鹏. 2017. 基于开放数据晴雨表的我国政府数据开放提升路径分析[J]. 图书情报知识,（6）：60-72.

张月茹. 2018. 我国政府数据开放与安全政策协同研究[D]. 哈尔滨：黑龙江大学.

赵柯，薛岩. 2020. 西方国家开放政府数据运动研究[J]. 当代世界与社会主义,（3）：191-197.

赵龙文，莫荔媛，潘卓齐. 2016. 基于关联数据的政府数据开放实现方法研究[J]. 情报资料工作,（6）：55-62.

郑伦卫. 2003. 电子政务与政府信息资源开发利用[J]. 情报科学,（12）：1323-1327.

郑跃平，刘美岑. 2016. 开放数据评估的现状及存在问题：基于国外开放数据评估的对比和分析[J]. 电子政务,（8）：84-93.

朱劭华，吴桂生. 2019. 征信类 App 收集个人信息存在的风险隐患探析[J]. 金融科技时代,（12）：70-72.

朱悦. 2019. 论大数据背景下综合信用服务机构的公信力[J]. 征信,（5）：22-25.

第七章

电子政务绩效评估

 本章导言

在电子政务的发展过程中,绩效评估作为衡量电子政务实施效果的重要手段,日益受到关注。电子政务绩效评估不仅有助于了解电子政务的实际效益,还能为改进和优化电子政务提供科学依据。电子政务的高投资、高风险特点,也增强了电子政务绩效评估的紧迫性。本章将系统介绍电子政务绩效评估的模式、工具、方法,以及电子政务绩效评估的实践等内容。

第一节 电子政务绩效评估概述

电子政务建设技术复杂程度高,面向对象日趋多元化,建设难度不断提升。为了提高电子政务绩效水平,优化电子政务方法,获取最高绩效,使用科学的绩效评估工具方法、设立系统性的电子政务绩效评估模式,对于电子政务的长远发展具有十分重要的意义。

一、绩效评估的概念

20 世纪 50 年代,美国的绩效预算制度首次将绩效评估和绩效管理真正运用到政府管理中来。20 世纪 70 年代,西方新公共管理运动的开展,使绩效评估在政府管理中得到广泛应用。

政府绩效评估是对政府的组织或者部门的效率、效果进行评价的一种结果导向性评估,是指应用标准化的测量技术或方法,收集相关数据和信息,构建测量指标体系,通过定量与定性对比分析,对政府组织或者部门的工作能力、服务态度、产出情况等进行客观、公正与准确的综合性评估,从而提高政府效率的一种管理过程(李传军,2011)。

二、电子政务绩效的内容

电子政务绩效指政府在实施电子政务的过程产生的结果和成效(吴爱明和何滨,2013;王琦等,2011)。从政府绩效角度看,随着电子政务这一政府治理工具的产生与不断发展，传统政府绩效管理模式已不能适应新兴电子政务发展的需要；从电子政务角度看，电子政务如想及时走出发展误区，获得长远进步，就必然要及时获取电子政务应用结果的实时反馈。因此，电子政务绩效评估具有十分重大的意义。电子政务绩效应重点关注以下四个方面的内容。

（一）社会公众满意度

建设电子政务的目的是提高公共服务水平，因此公众的满意度、企业的满意度以及相关机构业务合作的满意度是关键。因此，在深入推进电子政务建设的过程中，要保证政府的政务行为与政务信息都做到公开透明，提供多种技术平台对公共行政的参与和监督，积极与民众、企业与社会组织保持沟通，提高社会公众对政府的满意度。

（二）成本—收益

虽然电子政务是由政府推动建立实施的公共产品，但也应重视衡量电子政务项目的效用，避免电子政务建设呈现出"比规模""比设备"等贪大求全的趋势，以及出现腐败现象。因此，要对电子政务项目的投入成本和产生的收益进行比较计算，判断电子政务效益如何，以确定之后的修正方案，以便对政务项目及时做出调整和规划。

（三）运作管理

运作管理主要体现在政府网络系统建设过程中的渠道是否畅通和管理平台的适应性和扩展性。一方面，信息渠道是否畅通对于电子政务网络建设具有重大影响，流通不畅则会导致效率低下，无法真正发挥电子政务平台信息共享、服务民生的作用；另一方面，电子政务管理平台由不同主体共同使用，所以平台的维护、升级、软件安装配置应用以及相关的支持服务和增值服务，体现出电子政务系统的回应性和公平性。

（四）社会效益

提高目标的可测量性是提高电子政务效益的一个关键。电子政务目标之一是提高社会效益。但社会效益指标的可测量性弱于财务指标、工程技术指标等其他可量化指标，因此可以通过用户满意率调查、运行数据统计等手段来间接计量社会效益，保证测算指标的全面性（吴洁平，2007）。

三、电子政务绩效评估的意义

电子政务是以绩效为导向，运用信息技术优化创新的绩效再造工程。电子政务绩效指政府在实施电子政务过程中的产出、影响、效果。作为政府绩效评估的一个重要组成部分，电子政务绩效评估是指由专门机构或人员依据电子政务建设和应用的相关数据，按照特定的评价指标体系，通过定量定性对比分析，对电子政务建设的投入产出比、影响效果做出客观、科学、合理的测算与评价。

电子政务的绩效评估能够帮助政府及时发现电子政务建设中存在的"建而不管"或"管不到位"等问题，正确引导电子政务建设，切实提高政府公共服务能力。我国政府对于电子政务绩效评估建设高度重视，2002年《国家信息化领导小组关于我国电子政务建设指导意见》提出要加快建设电子政务绩效评估机制。2015年1月，国家发改委、中央编办、财政部联合印发《关于开展国家电子政务工程项目绩效评价工作的意见》（发改高技〔2015〕200号），侧重于评估电子政务项目建成后的建设目标、项目建设的完整性和功能实施效果，发布了项目绩效评估指标和报告说明，确保电子政务工程项目绩效评估工作的标准化、合理性和有效性。《2006—2020年国家信息化发展战略》更明确指出，建立电子政务规划、预算、审批、评估综合协调机制（亓秋景，2012；肖鹏，2014）。

四、电子政务绩效评估原则

电子政务绩效评估涉及不同部门、不同层次，必须遵循一定原则，才能够保证绩效评估过程与结果的有效性。

（一）科学合理原则

首先，电子政务绩效评估应充分体现我国电子政务的建设目标：提高政府绩效与提升公共服务能力，建立电子政务标准化体系，将电子政务的目标与客观事实融合到绩效评估体系标准中来。其次，科学、精确设置电子政务绩效评估的各个评价指标，评估指标设立标准必须符合绩效、效益的科学概念。最后，电子政务绩效评估，要能反映出政府工作的特点和信息化工作的价值。

（二）系统优化原则

电子政务绩效评估需要建立相互联系、相互制约的指标，指标体系要能够统筹兼顾各方关系。一方面，在设计评价指标体系时要采用系统分解和层次分析法将总体指标分解成次级指标，次级指标再分解，组成树状结构的指标体系，使体系从单项指标到横向结构、层次结构都能满足系统化要求；另一方面，设计评价指标体系时要进行优化，筛选高代表性和概括性的指标，注重指标的全面性和主导性。同时，静态指标和动态指标相结合，定量指标和定性指标相结合，力求全面地反映电子政务建设的现状。

（三）客观全面原则

评估指标要具有客观性和可靠性。在设计指标体系时，要尽量避免采用主观性强的指标，从源头上减少因主观因素造成的差异性，使评估信息更具有客观性和可靠性。此外，电子政务绩效评估指标体系要体现综合性与全面性。如果仅对于局部进行指标设置，将无法全面反映电子政务发展现状。在指标体系的设计中，指标设置要避免指标过细问题，充分考虑指标的可操作性、数据采集过程中的可获得性，所选取的指标应该尽量与政府现有的数据衔接，以便于数据采集。

（四）实用易理解原则

在保证评价指标客观全面的前提下，指标体系要尽可能简化和易于理解。一方面，各项评估指标及其相应的计算方法与收集的数据都要有标准化、规范化的答案，不同的理解会带来不同的评估标准，影响数据的收集；另一方面，各项指标方法也要尽快能简化与易于采集，便于统计分析，也能够保证评估过程与结果的质量。

（五）通用可比性原则

评估指标体系的设置，能够体现数据间的量极差，才便于数据的分析与问题的改进，这就要求数据指标要具有通用性与可比性。首先，在政府内部，要实现同一单位不同时期的纵向比较与不同职能部门之间的横向比较，就需要指标体系设置各职能部门在推行电子政务过程中的共同标准，如通过调整权重等方式以适应不同类型的组织与部门。其次，评价指标的择取应尽可能使用国内外通行标准和公认概念，以减少民众争议和不确定因素的影响。

（六）目标导向性原则

电子政务绩效评估体系的最终目的是加强电子政务管理，引导电子政务朝向正确的道路发展。因此，指标的设置要体现以下内容：积极推进公共服务、有计划地整合统一电子政务网络平台以规范政府管理和服务行为、规划开发具有基础性和公益性的政务信息资源。基于为公众服务的目的，要实现评估指标体系、评估方法与过程、评估数据的公开透明，接受社会公众监督。同时，电子政务绩效评估要有及时性。绩效评估的目的是发现并及时改进电子政务发展中所存在的问题，促进电子政务的发展，同时也能为其他政务项目发展提供重要的信息资源。

五、电子政务绩效评估的必要性

（一）电子政务绩效评估有助于维护国家安全与利益

互联网开放性、匿名性、交互性等特点，让网络平台集纳多元文化、多元思潮。时间与空间的界限被轻易打破，各国的联系也越来越紧密。电子政务的建设，更加促进信息的生产与传播。但电子政务信息涉及大量国家机密、个人及商业机密，政务信息公开透明的同时，也给不法之徒大开"方便之门"。因此，为维护国家主权与信息安全，更好地保护国家及个人利益，政府应对涉及电子政务信息安全的环节进行评估，找出问题点，积极采取应对措施以保护国家安全。

（二）电子政务绩效评估有利于推动政府改革

电子政务建设的目的是提升政府效率，为民众提供更加优质的公共服务。政府正在进行管理流程再造、组织优化重组、行政体制变革等相关改革，这也恰好与电子政务发展的深层次需求相吻合。因此，政府在稳步推行电子政务建设的同时，应充分考虑推行电子政务后社会的承受能力和各项措施之间的协调配套，及时、准确评估电子政务的实施状况，及时修订政府信息化的发展策略，带动行政体制的深层变革。

（三）电子政务绩效评估有利于正确引导电子政务发展

电子政务的绩效评估通过获取相关现实数据并按照指标体系进行分析，能及时发现问题，利用先进的信息技术，有针对性地解决现代电子政府运作过程中的效率、成本、服务、管理等方面的问题，为电子政务发展保驾护航。同时，建立科学的指标体系和确立合理的标准化指标，可以对比分析国与国之间、各级政府部门之间电子政务建设水平的差距，汲取先进经验，修正自身不足，引领正确的方向。

（四）电子政务绩效评估有利于抵御风险，加强政务管理

相对于一般信息化项目而言，电子政务项目的涉及面更广，关系更复杂，经验更少，不确定性更大，风险性更高。此时，应该发挥绩效评估在抵御电子政务建设风险、防范项目失败方面的重要作用。同时，电子政务绩效评估能较为准确地判断各个电子政务系统的状态，进行客观、准确的度量和评价。建设有效的电子政务管理体系是十分重要的。通过绩效评估确保每一个政务系统的投资效率和建设效果，有利于调动各地方、各部门推行电子政务的积极性、主动性，同时这也是加强管理的一种方式。

第二节　电子政务绩效评估模式

一、基本评估标准："3E"标准

关于政府绩效评估标准的划分，政府、学术界和业界还没有达成统一的结论，很多学术研究和政府实践都聚焦在经济、效率和效果三方面的关注，西方学者认为这是绩效的"新正统学说"（张成福和唐钧，2005）。英国在1983年颁布的《国家审计法》将绩效审计（评估）定义为：检查某一组织为履行其职能而使用所掌握资源的经济性、效率性和效果情况。美国地方政府也经常采纳这三方面的标准对相关公共组织或项目进行绩效评估（刘伟，2013）。这就是西方国家从政府绩效评价实践中总结出的 3E 标准，即经济性（economy）、效率性（efficiency）和效果性（effectiveness）（丁利，2014）。

（一）经济性

经济性是指政府消耗资源的最小化，即在投入水平不变的前提下，最大限度减少政府的资源消耗。这里的资源可以泛指人力、财力或物力在政府提供公共服务、内部运行管理、建设投资使用等方面的消耗。经济性是政府开展绩效评估的初始动因之一，主要是为了减少政府资金使用上的严重浪费和解决人员扩张带来的组织机构臃肿低效的问题。

（二）效率性

效率性是指政府投入的资源和产出的产品、服务之间的比例关系，即在资源投入水平一定的情况下尽可能使产出水平最大化或在产出水平一定的情况下使投入的资源水平控制在最小的范围内。效率性原则是西方各国政府及社会各界对政府支出在项目决策机制、项目实施进度比较、项目经济和社会效益等方面要求的具体体现。效率性原则打破了经济性原则中对降低政府资源消耗的单方面关注，通过投入和产出的比例关系，更好

地了解政府合理使用资源达到理想产出效果的情况，效率性标准在政府部门绩效评估与公共支出效果评价中占有十分重要的位置。

（三）效果性

效果性则是指政府消耗资源后所产出一系列的目标成果的附加，如产品和服务的质量、社会效果、公众的满意程度等。效果性标准不再仅从政府组织内部的角度来考量政府经济性投入产出的比例关系，而是延伸到组织边界以外，追求以结果本位的价值理念来全面持续评估政府绩效。这体现了政府由单纯对政府支出绩效的经济评价转变为对复合的效能评价，体现了新公共管理和政府再造运动后政府对公民需求的积极回应、对社会公平和服务质量提升的有效尝试。

面对复杂多样的电子政务建设的表现形式，政府部门应制定出多层次的评估模式才能更好地实施绩效评估过程和完成评估结果的应用。3E 标准可以作为基本的电子政务评估标准，在不同的评估模式中应根据评估需求和目的、评估方法和方式以及评估主体和对象采取不同指标内容和权重设置。

二、国外电子政务评估模式实践

在当前开展电子政务研究的国际机构中，OECD、IBM、世界市场研究中心、布朗大学、爱森哲、联合国与美国行政学会、哈佛大学国际发展中心、欧洲工商管理学院等机构的研究颇具代表性。这些国际机构从各个方面，提出了不同层次、不同视角的评估指标。根据目前国内外的具体实践，引用上述机构的实践成果和研究思路，我们概括出五种"理想类型"的绩效评估模式（张成福和唐钧，2004）。

（一）基于政府网站的评估模式

政府网站作为电子政务的最终表现形式，代表着政府为公民提供的接触面。如果把电子政务的中间流程假设为难以测评的"黑箱"，那么可以从易于量化的"结果"着手进行考核，并将此项考核视为整个流程的绩效。这是目前一些国际机构进行此类电子政务评估时运用的原理。在具体实施的过程中，一般又分为两类常用的方法：一是罗列出各项指标，进行细化测评；二是以若干关键性的指标为纲，进行重点测评。

1. 分类测评各项指标的方法

此类研究以世界市场研究中心与布朗大学为代表，2001 年对 196 个国家和地区的 2288 个政府网站进行了测评。在进行整体评估时，主要针对联系信息、出版物、数据库、门户网站和网上公共服务的数量五个方面，并具体细化为 22 个指标：电话联系信息、联系地址、出版物、数据库、联系其他网站的链接、音频剪辑、视频剪辑、外语版面、无广告、不需使用费用、残疾人通道、有保密政策与安全政策、索引、网上公共服务、门户网站链接、办理时允许数字签名、可选择使用信用卡付费、电子信箱联系信息、搜索能力、有上载评论的区域、事件公告、可通过电子邮箱提供更新信息服务。其更深入的政府网站测评还针对具体指标进行了细化研究。

（1）网上服务能力。网上服务是指服务过程全部在网上完成，最常见的网上服务有网上订购出版物、网上购买邮票、网上受理投诉等。

（2）网上信息。网上信息包括提供电话号码信息、地址信息、链接其他网站的服务、网上出版物、数据库、目录索引、音频剪辑、视频剪辑等。

（3）保护隐私政策。政府网站应该明确提出有关隐私保护方面的声明，使持怀疑态度的那部分公民重新树立信心。

（4）安全政策。政府网站应该明确提出有关安全方面的声明，为公民提供安全感。

（5）残疾人通道。对于残疾人而言，政府网站上的残疾人通道是至关重要的。它是指网站能够为视力或听力有残疾的公民提供帮助。例如，第一，有 TTY（文字电视）或 YDD（哑语）电话号码；第二，该残疾人通道是经审核合格的，此类审核通常应由非营利机构来做；第三，这些残疾人通道必须与全球标准一致。

2. 重点测评两大类指标的方法

此类研究以爱森哲为代表。在研究过程中，爱森哲运用服务成熟度与传递成熟度两大类指标来评估政府网站的能力。

服务成熟度指政府上网的程度，分为三个层次：公布信息、信息交互和政务处理。政府网站的服务成熟度分为很低、低、较低和适中四个等级。传递成熟度是指传递机制的成熟度，如"一网式"的程度，根据顾客意向做设计的程度、顾客关系管理技术、网站链接的能力以及额外增值服务的程度等，也分为四个等级。

最终，爱森哲根据两种成熟度的情况，将政府网站提供电子服务的能力由高到低划分为四种类型：①创新领袖；②有理想的追随者；③优秀成就取得者；④平台建设者。

（二）基于基础设施技术指标的评估模式

电子政务以 ICT 在政府部门的运用为导入点，因此，基础设施的技术指标是电子政务建设的保障，也是目前国内外电子政务评估的首选指标体系。为此，IBM 电子政务研究院的电子政务战略和决策小组等部门专门设定了基础设施的技术指标。

1. 灵活，以适应快速变动的信息环境

这要求政府与公民、相关部门、供应商和公务员之间的高度协调，电子政务系统的合理整合，以及高新科技的妥善运用。在基础设施建设阶段，可遵循以下四项原则。

（1）使用统一、公开的标准。政府若希望公民、企业、合作方、供应商、其他部门和各级政府应用电子政务系统，公开统一的网络标准是关键。例如，传送控制协议/网络协议（transmission control protocol / network protocol，TCP/IP）、通信的安全配套层级（security supporting level of communication，SSL）、HTML/Java、XML 等必要的标准。

（2）具备重新运用现有软件的能力。这将在新需求不断产生的背景下极大地加速电子政务的新进程。

（3）进行相对独立的基础设计。电子政务的基础设施会随着政府回应力、优先权的分配和具体活动的变动而需要改进。若能在统一标准的前提下，设计相对独立的模块，则可以在不影响全局的情况下进行调试，这对于政府部门的渐进式改革最有利。

（4）整合内部与外部的服务。将部门内外部的多重技术统一协调起来是电子政务的重要因素之一。通过将公民、企业、合作方、供应商、政府工作人员的资料和操作系统整合起来，电子政务能够变得更有效率和效益。

2. 可升级，满足公民和企业不断变动、不可预测的需求

电子政务基础建设的一大挑战是公民对于电子政务预期的需求不断攀升，因此，电子政务基础建设应该具备可升级的能力，在用户量激增的情况下依然能够保持良好的运作效率，即能够随着需求的增长，相应扩充容量，是"成长型"的电子政务。例如，目前常用多网站同时运行的技术来满足巨大的访问量。在电子政务升级方面，有以下两种方法可供选择。

（1）以共享或免费软件平台为核心设计电子政务的应用软件，这样既不需要额外增加核心软件的开发人员，而且在升级时无成本地转移至更优越的平台。

（2）建立负载平衡机制，使电子政务的各项服务形成一个逻辑系统，在增减或修复某个具体部件时不需要变更整个操作系统。该机制在实践中很有效，能够避免某个环节的变动破坏整体运行。

3. 可靠，以保障最终用户的安全性、连贯性和实用性

对电子政务进行组合时，灵活、可升级是内在的特质，而可靠则是外在的表现，是用户能够直接接触和体验到的。因此，用户在很大程度上更关心电子政务的可靠性和实用性。但从三者的关系来看，可靠需以灵活和可升级为基础。

（三）基于软硬件综合指标体系的评估模式

软硬件综合指标体系能够弥补单维度考察的片面性，全面展示电子政务各方面的状况。联合国的公共经济与公共行政署与美国行政学会在2001年对联合国成员国的电子政务状况进行测评，提出了电子政务的指标体系，主要包括以下几个指标。

1. 政府网站状况

政府网站状况指标用于测评一国政府网站的发展状况，分为以下五个层次。

（1）起步层次。政府网站正式提供服务，但功能有限。一些独立的政府网站能够提供静态的机构或政务信息。有些网站提供电话号码和办公地址等联系信息，有些还提供常见的问题解答服务。

（2）提升层次。随着政府网站数量的扩大，网站的内容也更加动态化和专业化。网站提供了跳转其他官方网页的链接，公布政府的出版物、法律文件、新闻、电子邮件。同时，网站也会有中央政府的网址供公民访问各部委和部门。

（3）交互层次。民众使用政府网站的能力日渐提高。通过使用电子邮件、网上留言等服务，公民与政府之间的信息交互水平大幅度提高。政府网站已具备搜索数据以及下载和提交表格能力，网站的内容和信息也定期更新。

（4）政务处理层次。政府网站具备完整而安全的网上政务处理能力，如利用网络办理签证、护照、出生和死亡证明、驾照等，以及支付交通罚款、机动车登记费用、缴税等。政府网站允许使用数字签名进行采购和商务活动。

（5）无缝隙或完全整合层次。政府网站具备在统一标准下即时提供所有服务的能力。部委、部门或机构的界限已在电子服务中消失，公共服务能够根据公民的需要随时提供。

2. 基础设施状况

基础设施状况指标用于测评一国在通信基础设施方面的能力，数据来源于2001年全球通信联合会的报告和2001年联合国开发计划署（the United Nations Development Programme，UNDP）的发展报告。主要涉及以下六个关键指标：①每百人拥有的计算机数量；②每万人拥有的互联网主机数量；③公民上网的百分比；④每百人拥有的电话线数量；⑤每百人拥有的移动电话数量；⑥每千人拥有的电视机数量。

3. 人力资源状况

人力资源状况是指测评公民运用电子政务的能力、意愿与机会。主要包括以下三个关键指标。

（1）UNDP的人类发展指数。由UNDP针对经济、教育、生存状况、医疗等方面进行测评后得出。

（2）信息通道指数。由透明国际等针对信息通道和政府的廉洁状况进行测评后得出。

（3）城市公民的百分比。

联合国和美国公共行政学会将以上三方面指标汇总，将全球的电子政务分为四个层级：高等电子政务能力、中等电子政务能力、基本电子政务能力和缺乏电子政务能力。

（四）基于全社会网络绩效的评估模式

电子政务本质上是政府与公民和企业的互动。从全社会的网络绩效出发，在社会信息化的环境中考察电子政务的真实绩效。因此，电子政务绩效评估可以在全社会环境中进行。在这方面，当前国外的就绪研究为绩效评估研究提供了广阔的思路。

哈佛大学国际发展中心2001～2002年的网络就绪指数研究，提出了两部分的分析框架：第一部分是网络使用情况，考察通信技术使用方面的数量与质量问题；第二部分是"加速"要素，具体包括网络获取（信息的基础设施、软硬件与支持要素）、网络政策（通信技术政策、商务与经济环境）、网络社会（网络学习、机会与社会资本）、网络经济（电子商务、电子政务与相应的基础设施）。另外，欧洲工商管理学院2002～2003年的网络就绪指数研究则相应地提出三部分的分析框架：第一部分为使用状况，指个人、商业和政府的使用状况；第二部分为就绪状况，指个人、商业和政府的就绪状况；第三部分为环境状况，指市场、政策或管制、基础建设等因素。

（五）基于基本准则的评估模式

不论是传统的行政管理，还是目前的公共行政、公共管理、政府治理等称谓，其共识准则可大致归纳为"4E"和"3R"：公平（equity）、效率（efficiency）、效益（effectiveness）、经济（economical）和责任（responsibility）、回应（response）、代表性（representation）。遵循此传统，OECD提出电子政务的产出和影响可以用"善治"的评估标准来衡量，检测其结果是否向"善治"进步。相关评估标准如下。

（1）合法。电子政务是否能取得公民的信任依赖于其行为模式是否符合宪法的要求。民主政体的政府以公民对其合法性的认同为基础，因此政府必须关注公民的需求。

（2）法治。公开、公平地运用法律，平等地执行制度规章。

（3）透明、负责、完整。政府通过公开决策过程来接受公众的监督，确保其行为的合法性，提升治理的有效性；建立汇报和反馈机制，遵守行为的道德准则和严惩腐败，获取公民的信任。

（4）效率。合理使用资源，以最少的资源成本获得最大的产出；建立确保服务质量、维持高绩效的机构；通过显示资源的运作流程，尽量避免浪费。

（5）连贯。确保同类机构的政策服务于同一目标。

（6）适应。不断创新和推出新政策，满足社会的新需求。

（7）参与、咨询。让公民参与，向公民咨询，是了解和集中民意的有效机制；将公民纳入政策制定过程中，提高其对政策和治理的支持，产生更好的、符合民意的政策。

三、我国电子政务评估模式

2019年12月，国务院印发《国务院办公厅关于建立政务服务"好差评"制度提高政务服务水平的意见》，意见要求对政务服务事项、服务要求、整体服务水平进行科学评估，服务反馈制度的建设对政务服务形成了有力的监督约束，也提升了政务服务的满意度和民众的获得感。"好差评"制度从民众的使用反馈出发建立评估坐标，以评促建、以评促管、以评促用，促进电子政务服务改良，是我国电子政务绩效评估的有益尝试（张锐昕，2006）。

（一）基于电子政务建设的内容的绩效评估模式

电子政务绩效评估是针对电子政务建设所取得的效果的评价，它所面向的是整个国家的电子政务建设，是一项涉及广泛的系统工程，表现为多层次、多方面和多形式，包括对政务内网、政务外网、业务系统、政务信息资源库、网络信息安全保障体系、电子政务法治建设等方面的评估。在某种意义上，电子政务建设的内容就是电子政务绩效评估的对象。因此，电子政务绩效评估是一项极其复杂的工作，要使这项工作规范、有序地运行，就必须根据电子政务建设的内容来对电子政务绩效评估的对象进行梳理，确定多层次的电子政务绩效评估模式。

我国电子政务建设一般是以信息化项目的形式进行，以各个政务应用系统的形式来运行，这些电子政务项目或应用系统又通过各种方式联系在一起，构成我国电子政务建设的整体架构。与此相对应，电子政务绩效评估也可以分为三个层次：一是电子政务项目绩效评估；二是电子政务系统绩效评估；三是电子政务综合绩效评估。这三个层次的电子政务绩效评估所针对的是不同的评估对象，不同的评估对象具有其各自的特点，所以，要相应地建立三种不同的电子政务绩效评估模式（吴科主，2017）。

（1）电子政务项目评估模式。电子政务项目绩效评估指向的是具体的电子政务项目；评估主体主要是政府机构；评估内容包括电子政务项目的立项可行性、实效性、风险度、预算是否合理，以及实施的过程是否规范，项目完成是否达到预期目标等，贯穿于电子政务项目的立项审查、实施过程、建成运行的各个阶段,是一种事前事中、事后的全方位评估。

(2)电子政务系统评估模式。电子政务系统绩效评估是对各个电子政务应用系统进行评估;评估主体包括政府、第三方机构、社会公众等多种;评估内容是电子政务系统的运行绩效,从是否得到有效的应用,是否达到预期的目标以及它对于电子政务建设某一方面目标的实现程度等方面来衡量。

(3)电子政务综合评估模式。电子政务综合绩效评估是一种全面的绩效评估,它是以一个国家、一个地区的电子政务建设情况为评估对象;评估主体包括政府、第三方机构、社会公;评估内容涉及政府内部运行效率,公共服务水平(主要是政府网站),以及宏观的经济、社会影响等多个方面。

(二)基于目标管理的地方政府电子政务绩效评估模式

目标管理是美国著名管理大师彼得·德鲁克在 1954 年《管理实践》中最先提出的,他认为先有目标才可以确定工作,如果一个领域没有目标,那么这个领域的工作必然被忽视。因此管理者可以通过目标对下级进行管理,当组织最高层管理者确定了组织目标后,再进行有效分解,转变成各个部门以及个人分目标,管理者根据分目标的完成情况对下级进行考核、评价和奖惩。

基于目标管理理论,将上一级政府每年对地方政府印发的电子政务年度工作要点设置为目标,在此基础上制定对地方政府电子政务工作考核的指标体系,依据指标体系对地方政府电子政务工作进行考核,对考核结果进行挖掘和分析并指导下一年度的电子政务工作要点的制定。这样形成一个从目标到考核的闭环。这种电子政务考核模式称为基于目标管理的地方政府电子政务绩效评估模式(图 7-1)。

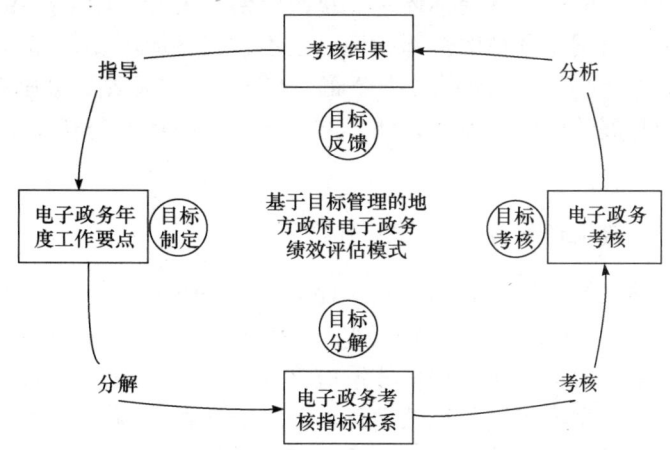

图 7-1 基于目标管理的地方政府电子政务绩效评估模式

这种考核模式的关键点,一方面在于年度电子政务工作要点的制定,这将是整个考核的目标和依照,有了电子政务年度工作要点,可以较好地解决其他考核模式不能全面深入、量化、可操作的弱点,也能更好地引导电子政务发展;另一方面在于考核指标体系的制定上，指标制定既要涵盖电子政务的方方面面，也要紧扣电子政务年度工作要点，才能更深入地切入电子政务内部，才能更好地量化考核指标。电子政务年度工作要点和考核指标体系的制定要紧紧围绕对内提升政府治理能力与治理体系现代化、对外惠民利民的两个主题。

与前文总结的其他电子政务绩效评估模式相比，基于目标管理的地方政府电子政务绩效评估模式的优点在于：第一，这种考核模式是全方位全过程考核，有效地解决了切入点片面的问题，较为科学、系统地反映电子政务工作绩效和发展水平；第二，这种考核模式能紧密关注年度电子政务重点任务，以便于指标体系的量化，有效解决了只能定性考核的问题；第三，这种模式中从工作要点到考核指标体系形成闭环，建立起了动态调整机制，具有持续性和自我完善的特点。

第三节 电子政务绩效评估的工具与方法

电子政务如何进行绩效评估，用何种工具与方法进行绩效评估，绩效评估结果如何展现和应用，是目前电子政务发展中的重要问题。我国的电子政务绩效评估主要侧重在政府网站的评估。

一、电子政务绩效评估的工具

（一）政府网站评估指标

政府网站评估指标是电子政务绩效评估的重要工具。2009年4月22日，工业和信息化部正式印发《政府网站发展评估核心指标体系（试行）》，引导和促进政府网站健康发展，深化电子政务应用。该指标体系侧重政府信息公开、网上办事、政民互动三个环节，但这并不是政府网站评估的全部指标，也不替代各地区、各部门已有的评估指标体系。工业和信息化部按照"谁评估、谁公布、谁解释"的原则，鼓励有经验、有实力、有信用的评估机构开展政府网站发展评估，并在评估后向社会公开发布评估结果，并对发布结果负责。

（二）互联网实验室评估体系

除政府网站评估指标外，互联网实验室评估体系是电子政务进行外部绩效评估的重要工具。2002年5月，IT咨询公司互联网实验室推出了《电子政务报告（2002版）》的研究报告，认为电子政务系统的评估体系应该涵盖实施准备、实施方法和实施效果三方面。实施准备包括数据准备（信息数字化）及人员准备等两个方面的指标；实施方法包括合作方式、资金投入、具体步骤、实施监理；实施效果则包括公众满意度、人员变化、用户适应性和工作转变四个方面。

二、电子政务绩效评估的方法

电子政务的核心目标是"经济调节、市场监管、社会管理、公众服务"，这涉及经济、市场、社会和公众四个主体。这些主体的可测量度及量化程度不一，因而在全球范围内，不存在整齐划一、全球通用的适用于所有电子政务绩效评估的指标体系。结合已有的各种评估方法和体系，电子政务绩效评估方法大致可以分为以下三种。

（一）综合评分法

综合评分法是目前被最广泛采用的一种电子政务评估方法。比如，Gartner 咨询公司的评估方法，从三个方面评估电子政务项目的有效性，包括公民的服务水平、运行效益以及政治回报。每个大类又包含一系列具体指标参数。指标是评估的工具，是反映评估对象属性的指示标志；指标体系则是根据评估目标和评估内容的要求设立的一组相关指标，在确定了指标体系后，应当立即收集评估对象的相关数据，再进行对指标的权重确定并消除指标间差异的量化工作，代入相应的评分规则，最后通过评分来反映评估对象的基本面貌、素质和水平。

这一方法成功的关键在于评估指标体系和评分规则的构建。电子政务的核心是"政务"，在建立评估指标体系时，一定要把与电子政务紧密关联的管理模式、业务流程、组织结构、人员素质、信息处理以及反映政府综合能力和过程控制状况的相关指标包括进来。同时，电子政务的服务对象是社会公众，他们的需求、愿望和满意度都是非常重要的主观指标，即俗称的"软指标"或"定性指标"。但由于人们的心理需求、价值尺度、满意程度会有很大差异，因此，完全使用主观指标构建指标体系是不合适的，应当尽量使用客观指标，即"硬指标"或"定量指标"，使指标统计结果具有客观上的确定性。加大客观指标在总分结构中的权重，对主观指标可以使用"数据化"和"分级化"的操作方法，即划分若干等级如满意、比较满意、不满意，并赋予不同等级相应分值。

目前国内评估电子政务绩效常用的一套指标体系如下，该指标体系由一级指标、二级指标、三级指标组成。其中，一级指标三项，分别为信息化成熟度、政务透明度和公众满意度，这三项指标有各自的权重；每一个一级指标都分解为二级指标，分别为信息资源利用、人力资源利用、政务公开、网上办公、政府与公众的互动性和公众对政府网站的满意度六项；二级指标又进一步分解为三级指标，六项二级指标共分解为 30 项三级指标。

（二）划分阶段法

不可否认，电子政务的现状和效果等难以管理，难以评估，这给政府管理者带来了极大的挑战。控制论的一个基本观点是：不可测的事情必不可控。要管理和控制电子政务首先要明白当下所处的状态。电子政务评估的一个重要目的，就是对政府进行在时间序列上的纵向比较或各级政府间的横向比较，并在比较的基础上制定或调整未来的建设内容。于是 Layne 和 Lee 提出了电子政务阶段理论。

2002 年 4 月美国 Accenture 咨询公司发表 E-government leadership：realizing the vision 报告，根据电子政务的总体成熟度，将政府分为四种类别：一是总体成熟度超过 50% 的充满创新精神的领先者（innovative leader）；二是有远见的挑战者（visionary challengers），总体成熟度介于 40%～50%；三是总体成熟度介于 30%～40%，表现出色的新兴力量

（emerging performers）；四是总体成熟 30%以下的归入第四类平台建设者（platform builders）。

2003 年,联合国经济和社会事务部（United Nations Department of Economic and Social Affairs, DPEPA/UNDESA）也依照此法对联合国 190 个成员国的电子政务建设情况进行了调查研究与分析比较,它们从政府网站建设现状、信息基础设施建设以及人力资源素质三个方面提出了衡量一国电子政务发展水平的"电子政务指数"。按照这个评估系统,国家电子政务的网站建设可以划分为起步阶段、提高阶段、交互阶段、在线事务处理阶段以及无缝链接五个阶段,并且以数字 1、2、3、4、5 分别赋予这五个阶段,以量化各国的电子政务。

（三）成本收益法

顾名思义,成本收益法是对巨大资金投入后的效益回报的评估。电子政务也要讲收益,不能忽视电子政务工程项目投资的回收。国内研究中,主要是侧重于电子政务的定性研究,国外许多研究都会考虑根据现实需要应用净现值、成本收益分析等方法对实施电子政务带来的货币化的增量效益进行评估；随着电子政务的发展,电子政务的成本与效益问题已经引起了人们的广泛关注。

电子政务系统是一种信息系统,信息系统成本测算方法有许多种,在电子政务系统成本分析中,大多建议采用的是算法模型法。算法模型法将成本估计值看成以若干成本影响因素为自变量的函数,表示为 $r=f(x, c)$。其中, r 为系统的成本项目; x 为一组经过选择的影响成本的自变量; c 为模型的一组参数常量。从效益来说,电子政务系统作为一种信息系统,其经济效益涵盖的范围很广,包括：直接经济效益和间接经济效益；宏观经济效益和微观经济效益；近期、中期和长期经济效益；以及有形经济效益、准有形经济效益和无形经济效益；甚至还有针对不同主体的效益,对政府的效益,对人民的效益,对平台建设者的效益等。

电子政务绩效评估涉及的成本与效益分析是一项极为复杂的工作,精确的分析需要更为详细的数据。同时,增强成本与效益意识对电子政务开发和管理人员而言也是至关重要。

综上所述,电子政务绩效评估涉及范围广、研究主体多,评估方法也存在很大的差别。各国各区域政府必须在借鉴国内外先进经验的同时,客观分析本地现状,充分结合国情和省情,从客观实际出发,确定一套科学、合理、动态的电子政务评估体系,及时对电子政务建设和实施情况进行评估,在此基础上及时进行纠偏工作。

三、电子政务绩效评估有关方法理论模型

（一）国内有关方法理论模型

国内多位学者提出有关电子政务绩效评估的方法理论,大致有以下几种。

张成福和唐钧（2005）提出电子政务绩效评估的"产出、结果、影响"三个层次模型,认为只有全面覆盖这三个层次的电子政务绩效评估模型才是完善的模型,将电子政

务绩效评估从对指标体系的研究上升到实质分析的高度。并进一步指出必须从仅对"产出"层次的评估逐步转向对"结果"和"影响"层次的评估才是我国今后电子政务绩效评估指标体系战略选择的重点。

闫培宁（2012）从国内城市政府电子政务公共服务功能构成与公共服务需求视角，基于 AHP（analytic hierarchy process，层次分析法）与过程结果模型，构建了城市电子政务公共服务绩效评价指标体系。

马静等（2012）提出服务型政府导向的电子政务绩效评估体系，将评估体系分为前端与后端评估。前端评估以公众满意度为测评标的；后端评估则借鉴 PDCA 戴明循环思想，按照服务计划（plan）、服务执行（do）、服务监督（check）和服务纠正（act）的模式，设计了一套三级指标体系，并以日常评价、专题评价和用户评价三种形式进行服务质量管理。

杨道玲（2014）针对电子政务应用建设类项目的评估问题，在探讨了评估对象的选择标准及评估目标、原则后，提出了基于"产出—效果—管理"三层次模型的评估指标体系，形成了一套较为可行的工作流程和评估方法。

张宏霞和张文雍（2015）在分析电子政务绩效管理现实需求的基础上，论述了云计算技术在政务管理中发挥的积极作用，并从技术应用视角分析了电子政务绩效评价云网络平台建设的相关要点。

国内主要关注于建设过程，对于项目运行效能，可持续发展能力等方面重视不够。

（二）国外有关方法理论模型

1. 平衡计分卡

1992 年，美国学者卡普兰和诺顿在《哈佛商业评论》上发表了题为《平衡计分卡：企业绩效的驱动》的文章中提出了一套新的、综合性的绩效评估方法。平衡计分卡模型是将组织的战略目标分为从财务、客户、内部经营流程、学习和成长四个方面，战略处于核心位置，四个方面环于战略的四周，构成一个绩效评估管理系统。这种绩效管理体系把战略的制定和实施有效的连接起来，解决了战略脱节的问题。平衡计分卡不仅仅是考核公司绩效的工具，它更是一个公司对自身进行战略管理的工具，1994 年开始，这种观点得到全球企业界的普遍认同和实施。

平衡计分卡模型中含有五对平衡关系，它们之间相互依托、相互制衡，对整个模型的构建与发展起到奠定基础、平衡发展的作用。平衡计分卡模型中的财务、客户、内部经营流程、学习和成长四个方面分别代表了企业利益的一个相关者，每个角度的重要性取决于该指标与公司战略相符的程度。财务指标可以看出企业战略的计划和实施能对促进企业盈利做出贡献。在客户指标中，管理者通常可以根据客户满意度、客户获得率、客户保持率、客户盈利率，以及在目标市场中所占的份额来确定其业务单位的客户和市场的水平和竞争力，从而使业务单位的管理者能够选择优质客户并制定市场竞争的优选战略，创造出可观的财务回报。内部经营流程指标是指管理者为帮助业务部门吸引大量新客户和留住目标大客户，并满足股东对卓越财务回报、降低成本的期望所需要确认的组织的内部流程。学习和成长指标是企业想要长期获得成功的因素，它有利于企业员工的内部改善和长期成长。

2. 公共价值计分卡

公共价值计分卡（public value scorecard）是马克·莫尔在平衡计分卡模型的基础上，加入了公共价值理念而设计的。他在规避了平衡计分卡对非营利组织绩效评估方面可能存在的问题，又结合了公共部门的特点，使公共价值计分卡模型替代平衡计分卡模型成为非营利组织在宏观战略上的更优选择。马克·莫尔提出的"公共价值计分卡"模型体现为一个简单的三维框架，它由"授权环境（the legitimacy and support circle）、价值使命（the value circle）、运营能力（operational capability）"三个方面的指标组成，为公共部门与非营利组织管理者提供了一个宏观战略思想架构。

授权环境，即上游顾客或者第三方付款人，通俗解释就是消费者或者供货商。营利组织往往更注重下游客户，也就是我们所说的消费者，因为消费者能够满足营利组织的利益，而非营利组织则更重视上游顾客，也就是供应商，因为非营利组织的本质就是以服务社会为主，而不以营利为目的。价值使命也就是组织创造的最终价值。营利组织的最终价值可以是财务方面的目标，而非营利组织的最终目标通常是某些社会目标。运营能力是指组织利用最少的资源，在最短的时间内能够创造出多少产品的能力，组织可以通过对内部人力资源和生产资源的最优配置为组织创造更多的价值。非营利组织具有不能独立取得社会成果的特性，因此它们要想提高运营能力就必须要从其他组织中获得帮助，以提高自身在社会中的影响力。公共价值计分卡模型作为一个较为完善的战略执行系统，以合法性支持为基础，以实现公共价值为最终目标，使公共部门配备的运营能力达到最大标准，为政府改善公共服务、完善宏观战略提供帮助，使政府更好地完成治理工作。

第四节 电子政务评估实践

《2022联合国电子政务调查报告（中文版）》显示，越来越多的国家正在朝着无缝、隐形的政府迈进，随时随地为任何人提供完全自动化和个性化的服务。越来越多的政府正在部署云计算、人工智能和区块链等尖端技术，以满足公众的需求。一些政府开发出了利用数据驱动型政策建模工具的新方法，并创建了试点计划和沙盒来设计、验证和推广创新解决方案。这些方法可以使政府加强其分析和预测能力，并主动塑造未来的发展情景。随着对认知政府、敏捷和适应性政府的关注的增强，以及预测能力的发展，政府正在进行自我改善，以便更好地预测和响应社会所有成员的需求。

一、全球电子政务发展指数基本情况

EGDI是一个标准化的综合指数，由三个部分组成：在线服务指数、电信基础设施指数和人力资本指数，而EGDI的总体数值则是取三个组成部分指数的算术平均值。

电子政务发展的最新趋势是根据对EGDI所反映的价值评估而总结出的。从全球范围来看，世界各国电子政务发展持续推进，越来越多的国家正在大力推进数字政府战略，以数据为中心，强化电子参与，整合线上和线下渠道，提升以人为本的数字政务服务能

力。数据显示，2018 年到 2022 年，全球 EGDI 提高了 0.06，许多国家从较低的 EGDI 水平过渡到较高的水平。

欧洲仍然是电子政务发展的领导者，电子政务发展指数平均值为 0.8305，其次是亚洲（0.6493）、美洲（0.6438）、大洋洲（0.5081）和非洲（0.4054）。自 2018 年以来，大洋洲电信基础设施指数的平均值首次下降，这主要是由于过去两年该地区的电信基础设施指数平均值下降了 29%。

越来越多的国家强化了电子政务发展的制度和法律框架。大多数国家都制定了国家电子或数字政府战略，以及关于网络安全、个人数据保护、国家数据政策、开放政府数据和电子参与的法律法规。个人和企业越来越能够通过在线平台与公共机构互动，获取有关信息自由的法律的信息，以及访问公共内容和数据（包括政府开放数据）。

虽然数字政府发展的趋势在稳步增长和改善，在许多领域取得了显著进展，但仍存在需要关注的重大挑战。目前超过 30 亿人生活在电子政务发展指数值低于全球平均水平的国家，其中大多数国家位于非洲、亚洲和大洋洲。非洲 54 个国家中只有 4 个国家的电子政务发展指数值高于全球平均水平（0.6102）；其他的电子政务发展指数值有时明显较低。非洲一些国家改善了电信基础设施，为加快向数字政府过渡奠定了坚实的基础；但是，非洲的移动宽带订阅成本占人均国民总收入的百分比仍然显著高于世界其他地区，这影响了电子政务的发展。这只是众多挑战之一，它们导致各国难以缩小电子政务发展差距和弥合数字鸿沟。如果不采取有针对性的系统性措施来帮助低收入和中低收入国家以及处境特殊的国家（包括最不发达国家、内陆发展中国家和小岛屿发展中国家），数字鸿沟将持续存在并可能扩大。

二、全球电子政务发展主要特征

（一）数字政府转型快速推进

数字政府作为数字化转型的"重中之重"，受到国内外普遍重视。世界各国政府正在利用数字技术创新政府运作方式，并不断转变信息公开、政府决策和公共服务的方式，积极了解公众需求，解决公众关注的热点问题。新的组织结构的挑战需要改变各级政府的组织文化，发掘公共部门、社会组织及个人能力。数字政府转型需要整体方法推进，包括推进数据治理、促进有效的公共通信、强大信息通信技术基础设施以及新技术应用能力，建立符合信息化发展需求的制度和机制，制定数字化发展战略，形成监督和评估机制。《2022 联合国电子政务调查报告（中文版）》提出，政府数字化转型从根本上讲是将治理转型和创新作为一个国家总体发展战略和追求可持续发展的一部分，许多国家已经进行了机构改革，以更好地支持政府数字化转型。

（二）在线服务持续成为各国发展重点

从全球范围来看，各国都在持续改善电子政务并大力推行公共服务的在线提供，提高在线服务水平成为各国普遍共识。

在线服务指数是电子政务发展指数中的一项综合指标，用于衡量各国政府在国家层面提供公共服务时使用 ICT 的情况。在线服务指数值基于一项综合调查的结果，涵盖 193 个会员国在线服务的多个方面。

2022 年，在线服务指数首次基于五个加权子指数进行计算。具体而言，它评估了会员国的服务提供（45%）、技术（5%）、支持电子政务发展的制度框架（10%）、内容提供（5%）和电子参与（35%）情况。整体综合在线服务指数根据每个在线服务指数子指数的归一值计算。结果按照一组从 0 到 1 的标准化指数值以列表的形式呈现，其中，1 指在线服务提供水平最高，0 指在线服务提供水平最低。在线服务指数值和电子政务发展指数值一样，并非绝对测量值；相反，它们衡量的是各个国家的在线服务在特定时间点相对于彼此的表现。因为在线服务指数是一项综合工具，所以它的数值高体现的是当前最佳实践，而不是完美表现。同样，数值较低或自上一次调查以来没有变化并不意味着电子政务的发展没有进展。

2022 年共评估了 22 种在线服务，从区域来看，欧洲提供的在线服务平均数量最多（19 种），其次是亚洲（17 种）、美洲（16 种）以及大洋洲和非洲（均为 12 种）。在 193 个会员国中，121 个国家（63%）的在线服务指数和电子政务发展指数水平一致。但是，72 个国家的在线服务指数水平高于或低于各自的电子政务发展指数水平，这表明它们的在线服务的发展水平比电信基础设施和/或人力资本（以电信基础设施指数和人力资本指数的值和水平体现）高或低。

（三）电子参与持续推广

参与是治理的一个关键层面，也是可持续发展的支柱之一。电子参与调查主要从三个层面开展，分别是信息提供（政府向公众提供信息）、咨询（政府就政策或在不同阶段提供服务的方面向公众提供咨询并给予反馈）和决策（政府让公众参与决策）。根据政府门户网站向公众提供信息、协商和决策有关内容，通过调查对电子参与进行评估。电子参与调查评估作为在线服务内容的一部分，并通过电子参与指数（electronic participation index，EPI）对各国的电子参与情况进行单独排名。

2022 年的调查改进了衡量电子参与的方法，以更好地评估政府与人民在咨询和决策过程中的互动。具体而言，2022 年调查评估了政府门户网站和网站页的以下方面：参与式预算或类似机制的整合；开放政府数据的整体可用性以及在与可持续发展目标实施密切相关的六个关键部门（教育、就业、环境、健康、司法和社会保障）的可访问性；为合作提供服务而建立共同创建或共同提供机制的证据；表明为制定和采纳关于弱势群体相关问题的政策，在相关讨论和决策过程中倾听了公众意见的证据；表明进行了旨在促进弱势群体参与的在线咨询（通过电子论坛、电子投票、电子问卷或其他电子参与工具）的证据。

2022 年日本排名第一，电子参与指数值为 1.0，这表示该国的门户网站拥有本调查所评估的所有电子参与功能。澳大利亚排名第二，爱沙尼亚和新加坡并列第三，荷兰排名第五。芬兰、新西兰和英国的 2022 年电子参与指数均排名第六。

总体而言，电子政务发展指数值较高国家的电子参与指数值也较高；电子参与指数值为"非常高"的 27 个国家的电子政务发展指数值介于 0.7524 到 0.9717 之间。但是，一些国家的电子政务发展指数和电子参与指数的值可能不能相比较。例如，比利时、斯洛伐克、巴林和白俄罗斯的电子政务发展指数值为"非常高"（高于 0.75），但它们的电子参与指数值平均为 0.4488。相当一部分国家的电子政务发展指数值为"高"（0.50~0.75），但电子参与指数值平均为 0.3636，包括安道尔、安提瓜和巴布达、阿塞拜疆、巴哈马、巴巴多斯、不丹、玻利维亚、文莱、佛得角、柬埔寨、科特迪瓦、多米尼加、埃及、萨尔瓦多、加纳、危地马拉、牙买加、黎巴嫩、马尔代夫、毛里求斯、黑山、摩洛哥、纳米比亚、尼加拉瓜、菲律宾、卡塔尔、圣卢西亚、圣文森特和格林纳丁斯、斯里兰卡、塔吉克斯坦、汤加、赞比亚。还有 18 个国家电子政务发展指数值为"高"，但电子参与指数水平为"低"（0.0909~0.2386），表明政府为让公众参与协作治理而采取的积极措施有限。这些国家包括阿尔及利亚、伯利兹、博茨瓦纳、多米尼加、斐济、加蓬、格林纳达、圭亚那、伊朗、摩纳哥、尼泊尔、帕劳、圣基茨和尼维斯、圣马力诺、塞舌尔、苏里南、特立尼达和多巴哥、委内瑞拉。

三、区域电子政务发展均有不同程度进步

《2022 联合国电子政务调查报告（中文版）》显示，许多国家从较低的 EGDI 水平过渡到较高的水平。全球共有 60 个国家属于 EGDI 非常高水平组，具体数值从 0.75 到 1.00 不等。共有 73 个国家属于 EGDI 高水平组，具体数值在 0.50 至 0.75 之间；53 个国家属于 EGDI 中等水平组，具体数值在 0.25 至 0.50 之间。7 个国家属于 EGDI 低水平组（0.00 至 0.25 之间）。EGDI 高水平组的会员国所占比例最大（38%），其次是 EGDI 非常高水平组的国家（31%）和 EGDI 中等水平组的国家（27%）。2022 年 EGDI 低水平组的国家所占比例几乎与 2020 年持平（4%）。

全球各地区在 2022 年都提高了各自的平均 EGDI 值，促进了全球平均 EGDI 的增长。欧洲仍处于世界领先地位，其平均 EGDI 值达到了 0.8305。欧洲所有国家的 EGDI 值都高于全球平均值 0.6102。

《2022 联合国电子政务调查报告（中文版）》数据显示，我国 EGDI 从 2018 年的 0.6811 提高到 2022 年的 0.8119，排名比 2018 年提升了 18 位，位列 43 位，处于全球电子政务发展"非常高"的水平。其中，作为衡量国家电子政务发展水平核心指标的在线服务指数为 0.8876，在线服务处于全球"非常高"的水平。分析发现，本次联合国电子政务调查报告中我国在线服务的全球排名大幅提升，与我国不断深化"放管服"改革和大力推动全国一体化政务服务平台建设密不可分。

四、全球电子政务发展对我国的启示

（一）持续提升在线政务服务能力和水平，打造中国特色网上政务服务体系

在线服务是电子政务发展的重点，随着全国一体化政务服务平台的投入运行，我国在线政务服务建设与发展已进入快车道。网上政务服务要主动适应我国社会主要矛盾的变化，以一体化平台建设为牵引，以政府数字化转型带动数字经济发展，把制度优势更好地转化为政府治理效能。我国网上政务服务具有覆盖广、需求多、弹性大的特点。建设一个面向 14 亿人口的政务服务平台并无先例可循，涉及政府业务创新与信息化技术

创新融合，难度极大。全国一体化政务服务平台建设作为政府数字化转型的"重中之重"，肩负着推进国家治理体系和治理能力现代化的重任。目前以国家政务服务平台为枢纽的全国一体化政务服务平台已初步建成，取得了阶段性进展和初步成效，但与群众需求还有差距，还有不少亟须解决的难点痛点问题。要全面实现一网通办和异地可办，还需更大力度地配套改革，要抓紧研究制定我国数字政府建设的指导性文件，从政府组织模式、治理体系变革、资源配置机制等全新的视角引领政府治理模式创新发展，主动顺应政府数字化转型发展趋势，构建与之相适应的组织构架体系、数据管理体系、标准规范体系、业务发展体系和政策法规体系，从全局和战略的高度为数字化时代政府改革与治理能力建设提供指导和遵循（朱唐，2020）。

（二）注重从平台建设到效能建设的转型升级，推动更多服务事项一网通办

按照党的十九届四中全会审议通过的《中共中央关于坚持和完善中国特色社会主义制度 推进国家治理体系和治理能力现代化若干重大问题的决定》提出的任务要求，以全国一体化政务服务平台建设为抓手，推进政府部门信息系统统筹集约建设，解决"重复投资、条块分割、烟囱林立、信息孤岛"等问题，破解"一网通办"面临的"分散规划、分散建设、分散使用、分散运维、分散管理"等痼疾。持续深化政务服务一体化建设思路，充分发挥全国一体化政务服务平台建设成效，提升全国一体化政务服务平台身份认证、电子证照、电子印章等基础设施利用率和公共入口、公共通道、公共支撑作用，推动政务行政权力事项和公共服务事项应有尽有，纳入一体化在线平台办理，实现网上咨询、网上预约、网上办理等功能，促进一体化平台从"建平台"向"提能力"转变。加快实体大厅向网上大厅迁移，同时要推进两个大厅深入融合，实现预约、咨询、受理、办理、查询、反馈、支付、邮寄等环节的线上线下无缝衔接，使办事群众享受到"无缝隙""一体化"和"无差异"服务。注重培育网上办事的舆论氛围，探索行之有效的宣传推广方式，吸引企业和群众主动上网办事，切实体验在线服务"跑腿少""办事快"的独特成效。

（三）有序推进数据治理，提升数据开放利用水平

当前，我国政务信息资源共享取得突破性进展，政务信息整合共享工作基本实现"网络通、数据通"的阶段性目标。公共信息资源开放有效展开，全国多个地区建立了公共信息资源开放平台，开放数据的规模大幅度拓展。在做好平台对接的基础上，推动垂直业务系统与全国一体化政务服务平台对接，推动各地区各部门业务受理系统、内部审批系统与全国一体化政务服务平台实现对接和互联互通。以业务需求为导向，加快建立高效的数据共享协调机制，全面梳理数据共享供给需求，更好地满足各地区各部门普遍性高频政务服务事项的数据共享需求，为全国政务服务"一网通办"提供更有力支撑。坚持"联网为原则，不联网为例外"的原则，深入推进"用户通、系统通、数据通、证照通、业务通"一体化的"五通"建设，着力破除"数据孤岛"，以数据共享和协同治理支撑系统性、整体性、协同性的一体化服务模式。加快政府数据开放进程，继续扩大政府公共数据资源开放范围，提高开放数据的质量，为社会公众提供有效供给，加快政务数据资源开发利用，助力政府决策科学化、公共服务高效化、社会治理精准化。

（四）聚焦跨区域通办，推动流程优化和业务协同

按照《国务院关于在线政务服务的若干规定》（国务院 716 号令）要求，建立健全配套政策，围绕电子证照、电子印章、电子档案、电子签名等方面，加快电子证照的全国范围标准化，实现证照数据和样式的规范统一，推动解决电子证照跨区域互认互信的难题。

（五）聚焦群众关切，推动服务模式从"事项供给"向"服务场景"转变

依托全国一体化政务服务平台，围绕企业和群众办事难、办事慢、办事繁等问题，深入了解服务需求，精准配置服务资源，提升网上政务服务的需求精准化、供给精准化和服务精准化水平。围绕用户需求和重点服务，优化平台搜索，注重服务引导，缩减在线服务页面，提升网上政务服务的便捷性和友好性。围绕一网通办、主题集成服务、移动服务等内容，推动线上线下融合，打造贴合用户需求的场景化服务应用，切实提升企业和群众获得感、满意度。

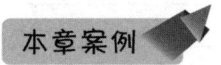

本章案例

政务 APP 评价

近年来，随着互联网普及率的不断提升，截至 2021 年 12 月，我国网民规模已达 10.32 亿人。基于如此庞大的网民数量，在公共服务层面推进"互联网+政务服务"显得尤为必要。可以说，这不仅是转变政府职能、提升治理能力的关键举措，还是建设服务型政府乃至"人民满意的服务型政府"的必然选择。在此背景下，政务 APP 这一继政务微博和政务微信公众号之后新媒体的蓬勃兴起，凭借功能设置灵活、内容呈现丰富、信息发布及时、使用简单便捷等优势受到政府机构和普通民众的青睐。据统计，截止到 2020 年 12 月全国政务 APP 数量已超过 2000 个。从应用情况看，政务 APP 在政务公开、公共事务办理、舆情引导、民意通达和政务大数据积存乃至政府形象塑造与维护等方面都发挥了积极作用。但与此同时，不少政务 APP 还存在"政务"属性不突出、服务功能不健全、运营维护不完善，以及用户体验不佳等问题，导致其下载量、留存率和活跃度偏低，甚至产生"僵尸 APP"，这不仅违背了政务 APP 的初衷，还造成政府财力与资源浪费。因此，对政务 APP 进行评价就很有必要。政务 APP 服务效能综合评价指标体系见表 7-1。

表 7-1 政务 APP 服务效能综合评价指标体系

一级指标	二级指标	指标说明
信息服务能力 C_1	信息有用实用 C_{11}	提供的信息对用户有实质性帮助
	信息来源可靠 C_{12}	信息来源真实可靠
	信息覆盖面广 C_{13}	信息类型丰富，适合不同用户需求
	信息时效性高 C_{14}	政务 APP 平台上的信息更新频率快
	信息容易获得 C_{15}	信息展现直观，比较容易获取

续表

一级指标	二级指标	指标说明
事务服务能力 C_2	服务类型全面 C_{21}	提供的服务内容丰富，能满足用户政务办理所需
	服务响应高效 C_{22}	服务申请的响应率较高
	办事流程简便 C_{23}	在政务 APP 上办理事务的程序比较简便
	办事完成率高 C_{24}	能直接在政务 APP 上办理完成的事项多
服务参与能力 C_3	社交功能良好 C_{31}	政务 APP 的用户之间可以方便地交流和共享
	反馈渠道多元 C_{32}	用户可以随时随地向平台反馈使用情况及建议
	反馈响应及时 C_{33}	平台对于用户意见建议的反馈高效及时
服务供给能力 C_4	兼容性高 C_{41}	程序大小适度，且适用于安卓和 IOS 等不同系统
	稳定性强 C_{42}	政务 APP 的稳定程度，不闪退
	操作简单便捷 C_{43}	操作和学习使用的简易程度
	界面友好 C_{44}	政务 APP 界面设计效果美观舒适
	系统运行流畅 C_{45}	政务 APP 运行的流畅程度，不卡顿
	系统更新及时 C_{46}	新版本新功能更新及时
	安全性好 C_{47}	注重用户个人信息安全保护
服务创新能力 C_5	智能化服务推送 C_{51}	能根据用户偏好主动为其推送并提供服务
	个性化服务定制 C_{52}	便于用户根据自身需求定制服务
	分享传播便捷 C_{53}	用户可分享 APP 服务的渠道多元、操作简便

信息服务能力（C_1）：良好的公共信息服务是服务型政府建设的基本要求，信息服务能力指政府通过政务 APP，向社会公众、企业、机构等发布各类公共行政信息，以促进行政事务公开化、透明化，并推动数据与信息资源整合共享的服务方式。其可通过信息有用实用（C_{11}）、信息来源可靠（C_{12}）、信息覆盖面广（C_{13}）、信息时效性高（C_{14}）及信息容易获得（C_{15}）等五个指标来评估和衡量。

事务服务能力（C_2）：公共事务服务既是服务型政府建设的核心环节，也是政务 APP 建设中技术难度、协同难度最大的领域，同时还是民众最关注、需求最旺盛、最能体现"获得感"的服务内容。因此，事务服务能力即指政务 APP 为普通民众和企业机构等提供行政事务服务能力的强弱，其直接影响公共事务办理的效率与效果。其强弱可从政务 APP 的服务类型全面（C_{21}）、服务响应高效（C_{22}）、办事流程简便（C_{23}），以及办事完成率高（C_{24}）等四个指标来考察。

服务参与能力（C_3）：民众参与感是服务型政府与传统的管理型政府之差异所在。显然，一定程度的民众参与可以帮助政府优化行政决策和相关政策，从而提升政府决策的质量、效率和民众满意度。但与此同时，这也对政务 APP 的互动性、社交性和响应性等提出了较高要求。服务参与能力即体现为政务 APP 运行中民众参与政府事务以及政府响应程度的高低，其可从政务 APP 的社交功能良好（C_{31}）、反馈渠道多元（C_{32}）及反馈响应及时（C_{33}）等三个指标来衡量。

服务供给能力（C_4）：服务供给主要针对政务 APP 本身，其不仅包括政务 APP 在内的各种 APP 的基础属性，还是辅助服务型政府建设的重要保障。相应地，服务供给能力即是政务 APP 为用户提供满意服务的过程化衡量指标，其可通过政务 APP 的系统兼容性高（C_{41}）、稳定性强（C_{42}）、操作简单便捷（C_{43}）、界面友好（C_{44}）、系统运行流畅（C_{45}）、系统更新及时（C_{46}），以及安全性好（C_{47}）等七个指标来衡量。

服务创新能力（C_5）：服务创新指组织或机构在不断变化的社会和技术环境中，对持续演进和变化的用户需求的快速应对能力。投射到政务 APP 上，则可以理解为政务 APP 在复杂变化的环境中，为用户提供超预期的创新服务（如根据大数据分析和"用户画像"为用户智能推送所需公共服务等），从而满足不断升级的用户需求之能力。需要指出的是，随着民众上网习惯的养成和变迁，服务创新对保持政务 APP 用户活跃度、增强用户黏性都显得十分重要。其可从智能化服务推送（C_{51}）、个性化服务定制（C_{52}），以及分享传播便捷（C_{53}）等三个指标来考察（徐绪堪和华士祯，2020；潘文文和胡广伟，2016）。

构建政务 APP 评价指标体系、科学评估政务 APP 服务效能，不仅有助于直观展现专业人士和普通民众对其的期望与需求，而且能揭示现有政务 APP 存在的问题，便于各级政府部门及政务 APP 研发设计机构进行针对性改进（曲甜和田华，2018）。

第七章补充材料

本章参考文献

丁利. 2014. 基于经济、效率、效果（3E）标准的电子政务绩效评估模式研究[J]. 生产力研究，（10）：117-120.
李传军. 2011. 电子政务[M]. 上海：复旦大学出版社.
刘伟. 2013. 我国电子政务绩效评估方案的综合研究[J]. 中国行政管理，（2）：11-15.
马静，徐晓林，陈涛. 2012. 电子政务绩效评估研究：基于服务型政府的视角[J]. 河南社会科学，20（2）：70-74.
潘文文，胡广伟. 2016. 电子政务服务能力层次关系实证研究[J]. 情报科学，34（4）：112-117.
亓秋景. 2012. 电子政务绩效评估指标体系研究[D]. 苏州：苏州大学.
曲甜，田华. 2018. 政府治理视域下的互联网政治参与：基于省级政府门户网站的评估[J]. 电子政务，（10）：60-75.
王琦，陈霞，陈飞. 2011. 电子政务[M]. 北京：电子工业出版社.
王益民. 2020. 全球电子政务发展前沿与启示：《2020 联合国电子政务调查报告》解读[J]. 行政管理改革，（12）：43-49.
吴爱明，何滨. 2013. 电子政务[M]. 北京：中国人民大学出版社.
吴洁平. 2007. 电子政务理论与绩效[M]. 长沙：湖南大学出版社.
吴科主. 2017. 地方政府电子政务工作绩效评估模式研究[J]. 中国科技信息，（24）：107-108，110.
肖鹏. 2014. 电子政务绩效评估体系研究[D]. 长春：吉林财经大学.
徐绪堪，华士祯. 2020. "互联网+政务服务"背景下的政务 APP 评价：基于直觉模糊层次分析法[J]. 情报杂志，39（3）：198-207.

闫培宁. 2012. 基于AHP与过程结果模型的电子政务公共服务绩效实证研究[J]. 中国行政管理，（4）：104-108.

杨道玲. 2014. 电子政务工程项目绩效评估：体系与方法[J]. 电子政务，（5）：28-34.

张成福，唐钧. 2004. 电子政务绩效评估：模式研究与中国战略[J]. 探索，（2）：36-40.

张成福，唐钧. 2005. 电子政务绩效评估的模式研究[J]. 电子政务，（24）：38-44.

张宏霞，张文雍. 2015. 基于云计算平台的电子政务绩效评估体系研究[J]. 辽宁师范大学学报（自然科学版），38（1）：59-65.

张锐昕，吴江，杨国栋. 2006. 电子政务绩效评估制度建设的目标和重点[J]. 中国行政管理，（4）：26-30.

朱唐. 2020-09-17. 数字政府：加快实现可持续发展目标[N]. 社会科学报，（1）.

第八章

新一代信息技术与电子政务

 本章导言

科技兴则民族兴,科技强则国家强。习近平同志在党的十九大报告和党的二十大报告中强调,创新是引领发展的第一动力,是建设现代化经济体系的战略支撑[①];创新才能把握时代、引领时代[②]。建设科技强国,层出不穷的新技术不断推动着电子政务的创新。其中,云计算、大数据、区块链、人工智能等新一代信息技术的快速发展,能够有效推进电子政务实现安全可靠、低成本的信息化目标。为推动电子政务的创新与发展,以便更好地实现为民众提供优质公共服务目的,电子政务需要顺应并充分融合新一代信息技术。在技术与业务双驱动下,又好又快地推进电子政务建设。本章将深入探讨云计算、大数据、区块链和人工智能等技术在电子政务领域的应用。

第一节 云计算与电子政务

云计算(cloud computing)技术作为 IT 产业的发展趋势,已成为国内外软件和信息行业普遍关注与应用的重点技术。作为新一代科技信息技术的变革力量,云计算无疑为推动电子政务建设、提高政务服务与管理水平提供新动力。

一、云计算的概念与发展

(一)云计算的概念

随着云计算技术的迅速发展,越来越多国内国外学者开始关注和研究云计算技术,并已经取得许多丰硕的研究成果。当前,学界对云计算的基本概念尚未得到统一界定,

---

① 《习近平:决胜全面建成小康社会 夺取新时代中国特色社会主义伟大胜利——在中国共产党第十九次全国代表大会上的报告》,http://news.cnr.cn/native/gd/20171027/t20171027_524003098.shtml[2017-10-27]。

② 《习近平:高举中国特色社会主义伟大旗帜 为全面建设社会主义现代化国家而团结奋斗——在中国共产党第二十次全国代表大会上的报告》,http://www.qstheory.cn/yaowen/2022-10/25/c_1129079926.htm[2022-10-16]。

学者们仍尝试从不同角度出发，对该内涵进行界定。

维基百科中将云计算定义为，一种信息和数据资源共享的模式，是将服务以产品的形式通过网络平台提供给用户，其运行的基础是虚拟的计算机平台；IT 巨头 IBM 则认为，云计算既是一种新的计算模式，又是一种新的基础架构。作为一种新的计算模式，云计算把 IT 资源、数据、应用以服务的形式通过互联网提供给用户，而作为一种新的基础架构，云计算把大量的计算资源组成 IT 资源池，用于动态创建高度虚拟化的资源提供给用户使用；中国云计算网认为，云计算是 IT 基础设施的交付和使用模式，该模式是通过网络以按需、易扩展的方式获得所需的资源，包括软硬件及平台资源等。

本书认为，云计算是一种基于互联网的计算模式，该模式是通过这种方式，使共享的软硬件资源和信息可以按需求提供给计算机和其他设备，主要是基于互联网的相关服务增加、使用和交付模式，通常涉及通过互联网来提供动态易扩展且经常是虚拟化的资源。简言之，云计算是将全部资源转移到云端，能够通过网络获取使用云端资源，而不受时空的限制。

（二）云计算的特征

（1）云服务器端就是提供、管理和维护云服务的一方。它是由众多 PC 机、服务器等组成，体现了虚拟性、敏捷性、高效性、高安全性、高可靠性和经济性特点。

（2）中间连接端是连接云服务器端与用户终端的网络设备，它可以在很大程度上降低云服务器端与用户终端之间的相互依赖性。它体现了松散耦合、大规模协同和实时同步性特点。

（3）用户终端则是购买、租用和消费云服务的一方。它泛指用户使用的终端设备，体现了多样性、低成本性、共享性和环保性特点。云计算特征见表 8-1。

表 8-1　云计算特征

云服务器端	中间连接端	用户终端
经济性、高可靠性、高安全性、高效性、敏捷性、虚拟性	松散耦合、大规模协同、实时同步	环保性、共享性、低成本性、多样性

（三）云计算的发展历史

1. 美国：联邦云计划战略

美国是世界上云计算技术研究的开创者与主要推广者。经过多年的发展，美国的云计算研究和应用已处于成熟阶段。美国在云计算技术的发展上主要经历了三个时期（高奇琦，2015a）：①市场培育时期（2006～2009 年），谷歌、亚马逊、微软等公司开始涉足云计算领域，并通过市场活动缓慢地培育和推动云计算的发展；②政府规划时期（2009～2011 年），美国联邦政府通过政府规划和宏观设计整体推动云计算的发展。2011 年 2 月 8 日，美国政府机构发布"联邦云计划战略"（王惠莅等，2012），在联邦层面推动"云计算"进一步发展；③政企互动时期（2011 年至今），美国联邦政府制定云计算发展标准,通过政府采购支持云计算公司发展,云计算公司则通过企业创新和市场活动等行为支持政府的宏观规划。整体来看,美国在政策层面推动云计算战略,主要有两层内涵:一是为云计算产业提供整体性的战略规划;二是推动联邦政府采取云计算和云服务(高奇琦,2015b)。

2. 中国:政务云

1)中国云计算发展现状

2008年,IBM 在无锡太湖新城科教产业园建立了云计算中心,自此云计算正式进入人们视野并正式开启在中国的发展(吴彦华,2014)。中国的云计算推广同样是从商业逐步延伸至政府的模式。阿里巴巴集团旗下的阿里软件与南京市政府合作建立国内首个"电子商务云计算中心",标志着云计算正式进入政务应用领域。随后,政府开始关注云计算对政府部门提高服务能力的重要作用,并将云计算引入到政府电子政务系统,将云计算和政府电子政务公共服务相结合,产生了政务云,并建立了政府云数据中心、云服务实践基地等实践项目。并且,国内首个应用云计算的政府数据和服务中心——杭州富阳市政府云数据中心的建立,使政府的决策打破数据垄断的限制,提高了决策的科学性。由此,越来越多的政府部门开始应用云计算技术构建自己的云服务平台,并逐渐向教育、医疗、电信、金融等行业发展。

2)政务云概念及应用

政务云是指由国内外各大电信运营商、大型网络服务商、互联网公司建立的,面向政府行业的,运用云计算技术整合政务工作数据、实现信息交流,并为党政机关、行政事业单位提供基础设施、支撑软件、应用系统、信息资源、运行保障和信息安全等综合服务的电子化政务建设服务平台。

目前,政府电子政务云平台的应用主要在以下两个方面:一是为门户网站运营、信息资源开发及系统应用提供有力的后台保障。利用云计算技术模式能够有效提高政府数据中心的运行效率,降低政府数据中心的建设成本,帮助缩短政务应用系统的响应时间。二是在政府部门之间,政府部门与社会服务部门之间建立"信息桥梁"。通过将各单位的电子政务系统接入云平台中,云平台内部信息驱动引擎,以实现不同电子政务系统间的信息整合、共享和政务工作协同,大大提高各级政府机关的整体工作效率。

政务云平台在保障部门在平台应用系统及数据安全的前提下,实现了政府部门间的业务协同,简化办事程序、畅通民众办事流程,有效提升了政府整体工作效率利用云计算技术,对于提升政府现有资源的利用率,节约财政支出等具有十分重要的建设意义。

二、云计算电子政务服务平台

当前,云计算技术以其成本低、效能高等特点受到各国欢迎。中国积极在电子政务中引入云计算技术与云计算服务,多次并明确提出要加强云计算服务平台,推进国家电子政务更好更快建设。2012年,工业和信息化部发布的《基于云计算的电子政务公共平台顶层设计指南》文件,明确了我国建立云计算电子政务平台的目标原则与内容重点。

（一）云计算电子政务服务平台含义

云计算电子政务服务平台，是指将云计算应用于政府门户网站的技术建设平台，是指将云计算平台作为技术支撑处理政府门户网站面临的海量数据，以增强政府处理政务信息能力，提高基础设施资源利用率，创建新的技术支撑体系，减少重复浪费、避免各自为政和"信息孤岛"问题。

（二）云计算电子政务服务平台构架思想

1. 构建目标

电子政务是政府提供公共服务的重要手段方式，其目的是提高政府办事的效率，提升政府部门的公共服务能力，从而为民众提供更加优质的服务。基于云计算的电子政务服务平台，则利用云计算作为技术支撑，从而更好地实现电子政务建设目标。当前，构建基于云计算的电子政务服务平台的核心理念，仍以公众为中心，以公众的服务需求作为完善云计算电子政务服务平台的依据，将公众的满意程度作为评估政府云计算电子政务服务平台的标准（李志萍，2013）。

2. 构建原则

有序可循的平台构建原则，能够最大限度地发挥云计算技术在电子政务服务中的优势。①遵循实用性原则。要切实解决电子政务发展过程中的问题，满足公众的公共服务需求，必须保证平台能够解决传统电子政务存在"信息孤岛"、网站形同虚设、数据更新不及时等问题，提高电子政务系统的利用率。②遵循标准性原则。建立统一标准，能够保障政府部门在云平台上的沟通与合作。③遵循安全性原则。对于涉及国家机密的信息要做到绝对的加密，保证政府信息的安全。

3. 指导思想

（1）云计算电子政务服务平台的构建，必须与国家相关主管职能部门规划发展方向保持一致，并按照国家出台业务需求规范标准积极执行，确保我国电子政务可持续发展。

（2）提供多层次的资源共享，让机关各级用户按权限共享信息，使市民快速获取与政府互动信息。

（3）提供业务标准规范化创新平台，鼓励各部门基于平台进行业务，逐步实现标准规范化，新建与升级原有系统，以平台引领新一代电子政务系统建设。

（4）提供完善的安全保密机制，实现网络间信息安全的交换共享，使政府、企业、公众放心使用公开的云计算服务。

（5）颁布云计算电子政务服务平台软件开发标准，让各部门的新建系统与升级应用系统有据可依。

（三）云计算电子政务服务平台体系结构

基于云计算的电子政务服务平台是一个完整的系统（图8-1），主要由平台基础设施层、数据资源层、平台管理层、平台服务层四个部分（熊励和梁曜，2017）。

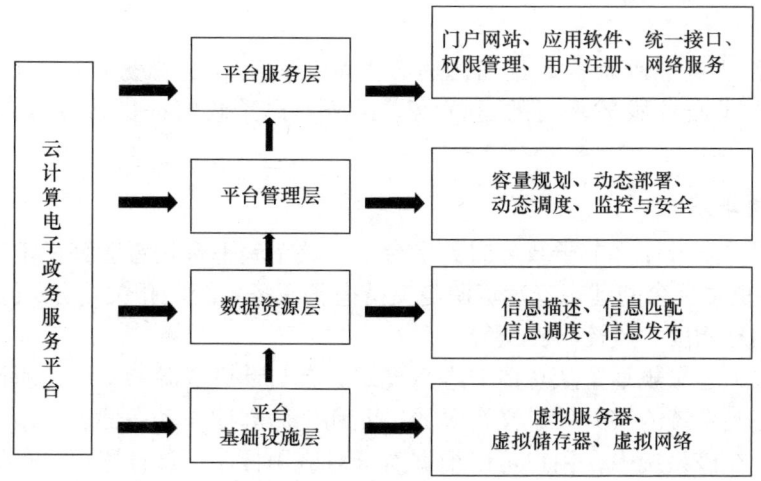

图 8-1 云计算电子政务服务平台体系结构图

1. 平台基础设施层

作为云计算电子政务服务平台的基础，平台基础设施层主要通过提供服务平台的虚拟硬件支持来支撑整个平台的运行，主要包括虚拟服务器、虚拟储存器、虚拟网络等。平台基础设施层通过虚拟化技术等手段将政府网站各个节点的资源接入到统一的网络中，能够实现节点政务信息资源的互联与沟通（网络节点上的资源包括各级、各地政府的各种政务信息资源），进而通过云计算技术将分散的节点整合到一起，虚拟出一个统一的云计算电子政务服务平台。

基础设施层的目的是虚拟化一个或多个执行环境，以便灵活、便捷、动态地运行操作系统及应用，从而提高政务信息的利用效率、满足公众的公共服务需求。这些基础设施可以通过支付给云服务提供商一定的费用来获得。

2. 数据资源层

数据资源层是保障云计算电子政务服务平台正常运行的关键。通过利用云计算技术，能够将政府信息资源大大整合，在建立云数据库的基础上，将政府信息资源进行统一的分配和调度，从而实现资源按需提供、按使用量付费。

数据资源层的主要作用是调度和管理政务信息资源，根据用户的服务需求分发数据。资源层不但要负责平台数据的压缩、节省平台空间，并且负责平台重要数据的加密和备份等安全工作，为政务信息资源提供安全的数据环境。数据资源层的工作内容由信息描述、信息匹配、信息调度、信息发布四个方面共同构成，四者紧密相连，缺一不可。

具体来看，信息描述是指将用户的需求内容和形式归为不同需求类别，并将相同需求归由统一的功能模块负责，将相似的需求信息放到邻近的功能模块，以求及时地为用户提供服务信息；信息匹配是指在信息描述的基础上，根据用户需求将平台的政务信息资源与用户需求相匹配，以便为用户提供所需的信息数据；信息调度是指对用户所需信息资源进行动态的存取管理，保证平台能够有序的为用户提供政务信息资源；信息发布是指在数据描述、数据匹配、数据调度的基础上，将用户需要数据完整地呈现在平台上，以供用户查看。

在平台各节点平台调整数据信息时，要做好政务信息数据库的及时更新，不断提高云计算电子政务服务平台的运行效率，努力提升政府提供政务信息和公共服务的能力。

3. 平台管理层

平台管理层是云计算电子政务服务平台中，关系到平台是否能够正常运行的关键一层。该层主要负责平台的动态管理资源与支持电子政务系统的相关业务，包括容量规划、动态部署、动态调度、监控与安全等。

具体来看，容量规划是从总体上进行规划分布与计算资源的系统，所设计出相应的分布式数据存储系统能够有效定义资源的单元和生命周期；动态部署是系统提供标准化的资源模板，在该系统中，用户可以根据需求对应用程序、计算资源、存储资源等模块进行快速部署；动态调度是动态分配系统的虚拟化资源，其作用是保证各种资源能得到有效利用；在监控与安全中，监控则负责监测各种资源工作的实时动态，当面对非正常状态时能够及时报警并自动调整资源分配，安全负责保证系统数据信息安全，保证电子政务云计算系统正常运行工作。

4. 平台服务层

平台服务层是云计算电子政务服务平台的应用层，该层直接面向用户提供各类网络服务。平台服务层的主要作用是将政府各个部门的各种业务和信息资源通过统一的云服务平台呈现给用户，为用户提供最简单、最便捷的操作界面，方便用户获取所需服务。由于直接面向客户，平台服务层也直接影响公众对政府公共服务质量和公共服务能力的满意程度，云计算电子政务服务平台出现异常现象，会直接关系到政府部门在公众心目中的形象，须予以特别重视。

另外，利用云计算提供的虚拟平台共享技术，一方面，用户可以通过服务平台提供的统一入口，方便快捷地进行注册、查询、访问、咨询；另一方面，"一站式"办公大大提升工作人员的办公效率。

第二节　大数据与电子政务

一、大数据的概念及特征

（一）大数据的概念

"大数据"概念最早可追溯到阿帕奇组织（apache.org）的开源项目 Nutch。维克托·麦尔·舍恩伯格认为，大数据是人们获取新的认知、创造新的价值的源泉，是改变市场、组织机构及政府与民众关系的方法。大数据的核心就是预测，是把数学算法运用到海量数据上来预测事情发生的可能性的科学方法。

从狭义上讲，大数据是指在特定时间空间内不能用常规手段而要用新兴手段进行收集、处理与分析的多项多类数据汇总；从广义上讲，大数据是指从各种类型的海量信息中快速获得有价值的信息的能力。其作用在于，拥有大数据这一功能，人类思维和决策的方式及方法将进入更高层次，并能够真正从"自动"走向"智慧"。

（二）大数据的特征

大数据具有五个特征（吴爱明和何滨，2013），即数量大、速度快、价值高、复杂性、融合性。

（1）数量大。数量大是指大数据技术涉及的数据量庞大。随着互联网技术的不断发展，网络数字信息呈现几何指数的增长趋势，而且数字信息的种类与规模越来越大，越来越丰富。

（2）速度快。速度快是指大数据技术具有较快的数据处理速度，能够在较短的时间内处理相应的庞大的数据，并能以此得到最佳的数据结果。随着技术的发展，大数据技术处理速度将会越来越快。

（3）价值高。价值高是指大数据技术通过海量数据分析功能能够快速地，且最大限度地筛选出潜在的最有价值的信息，从而为用户提供针对性的服务。这些大数据的信息价值含金量都很高。

（4）复杂性。复杂性是指大数据技术涉及社会的方方面面，数据包罗万象，牵涉面广，十分复杂。

（5）融合性。融合性是指大数据技术融合多项信息技术，汇聚、融合了社会方方面面的信息。

大数据不仅仅是一种收集、处理多项数据的技术，更是一种方法。小数据时代，数据的采集和处理局限于落后的技术，人们往往要通过减少数据量来探究所研究的内容的真相。随着时代的发展和社会的进步，我们面对的对象越来越复杂，借助大数据分析便十分准确地迅速找到所研究事物的本质属性和价值。

（三）大数据的关键技术

大数据的实现依赖于其核心技术。结合学者的文献资料统计，大数据的关键技术主要包括以下几点。

（1）大规模并行处理数据库技术。该技术是保证庞大数据储存与处理技术，其主要是以最快的速度对数据处理命令进行操作，并且具有较低的延迟读写速度，这可以降低大数据技术的故障发生率。

（2）分布式数据库技术。分布式数据库是利用互联网的空间特性，通过一定的算法进行逻辑上的统一，以此形成超大数据库。

（3）容错技术。容错技术可以改进系统的错误，提高系统的可靠性。当数据分析出现冗余数据时，使用容错技术去访问，利用数据冗余进行问题的处理，使用的处理方法有复制（replication）和纠删码（erasure code）。

（4）可视化分析技术。使用图形进行大数据的分析，人们可以通过数据分析过程，发现数据的潜在价值，主要有多维数据和文本可视化技术。

（5）云计算技术。云计算技术是将传统的计算机储存等功能移至云终端，以此实现空间的拓展。

大数据时代给我国电子政务管理带来了全新的机遇和挑战，为政府收集、分析信息资源提供了全新的机遇，对提高政府公共服务质量也起着举足轻重的作用。这也预示着，电子政务管理也需要与时俱进，重新审视目前存在的不足，实现自身改革创新。如何抓住机遇，迎接挑战，推动电子政务管理的发展，提高政府工作的实效，仍是一个亟待解决的问题。

二、大数据时代电子政务的特点

将大数据思维应用到电子政务，促进电子政务模式和观念更新，有助于电子政务真正发挥进行政务管理与为民服务的作用。过去的电子政务主要应用于政府门户网站、网上办公、单位纵向上下信息整合，各部门间数据共享程度低，各单位的数据之间相互独立。大数据技术的大量应用，电子政务实现了单位横向间数据资源的有效整合，单位间的信息鸿沟得以有效缩小、信息孤岛现象得以有效消除。大数据的开发和应用有助于我国电子政务提高服务质量、辅助决策、创新服务模式，推进电子政务健康持续发展。

具体来看，大数据环境下的电子政务有以下特点。

（一）电子政务的程度不断加深

大数据背景下，电子政务的程度不断加深。电子政务所覆盖的种类、规模、参与度和透明性得到大幅提升。电子政务使政府部门能够掌握全面、详细的数据资源信息，辅助政务办公，为政策制定提供科学、翔实的数据依据，为社会提供了完善、快捷的"一站式办公"便民服务，将相关政府数据公开透明化，有效提升了政府办公效率和对外形象。

（二）电子政务的高度不断拔高

电子政务的发展在大数据环境下已经被提升到新高度。大数据的大、全、细、时特点，在信息公开和舆论监督过程中发挥越来越重要的作用，深受社会追捧。大数据与政府政务的结合越来越紧密，其关系突出体现为政府与信息质量和效率的关系。对于身处网络环境之中的政府人员而言，其生存发展时刻受到数据的影响。政府利用数据扎根于社会，服务于社会是政府发展的基本趋势。

（三）电子政务的维度不断拓宽

大数据为电子政务注入新的活力，使电子政务的维度得以拓宽，从二维转化到三维甚至多维，全方位立体化服务于政府部门。大数据时代背景下，电子政务不再局限于以往固定的政府公开项目，更多公开的是与社会进步、民众生活等息息相关的数据和指标，有效加强政府、私人部门和民众之间的联系。目前，各级政府正积极打造数字化城市、云上城市、互联网+城市，促使城市生态从单一条块成长为"善政、惠民、兴业、筑基、共生"的有机生命体。

三、大数据技术在电子政务中的应用

大数据技术能从琐碎的日常问题和复杂的业务需求中抽丝剥茧来抽象出高层次的概

念，进行清晰的业务建模，为整个政务工作整理出顺畅的推进流程，加快政务处理的速度，对日常政务的成功开展具有更重要的特殊意义。

(一) 大数据在电子政务数据处理中的应用

随着我国电子政务平台的建设和投入使用，越来越多的业务都要通过电子政务平台实现和处理。因此，快速对数据进行分析和汇总成为电子政务开展快捷服务的关键。大数据技术可以顺利实现对海量数据信息的自动汇总和分析，使电子政务平台的办事效率得到有效提升，数据提取更为精确。

例如，在进行公司注册业务或者个人信息填报业务时，通过大数据技术可以对海量数据进行筛选和加工，提取最有价值和最需要的信息，快速补充缺失信息和不完整信息等。同时，还能分析海量数据对用户的个人征信、信用情况进行有效评估，以判断其是否具有开办公司的资质和条件。

(二) 大数据技术在电子政务决策中的应用

信息是决策的基础，大数据技术能为电子政务提供充分且有效的信息。大数据技术的分析能力、洞察和预见性能力能有效增加电子政务决策的科学性和有效性。大数据技术融入政府部门之间的信息共享为政府部门制定决策提供了强有力的保障，也使部门与部门之间、上级和下级之间的沟通更为顺畅。

针对新冠疫情防控要求，电子政务平台通过利用大数据技术模型对新冠防控进行了模型构建与预测分析，对新冠感染者的接触者和传播路径进行清晰摸排并及时有效地公布，为各地政府疫情防控的科学部署提供了极大的助力。

(三) 大数据技术在电子政务部门协作中的应用

大数据技术能够快速建立行政区划间异构系统，有效地打破了政府部门之间的、地市之间的信息孤岛效应。借助大数据技术，电子政务信息平台将各部门、各区域的数据资源进行深度融合，使所有合理数据信息可在合适时间以合理方式传输给需要这个数据信息的部门，进一步提高业务协同能力。

大数据背景下，电子政务数据共享和数据资源挖掘应用取得了实质性进展。当政府数据开放后，通过网络上提供诸如文化、科技、环境质量、统计等多方面的数据开放模块，便利市民下载相关数据资源，真正做到利民、便民。以疫情防控为例，多地政府与微信、支付宝等平台合作，滚动更新确诊病例、治愈出院病例、防疫物资调拨数量等关注度高的数据，真正发挥稳定民心、凝聚社会各界力量的积极作用。

四、大数据技术下电子政务的安全管理

大数据环境在促进电子政务快速发展的同时，存储了大量的涉及国计民生、涉及个人隐私权数据和信息，因此也带来了极大的安全隐患。必须切实有效地保障电子政务平台的安全稳定运行。

当前，电子政务系统缺乏有效的安全保障，在面临网络攻击时极易受到攻击，带来

个人信息等数据泄漏问题,埋下安全隐患,构建大数据环境下完善的电子政务防范措施是当前必须考虑的问题。

(一)建立健全电子政务信息安全的法律保障体系

立足于大数据技术和互联网发展现状,保证电子政务信息安全,必须加强法律规范治理体系建设力度。在联系当前相关行业保护措施的基础上,积极推进有关大数据技术保护以及规范互联网网络安全的相关立法,制定并颁布严格甚至是严苛的保护个人隐私安全的数据信息使用规范,明确数据生命周期中的安全主体责任和违法界限;做到违法必究,执法必严,增强相关执法能力,彰显法律的监管权威。对侵犯个人隐私安全,盗取国家安全数据的行为予以沉重有力的打击;加大普法宣传,营造健康有序、诚实守信的良好社会氛围。

(二)强化电子政务信息安全技术保障制度

电子政务信息安全技术保障制度包含一系列安全防护技术手段,如应急处理、外部力量侵入时的安全警告、预警体系等,须保证网络环境安全和计算机软硬件安全。从防护策略上,使非法入侵检测技术与防火墙技术相结合,提供全面的安全保障。

大数据环境下飞速发展的电子政务为计算机病毒提供了滋生的环境。通过对杀毒软件进行不断地升级改造和更新,对数据来源定期进行病毒查杀检测都能有效保障计算机网络体系的安全。此外,考虑到不可抗力因素(如地震、火灾等)后的数据修复能力,电子政务信息安全网络必须具备系统容灾及数据备份与恢复技术。

(三)加强电子政务数据安全教育和管理机制

加强民众和相关公务人员有关信息数据安全的宣传和安全教育工作,树立电子政务数据信息安全意识,提高风险管控意识和技术;电子政务数据安全管理机制需要不断地调整和完善,建立统一的安全管理规章制度,对电子政务信息进行统筹管理,合理划分信息管理的义务和权力,做到权责清晰;落实信息安全相关工作人员的责任制度,必要时签订保密协议,对泄密者进行严厉的法律追责,并将此纳入相关人员的绩效考评中,全方位提升工作人员的安全责任防范意识。

大数据背景下,电子政务管理必须进行转型升级。为更好地把握大数据给电子政务管理带来的机遇,迎接接踵而至的挑战,需要多管齐下,通过全流程深度数据整合,建设高素质的人才队伍,建立完善的数据安全体系等措施。

第三节 区块链与电子政务

一、区块链技术的概念及特征

(一)区块链技术的概念

区块链(blockchain)技术最初由比特币应用中衍生而来,在不断发展的过程中引起其他行业的广泛关注。当前，对于区块链技术并无行业公认的统一定义。现有的定义中，不同研究者从不同研究角度出发，对区块链的解读不尽相同。总的来说，对区块链的定义可以分为以下几种。

（1）区块链是一项应用协议，是指通过应用协议将交易各方联通起来，以实现价值流动与传递。

（2）区块链是一种记录方式，是一种按照时间顺序将数据区块以顺序相连的方式组合成的一种链式数据结构，并以密码学方式保证的不可篡改和不可伪造的分布式账本。区块链独特的记录方式是它区别于其他技术的特点之一，作为一个完整记载所有交易记录的分布式账本，区块链是一个安全、可信、去中心化的分布式数据库。

（3）区块链是一种技术方案。区块链技术并非单一信息技术，而是依托于现有技术加以独创性的组合及创新，从而实现以前未实现的功能。区块链中涉及的关键技术包括P2P网络技术、非对称加密算法、数据库技术、数字货币等，通过综合运用这些技术，区块链创造出新的记录模式与管理方法。

（4）区块链是一种去中心化的、无须信任积累的信用建立范式。从广义上看，区块链技术是利用块链式数据结构来验证与存储数据，利用分布式节点共识算法来生成和更新数据，利用密码学的方式保证数据传输和访问的安全，利用由自动化脚本代码组成的智能合约来编程和操作数据的一种全新的分布式基础架构与计算范式。在这种管理范式中，任何互不了解的个体通过一定的合约机制可以加入一个公开透明的数据库，通过点对点地记账、数据传输、认证或是合约来达成信用共识。这个公开透明的数据库包括过去所有的交易记录、历史数据及其他相关信息，所有信息都分布式存储且透明可查，并以密码学协议的方式保证其不能被非法篡改。

无论是应用协议、记录方式，还是技术方案、管理范式，都是从区块链的某一特质入手对其进行定义。从数据结构的角度切入，区块链被定义为是运用区块链技术所生成的区块链数据，是对应用区块链技术所生成的数据的分析，这个定义是具体的、狭义的；而应用协议、技术方案、管理范式则是从区块链本身的特征出发来对其进行定义，是对区块链技术本身的分析。在现有的研究和实践中，区块链从管理范式的角度定义区块链技术是比较全面、广泛的，即指广泛定义下的区块链技术。

（二）区块链技术的特征

尽管目前理论研究中对于区块链的定义并不统一，但对于区块链的特点分析却是较为清晰和明确的。区块链最主要的特质可以归纳为以下三个方面。

1. 技术本质为分布式数据库

去中心化是区块链技术不同于以往其他数据库的最大特点，它是由全网各个节点组合而成的，采用纯数学方式而非中心化管理方案。区块链中的数据是分布式存储的，是由所有的网络节点共享数据库，并由全网共同监督。全网公证的账本使得即使其中某一个节点受到攻击或篡改，也不会对其他节点造成影响，并且其攻击成本极高。

2. 组织形式为链式数据结构

区块链是按照时间顺序将数据区块以顺序相连的方式组合而成的一种链式数据结构，并以密码学的方式确保其不被篡改、不被伪造。区块链中储存的信息是按照时间顺序将相关数据串联起来的，区块中的哈希值校验、时间戳等严格界定了区块的次序，形成一个"时间轴数据库"。区块链中数据的累积和区块链的成长是同步的，"数据+时间戳=区块"，而按照时间戳中时间顺序依次连接起来的多个区块才能形成区块链，具有极强的可追溯性与可验证性。

3. 核心价值是共识机制

区块链中数据的生成与交换依靠机器与机器之间的协议，是可以自动化执行的一些预先定义好的规则和条款。这包括两方面内容：一是参与的条件，由于区块链本身的原程序是开源的，只要符合一定条件就可以加入到区块链中，并通过共识算法来选择特定的节点将新区块添加到区块链中；二是区块链上形成的数据会被同步更新到整个网络，在任何节点都可以查询整个区块链上的数据记录，提高了数据的可审计性。

二、区块链技术在电子政务中的应用前景

随着区块链技术的发展逐步成熟，其产业应用也越发广泛，并从供应链、证券、保险、交易等金融领域延伸到电子证据存证、版权保护和交易、商品溯源、数字身份、智能制造等实体领域。区块链作为分布式数据存储、点对点传输、安全和智能合约机制加密算法等技术的集成应用，其在电子政务服务中的应用前景主要包括以下三个方面。

（一）去中心化应用

区块链技术的去中心化，能实现分布式数据库计算和储存，无须中心化运营，实现点对点的直接交互。区块链技术可以为跨级别、跨部门的政务数据联通交互提供安全可靠的环境，每一个部门都保存了完整的交易记录，即使被恶意攻击丢失或损坏了某一节点的数据，也依然可以在其他部门的政务链上找回政务信息。因此，政务信息的去中心化大大降低了信息丢失、被篡改的风险，能够有效地提高政务信息的安全性。

（二）防篡改性应用

防篡改性应用特征最显著应用于身份验证。区块链技术采用加密算法使电子证据信息以一种不可逆的方式转换成一段位数固定、较短的输出散列，通过加密算法可以验证信息是否被修改，同时在传输过程中采用不对称加密技术对电子证据进行加密保障传输安全，充分保障了证据真实性和安全性。公民身份信息被登记在区块链上，能够保证其唯一性和真实性。例如，广东佛山市禅城区与大数据公司合作共同研发推出了基于区块链技术的电子政务服务平台，通过 IMI（intelligent multifunction identity，身份认证平台）身份验证平台进行身份验证，大大提高了政务服务办事效率。

（三）可追溯性应用

可追溯性应用有助于政务信息的公开透明。由于区块链里的所有信息都包含时间戳的证明，不可被篡改，并且区块链是一个公开、透明的系统，在区块链系统里，所有信息都是可追溯的。同时，区块链技术的引入可以助力政务信息公开化，即通过将全部信息记录于一个高度透明、公开的区块链中，人们可以随时查看相关的政务信息，有效监督政府行为。例如，贵州省政府利用区块链技术进一步完善了信用信息共享平台建设，健全政府部门信用信息共享机制，显著提升政务信息的公开透明度。

三、区块链技术在电子政务中的应用案例

目前国内外政府在电子政务建设过程中都普遍将区块链技术运用其中，特别是爱沙尼亚政府，其基于区块链的电子政务服务转型走在了世界前列。在国内，"海淀政务"云平台是我国首个"政务办公云平台"，推出了区块链结合电子政务的应用服务场景40多个，服务范围逐渐从区扩展到市，对其他城市的电子政务服务转型起到了带头作用。因此，本书借助这两个案例做详细介绍。

（一）爱沙尼亚"E-Residency"项目

爱沙尼亚被视为数字政府的世界领导者之一，该国已围绕去中心化、互联化、公开化和网络安全设计了电子政府战略。2007年，爱沙尼亚在受到网络攻击后，开始发展基于区块链的"E-Residency"项目，该项目的核心在于数字身份。在"E-Residency"项目投入使用的5年之内，已有超过64 000人申请了电子居住证，并在世界各地开办了1万多家公司。爱沙尼亚为了提高行政效率，并为公民提供政务服务，利用基于区块链技术的"X-Road"的互联网主干网来连接公共部门的多个数据库。公民可将自身的官方文件（如身份证、护照、驾照等）存于数据库，将这些重要官方文件通过加密计算后记录在一个区块链上，实现在不依附于任何中心化机构的前提下提供综合服务。在这种情况下，公民被分配了一个唯一的个人号码，包括宠物、重要的物品，如房地产、协议、外发邮件等，也都被分配了唯一的号码。个人号码是电子政府最重要的识别码，这些识别码是区分众多同名者的唯一正确方法。

"X-Road"的核心技术是"X-Tee"，爱沙尼亚的"X-Tee"有一个中心，由爱沙尼亚国家信息系统管理局维护。该中心接受新成员，颁发访问所需的凭据，并使用特殊软件监控实际使用模式。这样发生的每个交互流程都会被记录下来，使得伪造请求记录和数据的类似事件不可能发生。这些信息的安全保障都离不开以区块链技术为核心的无钥签名基础架构（keyless signature infrastructure，KSI），该架构利用区块链底层原理的数字方式验证所有事务的交互，不需要人工密码、系统管理者或政府人员的验证。这能够确保完全透明化与安全性，所有的利益相关者都可以看到谁在何时查阅了什么信息。因此，个人可以在无须第三方介入下，自行验证他们本身记录的真实性，这可以帮助政府降低成本，在遵守法规的同时也能够提高验证效率。为实现任何人都不能伪造记录，该项目运用了安全日志，这是确保数据安全的核心，另外，法规和程序使得试图伪造记录

的专业和法律成本非常高,这是保护数据完整性的另一个重要工具。得益于该项目,爱沙尼亚每个公民皆可检查政府记录的完整性,这能够避免某些用户或政府管理者在背后篡改政府网站或个人数据,实现每个公民对政府高效透明的监督,并且使得爱沙尼亚进一步推进数字化公民政务服务。

2020年的统计数据显示,在爱沙尼亚的公司98%以上都是在网上注册成立,同时在区块链技术的支持下,电子支付在货币交易领域大放异彩,包括银行货币交易在内的资金交易有99%都是在网上进行。以前需要超过5天才能注册成立一家公司,而在线上只需要不到1小时,政务信息在区块链技术的支持下变得公开透明,99%的政府服务都是在网上提供的,现已提供了2000余类不同的服务。区块链技术的应用大大降低了爱沙尼亚的政务公共开支,同时也提高了公共管理效率。

(二)"海淀政务"云平台项目

2015年5月,北京市海淀区发布了"政务办公云平台",这是我国第一个政务综合服务云办公平台,并逐渐向全国各地推广。2018年,"海淀政务"项目按照国家相关政策精神开始制定文件、印章、签名、档案等电子版储存利用以及人脸识别的使用和管理办法,并结合大数据、云计算等技术逐步完善政务服务在线移动支付体系,使得企业群众缴费变得更为快捷方便。2019年,区政务服务管理局研究运用区块链等新技术提升政务服务质量,并且在海淀区率先实行试点政策。经过不断地试行与改革,最终90%的市区两级政务服务事项可以在政务云平台办理,70%以上的市级政务服务事项能够在综合窗口办理,办理时所需材料也相应减少,并且实现了群众"少跑腿"。

通过利用区块链技术结合政务进行试点,实现了国家级和市级12类数据链上应用。继"企业创办""不动产登记"两个应用场景之后,海淀区还推出了基于"一网通办"区块链平台的应用场景:就业登记、失业登记、开画廊、中关村高科技企业认定和按月领取保险金。与过去相比,这5件政务要求提交的资料平均减少40%,且单次政务事项跑动次数较之前平均减少1次至2次。通过智能合约和共识机制,所有业务都可以在"可访问、看不见"数据的自我管理基础上,通过查询接口和加密运输进行在线数据验证,提高应用效果从而实现办公材料智能识别,根据审查规则自动验证办公材料,及时提供审核结论和建议,提高审查效率。在不动产交易登记场景中,由于多个市级部门的相关数据共享上链,办事人员不再需要准备个人身份证和房产证等其他证件。在现场需要核验的材料由十几份减至3份,核验时间由20分钟减少至2分钟,以前政府工作人员需要现场核验纸质材料的真伪性,现在可以直接通过区块链获取并验证真实有效的信息,有效减少双方的工作量,提高政务处理的效率,并且在一定程度上提高准确性,利用区块链开发多种应用场景,也让许多企业感受到新技术的改革红利。

四、区块链技术应用于电子政务所需解决的问题

区块链作为基础技术一旦进入各行各业,在分析其所带来的创新机遇的同时,也不能忽视其可能存在的种种问题。特别是在电子政务建设中,政务信息资源关系到社会多方利益、个人隐私以及政府的建设发展,更是不能忽视其可能带来的风险与隐患。

（一）安全威胁

安全威胁是区块链迄今为止所面临的最重要的问题。区块链构建了一种新型的信任机制，不需要第三方机构的担保，而是由其自身特性进行信任背书。这在带来颠覆性冲击的同时，也存在一定的安全隐患。

一方面，在技术的应用过程中，区块链技术无法确保无差错。在区块链构建的信任体系中，由区块链本身的特性进行信任担保尚未被确认是毫无纰漏的，而一旦在电子政务系统中出现错误，系统中包含的大量涉及个人隐私、政府建设、经济建设、社会活动等方面的宝贵信息可能会被篡改、泄露或丢失，这将会造成严重的后果。

另一方面，区块链中账户是用户的公钥，进行信息交互的则是私钥。一旦私钥丢失，用户参与信息交互的权利也随即失效。更为重要的是，节点通过掌握全网超过51%的算力就有能力成功篡改和伪造区块链数据，尽管其所需成本过高，但安全性威胁始终存在。在区块链应用中存在的数据、系统、使用等方面的安全性问题，将会极大地制约区块链技术的可应用性与推广度。

（二）长期保存

应用区块链技术生成的是数据交易的记录，这些记录作为机构活动与社会个体的重要凭证，涉及大量个人隐私、公共利益，需要被妥善保管以供长期查考之用。区块链中生成的文件应该保存在区块链系统中还是应该被转移到另一个管理系统中，以及这些文件的长期保存问题应该如何解决，这些都是需要重视的问题。

目前，对于这些关于长期保存的问题则关注较少。区块链技术与其他信息技术最大的不同在于其去中心化账本模式，各个应用环节会出现相应的变化，这也导致了其文件管理模式与现有的不同，那么针对数据的长期保存问题，应该在其应用于电子政务管理之初就从档案管理的角度进行研究，既可以从宏观的角度探讨区块链技术应用的可行性，从产生到长期保存的整个生命周期对其进行研究，有利于更好地考虑其可行性；也可以从档案管理的视角出发将在档案长期保存研究中需要保证档案具有真实性、完整性、长期可用性的建设需求引入区块链应用的探讨中，使得对于区块链应用系统的建设更加全面。

（三）建设成本

区块链技术的开发、研究与测试工作涉及多个系统，时间与资金成本等问题将阻碍区块链技术的突破，在电子政务领域的应用也不例外。区块链技术的应用，除了需要大量的资金、人才、时间等投入研发工作之外，更需要集结所涉及的机构、个人，这也是一个耗费大量成本的建设工作。此外，区块链系统与现有的管理系统之间的联通，以及如何避免重复建设也是一个重要问题。在目前尚未开发出区块链应用的通用标准和平台的情况下，在电子政务中采用区块链技术不仅耗时耗财，容易造成重复建设与资源浪费，更重要的是，还有可能会有种种难以控制的风险，可能会造成巨大的损失。

（四）互联互通

区块链应用的一大优势就在于可以利用共识机制将不同机构联通起来，消除政务信息资源建设中的信息孤岛现象。然而，分布式账本技术标准与体系之间仍然存在互不兼容、互相孤立的风险。目前，区块链的应用仍然没有相应的标准与规范，倘若区块链产业参与者之间没有建立良好的沟通与协调机制，现有金融系统基础设施缺乏互操作性与互通性及孤立等问题也将会再次出现在电子政务系统中。在这种情况下，电子政务建设中的信息孤岛问题不但难以消除，反而很有可能进一步加深。

第四节 人工智能与电子政务

人工智能是利用数字计算机或者数字计算机控制的机器模拟、延伸和扩展人的智能，感知环境、获取知识并使用知识获得最佳结果的理论、方法、技术及应用系统。当前，我国各级政府均尝试人工智能技术在电子政务中的应用，在政务数据、智能办公、智能服务等方面进行探索，并取得一定的成绩。

一、人工智能的内涵及关键技术

（一）人工智能

人工智能当前被定义为计算机科学的一个分支，致力于智能行为的自动化。目前的人工智能理论研究一直呈现"三足鼎立"的趋势：其一，研究在计算机平台上编制软件来解决如定理证明、问题求解、机器博弈和信息检索等复杂问题；其二，针对人工神经网络进行研究；其三，对于感知-动作系统以及多智能体进行研究。人工智能存在两个较明显的发展方向，即强人工智能和弱人工智能（张克平和杨冰之，2015）。弱人工智能是指通过人类编写好的算法或者软件智能化地去解决和计算某些问题，这样的算法或软件只是采用一些智能化的计算工具，如神经网络、专家系统、模糊逻辑等，而计算行为需要人为触发或控制，弱人工智能的目标是通过智能化计算更好地解决一些复杂问题；强人工智能是指通过对生物行为或大脑的研究和模仿，以期达到对意识、情感、理智三位一体的人工智能建模，即通过无监督学习、人工生命、神经网络等技术让机器具有人类的感知、思维和情感。目前这两个方向的人工智能研究均存在一定进展和成果，而两个方向的融合也是未来人工智能演进方向。

（二）人工智能关键技术

1. 数据挖掘与学习

当面对大量的数据需要进行深度数据挖掘、明晰数据之间的联系时，通常采用人工智能的一个重要分支，即机器学习来研究如何使用计算机模拟或实现人类的学习活动的方法，按照学习干预方法可分为有监督学习和无监督学习。

按照学习方法，机器学习可分为决策树学习、强化学习、概率学习等。决策树学习算法是经典的分类学习算法,从大规模数据中构建决策树,并利用所有训练集数据进行决策树的训练来完成学习过程;强化学习是一种自适应学习方法,通过在迭代中调整参数值以达到强化信号的最大化,完成最优策略的建立;概率学习是利用像贝叶斯模型这样的概率模型进行训练数据的计算,从而得出学习模型和决策。

2. 知识和数据的智能处理

专业领域的知识处理和问题求解一般使用专家系统,它将探讨一般问题的思维方法转变为运用专门知识求解专门问题,实现了人工智能从理论研究向实际应用的重大突破。专家系统一般由知识库和推理机组成,通过知识标识、知识获取、知识存储等操作完成知识库的建立,再利用推理机进行机器推理或模糊推理等操作,进而得到基于知识的推理结果。

专家系统将特殊领域专家的专业知识和经验引入系统中,并将这些专业知识凝练为规则,大量的规则可以形成规则库。在问题求解过程中,规则库可以代替人类专家使得程序具有智能化。目前,专家系统正逐渐与其他学科融合,出现了基于框架、基于案例、基于模型、基于神经网络以及基于 Web 等多种专家系统模型,专家系统正成为人类进行智能管理与决策的重要工具和手段。

3. 人机交互

人机交互主要确保机器和人类交互过程的顺畅。人机交互的实现一般要应用到机器人学和模式识别等技术。机器人学主要研究如何使机械模拟人的行为,而人工智能领域内的模式识别是指用计算机代替人类或帮助人类进行感知,也就是让计算机系统模拟人类通过感官获取的对外界的各种感知能力。

目前的人机交互形式包括通过实物进行交互、通过触控屏幕进行交互、通过虚拟现实进行交互以及多种交互方式综合的多通道交互等。人机交互技术同时还涉及手势识别技术、语音识别技术、触觉反馈技术、眼动跟踪技术以及 3D 交互技术等。人机交互可以使用户摆脱常规输入设备的束缚,并从复杂的人机交互场景中有效提取分析对象,实现自然的人与机器的感知交互。

二、人工智能对政务服务的促进作用

当前,人工智能在社会生活各个领域得到了广泛的应用,促进了经济、社会的不断发展。在政务服务领域,对缓解人力资源局限问题、提升政务服务管理效能、提高政务服务决策质量、拓展政务服务交互渠道、构建推送式政务服务模式等方面具有巨大促进作用(图 8-2)。

(一)缓解人力资源局限问题

面对群众日益多样和复杂的办事需求,政务服务部门面临的人力资源短缺和素质参差不齐问题日趋严重。为应对此问题,管理部门常会采取增加编制、提高待遇、购买公共服务以及临时聘用等解决措施。因受政策及资源的限制,这些措施未能解决根本性问题。

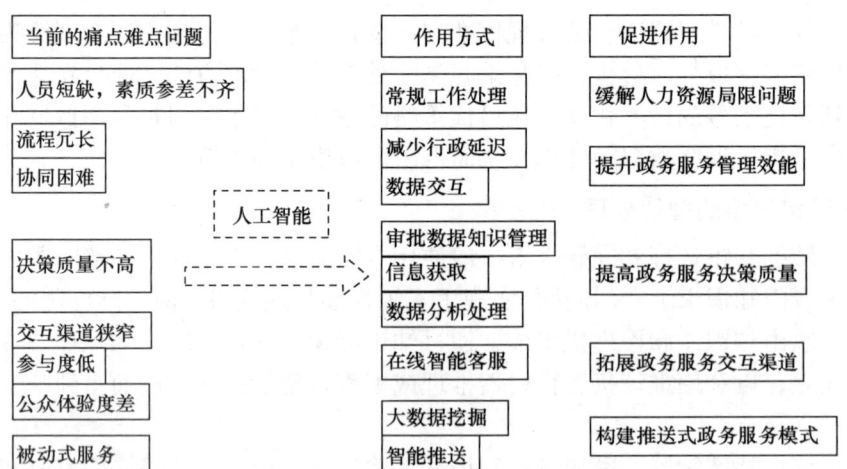

图 8-2 人工智能对政务服务的促进作用

根据德勤会计事务所的分析预测：如果应用人工智能技术来执行政府的常规任务，在低端范围，每年可节省 9670 万小时；在高端范围，每年可节省时间增加到 12 亿小时。如此看来，运用人工智能技术，可以有效缓解与改善政务服务部门的人力资源局限问题。

（二）提升政务服务管理效能

在传统的行政审批流程中，审批环节众多、流程冗长复杂，政务服务效能低下。通过引入人工智能，实现对政务服务办理过程中各环节的办理信息进行精准梳理和分析，有效辨别出政务服务过程中的多余环节，大幅提高办事效率、减少行政延迟。

与此同时，人工智能还能以数倍于人力的效率实现证照、文件、公文等的流转以及办事过程数据的传递，从而有助于破除传统政务服务中部门分割、多头监管等积弊，实现跨地域、跨部门的有效协同，提高政务服务的精准性和协同性、提升政务服务的整体效能。

（三）提高政务服务决策质量

随着人工智能技术的应用，有助于政务服务管理者快速、全面获取公众的有关信息，从而更好地了解其服务对象、更准确地预测公众需求和定制服务，实现决策的有效性；人工智能技术还能够通过对工商、税务、银行等部门的大数据分析，实现对重点企业及人员的识别，提升决策的针对性；还能根据政务服务大数据自动形成涵盖市场主体存量、资金流入以及市场活跃度等信息的走势分析，帮助政府制定有效的产业调控政策，促进经济增长和产业发展。

（四）拓展政务服务交互渠道

人工智能技术具备拟人化的交互能力，因此能与公众进行更好的互动，便于准确把握公众的办事需求和可能存在的疑难问题。同时，因其使用门槛较低且具备全天候值守能力，能为公众提供更为友好的交互体验。此外，人工智能技术还能有效收集、存储以及分析公众对于政务服务流程、工作内容、工作态度等方面的建议和意见，政务服务部门通过后台数据分析，可以准确把握当前工作中存在的不足并做针对性的改进。

（五）构建推送式政务服务模式

在电子商务领域，人工智能能够根据用户的历史购物记录、输入的关键词等信息，实现对用户需求的精准分析和智能化推送。在政务服务领域，部分城市通过建立企业专属空间和个人空间，实现了办事数据的汇聚以及主动推送式的服务。同时，建立在大数据基础之上的人工智能技术，可以根据公众的历史办事信息以及其他可获得的个人信息，通过大数据挖掘分析公众行为习惯，并智能推送公众关注度高、与公众紧密相关的信息，同时适时调配政务服务资源，主动为公众提供个性化、推送式服务。

三、人工智能在电子政务中的应用

在电子政务中应用人工智能技术可以促进政务数据的开放共享，提升决策的科学性，提高办公效率，改善政务服务的针对性、时效性和主动性。

（一）政务数据

人工智能经历了从图灵测试到深度学习的发展历程，在大数据与云计算的强有力支撑下提供了海量数据和近乎无限的计算能力，在面对海量数据时，可以通过机器学习等算法，进行数据整合和分析。目前政府部门掌握了大量的数据资源，人工智能技术得到的快速发展，使得从海量政务大数据中挖掘出宝贵的知识变得不再遥不可及，为打破政府部门间数据壁垒、破除数据孤岛，以及实现政务数据流转通畅提供了新机遇。

（二）智能办公

随着我国政府体制机制的不断完善和电子政务的广泛应用，政府的效率得到了大幅的提升。但是与广大民众的诉求相比，还有一定差距，人工智能则为政府效率的提升提供便利。人工智能具有高于人类的精确性、快速性、便捷性，可以有效节约人力成本和财政支出；深度学习等算法使计算器具有一定研判和决策能力，政府工作人员不必事事亲力亲为；政府部门依托人工智能可以实现业务协同的智能合约，实现跨层级、跨地域、跨系统、跨部门、跨业务的信任和协同。

（三）智能服务

随着"互联网+政务"部署与推进，政务服务的形式在很大程度上都进行了优化，为企业与公众带来了实实在在的便捷，而人工智能的计算机视觉、机器学习等技术，可以提升政务服务的科学性、主动性和针对性，进一步促进政务服务水平及群众满意度的提升。目前，人工智能已经在智能客服、海量信息搜索、可信身份认证、无人化政务服务、智能机器人、精准推送服务、事中事后监管等方面进行了探索和尝试。

四、人工智能在政务服务领域的具体应用

虽然目前人工智能在政务服务领域的应用尚处于起步阶段，但已经开始在一定程度上产生了积极的带动效应。根据工作的复杂性以及自动化程度，人工智能可以从四个方面在政务服务领域中发挥作用：①解放（relieve），即由人工智能技术接手简单的常规工作，释放人力以从事更有价值的工作；②分解（split up），即将相对复杂的工作进行流程分解，并尽可能采用人工智能技术对各步骤进行自动化处理，而由人完成剩下的工作，或者对自动化进行监督；③取代（replace），即由技术取代人工，完成一整套具有一定复杂性、以前由人类才能承担的工作，这将带来行业的变化和工作岗位的变迁；④增强（augment），即人工智能技术对人类技能进行增强和补充，通过优势互补，完成以前人类很难或无法做到的任务（图8-3）。

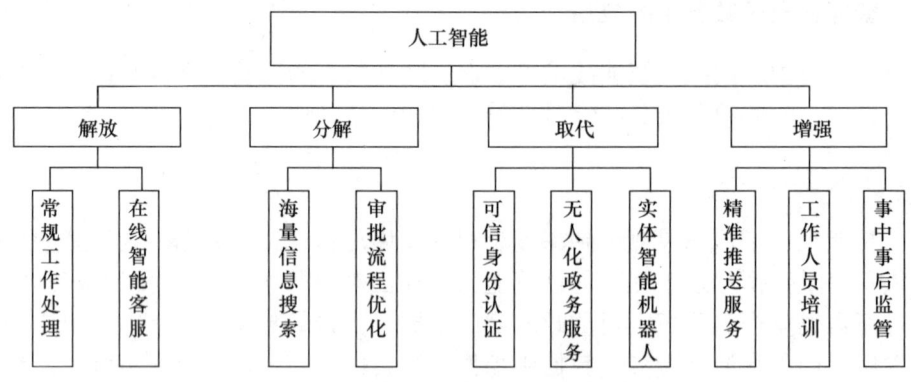

图8-3 人工智能在政务服务领域的应用

（一）常规工作处理

在处理常规性的文字工作方面，人工智能技术已经较为成熟。例如，美联储利用机器来编写例行的公司财报，其效率已经超过了人类。现有的机器人流程自动化（robotic process automation，RPA）对政务服务部门来说是一个很好的机会，它可以替代人力完成表单填写、信息搜索与获取、数据提取及处理等重复的、可预测的、耗时长的工作，从而使人力资源极大地得到解放，能有更多时间与精力去处理政务服务过程中的棘手问题。

（二）在线智能客服

人工智能的在线客服技术已经在社会生活中得到多种应用，如苹果语音助手Siri、支付宝语音助手Beta等。通过自然语言识别、机器学习等技术的运用，人工智能客服已经能够进行拟人化的交流，回答用户在日常生活中遇到的各种问题。在国外，美国陆军网站开发了互动虚拟助理SGT STAR来回答关于入伍招募的有关问题，其准确率达到了94%以上。在政务服务领域，通过对各职能部门的政策法规、办事指南、信息数据进行标准化梳理，形成专门的政务服务知识库，人工智能技术可以根据规则库为公众提供全天候、多渠道的精准智能客服，有效解决了公众在办事过程中遇到的诉求表达渠道不畅、参与互动水平低、人工服务响应不及时等难题，提高群众的办事体验。

（三）海量信息搜索

采用人工智能搜索技术，公众只需要输入自己的目的或需求，人工智能搜索引擎便可以综合运用自然语言处理与机器学习等技术，识别输入文字中的关键信息，即时找到相关信息。人工智能搜索引擎还能够结合知识图谱的运用，快速、准确地为公众提供周边有关信息，让公众掌握的信息更为全面、详细，从而使做出的决策更加科学。此外，对于政务管理部门工作人员而言，也可以运用人工智能技术，快速筛选出与事项或公众有关的历史办事数据、政策法规等有效信息，辅助做出相关决策。

（四）审批流程优化

通过人工智能技术，可以对累计的办件数量、办事时效以及公众的建议反馈等数据进行实时分析，有效识别出行政审批全流程中的冗余环节和存在的重点难点问题，进而在精准数据分析的基础上，科学地压缩办事时限、优化政务服务流程，提高政务服务效率。成都市武侯区通过对"网上综合审批平台"上的数据进行分析，创造性地设计了"受理—审查—出证"的分段式审批管理模式，简化了流转程序，减少了人工干预环节，提高了工作效率，使审批过程更加规范高效。

（五）可信身份认证

在政务服务领域，2017年，全国已经有40余个城市率先启动了"刷脸政务"，覆盖范围囊括商事登记、交通罚单缴纳、公积金查询、个税申报、社会保障等。例如，广州市便率先在公安部第一研究所"互联网+可信身份认证"服务平台的基础上，通过活体人像采集等生物特征识别技术进行个人领取养老金资格认证。通过移动智能终端线上扫脸完成身份认证，真正实现"足不出户办成所有事"，有效提升办事效率和公众满意度。

（六）无人化政务服务

受无人驾驶技术的启发，业界有人提出了"无人化"政务服务的构想。在短期内，通过完善政务服务知识库，建立涉及办理事项、办理数据等信息的政务服务知识图谱，人工智能技术可以实现对即办件、部分操作流程较为简单的承诺件以及非办理类公共服务事项的审批与办理。对于重大投资项目等复杂审批事项，可以运用知识图谱和决策支持等功能，对审批流程中的部分环节进行审核，并做出合规性初步审查，将辅助性审查结果推送至人工审批环节供决策参考。从长期来看，随着政务服务数据量越来越丰富以及人工智能技术本身越发成熟，人工智能技术所作出的审批与决策质量也会越来越高，"无人化"政务服务的构想将能够进一步得以实现。

（七）实体智能机器人

不同于其他人工智能技术的非实在性和不可见性，实体智能机器人可以让公众真切地感受到人工智能技术的存在。在政务服务领域，不少地区的政务管理部门已经引入实体智能机器人。通过触摸屏以及语音交互等多种方式,为公众提供事项查询、办事咨询、服务引导、取号打印以及申报领证等服务。

(八)精准推送服务

在政务服务领域,"互联网+"的推进促进了政务服务大数据的逐步统一与整合,随着政务数据共享程度的进一步提高,建立在个人身份认证基础之上的虚拟政务服务用户空间,可以有效聚合公众的浏览、收藏、办理、咨询及反馈等政务服务行为数据。结合公众自身的性格、偏好等个性化属性,政务服务管理者便可以利用人工智能的精准化分析,将与公众办事有关的信息和服务在最恰当的时间进行推送,从而为用户提供个性化、主动推送式的智能服务。

(九)工作人员培训

在教育培训方面,人工智能不仅能够根据工作人员的办事情况和知识关联等信息分析其技能掌握情况,为管理者制订针对性的工作培训计划;还可以从大脑思考方式、个体性格特点、所处环境特征等方面,为每个工作人员提供个性化、定制化的学习内容和方法,有效提高培训的效能。此外,现有的虚拟现实、智能仿真等技术,也可以让参与培训者通过模拟获得身临其境的感觉,从而有助于工作人员更加立体地掌握整个工作过程。

(十)事中事后监管

在行政审批局模式下,由于审批、监管职能分离,导致行政审批局与相关职能部门的权责难以厘清和有效衔接。人工智能技术的使用,为这一问题的解决提供了一种思路。例如,在商事登记方面,在审批完成后,政务服务管理系统能实现电子档案的存储智能化,并将数据自动推送到网上,向社会公示企业信息。监管部门则可以利用机器学习技术,对工商、公安、税务、法院、安监以及银行等部门的数据进行挖掘和分析,识别出重点监管对象并进行实时追踪与预测,达到对企业及其人员和生产过程进行监管的目的,及时预判与防止可能出现的风险和违规违法行为。在国土监察等方面,也可以采取高分辨率卫星图像和深度学习算法相结合的方式,实现对城市土地资源的实时监管。

五、人工智能应用到政务服务中存在的问题及面临的挑战

人工智能技术的发展,为政务服务的变革带来了重大的历史机遇,但真正应用到政务服务领域仍存在内外两个方面的难点问题。

(一)人工智能技术在电子政务应用中存在的问题

1. 部门自身管理服务能力脱节

在治理结构上,政务服务部门传统的科层制治理结构导致的效率低下、信息不对称以及道德风险等问题仍然存在。现有阶段作为促进政务服务变革的辅助手段,人工智能只能从信息流转等角度提升办事效率,但却无法从根本上改变因现有治理结构不合理所导致的效率低下问题。

在治理方法上，传统以监管为主要手段的治理方式，已经无法对人工智能技术领域进行有效监管。人工智能的算法必须以开源形式向全社会公开，但未来发展仍存在不确定性。在现行的治理方法下，由于人工智能生产网络遍布于全社会，以监管为主要手段的治理方式根本难以起到良好效果。

在数据共享上，在"互联网+政务服务"改革大背景下，各部门间的数据共享程度决定着改革的最终成效，但目前，数据壁垒、"信息孤岛"现象还大量存在于政务服务领域，各部门、各层级间的数据信息互联互通、互享互认程度普遍偏低，协同办理能力还亟待提高，大数据以及人工智能得以运用并发挥效能的现实环境尚未完全成熟。

2. 人工智能技术内在发展困境

在数据安全与隐私保护方面，数据安全和隐私泄露问题正变得日益突出。①在对信息进行采集的过程中，系统会集中大量的个人信息，这些信息如果被非法使用，将会产生严重的隐私侵犯问题。②在信息的云端储存过程中，数据易于因遭到威胁或攻击而产生数据泄露问题。在对数据进行知识抽取的过程中，本身就是对个人隐私的发掘和提取，如果出于非法目的进行使用，也会产生侵犯隐私的问题。③人工智能技术本身所存在的技术或管理缺陷，以及人类对技术的滥用或非法使用，会产生更为广泛的安全性问题。

在法律规范与责任承担方面，现有的法律体系已经难以适用于人工智能基于算法与数据的应用环境。当前，面对人工智能技术的应用带来社会问题应将其归咎于开发者还是人工智能本身？如进行更细致划分，在弱人工智能、强人工智能、超人工智能三个不同阶段，人工智能对于人的相对地位并不一样，其相应的责任机制是否应该有所区别？等问题，亟待回答与解决。

在行政伦理方面，人工智能所面临的挑战也十分严峻。①由政务服务部门工作人员提供政务服务具有法理上的权威性和合理性，但是人工智能是否有资格这样做，目前仍有待进一步探讨；②随着人工智能具备了较强的自主意识，是否仍能够保证其公平、公正地做出决策，它做出的决策又是否具有可责性、透明性；③基于历史数据所进行的分析与预测，很有可能会因为算法偏差而导致偏见与歧视，而这种偏见又进一步可能导致社会不公现象的恶性循环；④对于老龄化或受教育程度较低的弱势群体来说，由于网络数据相对较少，所以人工智能在进行预测与服务供给时，很有可能因数据缺失而导致对这部分群体合理诉求的忽视。

（二）人工智能技术在电子政务应用中带来的挑战

1. 数据安全性

在电子政务运行过程中，人工智能技术就是根据每个人的各项数据指标进行针对性服务，人类通过人工智能使自身得到电子政务最好的服务，由于其强大的运算能力、超级记忆能力、深度学习能力和能深入生活方方面面的渗透能力，个人隐私与信息安全将受到很大挑战，如何保证掌握数据安全性必定成为人工智能时代最为关键的节点。

2. 数据完整性

人工智能获取和学习公众对电子政务需要数量越多、范围越广，其算法就越准确、决策能力就越强、服务就越好，电子政务也会根据政府法规政策的变化而改变。如何保证电子政务在应用人工智能时可以提供最全面、权威的服务，唯有保证数据的完整性、时效性和全面性，才能够防止出现任何数据壁垒。

3. 使用合理性

电子政务的重要目标包括推行政令、政务流程、行政审批、政务公开和为社会公众服务等，在人工智能促进电子政务发展过程中，包含对这些目标价值判断的问题，而人类在价值判断方面比机器拥有更大优势，人工智能算法基于各种标准的加权平均来确定权重值，假如算法设计不合理，就可能出现某种偏见。因此，尽管人工智能会加快电子政务决策能力、除去人的偏见。

4. 法律的规定性

至今为止，所有信息技术对电子政务的提升都是停留在技术辅助层面，即最终审批权还是在人手中，技术只是提供相应证据，由人来进行相关事项分析和整合最终做出决策。然而，人工智能时代将在很大程度上实现对人类行政行为进行替代，最早是替代人类实现数据选择与整合，随后是提供权重值确定方案，最后是替代人类直接做出决定。这就产生了严重问题，即数据整合、证据分析、方案制订、决策审批就会出现机器意志，并缺乏权威性和合法性。

第八章补充材料

本章参考文献

高奇琦. 2015a. 美国的云计算战略及其对军事和国际关系的影响[J]. 美国研究，29（2）：6，52-67.

高奇琦. 2015b. 云计算对公共管理的影响：以美国联邦政府云计算战略为例[J]. 西南民族大学学报（人文社科版），36：2，111-118.

李志萍. 2013. 基于云计算的我国电子政务服务平台构建研究[D]. 秦皇岛：燕山大学.

王惠莅，杨晨，杨建军. 2012. 美国云计算安全 FedRAMP 项目研究[J]. 信息技术与标准化，（8）：34-37，45.

吴爱明，何滨. 2013. 电子政务[M]. 北京：中国人民大学出版社.

吴彦华. 2014. 基于云计算的电子政务应用研究[D]. 北京：首都经济贸易大学.

熊励，梁曙. 2017. 电子政务[M]. 重庆：重庆大学出版社.

张克平，杨冰之. 2015. 智慧城市 100 问[M]. 北京：电子工业出版社.

第九章

互联网+政务服务

 本章导言

"互联网+"是在信息创新 2.0 时代的推动下由互联网发展的新业态,也是在知识社会创新 2.0 推动下由互联网形态演进、催生的经济社会发展新形态。随着大数据、物联网、云计算等新技术不断涌现,建立一体化的网上政务服务平台,推进"互联网+政务服务"成为政务服务信息化的重点和方向。近年来,我国"互联网+政务服务"改革蓬勃发展、亮点纷呈。本章将深入探讨"互联网+政务服务"的内涵、实践以及政务服务一体化平台建设、移动政务大脑等内容。

第一节 "互联网+政务服务"的内涵与实践

一、"互联网+政务服务"的发展演进与内涵特征

"互联网+"是新一代信息技术在经济社会各领域渗透、融合、改造的一系列过程,它深刻改变着社会运行模式。创新驱动是"互联网+"这一概念的本质核心。"互联网+"的核心内容是技术力量的渗入、思维方式的改变和行为模式的转换。为了适应外界环境变化,保持行动先进性,实现治理现代化,政府比以往更需要跟进网络时代的技术创新步伐来影响和带动制度变迁(王谦等,2020)。

(一)从电子政务到数字治理、智慧政府

政务 1.0 阶段以政府部门为中心,是一种黑箱式的运作模式,部门业务电子化程度低,信息化基础设施重复建设、分散配置、资源闲置浪费现象严重,行政成本极高,业务流程复杂、信息传递慢,政务服务既分散又被动,群众办事过程中"办证多、跑腿多、来回跑、办事难"。

政务 2.0 阶段,各地政府建立起"物理集中"的行政服务中心,即"一站式"服务大厅,初步做到部分部门集中、部分业务联通。然而政府部门条块分割现象依然严重,"信息孤岛"使得数据资源不能共享,实现多部门联合审批的呼声日益强烈。

政务 3.0 阶段，电子政务进一步发展，日益迈向数字治理模式，政府越来越重视信息化建设，"政府上网""政务上网"，网上办事大厅建设逐步完善，审批部门"在线集中"，审批流程科学化、标准化，相当一部分政府部门已经做到常规化、例行性事务电子化，信息传递高效便捷，从线下到线上实现部门整合，在一定程度上推动了跨层级、跨部门数据共享和业务协同，缩减业务环节、提高办事效率、实现利企惠民。

未来，政务发展将迈向 4.0 阶段，即以用户需求、服务应用为中心，线上线下跨界融合，服务方式智能感知、主动推送，政务流程进一步精简，实现"前台一口受理，后台协同办理"，信息资源集约化程度显著提高，信息数据共享度和开放度不断加大，助力政府智慧决策，降低行政成本，迈向一种"智慧政府"一体化、集约化、平台化、智能化的现代治理模式。

（二）政府治理植入互联网基因

与传统的电子政务相比，"互联网+政务服务"不是简单的技术创新，而是从硬件到软件的全面升级，从电子政务转向电子治理，将"互联网+"思维、"互联网+"技术与新的服务内容、新的管理模式等多维度进行融合与改造。它是一场针对政府自身的"转基因工程"，通过植入互联网基因，重构政务管理和政务服务的方方面面，形成政务创新的核心价值链（刘祺和彭恋，2017）。

第一，思维创新。秉持"用户至上"和"开放共享"的核心思维，以人民为中心、以服务为本位，让群众和企业少跑腿、好办事、不添堵，切实提升用户体验。打破政府部门间系统隔阂和数据壁垒，走向全域、整体、融合性的组织结构，实现政务信息资源的互联互通与开放共享。

第二，服务创新。依托信息技术促进原有政务服务的提质增效和转型升级，以此产生新的服务模式、服务形态和服务内容，降低企业与群众的办事成本，变"群众跑腿"为"信息跑路"、变"企业挨个找"为"部门协同办"、变"被动服务"为"主动服务"。

第三，技术创新。按照互联互通理念，将传统的网络硬件扩展为"互联网+"技术的集合，一方面，依托政务平台与服务终端，构建起面向公众的一体化、智能化、精细化、便捷化、高效化在线政务服务体系；另一方面，建立起政府部门信息共享的平台，破除"信息孤岛"。

第四，管理创新。改变传统组织架构，从科层制下的金字塔结构转为整体联动的扁平化结构，重塑政务流程，促成部门间业务协同，整合数据信息资源，以大数据分析为核心，实现智慧感知、智慧决策与科学决策。

（三）"互联网+政务服务"的内涵

政府治理植入"互联网+"基因，不仅是技术层面的应用，或是行政管理移动化、网络化，更意味着政府部门的施政思路、行政理念、管理体系、服务模式以及工作方式的革命性变化。关于"互联网+政务服务"的概念内涵，本书认为"互联网+政务服务"是指以精细化、强针对性、超相关性的在线政务跨模块服务为基础，以公共服务普惠化、敏捷化、精准化和体系化为主要内容，以实现智慧的一体政府为目标，运用智能化等相关技术，遵从互联网思维与原旨，贯通虚拟网络空间与现实空间，实现政府组织结构和办事流程的智能优化重组，向社会提供新模式、新过程、新治理、新生态结构下的管理和政务服务产品，构建更加扁平集约、平等便民、运行透明、敏捷精准的在线政府治理与运行模式。

（四）"互联网+政务服务"的基本特征

（1）移动化的服务载体。移动终端设备的出现和广泛应用是"互联网+政务服务"得以实现的基础条件，政务服务从传统的电脑端、政府门户网站迅速转移到智能手机桌面，运用微信、微博等应用软件，群众足不出户就能通过手机进行预约申请、事项提交、进度查询、意见反馈，这种移动化的载体更加贴近民众生活、增强了服务体验。

（2）智能化的运行方式。应用人工智能、云计算、大数据等技术，通过搜集、获取、沉淀数据及服务记录等，感知和挖掘办事群众企业需求，对相关需求、未来需要做出趋势预判，从而精准地为办事群众和企业提供可选择的超预期服务。

（3）云端化的业务平台。传统的政务应用被迁移到电子政务云、公共服务云平台上，电子政务云有助于实现跨部门信息共享、业务协同，提高行政管理效率、增强政府治理能力。公共服务云是由政府主导，整合公共资源，为公民和企业的直接需求提供云服务的创新型服务平台。

（4）集约化的管理模式。充分发挥云平台作用，践行"共性平台 + 应用系统"集约化建设的总体思路，统一标准、统一行动，为部门协作、信息共享、业务协同构建可行性基础，充分保障事项内容、服务流程、技术应用不断扩展的兼容性。

（5）数据化的动力内核。借助大数据技术统筹建立自然人、法人、电子证照、社会信用等基础信息数据库。构建数据共享交换平台，达成政务信息资源的跨界互联互通和协同共享。通过对政务数据资源的实时感知、智能分析，预测出发展趋势，辅助决策者更科学、有效地决策和行动。

二、"互联网+政务服务"的顶层设计与地方实践

习近平指出，没有信息化就没有现代化[①]。2016 年两会《政府工作报告》中首次提出推进"互联网+政务服务"的目标。

（一）"互联网+政务服务"的顶层设计

中央政府高度重视"互联网+"在新常态下的驱动和引领作用，2014～2020 年的七年时间里出台了一系列指导文件（表 9-1），高层的决心和意志成为推动"互联网+政务服务"良性、快速发展的重要保障。

---

① 《习近平主持召开中央网络安全和信息化领导小组第一次会议李克强刘云山出席》，http://news.cntv.cn/2014/02/27/ARTI1393505811056603.shtml[2014-02-27]。

表 9-1　2014～2020 年中国政府推动"互联网+政务服务"发展的相关文件

发文单位	时间	文件名称
国务院办公厅	2018 年 6 月	《关于印发进一步深化"互联网+政务服务"推进政务服务"一网、一门、一次"改革实施方案的通知》
国务院办公厅	2017 年 10 月	《关于全国互联网政务服务平台检查情况的通报》
国务院办公厅	2016 年 12 月	《关于印发"互联网+政务服务"技术体系建设指南的通知》
国务院	2016 年 9 月	《关于加快推进"互联网+政务服务"工作的指导意见》
国家发改委等 10 部委	2016 年 4 月	《推进"互联网+政务服务"开展信息惠民试点的实施方案》
中共中央办公厅和国务院办公厅	2016 年 2 月	《关于全面推进政务公开工作的意见》
国务院办公厅	2015 年 11 月	《关于简化优化公共服务流程方便基层群众办事创业的通知》
国务院	2015 年 8 月	《促进大数据发展行动纲要》
国务院办公厅	2015 年 7 月	《关于运用大数据加强对市场主体服务和监管的若干意见》
国务院	2015 年 7 月	《关于积极推进"互联网+"行动的指导意见》
国务院	2015 年 1 月	《关于促进云计算创新发展培育信息产业新业态的意见》
国务院办公厅	2014 年 11 月	《关于促进电子政务协调发展的指导意见》
国家发改委等 8 部委	2014 年 8 月	《关于促进智慧城市健康发展的指导意见》
国家发改委等 12 部委	2014 年 1 月	《关于加快实施信息惠民工程有关工作的通知》

（二）"互联网+政务服务"的地方实践

一是各地区主动探索创新，掀起后 GDP 时代以政府改革为主导的"晋升锦标赛"。辖区治理创新已成为全面深化改革政治态势下，地方政治精英的治理重点，以"互联网+"重塑政务，提高行政效率，也可助力招商引资，拉动地区经济发展。党的十八大以后，浙江率先启动"四张清单一张网"改革，打造浙江政务服务网，公布省级行政部门"权力清单"。兰州推出网上"政务超市"，南宁推广电子身份证，银川成立行政审批服务局并启用网上审批模式。

二是中央赋权一批试点地区开展"政策创新试验"，以期通过增量式机制创新带动旧体制存量改革。2016 年 1 月，国务院确定江苏、浙江、贵州、甘肃和青岛共同承担全国"互联网+政务服务"试点任务。贵州作为全国首个大数据综合试验区，建成大数据交易中心，推出"云上贵州"系统平台，解决各部门数据交换问题。国家发改委等 12 个部门共同开展信息惠民试点，在深圳、郑州等 80 个城市实现"一号"申请，"一窗"受理，"一网"通办。

三是地方创新形成可复制可推广经验，自下而上提供有益参考，也得到了其他地区学习模仿借鉴。《"互联网+政务服务"技术体系建设指南》是各地经验的汇总、提炼及推广，如广州和佛山的"一门式、一网式"政务服务模式，佛山禅城区 24 小时自助服务厅，福建推动跨部门证件、证照、证明的互认共享的电子证照库，助力服务事项实现全程网办的上海市社区公共服务综合信息平台和数据共享平台。

第二节　政务服务一体化平台建设

一、全国一体化在线政务服务平台

为贯彻落实党中央、国务院关于深入推进"放管服"改革的重大部署，加快推动实现政务服务的"一网通办、异地可办"，全国一体化在线政务服务平台从2019年11月8日整体上线试运行[①]。国务院办公厅牵头成立全国一体化在线政务服务平台建设和管理协调工作小组，负责全国一体化在线政务服务平台顶层设计、规划建设、组织推进、统筹协调和监督指导等工作。

（一）统筹设计与强力政策

围绕《促进大数据发展行动纲要》和"放管服"改革，建设全国一体化在线服务平台。在具体建设过程中，集中和落实"互联网+政务服务"。"互联网+政务服务"通过互联网等现代信息技术手段实现智慧政务与智慧城市建设的目标。

2014年以来，国家陆续出台《关于加快推进"互联网+政务服务"工作的指导意见》等一系列政策，明确提出简化优化群众办事流程、改革政务服务模式。党的十九届四中全会提出创新行政管理和服务方式，加快推进全国一体化政务服务平台建设，推进数字政府建设等重点任务。全国一体化政务服务平台作为数字政府建设的重要内容，是推进国家治理体系和治理能力现代化的重要举措[②]。

重要文件还包括《国务院关于加快推进"互联网+政务服务"工作的指导意见》（国发〔2016〕55号）、《国务院办公厅关于印发政务信息资源共享管理暂行办法的通知》（国发〔2016〕51号）、《"互联网+政务服务"技术体系建设指南》（国办函〔2016〕108号）、《国务院办公厅关于印发政务信息系统整合共享实施方案的通知》（国办发〔2017〕39号）、《国家数据共享交换平台（政务外网）省级平台接入指南（试行）》、《国家发展改革委　中央网信办关于印发〈政务信息资源目录编制指南（试行）〉的通知》（发改高技〔2017〕1272号）、《国务院关于加快推进全国一体化在线政务服务平台建设的指导意见》（国发〔2018〕27号）等。

在政策的指引下，以国务院办公厅、国家发改委、国家信息中心为主要组织机构，相关部门做了三件基础性工作：一是在政策层面上，推进政务信息系统集成整合，包括政府门户网站与域名管理、信息系统集成（网站和信息系统过多，数据不一致）、信息系统整合（减少信息系统数量，降低成本）。二是按照大数据发展和"互联网+政务服务"的需要，建设国家政务信息资源目录服务平台、国家政务信息资源数据交换平台，提供基础层面的政务信息资源交换和共享。三是在依托政府门户网站提供标准化的公共网络

[①] 国家政务服务平台，http://gjzwfw.www.gov.cn/[2021-01-01]。

[②] 《国务院关于加快推进全国一体化在线政务服务平台建设的指导意见》，http://www.gov.cn/zhengce/content/2018-07/31/content_5310797.htm[2021-01-01]。

服务的基础上，强力推进全国一体化政务服务平台的建设。

（二）发展历史与发展目标

2018年底前，国家政务服务平台主体功能建设基本完成，通过试点示范实现部分省区市和国务院部门政务服务平台与国家政务服务平台对接。制定国家政务服务平台、政务服务事项编码、统一身份认证、统一电子印章、统一电子证照等标准规范，各省区市和国务院有关部门按照全国一体化在线政务服务平台要求对本地区本部门进行优化完善，为全面构建全国一体化在线政务服务平台奠定基础。

2019年11月8日，全国一体化政务服务平台整体上线试运行。全国一体化政务服务平台已联通31个省区市及新疆生产建设兵团、40余个国务院部门政务服务平台，接入地方部门300余万项政务服务事项和一大批高频热点公共服务。依托全国一体化政务服务平台，企业和群众可直接通达全国各地区各部门政务服务。

为建立政务服务绩效由企业和群众评判的全国一体化政务服务平台"好差评"体系，不断提升各地区网上政务服务能力和水平。2019年，国务院办公厅电子政务办公室继续委托中央党校（国家行政学院）电子政务研究中心，开展省级政府和重点城市网上政务服务能力第三方评估工作，并根据评估结果编制形成了《省级政府和重点城市网上政务服务能力（政务服务"好差评"）调查评估报告（2020）》。

2020年底，国家政务服务平台功能进一步强化，各省区市和国务院部门政务服务平台与国家政务服务平台应接尽接、政务服务事项应有尽有，全国一体化在线政务服务平台标准规范体系、安全保障体系和运营管理体系不断完善，国务院部门实现了数据共享，满足了地方普遍性政务需求，"一网通办"能力显著增强，基本建成了全国一体化在线政务服务平台体系。

2022年底前，以国家政务服务平台为总枢纽的全国一体化在线政务服务平台更加完善，全国范围内政务服务事项基本做到标准统一、整体联动、业务协同，除法律法规另有规定或涉及国家秘密等外，政务服务事项全部纳入平台办理，全面实现"一网通办"。

（三）组织架构

全国一体化在线政务服务平台由国家政务服务平台、国务院有关部门政务服务平台（业务办理系统）和各地区政务服务平台组成。其中，国家政务服务平台是全国一体化在线政务服务平台的总枢纽，各地区和国务院有关部门政务服务平台是全国一体化在线政务服务平台的具体办事服务平台[①]。

（四）全国一体政务服务平台提升政府服务的创新特点

党的十八大以来，我国电子政务统筹协调机制逐步理顺，全国一体化政务服务平台在提升政府服务水平和社会治理能力方面能力不断提升，已形成如下创新特点。

---

① 《全国一体化政务服务平台为建设人民满意的服务型政府提供强大支撑》，https://baijiahao.baidu.com/s?id=1776273380896818168&wfr=spider&for=pc[2023-09-06]。

（1）创新政务服务的方式。通过优化办事流程，为社会提供服务有效集成、办事便捷高效、线上线下融合的政务服务。

（2）提升行政管理的效能。面向公共服务和社会治理需求，推进业务协同和流程再造，提升决策的科学化水平。

（3）优化营商环境的手段。充分利用全国一体化政务服务平台建设创新成果，以更大力度和精度推进市场要素有效流动。

（4）完善社会治理的科学支撑。充分运用信息技术精准匹配社会治理资源，提升社会治理效能。

二、国家政务服务平台

国家政务服务平台由国务院办公厅主办，国务院办公厅电子政务办公室负责运行维护。作为全国政务服务的总枢纽，国家政务服务平台重点发挥公共入口、公共通道、公共支撑等三大作用，为全国各地区各部门政务服务平台提供统一身份认证、统一证照服务、统一事项服务、统一投诉建议、统一好差评、统一用户服务、统一搜索服务等"七个统一"支撑服务，实现支撑一网通办、汇聚数据信息、实现交换共享、强化动态监管等四大功能，解决跨地区、跨部门、跨层级政务服务中信息难以共享、业务难以协同、基础支撑不足等突出问题（曾德华，2019）。2022年5月31日，国家政务服务平台已上线试运行满三年。

（一）国家政务服务平台服务概述

（1）统一身份认证：实现"一次登录，全国漫游"，解决群众在不同平台反复注册、重复登录，进多站、跑多网等问题。

（2）统一证照服务：支撑跨地区跨部门电子证照互认共享，解决办事中需要重复提交纸质证照等问题，为群众办事减证明、减材料、减跑腿提供有力支撑。

（3）统一事项服务：推动全国政务服务事项名称、编码、依据、类型在国家、省、市、县"四级四同"，支撑不同地区服务事项无差别办理和全国范围内的"一网通办"。

（4）统一投诉建议：统一受理和处理全国用户对政务服务工作相关的实名和匿名投诉和建议。

（5）统一好差评：让群众对各地方部门提供办事服务的满意度进行在线评价。

（6）统一用户服务：为企业和群众建立专属的个人空间，实现用户证照、办件、投诉、评价等信息的一网汇聚。

（7）统一搜索服务：便于精准定位用户需办理的事项服务，实现全国范围内政务服务资源的"一键查找"。

（二）服务访问方式

方式一：通过电脑浏览器直接检索"国家政务服务平台"访问。

方式二：通过各大手机移动端搜索"国家政务服务"下载国家政务服务移动端APP。

方式三：从百度APP首页搜索"国家政务服务平台"智能小程序，搜索结果页第二条点击即可进入"国家政务服务平台"百度智能小程序。

方式四：从支付宝首页搜索"国家政务服务平台"小程序，或者从支付宝"城市服务"页面"政务"进入"国家政务服务平台"小程序。

方式五：从微信首页搜索"国家政务服务平台"小程序，或从"城市服务"进入"国家政务服务平台"相关服务。

方式六：微信关注"国家政务服务平台"公众号，点击底部菜单栏"指尖办事"，进入"国家政务服务平台"小程序。

（三）服务内容

国家政务服务平台能够提供有关国务院各部门和各省区市政务服务事项标准化服务指南和一站式办理服务指南，便于个人与法人在线办理服务。

1. 服务窗口

（1）国务院部门服务窗口。国务院部门服务窗口是各部门按照统一标准打造的专属板块，对外提供本部门的高频应用服务、热点服务快捷访问入口；对内提供本部门个人事项、法人事项主题分类展示，便于快速查找。

（2）地方政府服务窗口。地方政府服务窗口是各地方按照统一标准打造的专属板块，对本地区个人事项、法人事项以主题分类的方式进行展示，对本地区所辖市级、县（区）级事项进行分级展示、逐级筛选，精准快捷地进行事项查询。该服务窗口涵盖31个省区市和新疆生产建设兵团的507万多项政务服务事项。

2. 在线办理服务

（1）国家政务服务平台个人办事。国家政务服务平台提供国务院部门和地方政府的个人在线办理服务。进入个人办事栏目，可以查看国务院部门和地方政府提供的个人办事事项，《国家政务服务平台用户指南》显示已有34个国务院部门和32个地方政府提供了个人办事服务。民众可以按照地区、地区下部门及主题来进行事项筛选，同时在事项列表中也提供了事项关键字查询服务，便于精准定位办事事项。

（2）国家政务服务平台法人办事。国家政务服务平台提供国务院部门和地方政府的法人在线办理服务。进入法人办事栏目，可以分别查看国务院部门和地方政府提供的法人办事事项，《国家政务服务平台用户指南》显示已有41个国务院部门和32个地方政府提供了法人办事服务。公司法人可以按照地区、地区下部门及主题来进行事项筛选，同时在事项列表中也提供了事项的关键字查询服务，便于精准定位办事事项。

三、国务院有关部门和各地区政务服务平台

国务院有关部门政务服务平台统筹整合本部门业务办理系统，依托国家政务服务平台的公共支撑系统，统筹利用政务服务资源，办理本部门政务服务业务，通过国家政务服务平台与各地区和国务院有关部门政务服务平台互联互通、数据共享、业务协同，依托国家政务服务平台办理跨地区、跨部门、跨层级的政务服务业务。全国投资项目审批监管平台、公共资源交易平台、相关信用信息系统等专项领域国家重点信息系统要与国

家政务服务平台做好对接。

各地区政务服务平台按照省级统筹原则建设。通过整合本地区各类办事服务平台，建成本地区各级互联、协同联动的政务服务平台，办理本地区政务服务业务，实现网上政务服务省、市、县、乡镇（街道）、村（社区）全覆盖。各省区市政务服务平台与国家政务服务平台互联互通，依托国家政务服务平台办理跨地区、跨部门、跨层级的政务服务业务。

各级政府要依托全国一体化在线政务服务平台整合各类网上政务服务系统，向企业和群众提供统一便捷的服务。国务院有关部门和各省区市政务服务平台按照全国一体化在线政务服务平台统一标准规范及相关要求，全面对接国家政务服务平台，其政务服务门户与国家政务服务平台的政务服务门户形式统一规范、内容深度融合，实现事项集中发布、服务集中提供。鼓励各地区各部门依托全国一体化在线政务服务平台，开展个性化、有特色的服务创新。

持续探索管理与技术创新。各地区依托一体化平台探索出一系列行之有效的创新案例。例如，北京"营商环境优化"、上海"一网通办"、江苏"不见面审批"、浙江"政府数字化转型"、安徽"皖事通办"、福建"数字福建"、广东"数字政府改革"、贵州"全省通办"等创新经验，已经成为全国一体化政务服务平台建设的典型标杆。

第三节 移动政务

一、移动政务及移动政务平台

（一）移动政务的内涵

作为社会治理智能化创新的一种新模式，移动政务一直广受关注。移动政务是随着移动通信技术的快速发展和全面普及以及电子政务的成熟应用而产生的，旨在通过移动通信技术实现政务服务的信息化。

早期的移动政务，指的是利用各种无线和移动技术的服务和设备，使公民、企业和所有政府单位等有关各方受益的战略及其实施。因此，移动政务是借助移动互联网及相关技术提供的数字化政务服务，是电子政务在移动互联网时代的新形式。广义上的移动政务超越了政府部门运用移动信息系统进行公共服务的简单范畴，它更强调建立完善移动平台支撑下的一个完整的政务体系。狭义上的移动政务是政府运用新兴移动无线通信技术改善自身运作效率效能、降低政府运作成本的工具。

移动政务与电子政务是一脉相承的，移动政务是电子政务的子集，可视为电子政务的组成部分。同时，移动政务是电子政务在移动互联网时代的延伸与拓展。一方面，移动政务可以减轻数字鸿沟压力，为用户提供更为及时、个性化的服务；另一方面，移动政务在传统电子政务服务模式的基础上进行了创新，解决了政府本身的流动性问题，提高了公共部门的效率和效用，有助于克服电子政务难以处理的非结构化业务难题（Song and Cornford，2006）。

移动政务的内涵包括三个层面，即设备的移动、用户的移动及服务的移动。移动政务与传统电子政务的区别在于其更具有独特性、灵活性、实时性和广泛性等特点，能够促进电子政务在新技术条件下的整体性发展。移动政务不是将传统的政府公共服务流程中的运营管理复制到互联网,而是通过技术手段简化政府的办事流程,按照模块化去拆解政府部门的管理方法,利用大数据为政府部门提供决策方法,拆解政府原有的组织结构,打破传统政府部门以各自部门职能为中心,是一种相对独立的传统政府运行模式,运用现代技术手段来实现政府服务百姓、建设服务型政府的目标。

总而言之,移动政务是移动通信技术与电子政务技术服务的结合体,这是一个可以实现移动化政务部门管理和实现群众云端在线办事的双向互动政府服务。满足群众实现"最多跑一次"的办事机制和鼓励群众积极参与到政府公开事务中来,转变公共服务模式,为实现更加高效的政府服务创造了机会。

(二)移动政务的特征

移动政务也可以称为移动电子政务,它是以电子政务的运行为基础的,传统电子政务采用有线网络实现便民办公服务,有效改善纸质文件的及时性,为公众提供更快、更全面的生活支持。因此,随着移动网络和智能终端的普及,电脑端已不能满足社会发展的需要。与传统电子政务相比,移动政务存在显著差异,表现在以下几个方面。

1. 使用方式的移动性

移动政务的服务提供是基于便携式的移动设备,简单来说就是可以利用智能手机来获取政务信息,几乎不用受地理位置和有线网络的限制,用户可以足不出户办事,办事便利程度大大提升。特别是对于偏远地区来说,移动性这一特点尤为必要,这也是移动政务同传统电子政务最大的差异。

2. 互动方式的隐蔽性

同传统政务模式相比,移动政务作为一种平台工具,采用更加封闭的一对一交互模式。由于用户公众和政务平台之间的沟通内容只有双方可以看到,移动政务的信息传播和交流具有一定程度的隐蔽性,这极大地保护了用户的信息安全。同时也为民众向政务部门反馈意见提供了更为便捷的途径,有助于形成良性政民关系。

3. 服务提供的及时性

不论是从政务信息发布和更新及时性来说,还是从公众能够通过移动政务即时地去进行业务办理和费用缴纳来说,移动政务都能真正不断实现完整的在线服务。移动政务平台具有在线支付功能,甚至是多样化的支付方式,为用户带来了更多的便利,及时性也是其区别于传统的电子化公共服务平台的主要特征之一。

4. 功能模块的集成性

用户可以利用移动设备获取多个部门在平台发布的信息,享受提供的多样化服务。它通过信息平台整合了传统电子政务分散的部门资源,优化了政府的服务职能。

(三)移动政务平台

随着网络和技术的迭代升级,信息化建设发展的延伸,网上政务服务和办公系统日益完善，搭建移动政务服务平台成为主流方向。移动政务平台是政府利用新兴移动通信技术建设的无线互联平台，将不同政府层级、职能和部门所发布的信息和提供的服务利用网络技术进行集成，公众使用具备上网功能的手机、笔记本电脑、PDA（personal digital assistant，掌上电脑）等移动终端，采用即时通信或网络浏览器等中介软件，运用全球移动通信系统（global system for mobile communications，GSMC）、通用分组无线业务（general packet radio service，GPRS）、浏览器（browser）、码分多址（code division multiple access，CDMA）、高速下行链路分组接入（high speed downlink packet access，HSDPA）等移动通信和无线上网技术，就可以随时随地从平台获取由政府提供的各类信息和服务。中国移动政务平台建设主要采用WAP（wireless application protocol，无线应用协议）门户网站和APP客户端两种技术。

1. WAP 门户网站

WAP是一种开放的无线应用协议，可以较多地兼容现有的互联网及无线移动通信网的技术标准。在传统智能机上应用较多的WAP网站普遍是基于WAP 2.0开发的，其特点是支持任意移动终端访问，兼容性非常高，界面比较简洁，通常无网页特效。

2. APP 客户端

APP是一种安装在智能终端上的第三方应用软件。针对移动终端的随身性、互动性特点，APP整合基于位置的服务（location based services，LBS）、快速反应（quick response，QR）、增强现实等新技术，封装很多文字、图片、视频、本地数据库等资料，以客户端形式安装和运行，并可通过微博、社交网站（social networking site，SNS）等方式分享和传播，实现裂变式增长。目前主要是开发基于iOS、Mac、Android等系统下的应用软件（李重照和刘新萍，2014）。

随着全国一体化在线政务服务平台建设的深入，各级政府纷纷调动各方社会资源和力量，积极利用移动互联网技术，加强和规范政务服务移动应用建设管理，积极推进覆盖范围广、应用频率高的政务服务事项向移动端延伸，推动实现更多政务服务事项"掌上办""指尖办"，移动政务服务平台发展取得了显著成效，逐渐成为政务服务创新发展的主要渠道。《2019移动政务服务发展报告》显示，截至2019年7月1日，全国31个省区市和新疆生产建设兵团已建设31个省级政务服务APP客户端。与此同时，在各渠道发布了21个小程序，约14万个政务类公众号，约3万个政务小程序，服务范围涵盖交通、社保、民政等多个领域，累计服务超过9亿多人[①]。

二、移动政务政策文件梳理

党的十八大以来，党中央高度重视以信息化推进国家治理体系和治理能力现代化，强调要打造全程一体化在线服务平台，推动点政务发展，加快推动政府职能的转变，助力建设人民满意的服务型政府。在此背景下，李克强于2016年《政府工作报告》中首次提出了"互联网+政务服务"这一概念，特别指出要通过网上政府服务来"实现部门间数

[①]《我国移动政务服务进入加速发展期》，http://www.cac.gov.cn/2019-07/25/c_1124795876.htm[2019-07-31]。

据共享"[①]，让居民和企业真正以低成本获得高质量服务，并为其创造更平等的机会与更宽松的空间。并且随着移动互联网技术不断升级，智能移动终端的不断普及，在政府文件中也越来越多地提及移动政务。中央层面移动政务政策文件梳理见表9-2。

表9-2 中央层面移动政务政策文件梳理

时间	文件名称	内容
2016年4月	《国务院办公厅关于转发国家发展改革委等部门推进"互联网+政务服务"开展信息惠民试点实施方案的通知》	通过两年左右时间，在试点地区实现"一号一窗一网"目标，服务流程显著优化，服务模式更加多元，服务渠道更为畅通，群众办事满意度显著提升
2016年9月	《国务院关于加快推进"互联网+政务服务"工作的指导意见》	利用统一的政务服务资源，积极推进平台服务向移动端、自助终端、热线电话等延伸，为企业和群众提供多样便捷的办事渠道
2017年6月	《国务院办公厅关于印发政府网站发展指引的通知》	适应互联网发展变化和公众使用习惯，推进政府网站向移动终端、自助终端、热线电话、政务新媒体等多渠道延伸，为企业和群众提供多样便捷的信息获取和办事渠道
2018年6月	《国务院办公厅关于进一步深化"互联网+政务服务"推进政务服务"一网、一门、一次"改革实施方案的通知》	拓展政务服务移动应用。推动政务服务向"两微一端"等延伸拓展。结合国家政务服务平台建设，加强和规范政务服务移动应用建设管理，推动更多政务服务事项提供移动端服务。调动社会资源力量，鼓励开展第三方便民服务应用。加强政务新媒体监管，提升服务水平
2018年7月	《国务院关于加快推进全国一体化在线政务服务平台建设的指导意见》	推广移动政务服务。以公安、人力资源社会保障、教育、卫生健康、民政、住房城乡建设等领域为重点，积极推进覆盖范围广、应用频率高的政务服务事项向移动端延伸，推动实现更多政务服务事项"掌上办"、"指尖办"；加强对各级政务服务平台移动端的日常监管；充分发挥"两微一端"等政务新媒体优势，同时积极利用第三方平台不断拓展政务服务渠道，提升政务服务便利化水平
2018年12月	《国务院办公厅关于推进政务新媒体健康有序发展的意见》	各地区、各部门要遵循政务新媒体发展规律，明确政务新媒体定位，充分发挥政务新媒体传播速度快、受众面广、互动性强等优势，以内容建设为根本，不断强化发布、传播、互动、引导、办事等功能，为企业和群众提供更加便捷实用的移动服务
2019年4月	《国务院办公厅关于印发2019年政务公开工作要点的通知》	推进整体协同、响应迅速的政务新媒体矩阵体系建设，统筹推进政务新媒体与政府网站的协同联动、融合发展，加强县级政务新媒体与本地区融媒体中心的沟通协调；办好政府公报电子版，实现电子版与纸质版同步发行，逐步推行政府公报移动端展示；进一步清理整合政务热线，除因专业性强、咨询服务量大确需保留的政务热线外，其他政务热线实现"一号对外"，切实解决政务热线电话号码多、打不通、无回应等问题
2019年4月	《国务院关于在线政务服务的若干规定》	国家加快建设全国一体化在线政务服务平台，促进政务服务跨地区、跨部门、跨层级数据共享和业务协同，并依托一体化在线平台推进政务服务线上线下深度融合
2020年9月	《国务院办公厅关于加快推进政务服务"跨省通办"的指导意见》	加强全国一体化政务服务平台移动端建设和应用，推动"跨省通办"事项"掌上办"、"指尖办"；中国政府网、各地区各部门政府网站及政务新媒体要做好有关政策汇聚、宣传解读、服务推广和精准推送；要通过全国一体化政务服务平台"好差评"系统、各级政府门户网站、"12345"热线等倾听收集企业和群众意见建议，及时解决突出问题

---

① 《李克强作2016年政府工作报告》，http://www.scio.gov.cn/ztk/dtzt/34102/34261/34265/Document/14716011471601/.htm [2016-03-05]。

续表

时间	文件名称	内容
2021年1月	《国务院办公厅关于进一步优化地方政务服务便民热线的指导意见》	加快推进除110、119、120、122等紧急热线外的政务服务便民热线归并，2021年底前，各地区设立的政务服务便民热线以及国务院有关部门设立并在地方接听的政务服务便民热线实现一个号码服务，各地区归并后的热线统一为"12345政务服务便民热线"，语音呼叫号码为"12345"，提供"7×24小时"全天候人工服务

资料来源：中国政府网站

三、移动政务发展方向

（一）整合政务服务

政府要由"部门视角"转换到"用户视角"，整合政务服务，实现政务服务的相互衔接和协同联动。要打通不同的服务平台之间的壁垒，针对不同类型公众的使用习惯，提供多种类型的服务渠道。近年来，由于移动政务的发展，各级政府部门提供服务的渠道，从早期的线下服务窗口，延伸到政府门户网站、热线电话、微博等手机客户端。但是，目前不同的服务渠道之间没有相互衔接和协同联动，而是条线分割、各自为政，不同的服务渠道背后对应的是不同的条线部门，一个地方政府或一个委办局开设的网站、微博、微信、服务办事大厅、电话热线等不同服务渠道往往由不同的部门负责管理和运营，公众通过不同服务渠道感受到的回应速度和服务质量具有显著差异。公众通过某一渠道所提交的服务申请，也不与其他渠道连通接入。

因此，政府部门在建设互联网政务服务时应从部门视角转换为公众视角，从用户的实际问题和使用场景出发，打通线上线下多种服务渠道，以居民身份证号码作为唯一标识，在行政服务中心、门户网站、热线电话、两微一端等不同服务渠道之间进行协同联动，实现多渠道服务的"一网"通办（陈涛等，2016）。

（二）提高公众使用率

移动政务应用发展火热，但是使用率却并不理想。中山大学政治与公共事务管理学院2015年对全国70个大城市移动政务的调查显示，政务APP整体下载量不及商业领域APP的十分之一，大量移动政务应用并未被使用，变成"僵尸APP"。一方面是公众个体原因所致，有的公众认识不到移动政务应用的便利性和易用性，主观上不愿使用；有的公众因为年龄、教育水平等原因，客观上无力使用；还有公众因为担心个人隐私被泄露，主动拒绝使用。因此，需要通过宣传应用、保护用户隐私等多种手段激发公众使用热情。另一方面，是官僚体制激励偏误所致，在"行政发包制"和"政治锦标赛"（周黎安，2007）的官场晋升生态环境下，部分官员为博取政绩，不顾群众需求，不惜牺牲全局和长远利益，"短平快"地发展"面子工程"和"形象工程"，导致大量移动政务应用徒有其表、难以使用，最后形成"僵尸户"。在中国的多层级官僚体制下，激励偏误引起的社会损失更大，所以政府应完善绩效考核，辅之有效问责，确保移动政务应用符合公众需求。

（三）应对数字鸿沟

数据鸿沟是指因为个体和社会等多方面原因，不同职业、年龄、城乡、区域、民族等社会群体形成巨大的信息化差距，尤其是老年群体、落后地区和偏远乡村的居民等，学习和使用信息技术能力严重滞后。数字鸿沟是移动政务发展的主要挑战之一。

一方面，数字鸿沟引起社会不公平。部分弱势群体，因为不能使用信息技术，而不能享受到应有的公共服务，这是对个人基本权利的侵犯，也与基本公共服务均等化的理念冲突。随着大量传统公共服务向移动端转移，这种不公平会更加严重。另一方面，数字鸿沟容易导致社会阶层凝固化。高学历、交际良好、高薪人群等因为共同心理特征在网上聚集，而弱势社会群体则被边缘化，这使得传统社会阶层差距在网络虚拟世界中进一步拉大。

因此，应对数字鸿沟，政府要意识到不同群体之间的多样性和异质性从而更好地了解公众需求，要制定相关政策来鼓励和支持中西部地区提升其移动政务的发展和使用水平（郑跃平和王海贤，2019）。同时，需要通过普及网络基础设施、提高移动互联网渗透率、推广移动终端设备、强化教育宣传等多种手段弥补数据鸿沟。

（四）保护数据安全

政府需要实现数据确权，保证数据安全。个人隐私泄露已经成为日益严重的社会问题。移动政务应用给人们带来便利的同时，也使个人隐私处于更危险境地。因此，亟须从观念、产权、技术等多层面保护数据安全。首先，通过媒体、教育、政府引导等多渠道，提升公众数据安全意识和数据保护能力。其次，推动数据确权立法。中国尚无一部法律对数据的所有权、使用权、收益权、处置权等进行明确规定，留下了数据安全隐患。只有通过系统立法，从制度层面明晰数据产权，才能解决数据安全问题。最后，借助区块链等颠覆性新技术实现数据确权。区块链用"分布式"存储、时间戳等技术革新，解决第一代互联网信息无差异问题，从根本上为数据确权提供解决方案。

（五）防止政治极化

政治极化是指网络空间内，观念相同人群相互聚集，同质化观念不断强化，而异质化观念人群间相互"隔离"，观念冲突激化，甚至引起群体性事件的现象。移动政务应用进一步加重政治极化现象。一方面，个体自主选择性更强，更便于选择那些符合自己价值、兴趣、爱好的网络社群，也更容易从另类网络社群中退出，政治极化成本降低；另一方面，网络社群内部交流更为方便、充分和深入，也便于实现线上交流与线下互动的实时对接，政治极化程度加深。因此，需要采取价值引导、强化沟通、宣传教育和必要管制等措施防止政治极化。

四、移动政务赋能智能化社会治理

互联网从数据、信息、协作、参与、安全等方面，促进开放政府、智慧政府、回应政府的形成，推进智能化社会治理。移动政务推进智能化社会治理，主要表现在以下三个方面。

（一）移动政务应用提升政府回应能力

政府回应能力是政府行为符合公民意见的能力。移动政务应用促使公共服务供给从"以政府供给为中心"向"以公众需求为中心"转变，因而会提升政府回应能力。具体而言，移动政务应用通过三个机制推动回应型政府建设。

1. 动态化精准识别公众需求

移动政务应用可以实时记录公众与政府双向互动过程，对记录数据进行统计分析，政府便可以主动辨识公众需求，深度挖掘公众需求，提前预测公众需求。一方面，可直接提升政府回应能力，政府可根据不同群体、层级、问题等差异化的公众需求，提供针对性、个性化、精准化和情景化的回应；另一方面，能促进民情民意汇聚和社会风险识别，提升智能决策水平，间接提高政府回应能力。建立国内外不同地区多领域的社会治理和决策方案知识库，针对实时民情动向和社会风险等级，借助智能化决策辅助系统，提升政府决策的科学化和民主化水平，避免盲目决策，就能在行政资源总量有限的情况下，提升政府回应能力。

2. 随时随地主动回应公众需求

移动政务的最大优势就是移动终端可以随身携带，公众可以随时随地连接互联网，带来三个根本性的变化：①公共服务"零距离"传递。移动终端将个性化公共服务随时随地传递到公众身边，公众获取公共服务的方式更具有便捷性、多样性、随意性，提升了公众获得感和满足感。②公共服务"碎片化"时间获取。公众可以利用"碎片化"时间获取公共服务，这使得公共服务供给，从以传统政府办公时间为中心向以公众需求时间为中心方式转变，政民互动的行为方式、组织机制、深层理念也发生深刻改变。③公共服务主动供给。传统公共服务以政府供给为中心，公众被动搜寻公共服务，移动政务则使政府自动识别公众需求，主动推送公共服务。

3. 双向互动实现公众需求

移动政务应用最根本的创新是"线上"与"线下"对接，实现"网络虚拟世界"与"物理现实世界"中信息、资源、人员等要素的高效流通和精准匹配。政府与公众的互动模式，从传统的"网络—现实"割裂化、延迟化互动，变成一体化、即时化互动，促使公共服务供给从"公众单向诉求表达、政府单向回应"模式，向"公众—政府实时双向互动"模式转变。微观上更加切合公众需求，宏观上更利于社会整体化良性运行的新型公共服务模式应运而生。例如，手机挂号解决公共服务排队等待问题；交通 APP 自动调节交通拥堵等，这些都是政府与公众即时互动模式提升政府回应能力的体现。

（二）移动政务应用提升政府治理效率

威尔逊认为，公共行政的核心目标就是如何最高效率、最低消费地完成政府该做的事（Wilson，1887）。移动政务通过三个机制提升政府治理效率。

1. 重塑科层组织结构及流程

僵化的程序使科层制成为效率低下的代名词，中国具有"多层级、广地域、厚历史"的科层制背景，又面临执行"碎片化"的特殊效率障碍。20世纪80年代，组织流程再造运动兴起，传播到公共部门，成为新公共管理运动的重要组成部分。移动政务的本质就是组织流程再造运动的深化，它进一步颠覆了以地理空间分割为基础的政府职能边界和业务流程分工，从组织结构底层实现业务流程"化学反应"或"基因再造"式理顺，提升政府效率。

2. 促进科学管理与精准激励

移动政务能够动态化地记录政民互动、政企互动的全过程，为政府的日常工作内容提供详细数据描述和分级分类管理依据。首先，针对重复性业务流程，借助智能化办公系统，用机器代替人力的方式提升政府运行效率；其次，针对复杂性业务流程，可根据工作的急迫程度、影响范围、解决难度，基于精准治理逻辑分级别、差异化干预，在政府能力有限的情况下，优先解决急迫问题，重点解决热点问题，提高整体性效率；最后，基于大数据分析实施动态评估和量化考核，妥善挂钩政府绩效评价，强化精准激励，解决懒政、怠政、庸政问题，确保提高行政效率。

3. 促使政府优化职能和协同治理

移动政务"嵌入"在平台经济的外部环境中，会同平台经济的技术和资本力量，促使政府优化职能和协同治理。大量移动政务应用建立在微信、支付宝等互联网平台上，一方面，政府与平台企业的边界变得模糊化，越来越多的公共服务需要借助平台企业的移动终端传递给公众，甚至直接由平台企业提供；另一方面，平台企业本身高度专业的技术优势、非对称数据资源和跨地域性垄断，使政府很难对其有效监管。前者使政府缩减职能边界，后者又使政府推进职能边界，两者共同促使政府优化职能、提高能力，以更加专业、协同、高效的形式扮演好政府角色。同时，平台企业的先进技术和制度创新，为政府学习和效率提升提供了参考样本。

（三）移动政务应用推进政府社会协同共治

移动政务应用还改造着国家社会关系，推进着政府社会协同共治结构的形成（赵金旭和孟天广，2019）。

1. 提升政府开放透明

移动政务的传播性、渗透性和网络性使政府更加开放透明，这不但保护公众知情权和参与权，也为公众切实参与到公共事务或公共议程中提供保障基础。首先，政务新媒体的高传播性，使其成为践行网上群众路线，密切党群、政群关系的新平台；其次，移动政务应用高渗透性，使其成为政治传播与目标受众间的桥梁，政府开放信息和数据的便捷性和成效性增强；最后，移动政务的网络性，使政府行为处于多维透明又复杂多变的网络环境中，个人与集体、政府与市场边界变得模糊，进一步增强了政府透明性，便于多元主体参与、监督。例如，食品安全APP就推动开放、溯源、监管、回应、宣传等多功能于一体的社会共治格局形成。

2. 监督公权力运行

移动政务的留痕化、便捷性、舆情化的特性，使其成为制约公权力运行的有效力量。首先，移动政务的留痕化特征，官僚与公众互动过程被记录，官僚的违法行为更容易被问责，公权力腐败的空间减少；其次，移动政务的便捷性特征，公众更愿意参与到网络问政中去，公众参与成本降低，监督意愿增强，移动端网络问政平台比传统问政平台对公权力有更强制约作用；最后，移动政务的舆情化特征，个体化的不满和抗争更易演变成社会集体化的网络焦点事件，甚至会演变成现实世界的群体性事件。这使政务新媒体更容易发挥舆论监督效用，对公权力形成制约。移动政务的留痕化、便捷性和舆情化从技术、机制和舆论三方面保证权为民所用，增强网络问政的实效性。

3. 催化社会多元参与

移动政务应用把公众、企业、政府、社会组织嵌入进一个以私人社交关系为基础的庞大社会网络中，引导不同主体自发性在网络世界集结成群，多元主体参与的社会共治模式初步显现。"平台型政府""自助型政府""共同生产型政府"等概念都阐述了公众在公共服务过程中不再是顾客，而是合作者；不再是公共服务的被动接受者，而是社会问题的主动解决者。移动社交的高效便捷性，激发多元主体在时间、经验、技能和资源等方面互通有无，互帮互助，互相支持，实现社会共治（赵金旭和孟天广，2019）。

第四节　政　务　大　脑

一、政务大脑的含义

政务大脑也称城市智脑，是指综合运用大数据、云计算、人工智能等新一代信息技术，对整个城市的多源多维多方信息进行动态实时分析，实现信息数据共享并达到主动调配公共资源，实时修正城市动态运行中的缺陷和问题的目的。政务大脑是面向政务客户提供的"能力平台+场景应用"的服务模式。

政务大脑将借助中国联通基础设施能力、中国一体化运营服务体系和在政企客户市场的一站式集成交付能力，通过阿里巴巴在云计算、大数据、人工智能、区块链等领先技术领域的深耕积累，在政务、金融、生态环境、公安、制造等领域孵化新一代的政企行业应用，为政企客户提供创新且务实的解决方案、云产品服务和信息技术服务。

政务大脑是打造智慧城市、提升城市发展质量的有效路径。推动政务大脑建设，不仅能够提升智慧城市民生服务、监测预警、应急管理的能力，提高智慧城市动态规划管理能力；还能够推进政务服务从被动服务转向智能服务的新形态。从政务大脑的架构来看，它主要包括数据资源平台、一体化计算平台和信息技术服务平台三个层级。

政务大脑可提供"能力平台+场景应用"的服务模式，利用人工智能、大数据技术赋能政务服务领域，推进政务服务模式从被动服务转向智能服务新形态。

现如今，已有许多城市在进行城市大脑建设实践探索活动，已积累十分丰富的经验，取得卓越的成效。一方面,互联网化的实用性真正让民众体验到安全、高效、舒适的服务;另一方面,电子化、信息化手段优化了政府的服务方式,政府技术服务更加专业化,政府支撑保障能力大大提高。

智慧政务大脑平台有如下创新点。

(1)数据一体化,数据采集需要前置机技术,产品可以做到前置机的资源需求、规划、开通、回收、监控全部信息化。

(2)方便数据采集,全结构多数据源支持平台支持结构化数据、非结构化数据等数据源的数据采集,可以实现全结构数据源的数据采集。

(3)实时计算数据操作系统,以Hadoop(分布式系统基础架构)大数据生态产品家族为核心,实现了离线计算、实时计算相关平台能力。

(4)多云化管理,可兼容管理业界主流的云计算产品,并自主研发Usphere云管理软件,整合集成端到端监控,自动化运维等功能模块。

(5)实时监控,快速提醒,提供个人工作台、大屏等多种实时监控方式,并将工单流程实现即时提醒,实现工单处理零等待。

(6)分布式文件系统,基于分布式文件系统管理所有非结构化资源。

二、中国政务大脑的平台设计

政务大脑产品是中国联通秉持"强平台、活应用"的建设理念,面向政务客户提供"能力平台+场景应用"的服务模式,利用人工智能、大数据技术赋能政务服务领域,推进政务服务模式从被动服务转向智能服务的新形态。产品生态体系主要包括载体及信息、思维、运用三个中枢,以云网为驱动,数智为引领,将政务服务和便民服务作为导向,充分利用数据资源与人工智能技术,形成一体化高效服务系统。

智慧政务总体采用"3+X"架构,即"云+数+智+X"。"云"指的是云网一体平台,依靠中国联通的"$M+1+N$"云数据中心布局体系,形成一个平台、多个产品,具有云网协同、服务多样、优势整合、量身定制的特性。"数"指的是数据融通平台,主要包括数据共享交换平台、数据交易平台和数据能力开放平台,通过政务舆情、指数分析、数据感知等智能数据采集、处理,从人口、地理、信用、应急等多维度,对体系上层进行数据支撑。"智"指的是智能引擎平台,在人工智能技术的基础上,通过各类算法和分析模型进行深度学习,让服务器更加接近于人脑的水平,对政务服务进行赋能。"X"指的是X项政务应用,是针对"放管服"改革提供的一体化、一站式、人工智能加持的政务服务应用群(陈海波和李研,2018)。

(一)数据融通平台

政务大脑技术的关键是构建打造数据融通平台,实现政府数据、互联网数据和社会数据的多源融合,打破政府数据孤岛,驱动上层政务应用,提高社会治理水平及便民服务效率。

平台依托大数据平台系统、大数据建模分析系统的建设,并与统一调度系统、在线填报电子表单系统一起实现数据的标准统一、集中化管理、大容量数据计算及大数据建模展示的四个建设目标。电子表单系统和大数据平台统一接口的数据采集，实现所有进入平台的数据符合国家政务数据标准。依托云计算平台的计算资源，大数据平台可对大容量数据进行清洗、计算、分析，打破数据烟囱的局面，实现数据的集中管理和互融互通。通过对数据进行分类、聚合、多维度挖掘、数据间旋转等建模分析，实现数据画像、大屏展示、决策支持。

平台解决数据统一问题，实现统一数据平台，统一数据接口，统一数据提供，统一数据管理。解决双创支撑服务能力不足问题，完成协作创新，实现创新创业价值增值。解决数据共享问题，应对数据应用难题，实现对外应用能力提升。平台能够实现跨越整个网络、各种操作系统平台建设做到跨平台。能够具有足够的安全性，满足"互联网+政务服务"建设要求做到高安全。采用组件化和数据仓库解决方案，满足了系统高扩展性要求。

（二）智能引擎平台

2018年10月31日，中共中央政治局就人工智能发展现状和趋势举行第九次集体学习，习近平[①]指出，要加强人工智能同社会治理的结合，开发适用于政府服务和决策的人工智能系统，加强政务信息资源整合和公共需求精准预测，推进智慧城市建设，促进人工智能在公共安全领域的深度应用，加强生态领域人工智能运用，运用人工智能提高公共服务和社会治理水平。

智能引擎平台基于数据融通平台，利用人工智能技术，结合不同的服务场景，凭借人脸识别、语音智能接入、语音转文本、自然语音处理、机器学习等前沿技术，打造一套完整的政务领域智能服务体系，大力提升政府服务智能化水平。

三、政务大脑的作用——以上海市静安区为例

上海市静安区坚持以智慧政府建设为抓手，积极探索运用新一代数字技术，建设一个全联结、全场景、全智能的"数字静安"，与物理世界的政务深度融合，创新和重塑传统的管理模式、业务模式和运作规则。整个建设框架由一个核心的数据中台+N个领域的业务中台构成，静安政务大脑是核心的数据中台。

（一）智能预测，辅助决策

人口发展趋势是经济社会发展规划的重要依据。静安政务大脑可以实现人口长期预测和实时人流预测。以教育设施配套为例，静安政务大脑整合自然人数据，撒点静安区768个小区，叠合规划用地数据、房屋数量数据、学校点位和学位数据等，进行空间关联与模拟。利用TimeSeries模型和Cohort Component模型，通过出生率、死亡率和迁移率等核心指标，预测3岁、6岁、11岁的适学儿童数量，由此向教育部门输出数据。每一年静安区的预计入学人口数量一直推算到2035年，还可推算入学人口和各类学校学位

[①] 《习近平主持中共中央政治局第九次集体学习讲话》，http://www.gov.cn/xinwen/2018-10/31/content_5336251.htm?cid=303/*&^%$[2018-10-31]。

之间的差值，辅助教育部门规划、决策。该预测能力也可延伸至老年人口、劳动力人口在规模和空间分布上的演进。

在实时人口预测方面，静安政务大脑将第四次全国经济普查的全区期末人员数据、运营商的手机信令数据、LBS 数据以及气象数据等，贯通到同一空间维度中，基于差分自回归移动平均模型（autoregressive integrated moving average model，ARIMA model）改进的神经网络模型进行矫正，形成一张动态的静安区日间人口地图。

（二）智能规划，精细治理

静安政务大脑结合数据与人工智能算法模型，具备设施智能选址、规划方案分析模拟等功能，为政府主管部门进行空间、产业、民生设施等方面的科学规划和精准规划提供优化支持。超大城市精细治理向规划提出了更高的要求。静安政务大脑利用数据联通和空间计算，将教育、医疗、文化、体育、商业、购物等多个维度的设施点位数据在空间上进行落点，结合人口预测，根据开源数据的开放街道图（open street map，OSM），应用 pgRouting 等算法，实现实时路径规划和空间稀缺度计算。按照居民日常出行习惯，划定 10 分钟居民步行可达范围，分圈层、分类型对公共服务设施进行综合评价，并通过人群结构特征分别衡量设施规模。

（三）智能营商，优化环境

静安政务大脑提供的产业地图与智慧营商两项功能有助于优化营商环境。通过分析产业经营地与注册地分离的情况，静安政务大脑可以挖掘区内产业更为真实的发展状况，以此辅助产业部门和招商引资部门优化产业导向政策，进行定向的招商、稳商工作。同时，结合互联网数据，充分挖掘一些潜力产业的潜在价值。

静安政务大脑还能通过监测与分析园区内企业数量、行业构成等多维度数据，对园区综合发展情况进行监测评估，辅助管理者对园区的发展导向、基础设施建设、招商标准、稳商对象等进行有效决策，显著提升区域经济密度。通过监测、分析楼宇或企业级别数据，对基础信息、经营情况等指标进行评估。

（四）智能监管，风险预警

静安政务大脑引入人工智能技术，对市场主体信用评估打分、对重点企业提供风险预警，为精准确定监管对象提供科学依据，维护公平、公开、公正的市场秩序。

Lookalike 算法能进行企业分类画像及评估打分，搭建企业体检评分体系，并对违规企业进行追踪，生成相应信息链，为监管与执法部门提供快速、准确的风险预警。

（五）智能区情，主动出击

蓬勃发展的互联网日益成为信息集散地。静安政务大脑基于互联网媒体的渠道数据，实现舆情抓取、归类、分析和研判，利用自然语言处理等人工智能技术，通过全网区情监测，相关部门即时掌握动态，及时支持相关工作。静安政务大脑面向区内多个部门，结合大规模分布式存储和计算、数据分析、人工智能等技术，对数据进行分析、挖掘和利用,重点辅助当前区内公共政策制定机构,解决在规划决策工作中遇到的政策决策复杂度高、政策结果预评估难度大、跨部门政策影响评估难等痛点。同时,为人口预测提供数据与科学支撑;为规划决策提供模型与推演、评估支撑;为监管执法提供主动洞察渠道,并提供区内事件的快速获取与预警,其最终目标是建成高效、智慧的智能中台,着力打造成为上海市人工智能技术在政务领域应用的标杆性示范项目(陈佳怡,2019)。

四、中国实践:成都高新区构建智慧城市大脑

2020年以来,成都高新区城市大脑在做好疫情防控、企业复工复产等方面取得了良好效果。疫情期间,城市大脑成为成都高新区最前沿的指挥中心和信息调度中心,实现了233天的不间断值守。通过视频融合体系和视频会议体系完美解决了分散在东区的11个乡镇的距离问题,协助政府部门完成整个疫情期间的集中调度工作,平均一天有1次至2次,最高有7场调度。2020年2~5月,该平台调度密集度极高,是整个成都高新区疫情信息的综合调度中心。

除了疫情防控,高新区的智慧城市大脑在社会和经济治理方面也表现突出。疫情期间,城市、国家间的日常往来被中断,但已签署的协议、已约定的会议仍要继续。此时,城市大脑显得至关重要,其融合的通信平台、视频会议平台、在线翻译系统有效弥补现实生活中的交往不足,帮助实现了国际化的友好交流。例如,中日的友好合作会谈、面向欧洲和联合国人居署[①]关于整个顶层规划的会议等均是由该系统承载,载体作用也日益明显。

此外,高新区的智慧城市大脑在政务审批、公共服务方面也发挥了重要且积极的作用。成都高新区政务服务和网络理政办公室副主任陶路根介绍:截至2020年9月"高新区通过政务大数据共享专项改革已经汇聚了近9亿条数据,通过数据价值深入挖掘,打造了业务全程网络办理、'守信通'等特色应用。市民们可以通过网络和智能终端实现大多数事务的全程网络办理,减少市民跑腿和多次重复填表的环节。高新区还将进一步探索信用领域的应用,通过'守信通'平台让所有市民能享受到智慧的便利。"

高新区智慧城市大脑在成都市率先实现数据大屏幕集中显示和指挥协调。陶路根副主任说,"数据汇聚了之后可以在大屏上呈现,有一些数据通过分析之后在一些重点场景进行应用,各个职能部门可以根据各自的职能以及工作中的痛点、难点,决定数据汇聚以后实现什么样的场景应用。除了经济运行、重大项目、环保、应急指挥、政务服务等场景,还有一些其他应用,包括正在探索的无人机项目、金融科技等板块,各有自己的亮点和创新"。"守信通"是成都高新区基于目前政府审批领域内的重点工作进行的探索。它不仅能为来办事的企业和群众做一个精准的画像,为它们提供更多的服务和获得感。并且,可以很好地让政府和企业之间进行有机的互信,减少了政府企业之间的沟通成本。

成都高新区智慧城市建设和城市大脑的成功落地,有利于成都市实现城市数字化转型、共建融合共生型智慧城市(姜红德,2020)。

[①] 联合国人居署表示联合国人类住区规划署。

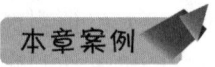

浙江省最多跑一次改革的缘起与进展

浙江省"最多跑一次"改革始于2016年12月,旨在以"最多跑一次"的理念和目标深化政府自身改革,并由此撬动经济体制改革、公共服务体制改革和权力运行机制改革等。这一改革既是对中央政府主导的"放管服"改革的响应和落实,也是对浙江省自2014年以来"四张清单一张网"改革的推进与深化。当然,"最多跑一次"改革并不只是浙江省以往政府改革的简单延续,还是试图通过创新理念、借力技术,形成整体性政府的改革模式,增创浙江省经济社会发展的体制机制新优势(郁建兴和高翔,2018)。

浙江省推进"最多跑一次"改革有着扎实的前期工作基础。2013年党的十八届三中全会后,浙江省在全国率先启动、推行政府权力清单制度,并在权力清单之外制定了"企业项目投资负面清单""政府责任清单""省级部门专项资金管理清单",旨在更好地约束行政权力、优化营商环境。2014年6月,浙江省"政务服务网"正式上线,奠定了浙江省"四张清单一张网"的基本格局。依托政务服务网,浙江省公布了省市县三级部门的所有服务事项,以及42个省级部门权力清单上的4236项行政权力。到2014年10月底,全省101个市、县(区)的政府部门"权力清单"在浙江政务服务网正式向社会公布,以此保证政府部门"法无授权不可为"。至此,市民和企业可以在政务服务网完成水电煤缴费,也可以查询政府服务的办事流程和民生事项。不过,由于各职能部门往往需要市民、企业按照特定流程携带身份证等证明材料前往不同部门办理手续,大部分政务事项仍然不能通过政务服务网完成[1]。

以政府部门为主体推进简政放权、清理非行政审批许可事项,尽管取得了较大成效,但始终未能彻底清理大量重复的行政审批事项,始终难以实质性地降低市民、企业获取政务服务的成本,甚至常常出现"证明你妈是你妈"的现象。2015年5月6日,李克强在国务院常务会议上严厉批评了这一现象,要求各部门、各级政府扎实推进"放管服"改革[2]。为了使政府改革更好转化为市民、企业的满意感、获得感,切实优化企业营商环境,浙江省明确提出以"最多跑一次"改革推进与深化"四张清单一张网"。与以往改革相比,"最多跑一次"的主语由政府转变为了市民、企业,即"按照群众和企业到政府办事'最多跑一次'的理念和目标""从与群众和企业生产生活关系最紧密的领域和事项做起""倒逼各地各部门简政放权、放管结合、优化服务"。换言之,"最多跑一次"不再是从政府自身逻辑出发,而是以市民、企业等的办事体验为出发点促使政府及其部门改革,具有显著的需求导向、问题导向、效果导向等特点。

除了扎实的领导机制和有效的工作机制,"互联网+政务服务"是浙江省得以实质性

---

[1] 《浙江省委书记车俊谈"最多跑一次"改革时表示,人民有诉求,难度再大也要向前推进》,出自2018年3月7日的《青年时报》。

[2] 《李克强主持召开国务院常务会议》,http://www.gov.cn/guowuyuan/2015-05/06/content_2857691[2015-05-06]。

推进"最多跑一次"改革的重要技术支撑。在省级层面，浙江省早在2015年11月就成立了数据资源管理中心。在"最多跑一次"改革中，省数据资源管理中心与省编办等职能部门通力合作，选取市民、企业办件量最多的前100个事项集中攻关，提出"让数据跑代替老百姓跑"的口号。针对每一个事项，各部门以事项标准化为切入点，统一主项名称、子项名称、适用依据、申请材料、办事流程、业务经办流程、办理时限和表单内容等，并将办事材料分门别类整理为数据目录，区分出可以由其他部门提供共享的数据、本部门产生的数据，以及必须由办事者提交的数据等。在此基础上，浙江省同步推进了各省级单位的数据建设，并基于个人、法人的数据库建设，谋划了省市两级资源共享的大数据中心。各部门围绕"数据"的一系列工作，致力于通过政府内部的数据共享，最大限度地减少市民、企业办事时所需提供的证明材料；通过部门间的系统对接，最大限度地简化市民、企业在部门间兜兜转转的办事流程，降低他们的办事成本。通过这一改革，浙江省逐步从"政务服务+互联网"实现了向"互联网+政务服务"的转变。以往，政务服务网是传统政府行政体系的增加项，主要提供政务咨询等服务，市民和企业仍然需要依据行政流程跨部门流动办事；现在，政务服务网成为政府行政的"大脑"，市民、企业在办理事项时只要到责任部门"一窗受理"，即可获得后台各部门间数据共享、系统对接后提供的"集成服务"。行政服务办事大厅、政务服务网、自助终端机，以及政府服务APP则成为无缝对接"互联网+政务服务"与市民、企业的接口桥梁。

值得注意的是，即使"最多跑一次"改革是浙江省委省政府自上而下推动的政府改革项目，但它仍然保留了地方政府因地制宜、因时制宜创新的自主性，省委省政府把自身角色严格界定为引导、规范和支持。一是明确目标，通过顶层设计引导地方政府开展"最多跑一次"改革。以发布《加快推进"最多跑一次"改革实施方案的通知》为标志，浙江省政府明确了以人民为中心的改革思想，确立了"一窗受理""网上办理"等主要改革方向和切入点[①]。二是规范进程，通过加大考核督查，启动追责机制，确保各地、各部门都能够切实推进"最多跑一次"改革。三是提供支持，即要求各省级部门为各地区同系统的政务服务工作提供业务培训，支持地方政府推进改革进程。在统一目标方向的前提下，地方政府可以根据当地经济社会发展、地理区位等实际情况，选择适当的切入点探索推进"最多跑一次"改革的方式方法。例如，在经济相对欠发达的衢州市，企业投资项目、商事服务和便民服务事项办理人次总体较少，当地政府就首先探索了"一窗受理、集成服务"这一模式，以物理集成为突破口推动各部门再造流程、减少事项。在人口数量密集且前期电子政务发展基础良好的杭州，当地政府就把"互联网+政务服务"作为突破口，实现了"60分钟完成不动产登记"的杭州速度。在工业化、城市化处于快速发展期的湖州市德清县，当地政府则尝试了企业投资项目"并联审批"、"区域环评"和"标准地建设"等新做法。

2019年以来，浙江省将推行公共场所"最多跑一次"改革作为持续深化"放管服"改革优化营商环境的新突破口，以"便利化、智慧化、人性化、特色化、规范化"为抓

---

① 《浙江省人民政府关于印发加快推进"最多跑一次"改革实施方案的通知》，http://www.gov.cn/xinwen/2020-10/19/content_5552388.htm[2020-10-19]。

手，从老百姓身边事改起，着力改善公共场所硬件环境，优化简化服务流程，大力推行网上办事，全面提升交通设施、旅游景区、文体场馆、医疗场所、车辆检测等九类公共场所服务质量和水平，推动加快建设国际一流营商环境。

聚焦群众关切，以用户视角查短板、找不足。坚持"开门搞改革"，搭建平台、畅通渠道，积极发动社会力量广泛参与，引导群众当好公共场所服务大提升的"主角""主唱"，不断提高改革的针对性和有效性。拓宽民意收集渠道，在公共场所设置项目展示牌，公示改革举措、责任单位、责任人、完成时限以及投诉二维码和电话，欢迎群众实时就地吐槽、投诉；公众号推出"金点子"征集活动，用好"12345"热线、部门邮箱等方式收集群众意见建议。全面查找问题短板，建立改革特约观察员制度，聘请"两代表一委员"、专家学者、媒体记者、大学生以及第三方机构等担任改革特约观察员，不定期到公共场所全流程暗访体验，查找痛点、堵点。2020年以来，杭州市已组织8场体验问效活动，收集意见建议300余条，转化为改革举措50余个。同时，完善反馈处理闭环，建立民意"发现收集、分析研判、转办交办、处置反馈"一体化工作机制，分类处理群众意见建议，及时整改群众反映强烈的突出问题，向责任单位发送督办通知单，督促整改到位，并把群众提出的金点子、好办法及时转化为具体有力的改革举措。

完善硬件设施，提升公共场所环境质量。加强公共场所空间布局、内部设施、引导标识、灯光照明、停车场地等整合提升、配置优化，着力破解标识不清、设施不全、设备老化等问题。例如，针对货车司机长途开车需要休息的情况，在高速公路服务区建设"司机之家"，提供淋浴、休憩、娱乐等服务，让司机到服务区也能像回家一样温暖舒适。针对买菜的老年人较多的情况，在农贸市场设置老年人休息区，导入公共厨房、老年人食堂、早点餐饮、家政维修等服务，为老年人提供一站式便利服务。针对体育运动可能发生身体损伤的情况，在公共体育场馆设置应急伤病救助服务点，配置AED（automated external defibrillator，自动体外除颤器）除颤仪等医疗设施，为群众安心运动提供保障。针对火车东站打车难问题，增设出租车上客点，候车时间缩短40%；建设网约车专区，定点上车，随到随走；开设旅游公交专线，实现游客从车站乘公交车直达旅游景区，中间不需要换乘。针对厕所数量少、分布不均、设备简陋等情况，开展"厕所革命"，衢州市常山县在每个城市厕所和2A级以上农村厕所配备厕纸、衣帽钩、手机架、充电插座、无线网络等设施，推广应用感应节水、除臭环保等技术，实现厕所"找得到、总有纸、无异味"。

探索"互联网+"模式，积极推行公共场所服务网上办、掌上办。推动公共场所服务"触网""上云"，引导群众网上预约、网上申报办理、网上获取服务，给群众带来智慧、高效、便捷的服务体验。杭州市武林商圈联合抖音APP开启"云购武林"活动，推出"云直播""云闪送""云抽奖""云海淘""云体验""云点单""云拍卖"等7种线上互动形式，累计吸引线下顾客46万余人次，线上平台点击量突破3亿次，实现销售额16.1亿元。为全面解决图书馆布局不均衡、基层群众借书难问题，打造"信阅"服务平台，推出"免证件、免押金、免费用"借阅服务，读者在线免费下单选书，图书供应商快递上门，支持异地就近归还。为避免就医重复检查，推行电子病历全省互认共享，电子影像可以上传手机"云胶片、云影像"，方便医生、患者随时调取、按需调阅。

优化再造线下流程，提升公共场所办事效率和服务水平。围绕群众办事的全过程、各环节，创新服务方式，压减办事环节，提升公共场所服务便利化水平，增强群众办事的获得感和满意度。例如，针对车辆离场经常排长队的现象，在公共场所推出"先离场后缴费"服务，车辆可以先行离库，随后停车场通过与车牌号绑定的支付宝、微信等支付平台自行扣费，减少等候时间；火车东站提供高铁至地铁免检换乘服务，乘客出站后无须再进行安检即可乘坐地铁，有效解决"换乘难"问题。开展车辆检测集成改革，整合公安、市场监管、生态环境、交通运输等部门车辆检测流程，合并同类项，推进全省270余家车辆检测站"交钥匙"全程无忧服务，车主缴费后，检测业务由工作人员负责代办，车辆上线检测时间缩短至30分钟，检测效率提升50%左右，车主跑腿环节由6个减至1个，平均等待时间由1小时减至30分钟。在人员聚集、交易频繁的绍兴市柯桥中国轻纺城设立市场综合服务中心，推行政务服务"就近办"和"一窗受理、集成服务"；升级市场内部经营服务体系，推动实现营业房转让转租审批环节由5个减少到2个，时间从15个工作日压减至3个工作日；8家银行24个网点进驻市场，提供"无还本续贷"业务，实现经营户贷款转贷"零跑动"。

第九章补充材料

本章参考文献

陈海波，李研. 2018. 中国联通智慧政务大脑生态体系创新与实践[J]. 通信管理与技术，（6）：47-50.
陈佳怡. 2019. AI助力打造"静安政务大脑"[J]. 上海信息化，（10）：56-59.
陈涛，董艳哲，马亮，等. 2016. 推进"互联网+政务服务"提升政府服务与社会治理能力[J]. 电子政务，（8）：2-22.
姜红德. 2020. 以政务治理为场景，成都高新区构建智慧"城市大脑"[J]. 中国信息化，（9）：13-14.
李重照，刘新萍. 2014. 中国省级移动政务平台建设现状研究：从WAP到APP[J]. 电子政务，（11）：16-22.
刘祺，彭恋. 2017. "互联网+政务"的缘起、内涵及应用[J].东南学术，（5）：102-109.
王谦，刘大玉，陈放. 2020. 智能技术视阈下"互联网+政务服务"研究[J].中国行政管理，（6）：73-79.
郁建兴，高翔. 2018. 浙江省"最多跑一次"改革的基本经验与未来[J]. 浙江社会科学，（4）：76-85, 158.
曾德华. 2019. 从全国一体化在线政务服务平台建设看"互联网+教育"大平台发展方向[J]. 中国教育信息化，（1）：1-4.
赵金旭，孟天广. 2019. 科技革新与治理转型：移动政务应用与智能化社会治理[J]. 电子政务，（5）：2-11.
郑跃平，王海贤. 2019. 移动政务的现状、问题及对策[J]. 公共管理与政策评，8（2）：74-84.
周黎安. 2007. 中国地方官员的晋升锦标赛模式研究[J]. 经济研究，（7）：36-50.
Song G, Cornford T. 2006. Mobile government: towards a service paradigm[R]. Proceedings of the 2nd International Conference on e-Government.
Wilson W. 1887. The study of administration[J]. Political Science Quarterly, 2（2）：197-222.

第十章

数字治理与数字政府建设

 本章导言

在社会数字化转型背景下,打造数字政府、培育数字经济、构建数字社会,成为当今社会发展的重要目标和追求,亟须增强网络力量,加快数字中国和智慧社会的建设。在此背景下,以政府为核心的公共部门面临的压力和挑战也更加突出。由此而来,数字政府建设被提升至重要的战略地位,利用大数据改善国家治理的现代化,促进政府管理和社会治理的创新成为电子政务建设的重要方面。

第一节 数字治理时代

一、智能社会的到来

人类整体走向智能社会,是社会遵循规律自然运行的结果。虽然人类社会每一次更替所展现出的形态均有差异,但是社会的每一次转型都会带给人类无限的福音与惶恐,这正是人类社会自身运行的必然,也展现了人类由来已久的对于社会变迁与转型的渴望与恐惧。人类对社会整体转型的悖反心理,使许多国家与历史机遇擦肩而过,从而陷入无尽的灾难与痛苦之中。相反,一些国家在社会巨变中顺应社会演化趋势、引领社会前进步伐,从而实现了社会进步、人民幸福。工业社会从农业社会走来是如此,智能社会从工业社会走来亦是如此。如果说人类从农业社会转型为工业社会中学到了什么,并以此为指导更好地走向智能社会,那么最为重要的可能就是必须深刻认识智能社会的内在本质、基本特征和演进趋势。当然,社会并非按照人类的想象设计出来的,它一直按照自身的运行规律在发展,但人类也并非只能对此束手无策,完全被动适应。人类可以从既往历史中寻找规律,从现实社会事实中分析规律,从社会演进的趋势中把握规律,在遵循人类社会整体发展规律中逐步准确地做出判断与选择(杨述明,2020a)。

历史跨进 21 世纪的第二个十年,我国在互联网、移动通信、大数据、超级计算、云计算、空间地理信息系统、人工智能等领域实现了重大突破,并快速、深度地与经济、产业和社会链接融合。近年来,我国政府围绕科技创新、智能革命和产业革命先后出台了一系列战略性文件，对于智能社会建设所涉及的主要领域做出了一系列科学部署，特别在2017年7月8日国务院印发的《新一代人工智能发展规划》指导思想部分，第一次在国家文件中明确提出了"智能社会"概念："深入实施创新驱动发展战略，以加快人工智能与经济、社会、国防深度融合为主线，以提升新一代人工智能科技创新能力为主攻方向，发展智能经济，建设智能社会，维护国家安全，构筑知识群、技术群、产业群互动融合和人才、制度、文化相互支撑的生态系统，前瞻应对风险挑战，推动以人类可持续发展为中心的智能化，全面提升社会生产力、综合国力和国家竞争力，为加快建设创新型国家和世界科技强国、实现'两个一百年'奋斗目标和中华民族伟大复兴中国梦提供强大支撑。"①

习近平指出："当前，世界正处在新科技革命和产业革命的交汇点上。科学技术在广泛交叉和深度融合中不断创新，特别是以信息、生命、纳米、材料等科技为基础的系统集成创新，以前所未有的力量驱动着经济社会发展。随着信息化、工业化不断融合，以机器人科技为代表的智能产业蓬勃兴起，成为现时代科技创新的一个重要标志。"②科学界对于当代科技革命和产业革命所推动的经济社会形态的认知和共识就是智能社会。这种智能社会是工业社会与信息社会广泛深度融合、技术全面更新换代、产业系统升级、经济社会结构深刻调整的新的经济社会发展形态，融合、协同、共享、共治是其鲜明特征。同时，这种智能社会与工业社会、信息社会又是一脉相承的，它孕育于工业社会、发展于信息社会、塑造着未来社会（曹冬英和王少泉，2019）。

二、数字治理的演进历程

20世纪末，以英国、法国、美国、德国等为代表的西方国家从电子政务时代进入数字治理时代，同一时期，习近平在福建推进"数字福建"建设进程，标志着中国也开始进入数字治理时代。数字治理时代的来临使西方国家政府及我国政府所处的治理环境、面临的治理问题、治理方式及治理结构等出现重大变化。

（一）萌芽阶段（2000.10～2012.10）

这一期间，习近平分别在福建、浙江和上海工作，在数字治理领域做出了重要论述，有效推进了这三个省市的数字治理进程。"数字福建"的提出标志着习近平关于数字治理重要论述的出现：2000年10月，时任福建省省长的习近平率先提出建设"数字福建"的战略构想，并基于创新理念摆脱原有地理空间的局限，对信息化与数字化的内涵与外延、应用的领域与方式等加以全新阐释。在"数字福建"建设取得明显进展后，他于2002年在"数字福建"建设领导小组全体成员会议上做出重要讲话，为"数字福建"建设进程的继续推进提供了宏观指导。习近平在浙江和上海工作期间也十分重视数字治理领域的建设，如他于2006年对浙江电信2005年工作做出重要批示，有效推动了浙江省数字治理进程的推进。在习近平的指示下，福建、浙江和上海的数字治理进程得到持续推进，

---

① 《国务院关于印发新一代人工智能发展规划的通知》，https://www.gov.cn/zhengce/zhengceku/2017-07/20/content_5211996.htm[2017-07-08]。

② 《习近平：致2015世界机器人大会贺信》，http://cpc.people.com.cn/n/2015/1124/c64094-27847383.html[2015-11-24]。

如 2012 年 10 月，工业和信息化部与福建省人民政府出台《关于合作推进"数字福建"建设实施方案》，标志着"数字福建"从此升级为国家试点工程，中国的数字治理进入一个新阶段。

（二）生成阶段（2012.11～2017.11）

2012 年 11 月党的十八大召开之后，在以习近平同志为核心的党中央领导下，中国的数字治理进程显著加速，明显具有数字治理 2.0 时代的特征，"数字福建"在实质上演进为"数字中国"。习近平在这一时期的重要论述很多，如《习近平在全国宣传思想工作会议上的讲话》（2013 年）、《习近平在中央网络安全和信息化领导小组第一次会议上的讲话》（2014 年）、《习近平在网络安全和信息化工作座谈会上的讲话》（2016 年）、《习近平致第四届世界互联网大会的贺信》（2017 年）。这些讲话、贺信等的出现标志着习近平关于数字治理的重要论述进入生成阶段，有效地助推了中国乃至世界的数字治理进程。

（三）发展阶段（2017.12 至今）

2017 年 12 月 8 日，习近平在中共中央政治局第二次集体学习时做出重要讲话，强调审时度势精心谋划超前布局力争主动，实施国家大数据战略加快建设数字中国[①]，数字治理重要论述得到进一步丰富。2018 年 4 月 22 日至 24 日，首届数字中国建设峰会在福建福州举办，习近平总书记发信致贺，即《习近平致首届数字中国建设峰会的贺信》(2018 年)，这次会议的召开标志着习近平总书记关于数字治理的重要论述得到进一步实践、数字中国治理进程将继续加快。2021 年 3 月，《中华人民共和国国民经济和社会发展第十四个五年规划和 2035 年远景目标纲要》提出，要"以数字化转型整体驱动生产方式、生活方式和治理方式变革"。2021 年 12 月，为深入学习贯彻习近平总书记重要讲话精神，落实"十四五"规划纲要部署，中央网络安全和信息化委员会印发《"十四五"国家信息化规划》，提出要建立健全规范有序的数字化发展治理体系。这将推动营造开放、健康、安全的数字生态，加快数字中国建设进程。

三、数字治理的内涵

数字治理也叫电子治理，是产生于电子商务和电子政务之后的概念，是数字时代全新的、先进的治理模式。从广义上讲，数字治理不是 ICT 技术在公共事务领域的简单应用，而是一种社会组织、政治组织及其活动的形式，它包括对经济和社会资源的综合治理，涉及如何影响政府、立法机关以及公共管理过程的一系列活动；从狭义上讲，数字治理是指在政府与市民社会、政府与以企业为代表的经济社会互动和政府内部运行中运用信息技术，易化政府行政，简化公共事务的处理程序，并提高民主化程度的治理模式。其涉及政府、市民社会与以企业为代表的经济社会两大主体，形成政府与市民（G2C）、政府与政府（G2G）、政府与企业之间的互动（G2B）和政府内部运作（G2E[②]）的几个层次。

[①] 《习近平主持中共中央政治局第二次集体学习并讲话》，https://www.gov.cn/xinwen/2017-12/09/content_5245520.htm [2017-12-09]。

[②] G2E 表示 government to employee，政府对公务员。

数字治理也指政府、公民及其他各主体依托信息技术的运用进行的参与、互动与合作，构建融合信息技术与多元主体参与的一种开放多元的社会治理体系，其主要体现在：现代国家治理通过引入信息技术来更好地提升自身在公共管理和公共服务过程中的效能，同时国家的管理技术、治理手段变得越来越"数字化""网络化""技术化"。在数字化背景下，数字治理依托快速发展的现代信息技术，使曾经只能在真实的空间里行使的政府职能可以通过数字化的方式延伸出去，实现政府整体性服务的数字化。数字化过程的影响主要通过政府部门内部的组织和文化的变化以及外在市民社会活动者的行为转变来完成，使个人或企业利用电子化方法增加共同生产的大多数个人产品，而政府机构只需提供一个便利化的框架。这意味着政府权力由机构中心向以企业或者市民为中心的转变，增强了政府、市民与企业之间的互动，体现了服务型政府以及善治政府建设的要求。实际上，数字治理是现代数字化技术与治理理论的深度融合，以政府、市民和企业为治理主体，是一种新型的治理模式。

四、数字政府功能形态

数字政府是智能社会背景下政府治理的新形态，同样具有一般政府经济功能、社会功能、政治功能、文化功能以及创新功能等公共领域基本功能属性。但是，不同时代功能内涵不同，体现的形式不一。在数字政府时代，其基本形态主要体现为服务型政府再造和电子政务构建两大功能形态（杨述明，2020b）。

（一）数字政府内在要求——"服务型政府+"

随着20世纪中叶西方新公共管理运动的兴起，公共服务开始成为政府治理的新理念，并倡导用新的治理工具和技术来提高政府的服务质量和效率，提升人们的满意度。新公共管理在传入中国以后，结合我国独特的历史和背景，被发展成为服务型政府的理念，并成为我国现代政府治理追求的重要目标。以此逻辑推理，在未来智能社会形态背景下，随着互联网、大数据、云计算、物联网、区块链、人工智能等新兴技术的发展，社会产生了新的变革，必然推动我国现代政府治理的转型升级。其内在要求就是要建设一种融合新型科学技术的新型服务政府，即"服务型政府+"。具有"服务型政府+"理念的政府，是以服务型政府原有基本理念为核心，与互联网、大数据、云计算、物联网、区块链和人工智能等技术相融合的一种新型智能服务型政府模式。

在智能社会，人们对公共服务水平有了新的需求，要求更高水平的法治化、精细化、高效化、高质量政府治理与服务。在智能社会，政府为适应互联网的快速发展，应对社会扁平化、虚拟化、网络化等特点，就要充分利用互联网技术进行改革，发展更多的网上政务服务业务，通过网络进行社会治理，不断拓展网络途径以扩大人们各种类别参与度和对政府依法行政的监督力度，推进现代政府法治化、科学化进程。

（二）数字政府架构模式——电子政务

数字政府功能形态之一，就是电子政务。电子政务的内涵是构建一个实虚相宜的政府形态，即跨时间、空间、领域和部门的全天候的政府服务体系，从而实现政府的网络信息化、政务公开、服务运行智能化以及电子政务体系的建设，建立一个精简、高效、便捷、廉洁、公开、公正的政府行政体系。

在智能社会背景下，电子政务也具有了全新的特征。一方面，智能革命的技术成果不仅应用于产业领域，也将与政府服务相结合，实现全新的电子政府服务；另一方面，为应对智能社会带来的社会变革和满足新时代全社会以及社会个体的全新需要，政府的现代治理模式——电子政务也要顺势而变，形成纵横交错的新一代智能电子政务服务体系。随着云计算、大数据、物联网、移动互联网、区块链、人工智能等新一代信息技术的不断成熟，它们开始与政务工作进行全方位融合，使得电子政务具有了全新的特征。这些特征包括：个性化、云端化、数据化、智能化等。政务运行和政务服务更加有针对性和效率，能更加及时、真切地理解大众需求，从而开启了一个全新的智能电子政务时代。与之前电子政务不同，智能电子政务更加强调社会服务，更加关注和理解大众个体的需要，更加具有智能特征和政务运行预见性（黄建伟和陈玲玲，2019）。

（三）数字政府功能集中体现——网上政务服务

2016年9月，国务院印发《关于加快推进"互联网+政务服务"工作的指导意见》，对加快推进"互联网+政务服务"作出了总体部署。《关于加快推进"互联网+政务服务"工作的指导意见》提出要按照建设法治政府、创新政府、廉洁政府和服务型政府的要求，坚持统筹规划、问题导向、协同发展、开放创新的原则，优化服务流程，创新服务方式，推进数据共享，推行公开透明服务，最大程度利企便民，让企业和群众少跑腿、好办事、不添堵，共享"互联网+政务服务"发展成果[①]。

"互联网+政务服务"的本质是指以政务服务平台为基础，以公共服务均等化为要旨，以实现智能政府为目标，运用新一代网络技术和互联网思维，实现网络社会与现实社会的融合，对政府组织结构进行重组，对业务流程进行优化再造，打造整体政府、服务型政府、法治政府、透明政府，向社会提供高品质、高质量的政务服务和产品。网上政务服务能力是指政府运用互联网、大数据、云计算、区块链、人工智能等新一代信息技术和手段，实现科学决策、精准治理、高效服务，增强人民群众的获得感、幸福感的综合能力。电子政务是推进国家治理体系和治理能力现代化的具体体现，是政府治理现代化的主要标志，是政府通过信息化、智能化等新科技手段，实现政务服务的主动供给和对公众服务需求的精准响应，是数字政府综合能力的集中反映。

第二节　智慧社区建设

作为智慧城市的重要组成部分，智慧社区是继承智慧城市概念和延伸。通过建设智慧社区数字化、信息化、智能化，可以促进智慧城市建设发展，同时提升政府执政形象和效率，充分体现了以人为本、服务民生的理念。

[①]《国务院关于印发新一代人工智能发展规划的通知》，http://www.gov.cn/zhengce/content/2017-07/20/content_5211996.htm?trs=1[2017-07-08]。

一、智慧社区的概念

智慧社区论坛（intelligent community forum，ICF）认为智慧社区是智慧城市、电子城市和电子社区的统称，社区可以是城镇、城市、县或郡。

2014年5月，住房和城乡建设部出台《智慧社区建设指南（试行）》提出，智慧社区是通过综合运用现代科学技术，整合区域人、地、物、情、事、组织和房屋等信息，统筹公共管理、公共服务和商业服务等资源，以智慧社区综合信息服务平台为支撑，依托适度领先的基础设施建设，提升社区治理和小区管理现代化，促进公共服务和便民利民服务智能化的一种社区管理和服务的创新模式，也是实现新型城镇化发展目标和社区服务体系建设目标的重要举措之一。

2015年《上海智慧城市发展报告》中指出，智慧社区是运用信息技术搭建的一个综合平台。从社会组织的意义上讲，其实质是一个聚集各种社会主体、集中各种利益与需求、一定水平上直接配置部分社会资源而集聚多样化社会功能的综合性枢纽。

二、智慧社区起源与发展

智慧社区的概念源起于西方，最早由美国圣地亚哥大学国际通讯中心组织在1992年提出。2008年IBM公司提出"智慧地球"理念后，在2009年进一步提出"智慧城市"理念。随着"智慧城市"建设的不断进行，作为智慧城市的重要应用领域，"智慧社区"建设迅速引起政府、企业和学界的广泛关注（陈健和廖鸿亮，2019）（表10-1）。

表10-1 智慧社区发展历程梳理

年份	发展历程
1992	圣地亚哥大学国际通讯中心最早提出"智慧社区"的口号，以应对20世纪后期快速的技术变化与复杂的社会经济挑战
1996	美国圣地亚哥州立大学与加利福尼亚州政府合作推出世界首个智慧社区项目，目标是在一个大小可以从邻域到多县的地区内，实现市民、团体和市政管理机构多主体参与，建设主体充分利用信息技术改造社区居民的生活环境与生活方式
1997	国际通讯中心最早出版"智慧社区指导手册"等成果；首届世界智慧社区论坛召开，并预测到2000年，世界上将有5000个城镇开展智慧社区项目建设
1998	日本提出超级家庭总线技术标准
1999	美国微软公司在中国抛出"维纳斯计划"，国内以TCL科技集团股份有限公司为首的一些电视生产厂家开始迈出智能社区产品的探索
2000	世界智慧社区论坛开始举办世界智慧社区评选活动，每年在世界范围内选出七大智慧社区，天津市和台北市曾位列其中
2008	IBM公司提出"智慧地球"的理念，建议政府投资新一代的智慧型信息基础设施，并在2009年8月发布《智慧地球赢在中国》计划书，"智慧"概念正式被引入中国
2009	IBM首席执行官彭明盛首次正式提出"智慧城市"概念，很快获得世界各国的高度关注，引发席卷全球"智慧革命"
2010	IBM正式提出"智慧城市"愿景，希望在实现城市可持续发展、引领信息技术应用、提升城市综合竞争力等方面做出重要贡献

续表

年份	发展历程
2010	宁波市出台关于建设智慧城市的决定,成为我国第一个在政府层面推动下进行智慧城市建设的城市
2014	住房和城乡建设部出台《智慧社区建设指南(试行)》,为我国社区的智慧化建设提出明确的指导意见和评价标准,指明了建设目标和发展方向
2016年至今	智慧社区深入发展,服务民生渐成主流。政府重视智慧社区建设,将其作为城市治理末梢单元,老旧小区改造抓手;房产企业重视智慧社区,万科、碧桂园等将其作为提升小区品质的抓手和新收入来源;各类互联网企业通过基于位置的 APP 提供社区服务。此阶段,数据成为贯穿智慧社区各层级、各主体的核心脉络,围绕此构建了采集、传输、存储、应用、安全保障等各类应用;产业内各类主体积极参与,一改原有社区信息化模式,真正体现智慧化理念;社区居民成为智慧社区聚焦的核心,获得了参与感和获得感

三、智慧社区政策文件

2010年,智慧城市建设纳入国家和地方的发展规划中,作为城市未来发展的重中之重(王剑媛,2020),我国也陆续出台了与之相关的配套政策文件,其中主要的包括以下部分(表10-2)。

表10-2　全国关于智慧城市与智慧社区政策汇总

时间	文件名称
2012.11	《国家智慧城市试点暂行管理办法》
2012.11	国家智慧城市(区、镇)试点指标体系(试行)
2012.12	《关于开展国家智慧城市试点工作的通知》
2013.8	《国务院关于印发"宽带中国"战略及实施方案的通知》
2014.3	《国家新型城镇化规划(2014—2020年)》
2014.8	《关于促进智慧城市健康发展的指导意见》
2014.8	《关于促进智慧城市健康发展的指导意见》
2015.5	《关于推进数字城市向智慧城市转型升级有关工作的通知》
2015.11	《关于开展智慧城市标准体系和评价指标体系建设及应用实施的指导意见》
2016.2	《关于进一步加强城市规划建设管理工作的若干意见》
2016.8	《新型智慧城市建设部际协调工作组2016—2018年任务分工》
2016.11	《关于组织开展新型智慧城市评价工作务实推动新型智慧城市健康快速发展的通知》
2016.12	《新型智慧城市评价指标(2016年)》
2017.1	《推进智慧交通发展行动计划(2017—2020年)》
2017.7	《新一代人工智能发展规划》
2017.9	《智慧城市时空大数据平台建设技术大纲(2017版)》
2018.3	《关于较快推进新一代国家交通控制网和智慧公路试点的通知》
2019.1	《智慧城市时空大数据平台建设技术大纲(2019版)》

续表

时间	文件名称
2019.4	《2019年新型城镇化建设重点任务》
2020.1	《关于支持国家级新区深化改革创新加快推动高质量发展的指导意见》
2020.4	《2020年新型城镇化建设重点任务》
2020.10	《中共中央关于制定国民经济和社会发展第十四个五年规划和二〇三五年远景目标的建议》
2020.11	《全光智慧城市白皮书》
2021.4	《关于加快发展数字家庭提高居住品质的指导意见》
2021.5	《关于确定智慧城市基础设施与智能网联汽车协同发展第一批试点城市的通知》
2021.10	《智慧社区建设运营指南（2021）》
2022.5	《关于深入推进智慧社区建设的意见》
……	……

资料来源：《2020年智慧城市行业国家及各省市政策汇总 新型智慧城市发展新格局逐渐形成》，https://www.qianzhan.com/analyst/detail/220/200417-aef65b7b.html[2020-04-20]

除上述政策文件之外，从2015年起，我国每年都会发布新型智慧城市发展报告。智慧城市建设不仅在国家层面上提供了制度支持，而且全国范围内也有不少城市也出台了相关政策。在中央政策的指引之下，陕西、河北、江苏等多个省区市出台了智慧城市发展的顶层政策，逐步形成部门协同、上下联动、层级衔接的新型智慧城市发展新格局。部分省市关于智慧城市建设政策梳理见表10-3。

表10-3 部分省区市关于智慧城市建设政策梳理

省市	文件名	具体内容
陕西省	《关于加快推进全省新型智慧城市建设的指导意见》	利用现有信息化基础资源，构建市级一体化云计算中心，实现软硬件资源的共建共享、集约使用；利用现已建成的数据传输网络，构建市级统一的数据资源传输网，打造市级互联互通的网络基础环境。建设市级新型智慧城市数据交换共享平台，与省级大数据交换共享平台直连互通；推进数据资源标准化和开发利用，形成市级统一的数据资源管理平台和数据开放服务平台
江苏省	《智慧江苏建设三年行动计划(2018—2020年)》	加快推进网络强省建设，高水平建设智慧江苏
河北省	《关于加快推进新型智慧城市建设的指导意见》	到2020年，筛选确定3个市主城区和10个县城开展新型智慧城市建设试点，探索符合河北省情的市、县级智慧城市发展路径。到2025年，智慧城市与数字乡村融合发展，覆盖城乡的智慧社会初步形成
山东省	《山东省新型智慧城市试点示范建设工作方案》	围绕基础设施、数字惠民、数字政务、数字经济、保障措施、地方特色等分类，提出了划分不同发展层级的新型智慧城市试点示范建设标准，并提出力争将智慧城市打造成"数字中国"建设领域代表山东的一张名片
山西省	《大同市智慧城市促进条例》	加快新型智慧城市建设，提升城市治理和服务水平，促进大同转型发展、绿色发展、智慧发展
深圳市	《智慧城市建设深圳共识》	智慧城市建设亟待上升到战略高度。智慧城市是智慧社会的城市载体，代表了城市未来的发展方向，展示了城市未来的基本形态，是推动产业转型升级和高质量创新发展的新动力，将成为国家和区域间竞争的制高点

续表

省市	文件名	具体内容
深圳市	《深圳市新型智慧城市建设工作方案（2016—2020年）》	到2020年构建起宽带、泛在、融合、安全的智慧城市基础设施，形成高效便捷、无处不在的信息服务，建设全程全时的公共服务体系，打造低碳绿色环境友好的宜居城市，智慧城市建设达到国际先进水平
宁波市	《宁波市智慧城市发展"十三五"规划》	到2020年，全面构建起以城市大数据发展为核心，以涵盖城市规划、社会治理、民生服务、文化教育、生态环境等领域的智慧城市综合应用体系为导向，以智慧产业融合创新发展为引擎，以泛在智能安全的城市基础设施体系为支撑的智慧城市发展体系框架
上海市	《上海市推进智慧城市建设"十三五"规划》	到2020年，上海信息化整体水平继续保持国内领先，部分领域达到国际先进水平，以便捷化的智慧生活、高端化的智慧经济、精细化的智慧治理、协同化的智慧政务为重点，以新一代信息基础设施、信息资源开发利用、信息技术产业、网络安全保障为支撑的智慧城市体系框架进一步完善，初步建成以泛在化、融合化、智敏化为特征的智慧城市
	2019年成立智慧城市建设领导小组，统筹智慧城市建设规划	
桂林市	《桂林市信息化发展"十三五"规划》	到2020年，全市信息化水平迈进全区先进行列。智慧城市建设基本建成并且成效显著，信息化对经济社会发展带动效应显著，信息化成果惠及全市人民
重庆市	《重庆市深入推进智慧城市建设总体方案（2015—2020年）》	到2020年，全市信息基础设施更加完善，3G/4G/WLAN网络覆盖能力进一步加强，城市传感基础设施更加完备，其中，路灯感知覆盖率90%，社会公共区域视频覆盖率达到95%以上，重要隧道、桥梁等感知覆盖率100%。智慧城市公共信息平台更加完善，产业升级、政务应用、公共服务等近30个应用示范工程并面向全市提供智慧化的信息服务。基本建成新型工业化、信息化、城镇化和农业现代化融合同步发展，智慧化水平和网络信息安全保障能力国内领先的国家中心城市
	2022年，建成全国大数据智能化应用示范城市	
北京市	《北京市"十三五"时期信息化发展规划》	到2020年，信息化成为全市经济社会各领域融合创新、升级发展的新引擎和小康社会建设的助推器，北京成为互联网创新中心、信息化工业化融合创新中心、大数据综合试验区和智慧城市建设示范区
青岛市	《青岛市信息化"十三五"发展规划（2016—2020年）》	到2020年，通过信息技术在经济社会各领域的广泛应用，以及信息系统之间的相互联通，初步构建泛在、互联的网络空间体系，努力形成网络空间和物理空间融合发展的新局面，城市信息化建设先行领域达到国际先进水平，建成国际知名的互联网工业城市、全国领军的智慧城市
天津市	《天津市智慧城市建设"十三五"规划》	到2020年，初步建成"智能、融合、惠民、安全"的"智慧天津"，打造面向未来的智慧城市，为实现中央对天津定位、全面建成高质量小康社会提供强力支撑
	《天津市智慧城市发展"十三五"规划》	力争到2020年，全面构建起以城市大数据发展为核心，以涵盖城市规划、社会治理、民生服务、文化教育、生态环境等领域的智慧城市综合应用体系为导向，以智慧产业融合创新发展为引擎，以泛在智能安全的城市基础设施体系为支撑的智慧城市
广州市	《广州市信息化发展第十三个五年发展规划（2016—2020年）》	一是城市基础设施智能化水平显著提升。建成了覆盖市中心区主次干道、重点客运站周边、治超站的交通视频实时监控网络，启动建设了基于大数据分析的输变电设备状态评估系统。二是城市管理和服务信息化取得突破性进展。利用大数据分析、云计算等技术对实时感知数据进行处理，为智慧交通、智慧物流、智慧医疗、智慧社区等建设提供智能化服务。构建了综合管理、执法、监督和社会参与的"四位一体"城市综合管理平台，建设了城市管理网格数据库、三维实景影像库，建成了高密度平安城市视频监控平台，建成了全国首个微信智慧社区。三是智慧城市试点示范建设稳步推进。广州荣获中国智慧城市发展应用评估创新奖，被国家发展改革委评为信息惠民国家试点城市，番禺区、黄埔区入选住建部首批90个国家智慧城市试点，南沙区入选工信部的中欧绿色智慧城市合作试点

续表

省市	文件名	具体内容
武汉市	《武汉市新型智慧城市"十四五"规划》	武汉数字经济底蕴深厚,在互联网、光纤制造等领域影响力日益提升,有条件吸引更多海内外先进技术和优秀人才。智慧城市作为数字经济发展的重要载体,对数字经济的应用孵化、场景牵引及多点支撑作用日益凸显。武汉作为全国首批智慧城市建设试点,智慧城市建设起步较早,部分领域达到国内先进水平,具备突破性发展数字经济的良好基础。"十四五"时期,武汉要顺应数字经济发展大势,推动数字经济和智慧城市融合发展、良性互动,实现数字技术更好赋能实体、服务社会、造福人民
南京市	《"十三五"智慧南京发展规划》	到2020年,基本构建起以便捷高效的信息感知和智能应用体系为重点,以宽带泛在的信息基础设施体系、智慧高端的信息技术创新体系、可控可靠的网络安全保障体系为支撑的智慧南京发展新模式
沈阳市	《沈阳市智慧城市总体规划(2016—2020年)》	到2020年,通过智慧城市建设,集成落实各项国家信息化政策,构建以人为本、惠及全民的民生服务新体系,打造精准治理、多方协作的社会治理新模式,培育高端智能、新兴繁荣的产业发展新生态,提升城市的凝聚力、辐射力、带动力,打造国内发展创新型智慧城市样板,智慧城市建设综合实效进入国家智慧城市评价指标排名前10名,争取获取国家智慧城市相关试点示范称号,推动沈阳市由东北地区区域中心城市向国际化中心城市迈进
合肥市	《智慧合肥建设"十三五"规划纲要》	到2020年,合肥将基本建成宽带、泛在、融合、安全的信息化基础设施,智慧城市建设水平进入全国领先行列
昆明市	《关于加快推进智慧城市建设的实施意见》	通过智慧城市建设,构建以人为本、惠及全民的民生服务新体系,打造精准治理、多方协作的社会治理新模式,形成数据活化、研判智能的政府决策新能力,培育高端集聚、新兴繁荣的产业发展新格局,提升城市的凝聚力、辐射力、带动力,打造国内发展创新型智慧城市样板,推动昆明区域性国际中心城市建设
洛阳市	《洛阳智慧城市发展规划(2014—2020年)》	通过全社会5~7年共同努力,把洛阳建设成为中原经济区极具特色的大数据战略引领中心、智慧政务示范中心、智慧管理创新中心、智慧服务感知中心、智慧经济集聚中心,信息社会发展水平走在中部地区前列,成为我国古都新韵智慧城市最佳典范
杭州市	《"数字杭州"("新型智慧杭州一期)发展规划》	推动数据资源成为杭州市经济转型和社会发展的新动能,推动人工智能技术在宏观决策、社会治理、制造、教育、环境保护、交通、商业、健康医疗、网络安全等重要领域开展试点示范工作,利用人工智能创新城市管理,建设新型智慧城市

资料来源:《2020年智慧城市行业国家及各省市政策汇总 新型智慧城市发展新格局逐渐形成》,https://www.qianzhan.com/analyst/detail/220/200417-aef65b7b.html[2020-04-20]

其中多数试点城市建设规划中就包含智慧社区建设,由此可见,智慧城市建设助力和催生着智慧社区的建设。

四、智慧社区的构成

智慧社区是以城市社区规划为方向,充分借助物联网、传感网等技术,涉及智能家居、智能物业、智能小区公共服务管理、智能街道等诸多领域,实现对于社区中的基础设施、环境、居民、生活的多种元素进行综合的智能化管理,为社区居民提供全方位的数字化服务。智慧社区能够为居民提供一个投资合理,又拥有高效、舒适、温馨、便利以及安全的居住环境。智慧社区的建设能够充分发挥ICT产业发达、RFID(radio frequency identification,射频识别技术)相关技术领先、电信业务及信息化基础设施优良等优势,通过建设ICT基础设施、认证、安全等平台和示范工程,加快产业关键技术攻关,构建城区(社区)发展的智慧环境,形成基于海量信息和智能过滤处理的新的生活设施、产业发展、社会管理等模式,面向未来构建全新的城区(社区)形态。

智慧社区的构成如表 10-4 所示。

表 10-4 智慧社区的构成

构成部分	内容
智慧家居	主要实现智慧安防、智慧视听、智能三表、智慧家电、家居办公（small office, home office, SOHO）、家庭节目编辑制作、防电磁辐射报警、室内仿真疗养小气候室内仿真景观、新鲜空气置换系统、能耗控制、花园浇灌系统等功能
智慧物业	包括利用数字化管理办法实现住户入住管理、日常服务管理、公共物业设施管理、财务收费管理、保安管理、一卡通管理和资料管理等物业管理所牵涉的所有领域的数字化智能化管理，以及如何利用家庭数字网络平台展开增值服务
智慧社区政务	基于规范的业务流程将服务事项电子化，并实现各业务部门间业务协同，以"一站式"服务的方式将服务事项展示给社区居民，方便居民办理。在满足居民请求的基础上，充分利用社区居民身份信息、业务办理信息等信息资源，提供主动的智慧的服务，如自动为符合要求的老年人办理老年证，并自动通知家属领取。并且有针对性地为空巢老人、低保家庭、低收入群家庭等特殊群体提供具有社区特色的服务
智慧公共服务	社区公共服务主要包括社区门户网站、社区医疗、养老及站式窗口服务等。社区用户通过社区门户网站实现网上查看社区新闻、医院学校、出行天气、道路状况、相关通知以及与公告进行互动交流、网上预订与缴费、电子商务等操作，通过社区门户访问各类社区应用系统，实现信息交互、资源共享。社区医疗保健可以利用 Internet 实现家庭的远程医疗和监护，居民可以在家中将测量的血压、体温、脉搏、葡萄糖含量等参数传递给医疗保健专家，并和医疗保健专家在线实时讨论。由此，社区智慧养老服务可以实现远程监控老人的生活、监测老人的健康状况及满足老人日常生活与娱乐需要

五、智慧社区建设指标体系

了解现有较为成熟的智慧社区评价指标体系，对明晰智慧社区概念及建造智慧社区有十分重要的指导意义。在各类繁杂的指标体系中，住房和城乡建设部发布的《智慧社区建设指南（试行）》、北京市政府印发的《北京市智慧社区指导标准》以及全国智能建筑及居住区数字化标准化技术委员会发布的《基于城市信息模型（CIM）的智慧社区建设指南》的相关内容，分别在国家、省区市、行业组织中拥有很高的评价及认可。

（一）住房和城乡建设部智慧社区评价指标体系

2013 年，住房和城乡建设部印发《智慧社区建设指南（试行）》，其中明确指出了智慧社区建设中的指标体系。该指标体系涉及保障体系、基础设施与建筑环境、社区治理与公共服务、小区管理服务、便民服务和主题社区等 6 个领域，包括 6 个一级指标，23 个二级指标，87 个三级指标。结合我国社区发展现状，将三级指标归纳为 26 个控制项、43 个一般项和 18 个优选项。其中，控制项是智慧社区建设必须完成的指标，一般项则是在此基础上扩展的指标，优选项是智慧社区建设中探索性和创新性的指标。

（二）北京市智慧社区指导标准

北京市作为全国智慧城市发展最早的城市，早在 2011 年发布的《北京市"十二五"时期城市信息化及重大信息基础设施建设规划》中，便提出了"从'数字北京'向'智慧北京'迈进"的愿景，这也是全国第一次出现"智慧省市"的概念。2013 年 12 月，北京市政府印发《北京市智慧社区建设指导标准》，该文件指标体系中将智慧社区分为6个一级指标，22个二级指标，38个三级指标。其中，一级指标共包括3个基本标准、1个鼓励创新标准、1个保障标准和1个评估标准。该指标体系基本反映智慧社区的基本情况，主要侧重点在于基础设施、智慧服务、社区管理三大方面。

（三）《基于城市信息模型（CIM）的智慧社区建设指南》

在住房和城乡建设部主管部门的指导下，全国智能建筑及居住区数字化标准化技术委员会（SAC/TC 426）联合国内近40家"产、学、研、用"单位，于2021年编著了《基于城市信息模型（CIM）的智慧社区建设指南》。该指南将智慧社区智能化分为基础设施智能化、智能设备智能化以及网络与计算存储设备智能化3个一级指标，并下设19个二级指标，30个三级指标。其中，先通过基础设施、智能设备以及网络与计算存储设备智能化三个方面对智慧社区建设的大方向进行分类，此后再根据建设内容提出智能化要求，其后再给出具体的量化指标以衡量智慧社区的构建效果。

第三节 数字政府建设

一、数字政府及其相关概念辨析

（一）数字政府概念界定

1998年1月，美国前副总统戈尔在加利福尼亚科学中心发表演讲时首次提出"数字地球"这一概念之后，"数字国家""数字政府""数字城市"和"数字社区"等概念相继出现（戴长征和鲍静，2017）。在我国，党的十九届四中全会首次在中央文件层面正式提及"数字政府"概念："建立健全运用互联网、大数据、人工智能等技术手段进行行政管理的制度规则。推进数字政府建设，加强数据有序共享，依法保护个人信息。"除此之外，党的十九届四中全会文件中还提到了建立健全制度规则、加强数据有序共享、依法保护个人信息等方面的具体要求。党的十九届五中全会再次提出，要"加强数字社会、数字政府建设，提升公共服务、社会治理等数字化智能化水平"。

这些讲话、文件在事实上共同构成了数字政府建设的基本范畴，反映了中央赋予数字政府以"系统性、整体性、协同性"的改革内涵。数字政府就是政府为适应和推动经济社会数字化转型，对政府治理理念、职责边界、组织形态、履职方式以及治理手段等进行系统发展和变革的过程（鲍静等，2020）。具体而言，可以从技术—结构—职能三个维度来理解数字政府的特征。

1. 技术层面

"数字政府"要求政府在履职方式和治理手段等方面充分利用信息技术变革潜力以提升治理水平和治理能力，实现从"流程范式"到"数据范式"的技术应用逻辑转变（黄璜，2020a，2020b）。传统政府是在既定的组织业务流程下探索技术应用的可能性和效用，其以管理者为中心、服务于组织目标；而数字政府建设以服务对象为中心，围绕数据生命周期进行价值挖掘,以数据的流动"串联"业务流程,进而更好地履行政府职能。

2. 结构层面

数字政府要求政府组织形态实现"政府即平台"模式(张晓和鲍静,2018)。数字政府建设在对内、对外两个方面依赖平台化转型:一方面,传统政府依据不同业务领域、类别划分的分立式结构往往重复建设信息系统,同时也阻碍了数据的集中共享。然而,通过成立专门机构统筹大数据建设、管理,将有效降低建设成本、提升管理效率。另一方面,信息社会形态下多元共治的客观需要,以及政务数据沉淀价值的开发再利用,都要求政府与企业、社会等多方主体实现数据联通。而平台化转型是兼顾数据安全与数据应用的必然选择。

3. 职能层面

数字政府建设视野下的政府职能既是对传统政府职能的继承与革新,也是对新时代治理需求的回应与延伸。数字政府既要求有效回应经济社会数字化转型所引发的治理挑战,也要求通过制度变革促进数字化转型以及信息社会形态朝更高阶发展,这两个方面共同构成了数字政府的目标范畴。在具体内容上,这又可细化为"基于数据的治理"和"对数据治理"两个维度。前者将数据视为应对转型挑战、提高管理效率、增强治理能力的工具和方法;后者则将"数据"视为治理对象,涵盖数据标准、共享、安全、利用等相关问题治理规则和机制应适时建立。

(二)相关概念辨析

蓬勃的政府信息化管理实践热潮孕育出了一批致力于概括表达政府数字化转型特征的概念术语,如电子政务、数字政府、智慧政府等。这一方面反映了当前学界在理论思考上的活跃;另一方面,"琳琅满目"的概念术语也在某种程度上带来了使用上的边界模糊、指标混淆的问题,阻碍相关理论向纵深发展。为此,对相关概念的界定厘清就十分必要。

1. "数字政府"与"电子政务"

数字政府与电子政务的区别是不同发展阶段之间的差异。简言之,在电子政务建设中,外生技术和数据作为辅助应用工具,是组织业务的附属品。而在数字政府建设中,外生技术和数据则超越于工具性手段而跃居于改革首位,成为治理本身。具体而言,"数字政府"和"电子政务"在技术、结构以及职能上具有一定的差异性。

在技术上,电子政务遵循传统的"业务驱动范式",以既有业务流程的稳定运行为首要目标,并借此对外生技术和数据的引进进行适应性改造。数字政府则遵循"数据驱动范式",以发挥数据潜能为首要目标,并借此对组织业务流程进行重塑。

在结构上,电子政务以传统科层制的分立式结构为依托,将数据、系统分散在业务部门,以适应位于供给端的部门管理者的办公习惯和既有规定。数字政府则以平台化转型为建设核心,致力于构建与数据整合共享相适应的组织结构,更好地服务于处在需求端的企业民众,实现多中心治理。

在职能上,电子政务关注的重点是对政府自身工作的信息化改造。数字政府则进一步将关注视野外延，覆盖新兴数字化业态治理（如数据治理、算法治理）、多元治理主体有效协同等议题，致力于实现治理现代化。

2. "数字政府"与"智慧政府"

"数字政府"和"智慧政府"作为兴起时间接近的两个新兴事物，其间的区别是同一发展阶段内的程度差异，尤其体现在对智能技术的需求程度上。简言之，智慧政府是数字政府在智能技术背景下的高阶外在形态。智慧主要使技术更加"聪明"而已，其二者不存在本质差异。

"智慧政府"尤其强调对智能技术的引进和应用。比较而言，数字政府对技术属性的要求更为开放，既包括传统的自动化、互联网技术，也包括大数据、云计算、区块链以及人工智能等智能化色彩较强的新兴技术。

就现实情况而言，我国虽然在局部地区和局部领域对数字技术实现了部分程度的"智能化"更新，但总体来说智慧政府仍然处于萌芽状态。一方面，智能技术在政府治理中的应用尚不深入；另一方面，政府应用这些技术的组织基础也正处于酝酿之中。

总体而言，"数字政府"既体现了信息社会背景下我国政府发展和变革的阶段性特征，同时也体现了超越以政府为中心视角而延伸至数据治理、算法治理等新兴议题的包容性特征（鲍静等，2020）。

二、政府数字化转型过程

当前，我国正处于实现中华民族伟大复兴的中国梦，开启全面建设社会主义现代化国家新征程的重要历史时期。数字政府重视和强调的是数字化时代的政府转型，其重点在于如何利用现代数字技术促使政府数字化转型（digital transformation）。数字化转型基本含义在于运用数字技术改变政府的结构、功能、工作流程、服务提供的方式，以及文化、再造政府职能和治理模式。

政府数字化转型是一个过程。欧盟委员会提出了数字政府转型的基本框架，从六个方面的指标来衡量政府的转型。主要包括政府服务模式、数字化系统、生态系统和使用者、领导力、技术焦点、目标实现程度。政府数字化转型可以分为以下五个阶段（Barcevičius et al.，2019）。

（一）第一个阶段：电子化政府

在此阶段，关注的焦点是为了便捷使用者和节约成本，在网上提供相应的服务。电子化政府的推动力来自提高政府的效率，其服务模式是被动式的，即应使用者的请求提供服务。电子化政府提供服务的渠道主要是通过网络和政府的APP，仍然依赖于物理上的办公地点和服务机构，数字系统是以IT为中心的；从技术层面来看，电子化政府整体的生态系统是以政府为中心的，技术的焦点是服务导向的结构，最重要的是建立面向服务的架构（service-oriented architecture，SOA），促进不同功能之间的整合和连接；从领导层面来看，电子化政府的建设主要是由政府的IT部门主导，由技术团队负责执行；从绩效衡量来看，主要指标是网上服务的比例，即通过移动设施提供服务的比例、整合服务的比例以及电子化渠道的应用情况。

(二)第二个阶段:开放政府

在开放政府阶段,政府数字化的主要的推动力和目标是政府的公开度与透明度。政府服务的模式是积极主动式的;数字系统是以公民为中心的,顾客门户网站更加成熟。开放数据的利用主要局限于外部的消费,因为政府还没有发展成熟到从这种数据中获取好处;整体的生态系统呈现共同创造服务,生态系统面向能够从开放数据获益的外部社会;技术的焦点是 API 驱动的结构,主要关注于开发和管理 API,以支持接近大数据;领导力来自数据的驱动,开放政府项目往往是由首席数据官负责;衡量绩效的主要指标是开放数据集的数目以及建立在开放数据上的 APP 的数量。

(三)第三个阶段:数据中心的政府

数据中心的政府(data-centric-government)的推动力和目标在于公民的价值,即向公民提供建立在数据基础上的公共服务的质量和数量。政府的服务模式是中介服务,服务可通过汇集者和中介,如第三方 APP 实现;数字系统是以数据为中心的,数据再利用成为趋势,聚焦于数据分析;整体生态系统处在"觉知"层次,政府组织开始理解政府运作的生态系统的复杂性以及目标的复杂性和角色的多样性;技术的焦点在于共享更多的数据,政府也运用数据的力量改善决策;领导的力量来自实际应用的需要,组织的领导认识到创新性运用数据的价值;衡量绩效的主要标准是建立在共享数据上的新的或者创新性服务的数量以及外部利害关系人利用开放数据的数目。

(四)第四个阶段:转型实现的政府

在转型实现的政府(fully transformed government)阶段,跨部门和组织的数据流动成为常态,并导致不同利害关系人之间的互动和向社会提供更好的服务成为政府数字化追求的目标。推动政府完全转型的力量来自对未来的远见性判断。政府的服务模式是嵌入式的,服务可以通过各种各样的渠道来提供,包括非政府部门。即政府的服务将嵌入个人的服务中,这些服务可能是通过商业服务提供者提供的;数字系统是以物为中心的,数字系统聚焦于万物的互联;整体生态系统是参与式的,着眼于能够从标准化的、开放的公共数据中获益的外部社群;技术聚焦于作为数据的物,从各种途径获取数据以支持转型的能力将要求使用特殊的服务架构;领导力的来源是信息驱动的,数据和信息的价值得到广泛的认可,首席信息官在领导创新中发挥着重要作用;衡量绩效的主要标准包括删去和新增的服务的比例以及它们上升的比例。

(五)第五个阶段:聪慧的政府

在聪慧的政府(smart government)阶段,运用开放数据实现数字创新的过程已经深度融入整个政府中,创新的过程是可预测的、可重复的。聪慧的政府的推动力来自自我定义的或可持续的数字服务,政府服务的模式是前瞻性的,具有可预测性。服务以及互动可以通过各种接触点进行,互动的步调因为政府预测需求的能力和预防突发事件的能力的增强而大大加快；数字系统是以生态系统为中心的，政府服务及其运作方式不断进行动态的调整以适应内外环境的改变；整体生态系统是不断进化的，组织开始认识到其生态系统和目标的复杂性，以及各种参与系统者的角色；技术聚焦于智能，人工智能和发达的机器学习成为处理海量大数据所必需的基础要件；领导力来自持续不断的创新；衡量绩效的主要标准在于通过数据的开发，相关的服务被替代（或提供）的数量（张成福和谢侃侃，2020）。

三、数字政府建设的理论逻辑

数字政府建设对于我国经济社会发展具有十分重大的意义。数字政府建设是推动我国高质量发展、提升国家治理效能的重要抓手；是加快建设现代化经济体系、推动经济体系优化升级的重要基础；是坚定不移建设数字中国、加快数字化发展的重要任务；是加快转变政府职能、建设现代政府治理体系的重要内容。

如今，数字政府建设正迈入一个以数据化和数据创新为标志的崭新时代，数字政府与政务信息化之间并不是简单的技术升级所带来的版本更新，而是内核理念的更迭所引发的形态变化。服务是数字政府建设的终极目标，为了实现这一目标，数字政府建设必须贯彻落实融合、重构、创新、协同的理念，明确数字政府的建设目标和实现路径。

（一）融合：数字政府的理念转型

在数字化时代，数据的更新迭代促进了人类认知能力的创新，也进一步打开了人类在数据利用方面的想象空间。政府必须抓住机遇，用数据智能助力治理现代化，通过数据融合、平台融合、业务融合的理念转型推动政府制度建设、组织架构等全方位的改革。

数据融合是前提。随着信息技术的发展和电子政务的推进，政府部门数据资源数量激增，也带来了诸多问题。由于缺乏统一的标准和相关政策的缺失，政府部门之间数据互通性差、数据的可达性低，政企业务合作系统、政务服务 APP 等碎片化应用更是加剧了数据烟囱现象。数据资源的聚合是数据资源优化整合的基础，通过不同来源数据、不同类别数据、不同结构数据、不同格式数据之间的聚集融合，构建数据供应生态链以促进数据利用。

平台融合是基础。过多的数据平台和服务平台建设、碎片化的掌上应用会加剧数据孤岛现象，不利于数据的收集整理、深度挖掘和开放利用。随着数据技术的发展，数据互通共享的壁垒逐渐被消解，整合离散数据资源、构筑统一数据开放共享平台的愿景正逐步实现。支付宝联合各地政府共同建设的"城市服务"移动便民平台，将生活缴费、诊疗挂号等服务事项集成于支付宝客户端，减少了碎片化掌上应用的现象，实现了"数据多跑腿、群众少跑路"。

业务融合是根本。作为公共服务的提供者，政府部门一直面临着如何既能提高服务效能又可增强服务满意度的难题。在传统环境下，公众常常为了办成一件事情需要跑多个部门，耗费较多的时间和精力，对政府服务的满意度也较低。整合政府业务流程、梳理政务服务事项、完善政务服务清单，减少不必要的业务环节，实现"一窗通办"和"零差别处理"，是推动政务改革和提高公众满意度的重要途径。

(二)创新:数字政府的内生动力

数字政府的建设正是为了实现技术赋能公共治理,改善政务服务水平和质量。从面对面服务到网上服务,再到移动终端服务,政府服务的创新水平和服务能力边界在不断拓展。技术的发展改变了政府的治理理念和组织结构,使政府和公众"双在线"成为现实,让数据流动起来,从而解决了以职能划分为中心的政府视角和以服务为中心的用户视角之间存在的信息不对称问题。因此,政府机构必须树立技术创新理念,运用大数据、云计算、人工智能等技术推动数字政府的迭代和更新。创新对于数字政府的驱动力可以体现在政府数据开放、共创共治共建共享的治理理念两方面。

一方面,政府数据的开放对于构建创新的数字生态体系具有重要的战略意义。在提供公共管理和公共服务的过程中,政府积累了大量的数据资源,只有开放的数据才能被社会整合、开发和利用,释放数据红利。政府数据开放不仅有利于推动数据价值落地,也有利于激发社会各界群体的参与和积极性的发挥。政府数据的开放为市场主体在商业模式上的创新提供资源基础,促进数据要素的生产与流动。例如,基于政府开放数据的智能化应用就是数据价值落地、释放数字红利的具象体现,它是数据生态链条上的重要一环,不仅能够催生数字产业的发展,还能为公众提供多样化的服务。

另一方面,共创共治共建共享的治理理念有益于营造开放创新的社会氛围。政府数据的开放本质上是释放数据矿藏、盘活数据资源,解决政府与公民信息不对称的问题,以共创共治的理念推进政府职能和服务转变。共创是让全社会的创新力量都参与数字政府的创新建设;共治是指让全社会都参与创新治理工作。在共创共治的理念下,鼓励更多主体参与,营造开放创新的社会氛围,形成共建共享的数字政府治理格局。

(三)重构:数字政府的深刻转变

大数据不仅是一场技术变革,更意味着一场社会变革,而这种社会变革又伴随并呼唤着公共管理与公共服务领域的变革。万物互联互通的数据思维强化了政府、公众与企业之间的连接,一切皆可量化的数据思维也让政府用数据决策、服务成为可能。数字政府建设顺势而动,它改变了政府服务方式和政府服务流程,推动着以政府为核心的数字生态圈的形成和发展。数字政府理念的重构以及深刻转变体现在两个转变、推动多元协同治理两个方面。首先,实现政府的数字化转型必须经历两个重要的转变:一是要实现以政府权力职能为中心转变为面向老百姓到政府办事为中心,即服务方式转变;二是由政府单一部门行使权力变为整体政府提供服务,即服务流程转变。服务流程由以往政府职能部门"各自为政"和业务割裂的状态转变为基于数据融合的流程再造和场景应用的整体式服务。例如,浙江省开展的"最多跑一次"改革,以"一窗受理、集成服务、一次办结"的服务模式创新为基点,刀刃向内,倒逼政务服务方式和政府服务流程改革。

其次,协同治理是政府与非政府机构之间互动的合作治理模式,即社会力量利用机制。政府要转型成为一个协同有序的整体型数字政府,依赖于部门协作与组织变革。这不仅需要政府自身的治理创新,也需要政企合作以及政民互动。协同治理既包括不同区域政府之间的协同合作,也包括政府部门之间的互联互通,还包括政府、企业和公众的共建共享。

在数字化政府建设的背景下，部门和层级协同治理解决的核心问题是如何实现政府内部业务流程的精简化和组织结构的扁平化。其要求政府以效能为中心，重构内部组织结构和办事流程，推动政府数字资源的收集和内部共享，推动技术治理和数据成果的应用。区域协同治理是贯彻新发展理念与国家治理体系和治理能力现代化的重要实践，它解决的核心问题是区域一体化趋势以及公共事务跨界性与既有行政区域界限之间的矛盾；而多元主体协同治理则要求政府、企业、公众共同参与数字政府建设，实现政企合作、政民互动的良好的政治生态，有利于共建、共享、共治"智慧城市"，共促城市数字生态链建设。

（四）服务：数字政府的价值整合

服务是政府治理的终极目标，不同的利益主体有不同的利益诉求，而数字政府的建设为实现个性化服务、精准化服务、智能化服务创造可能。数字政府的价值理念对于政府以及企业提供更优质的服务具有重要的指导意义。一方面，从政府自身需求角度而言，数字政府理念下的政务改革推动了政府部门横向和纵向的协同合作，在协作中可以利用数据资源提升公共服务水平，顺应了政府为企业和公众提供更优质的公共服务的需求。从横向协作来看，数字政府建设有利于政府不同部门之间整合碎片化的政府数据，减少数据的条块分割、信息壁垒等现象，促进数据资源的共享。从纵向发展来看，数字政府不仅可以进一步推动政府内部组织结构由科层制向扁平化方向转变，促进信息的流通和协调配合；同时数字政府还是促进政府机构同一部门不同业务流程精简、提高业务协同能力的客观要求。

另一方面，从企业需求角度而言，数字政府建设是大数据时代政府与企业完善政策对接、平台对接、数据对接、资本对接的重要依托。此外，企业尤其是互联网公司核心技术的变革和创新能力的提升是推动数字政府建设的重要推动力，政企合作有利于优势互补、合作共赢。从公众需求角度而言，随着社会进步和科技发展，公众对政府提供的公共服务的要求越来越高，公众需求的多样化、多维度、差异化、个性化推动了政府和企业之间的合作朝着智慧化、精准化方向发展。

四、数字政府建设的战略重点

建设世界一流数字政府，需要针对当前电子政务与数字政府建设中依然存在的突出问题，采取切实有效的措施加以推进。具体而言，数字政府建设的战略重点体现在：发展智能服务、深入推进"放管服"改革、加强通信基础设施建设、提升人力资本指数、促进电子参与以及强化数据治理六个方面。

（一）发展智能服务，使所有公共服务都实现在线服务

随着人工智能技术的快速发展，以"人工智能+互联网+大数据+云计算+物联网"等现代科技深度融合而成的新型智能社会形态正在形成，各种人工智能技术在政务服务中发挥着越来越重要的作用。我们要不断探索智能政务服务体系，从而更好地服务于政府

工作的新应用场景，提升政府建设的智能化水平，切实解决一些地方政府办事程序烦琐、技术操作不便、部门协作困难、人性化不足的问题。

电子在线服务要从政务处理阶段全面转变为整体服务阶段，实现全面数字化的公共管理。全面建成全国一体化网上政务服务平台，建成覆盖全国的整体联动、部门协同、省级统筹、一网办理的"互联网+政务服务"体系，促进在线公共服务全城通办、全省通办以及国通办，打造透明高效的一流在线服务。具体的优化措施可以有以下几点：优化再造政务服务，规范网上服务事项，依据法定职能全面梳理行政机关、公共企事业单位直接面向社会公众提供的具体办事服务事项，编制政务服务事项目录；全面公开政务服务事项，全面提升政务服务标准化、网络化水平；发展无缝式服务，所有政府服务都可以在"移动政务"应用程序办理，大力发展移动端的政务服务"微技术"。要推进互联网与政务服务深度融合，促进以云计算、大数据、移动互联网等为代表的新一代信息技术在公共服务各个领域广泛应用，积极实施"互联网+"基本民生、智慧养老、社会治理、公共服务等重点工作。

（二）深入推进"放管服"改革，推动"一网通办""最多跑一次"改革向纵深发展

目前，仍需积极推进行政审批制度改革，进一步减少准入审批。保留下来的行政审批项目也要相对集中行政审批权，推广行政审批局与政务服务大厅并设的管理模式；推进跨层级联动审批、跨市区联动审批、跨部门联合审批；在线下"一门式"集中办理行政审批与公共服务事项；在线上"一网式""一口式"办理政务服务事项。切实变"企业与群众跑路"为"数据与信息跑路"，建成集行政审批和公共服务于一体的"五星"级数字政务服务体系。特别要注意实现线上办事与线下办事的服务标准、业务流程、要求表格、办事规则"四统一"，使线上线下办事实现无缝对接。

深入推进"放管服"改革，可以从运用大数据技术以及完善相应的法律保障体系两方面来进行。

首先，运用大数据技术推进涉及企业办事和公民服务的相关政府职能的整合，将需要多部门、多程序办理的事项整合为可以"一门式""一窗式""一网式""一级式"办理的事项。此外，完善"放管服"改革的智能评估体系，改变传统评估方法，推广智能化的信息采集、数据分析与数字评估办法，如广东省评估数字政府建设的最终成果绩效是以"流量"为衡量标准，也就是看社会公众对数字政务应用"用不用、认可不认可、满意不满意"。

其次，完善"放管服"改革的法治保障体系。修改、清理与政务服务"一网通办"不相适应的有关行政法规，完善智能网络系统标准化规范化建设、信息公开与情报自由、数据信息流动与利用、数据信息安全与公民隐私权保护等方面的法律法规体系。同时加快人工智能、区块链等新技术立法，重点完善有利于业务协同和信息共享的电子证照、电子签名、电子文件等方面的法规与规章，加大对国家安全、商业秘密、个人隐私和知识产权的保护力度。

（三）加强通信基础设施建设，完善数据治理的相关基础设施

数字政府建设以云计算、大数据、物联网、区块链、人工智能、5G等新一代信息技

术为重要支撑。因此，数字治理的推进应加快智能新型基础设施建设，从供给侧角度打通数据治理的阻塞问题。加大对惠及政务服务、民生改善等社会工程领域的智能科技的财政与信贷扶持的力度。

具体而言，可以从以下几点来推数字政府的基础设施建设工作：要分级分类推进新型智慧城市建设，运用数据挖掘、数据分析等技术完善城市智慧决策系统，完善辅助政府决策的"仪表盘"系统；完善智能视频监控系统，实现对监管对象的自动感知、识别与跟踪；完善智能应急联动系统，强化预警能力；建立和健全反应灵敏、先进可靠、功能齐全的全国统一应急管理技术平台，促进安全生产、城市消防、抗旱防洪、防震减灾、食品安全、公共卫生等各应急管理领域的信息共享，善于运用智能手机、微信群、卫星定位系统、地理信息系统等智能工具传播应急信息，形成从国家、省、市、县各级应急管理部门延伸至企事业单位、居民家庭的全链路、全覆盖应急指挥系统；在环境监测、重要场所安防、口岸监管等领域广泛应用物联网技术；要发展智慧办公，建立与完善自动记忆、自动提醒、自动排序、移动办公的智慧办公系统，完善政府知识管理系统与政务智能系统，完善场景式服务网站。

（四）提升人力资本指数，打造适应电子政务发展的人才队伍

数字政府的建设离不开专业人才的支持。要建设全国高水平的电子政务公共服务和党政机关应用系统，打造一支适应数字政府发展要求的人才队伍。

第一，要通过有效的激励措施引导优秀专业技术人才向急需智能人才的西部地区与基层扩散，建立起不同地区大体均衡、城乡基本平衡的智能化政务服务体系的专业人才队伍。

第二，加强对电子政务与数字政府从业人员的业务培训，提升数字治理队伍人员专业化水平。

第三，加强组织内部的合作，形成合作的组织文化、价值观念、信息管理与人员培训机制。整合政务文化与价值观，形成包容性的"融异型"组织文化，融合多元化价值观为统一的价值观，通过权力分享和合作伙伴关系建立共同文化，重建"公共道德"和"凝聚性文化"。

第四，整合吸纳民意，通过网络技术扩大公众参与，变"单主体政务服务"为"多主体共同服务"，由单一运用政府人力转变为利用无穷民智、无穷民力。

（五）促进电子参与，更好吸纳民意

数字治理时代和智能社会的到来，为公民更多地借助数字技术、实现政治参与或公共参与提供了技术环境和必要条件，社会群体和公民作为数字治理的主体参与到了政治治理与社会治理之中。社会公众既是数字治理客体又是治理主体，同样，政府机关既是数字治理主体又是社会公众监督的客体。大数据发展背景下，民众意见的表达可以通过以下方式实现：运用大数据技术发展电子民主参与，通过政务公开、听取意见、决策民主程序、公民决策、参与式预算等方式进行民意行政吸纳；通过村级普选、居（村）民代表大会与议事会、全过程民主监督等方式进行民意基层自治吸纳；通过政府购买服务、

政府与社会合作等方式进行社会力量参与吸纳;通过充分发挥人大代表在沟通民意、听取民意、表达民意等方面的作用,完善民主集中制等方式进行民意政治吸纳。

总体而言,应充分发挥网络对社会资源的配置功能,引导社会组织和公众参与社会公共事务管理和公共服务供给。此外,还需加快推进政务新媒体发展,增强政府门户网站与社会公众的实时互动功能,加强政府与公众的沟通交流,提高政府公共管理、公共服务和公共政策制定的响应速度。

(六)强化数据治理,建立总体数据治理框架

大数据是数字经济时代的重要生产要素,要进一步开放、挖掘政府数据价值,加强对政府大数据资产管理。当前,我国政务数据资源存在开发利用程度不高、开发利用部分无序等问题。针对以上问题,应进一步强化数据治理。要加强开放政府建设,完善开放政府数据政策,积极开放政务数据,加强数据管理,加快完善政务数据有序共享的制度体系;明确数据共享种类、标准、范围与流程;制定数据字典,构建政府数据信息资源目录体系;加强开放数据的可机读格式建设,推进政务数据资源开发利用制度化与规范化,确保实现公民获取信息的自由权利;要运用大数据、人工智能和区块链等新技术创新数据治理方式,破解政务信息"找不到、找不快、找不准"问题;运用大数据技术建立政府诚实统计信息体系,从源头解决"数据失真、统计注水"的问题。高度防范数据信息安全风险,注重弥补应用系统、基础网络与数据处理中存在的软硬件缺陷与系统集成缺陷,提高数据信息安全保护标准,完善数据资源资产化与数据应用的授信机制,切实加强数据信息安全管理(李军鹏,2020)。

第四节 城市治理转型

城市治理是社会治理的重要环节,城市治理能力是社会治理能力的重要组成部分。在城市化的驱动下,小中大型城市均发生巨大变化。截至 2019 年,城镇常住人口 8.48 亿人,平均每个城市社区人口超过 8000 人,平均每个街道办事处覆盖人口 10 万人,最大的街道人口(含流动人口)超过 100 万人。城市基层规模偏大,管理服务面临巨大压力,城市治理也亟待转型。

一、城市治理转型的背景

(一)城市化驱动下,城市发生巨大变化

改革开放后的四十多年,中国社会经历了波澜壮阔的快速城市化进程,进入了社会形态迅速变迁、社会结构深度重组的转型期。在城市化的驱动下,大型城市发生巨大变化:一方面,释放出前所未有的增长和发展动能。伴随着城市规划、空间扩大、土地征用、产业荟萃、人口流动与聚集、服务设施建设,传统中国乡村社会作用逐渐消解,城市日趋成为人们社会生活的中心,重要地位不断凸显。另一方面,城市化带来了强烈的改善、增进城市治理能力的现实需求。迅猛的城市发展,几乎在方方面面改变了城市既

有的生产、生活形态与城市的社会结构。分化、多元、异质、流动构造了城市社会生活复杂性的基本面，从资源信息禀赋、人口构成状况、社会分层结构、利益分配关系到社会维系纽带、价值观认同、共同体行动规则都发生着巨大的变化。

（二）传统城市治理模式难以为继

相较于社会剧变以及城市化驱动下城市发生的巨大变化，传统的城市治理模式已难以适应现有境况的需求。具体而言如下所示。

首先，城市化已经改变了城市社会的结构和价值系统，城市"单位制"以及农村"公社制""户籍制"等出现了不同程度的松动乃至解体，社会要素的时空流动性显著增强，这使得传统基层政府的"行政一元化"社会治理模式难以为继。在国家治理体系和治理能力现代化的框架下，城市治理转型势在必行。其次，新的制度化整合机制尚未定型，也在一定程度上导致了社会的分散化、碎片化、原子化和失范化。这种集发展与失衡于一体的状态对城市治理提出了时代的新要求。最后，我国传统的城市公共管理方式行政命令色彩相对较重。在互联网和信息技术高度发展的背景下，一些落后的管理手段和技术使得城市管理者常常处于被动状态，无法充分利用公共服务资源，难以满足居民日益增长和多元化、异质性的需求。

（三）城市治理转型出现新机遇

"互联网+"、大数据、云计算等各种新兴网络通信技术的出现，使城市管理者能够及时获取和响应市民的需求，由事件为中心转向强调以人为本，主动回应市民的公共服务需求，通过精细化管理实现城市管理的人性化和高效率。这为我国城市治理转型提供了新技术、新方法和新机遇，为我国城市治理转型指明了新道路和新方向，我国涌现出许多利用高科技技术进行城市治理的新案例。实践证明，人类可以运用高科技手段破解城市现实问题、探索城市未来形态的实践活动、促进城市发展进而推动城市治理转型。新兴技术为城市治理转型提供了新工具，将引导城市治理转型新方向。

二、城市治理转型方向

"城市治理"就是将"治理"的理念与城市管理有机地融合在一起，形成一套科学的城市管理理论。城市治理的转型方向有治理理念人文化、治理主体多元化、治理手段科技化、治理过程动态化四个方面。

（一）治理理念人文化

城市社会治理最直接的受益人群是城市居民，在治理中应始终坚持"以人为本"，以增进居民福祉为治理目标，及时反映市民的需求。我国不少省市在过去这段时间偏重GDP建设，注重考核经济总量、发展速度等硬性指标，忽视城市发展协调程度、生态环境保护等软性指标。城市治理强调"以人为本"，必须充分考虑人民的物质及精神需求，着力于改善人在城市中的生活条件。随着社会治理理念的转型，我国城市治理必须依仗彰显政府人文关怀的治理理念。例如，增加社会保障、就业、教育等与人民群众息息相关的民生事业支出；重视公用事业和公共建筑建设，为人民的衣食住行等提供更加便利的条件；重视城市生态环境保护，增加人均公园绿地面积等。

（二）治理主体多元化

多元的治理主体将有利于兼顾多方群体权益，充分调动社会资源，发挥社会各群体的主观能动性，使治理在更大程度上发挥作用。传统的城市治理呈现政府统筹的一元管理体制，行政化色彩浓厚，其他社会主体缺乏选择权与参与权。未来城市治理是一种各参与主体彼此高度依赖的网络化结构，必须注重鼓励其他主体参与城市治理，积极为城市治理建言献策。例如，必须重视社会组织这一新兴的社会治理参与主体，可以通过政策性支持体现政府对社会组织的信任与重视，通过政府职能转变为社会组织提供更多发展机会和空间，通过完善制度加强对社会组织的管理，在促进社会组织自身发展的同时，调动全社会优势力量，丰富城市治理的参与主体。

（三）治理手段科技化

时代的发展催生着我国科技水平的持续提高，科技与生活联系日益紧密，高效便捷的现代化社会治理需要以先进技术手段为重要依托。城市治理受到互联网、新媒体等技术的积极影响，治理手段和形式更为科技化、智能化。例如，政府进行"电视问政""网络问政"等，公众通过政务微博、政务公众号等形式对政府进行云端监督。由此可见，信息技术在城市社会治理中的应用为打破时空限制、扩展治理范围提供支持。此外，现代化技术手段方便快捷、扩散性强、易操作等特征极大提高了城市治理工作的覆盖面和效率，有力地提升了城市治理水平。

（四）治理过程动态化

城市治理是一个持续且动态的过程。城市治理转型也不是一蹴而就的，需要各种政策支持、各方主体参与。这是一个长期实践积累过程，城市治理的各种手段需要时间实现，其效果也需要时间酝酿；城市治理过程动态化还包括及时对治理中出现的问题进行纠错改正，即对城市治理进行动态监控，确保城市治理规划科学化。此外，在转变城市治理模式中，城市管理者还必须保持"划桨者"与"掌舵者"之间的动态平衡，既不是简单地下达命令者，也不是纯粹的实干家。城市管理者既要有领导城市的治理眼光，又要敢于以身作则。

三、智慧城市是城市治理转型的必经之路

（一）智慧城市的含义

智慧城市是指利用各种信息技术或创新概念，将城市的系统和服务打通、集成，以提升资源运用的效率，优化城市管理和服务，以及改善市民生活质量。从技术创新的角度来看，智慧城市以知识与知识资本广泛应用为特征，以互联网、物联网和云技术等新一代信息技术为手段，将人、信息和城市的各种要素连接起来，在公共服务、公共安全、

城市建设等各个领域注入高科技元素，降低城市运行能耗，提高公共服务效率，创造可持续、更美好的城市生活。从城市治理的角度来看，智慧城市是体制与机制的创新和改革。通过各种途径和机制汇聚与发挥智慧为经济社会发展提供强大的支持。智慧城市包括全方位内容，如智慧公共服务、智慧社会管理、智慧健康保障体系、智慧交通、智慧安全防控系统、信息综合管理平台等建设（叶林和杨新辉，2017）。

"智慧城市"的建设最早可追溯至 1992 年新加坡提出的"智慧岛计划"，但"智慧城市"概念的兴起则源于 IBM 公司于 2008 年提出的"智慧地球"概念。即利用互联网、物联网和云计算等新一代信息技术和管理手段建设新型的城市——"智慧城市"，为城市的转型升级以及新一轮经济社会发展开辟广阔前景。2011 年，江苏省南京市最早提出了智慧城市的构想，全国各地的其他城市随之而动。相继，科技部、住房和城乡建设部、国家测绘地理信息局、工业和信息化部、交通运输部和国家发改委等各部委对智慧城市的发展都下达了相关意见和文件。截至 2016 年 6 月，我国总计超过 500 余座城市，明确提出构建智慧城市的相关方案。

（二）智慧城市治理的重要性

智慧城市是高新技术与城市建设、管理与服务相结合的城市可持续发展形态。在人类社会步入 5G 的时代，智能技术是人类用来解决城市中的社会问题，管理和运营城市的新手段。当今这个时代，智慧城市治理的重要性更加突出。

1. 完善国家治理和社会治理

2019 年 10 月 31 日通过的《中共中央关于坚持和完善中国特色社会主义制度推进国家治理体系和治理能力现代化若干重大问题的决定》标志推动国家治理体系和治理能力现代化是今后一段时间内重要的治国方略。智慧城市是推动国家治理体系和治理能力现代化的抓手之一，其正是通过精细化的公共服务，从而履行城市职能，满足群众需求。智慧城市不断将数字化、信息化、系统化、智能化的治理方式运用于社会公共服务与城市职能供应中。

2. 提升城市运行质量

智慧城市建设是在已有"数字城市"基础上，进一步推进大数据技术等先进技术与城市治理模式融合，实现城市政府从管理到治理，从零碎化到一体化的跨越。进而形成多方参与，共同发力，齐抓共管的城市治理格局，让一切有利于社会和谐的因素充分发挥出来，实现现代城市运作安全、高效、便捷、绿色的目标。在城市治理上，充分发挥科学技术的作用和人民群众的力量，整合政府数据资源和社会服务力量，用"小程序"解决"大问题"，从而进一步提升城市运行质量，提高城市效率。

3. 推动社会和谐

通过构建智慧城市，有利于提高人民群众对社会的满意程度，进而推动社会的和谐发展。智慧城市以大数据技术为支撑，构建智能化的"城市中心"，畅通群众意见反映渠道，建立社会生态治理模式，对不符合社会发展需要和人民群众反映强烈的问题及时进行处置，提高人民群众的满意度，充分发挥人民群众参与社会治理的积极性。调动政府部门、企业、社会组织等参与智慧城市建设的积极性，发挥政府的主导作用，利用企业的高科技优势与社会组织覆盖面广的特点，推动智慧城市的建设和发展。

（三）智慧城市建设

智慧城市的建设应从推进协同治理、明确"以人为本"的治理理念以及重新界定科学技术和城市建设之间的关系三个方面来进行。

首先，应该明确政府在建设过程中的角色定位，推动多元主体共同参与智慧城市的建设，体现多元治理、协同参与的治理理念。在"智慧城市"建设过程中，政府应该正确定位自己的角色。从宏观层面来看，政府是智慧城市的总体战略规划者；从中观层面来看，政府是"政府-市场-社会"关系的协调者；从微观层面来看，政府是智慧城市建设的重要参与者。在正确定位自身角色的基础上，应该充分发挥企业、非营利组织和市民的力量，强调多元主体之间的内部协调和合作，发挥多元主体的智慧力量。如此而来，既可以保障智慧城市的建设项目的科学性、可行性和有价值性，避免盲目建设、重复建设，又能对建设过程进行透明、有效的管理和监督，避免出现形象工程和浪费公共资源的现象。

其次，应重新审视智慧城市治理，明确"以人为本"的治理方向，重视市民对城市的主观感知，把"人"放在建设过程中的首要位置。"人"是智慧城市建设过程中最为重要和活跃的力量，是增强城市应对突发公共风险以及从风险中恢复的能力的重要依托。因而，要加强分类评判城市治理风险的能力，牢固树立以城市秩序正常运转为工作核心的服务意识；此外，要借助智慧城市的智能技术手段不断建设城市公共安全服务体系，提高城市综合风险治理能力。如此而来，建设能使居民安心居住、维持生产、生活平稳运转、"以人为本"的智慧城市，是智慧城市治理转型的重要方向。

最后，应科学认识城市生活与高新技术之间的辩证关系。高新技术应为建设城市生活提供辅助手段的而不是主导作用。智慧城市建设的根本动力来源于城市所面临的生态、社会和经济问题，是人类运用高科技手段破解城市现实问题、探索城市未来形态的实践活动。"智慧"来自人而非高科技，必须确立人的主体地位。此外，智慧城市在应用高新技术的同时要认识到城市中人的社会关系不应是冰冷，要更加关切老弱病残等脆弱群体的实际需要。

第十章补充材料

本章参考文献

鲍静，范梓腾，贾开. 2020. 数字政府治理形态研究：概念辨析与层次框架[J]. 电子政务，（11）：2-13.

本书编写组. 2020. 《中共中央关于制定国民经济和社会发展第十四个五年规划和二〇三五年远景目标的建议》辅导读本[M]. 北京：人民出版社.

曹冬英，王少泉. 2019. 习近平总书记关于数字治理的重要论述研究[J]. 中共福建省委党校学报，（4）：55-63.

陈健，廖鸿亮. 2019. 我国智慧社区可持续发展建设现状及问题分析[C]//中国环境科学学会2019年学术年会论文集. 西安：中国环境科学学会.

戴长征，鲍静. 2017. 数字政府治理：基于社会形态演变进程的考察[J]. 中国行政管理，（9）：21-27.

端木一博，柴彦威，周微茹. 2017. 国内外智慧社区建设的标准化审视[J]. 建设科技，（13）：49-52，59.

黄璜. 2020a. 数字政府：政策、特征与概念[J]. 治理研究，36（3）：2，6-15.

黄璜. 2020b. 中国"数字政府"的政策演变：兼论"数字政府"与"电子政务"的关系[J]. 行政论坛，27（3）：47-55.

黄建伟，陈玲玲. 2019. 国内数字治理研究进展与未来展望[J]. 理论与改革，（1）：86-95.

李国青，李毅. 2015. 我国智慧社区建设的困境与出路[J]. 广州大学学报（社会科学版），14（12）：67-71.

李军鹏. 2020. 面向基本现代化的数字政府建设方略[J]. 改革，（12）：16-27.

王剑媛. 2020. 新时代背景下社区治理与智慧社区建设探析[J]. 内蒙古科技与经济，（16）：34-36，38.

杨述明. 2020a. 人类社会的前进方向：智能社会[J]. 江汉论坛，（6）：38-51.

杨述明. 2020b. 数字政府治理：智能社会背景下政府再造的必然选择[J]. 社会科学动态，（11）：25-34.

叶林，杨新辉. 2017. 智慧城市发展与城市治理转型[J]. 城市管理与科技，19（4）：22-23.

张成福，谢侃侃. 2020. 数字化时代的政府转型与数字政府[J]. 行政论坛，27（6）：34-41.

张晓，鲍静. 2018. 数字政府即平台：英国政府数字化转型战略研究及其启示[J]. 中国行政管理，（3）：27-32.

Barcevičius E，Cibaitė G，Codagnone C，et al. 2019. Exploring digital government transformation in the EU[R]. Publications Office of the European Union.